Richard Helm
Südwestafrika

Richard Helm

Zwischen Ankunft und Abschied
Einige Begebenheiten aus dem ehemaligen
Südwestafrika

REINHOLD KOLB VERLAG

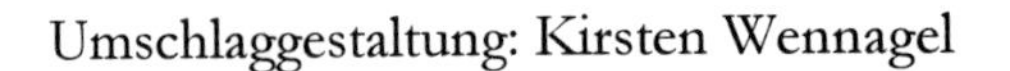

Etliche Eigennamen in vorliegendem Buch wurden aus juristischen Gründen abgekürzt oder verfremdet.

Bibliographische Information Der Deutschen Bibliothek
Die Deutsche Bibliothek verzeichnet diese Publikation in der Deutschen Nationalbibliographie; detaillierte bibliographische Daten sind im Internet über http://dnb.ddb.de abrufbar.

Verlagsanschrift: Postfach 10 18 23, 68018 Mannheim
Satz: schreibwolf, Mannheim
Printed in Germany
ISBN 3-936144-69-9

Meiner Frau Anneliese
zum Andenken
Meinen Nachfahren
zur Unterhaltung

Inhalt

Vorwort

Wer den Weg zurückverfolgen möchte, den Südwestafrika vor 100 Jahren ging, der muß sich jetzt beeilen, denn die damaligen Ereignisse fangen an, sich unseren Blicken zu entziehen – der zurückgelegte Weg verschwindet allmählich hinter einer Biegung.
In den Geschichtsbüchern aber wird der Interessierte nur über solche Begebenheiten aus dem Leben des Landes unterrichtet, bei denen sich der Zusammenhang mit den amtlich beurkundeten Vorkommnissen offen zeigt.
Auch die öffentlichen Berichterstatter und selbst die Chronisten, die ja eine breite Leserschaft ansprechen wollen und die der überall anwesenden Bürokratie Rede und Antwort stehen müssen, behandeln hauptsächlich solche Vorkommnisse. Dadurch vermitteln sie aber den Eindruck, als habe sich das Leben damals allein innerhalb des von ihnen vorgegebenen Rahmens abgespielt und auf die von ihnen erwähnten Fakten beschränkt.
Doch auch abseits von der „Hauptstraße" spielt sich das Leben ab, völlig unbekümmert darum, wie wichtig man es behördlicherseits nimmt, und es offenbart in vielen *Nebensächlichkeiten* eine Fülle von Besonderheiten, die ebenfalls zum Gesamtbild der betreffenden Zeit gehören.
Mit solchen *Nebensächlichkeiten* aus dem Leben des alten Südwestafrika befaßt sich dieses Buch – von der Ankunft meines Vaters am 18. Oktober 1908 bis zum Abschied seines Sohnes am 19. Mai 1947.
Zunächst sind es die Briefe, die mein Vater seit seiner Ankunft vor fast 100 Jahren an seine Angehörigen in Deutschland schrieb, als er in Südwestafrika das zu finden hoffte, was er in der Heimat vermißte.
Diesen unersetzlichen Zeitzeugnissen, die zuverlässig Auskunft über die damaligen Verhältnisse im Schutzgebiet geben, folgen dann Erzählungen von Geschehnissen, die mir zum Teil nur vom Hörensagen bekannt sind. Sie und alles andere aber habe ich so zu schildern versucht, wie es der damaligen „Stimmung" entsprach. Der Leser sollte ein wenig von der Atmosphäre spüren, die damals vorherrschte, und die – wenn überhaupt – nur ein Zeitzeuge zu übermitteln vermag.

Zu meinen frühesten Kindheitserinnerungen aber gehört auch das *Stimmungsbild*, das die alten Haudegen der ehemaligen deutschen Schutztruppe durch ihr Auftreten und ihre lebendigen Erzählungen in mir erzeugt haben, eine Stimmung, von der ich – zwischen den Zeilen – so viel wie möglich weitergeben möchte.
Am Schluß dann der *Abschied* von einem Südwest, das es heute nicht mehr gibt, und der Sprung hinüber in ein Deutschland, das es heute nicht mehr gibt.

München, den 6. September 2005

Richard Helm

Wie es kam, daß wir weder in Zittau noch in Zürich sondern in Gobabis geboren wurden und auf der Farm Friedland aufwuchsen

Eine Chronik aus Briefen, Erzählungen und Erinnerungen

So wie der Altertumsforscher versucht, sich aus Knochensplittern, Faustkeilen und Tonscherben ein Bild vergangenen Daseins zu machen, so soll hier aus den Bruchstücken einer Korrespondenz die Reise meines Vaters von Zittau nach Südwestafrika nachgezeichnet werden. Und dann auch das Leben in der neuen Heimat selbst, und die Folgen, die das alles für uns Geschwister hatte.
Wenn man aber den Anspruch erhebt, den Ablauf der geschilderten Ereignisse möglichst sich selbst zu überlassen und so wenig wie möglich Einfluß zu nehmen auf die Berichte, dann muß man so oft und so ausführlich es nur geht, die „Zeitzeugen" – hier die Briefe und Äußerungen der damaligen Zeitgenossen – wortgetreu wiedergeben. Man muß der Versuchung widerstehen, nur das aus den Berichten zu zitieren, das uns heute als wesentlich erscheint; uns, die wir dem heutigen Zeitgeist angepaßt und somit in ihm befangen sind. Denn was heute eine besondere Bedeutung hat und sich vorteilhaft und interessant in einer Erzählung unterbringen läßt, das wird sich möglicherweise schon morgen als von der Zeit abhängig, also unwesentlich erweisen.
Wenn man also eine aus Briefen zusammengestellte Aufzeichnung verfaßt, dann sollte man auch der folgenden Generation die Möglichkeit lassen, sich von ihrer Warte aus ein Bild von den Ereignissen der vergangenen Zeit zu machen.
Es entsteht dann so etwas wie eine aus Briefen und Erzählungen zusammengeklebte „Collage", bei der die begleitenden Hinweise sozusagen das Klebemittel darstellen.

Paul Helm als Kind

Mein Vater, Paul Walther Helm, war gewiß kein schlechter Schüler; jedenfalls hatte er ohne Zweifel das Zeug, die Schule und ihre Anforderungen ohne große Probleme hinter sich zu bringen.

Doch er war der Sohn des Gymnasialprofessors für Mathematik und Physik Richard Adolf Helm, der es sich nicht vorstellen konnte, daß einer seiner männlichen Nachkommen sein Schülerdasein im Mittelmaß zubrachte. (Bei den Töchtern drückte er ein Auge zu, denn die waren ja ohnehin nur für Haus und Herd geboren.)

Da sein ältester Sohn Ernst mit guten Noten, vor allem in Mathematik, aufwarten konnte, war für den Schulmeister klar, daß die erblichen Voraussetzungen – für die er verantwortlich zeichnete – gegeben waren, daß also bei mittleren Leistungen nicht die mathematische Begabung schuld war, sondern der gute Wille, der rechte Einsatz, die Konzentrationsbereitschaft, usw., usw.
Daran mußte es seinem zweiten Sohn Paul offensichtlich mangeln, und in noch höherem Maße dem jüngsten Sohn Heinz.

Er unterzog die beiden daher einer eingehenden Behandlung – „der hat mich elende gezwiebelt“, meinte Onkel Heinz, als ich ihm etwa 50 Jahre später einmal die Photographie seines Vaters zeigte – mit dem Resultat, daß unter seiner herrischen Hand die mathematischen Keimlinge in den beiden Heranwachsenden immer mehr verkümmerten.
Mein Vater behauptete damals immer wieder, daß er das Geschriebene an der Tafel nicht recht lesen könne; doch der strenge Herr ließ das nicht gelten: Faule Ausreden, sonst nichts!

Der Vater

Als er schließlich doch einmal mit seinem Sohn zum Augenarzt ging, da eröffnete der ihm, daß sein Sohn den grauen Star habe und daß es jetzt zu spät sei, noch etwas dagegen zu tun. Er habe das Augenlicht seines Sohnes auf dem Gewissen, fuhr ihn der Arzt an und machte ihn zur „Schnecke". Noch nie hatte der Sohn seinen Vater so erschüttert gesehen, und der Haustyrann tat ihm ehrlich leid.

„Du hättest bei den Indianern aufwachsen sollen", sagte der Augenarzt seinem jungen Patienten, und wahrscheinlich hat diese Bemerkung ein ganz klein wenig zu dem Entschluß beigetragen, später in die deutsche Kolonie Südwestafrika auszuwandern.

Sechzehn Jahre später – der Vater war vor 5 Jahren gestorben – treffen wir Paul als einen sensiblen jungen Mann, der auch mit 28 Jahren noch nicht abgenabelt ist, sich immer wieder gedrängt fühlt, „der besten aller Mütter" sein „sorgenvolles Herz auszuschütten" und auch im fernen Südwest noch das Bedürfnis hatte, sich der Mutter und den Geschwistern mitzuteilen.
Dabei hat er neben den vielen neuen Sorgen und unbekannten Herausforderungen auch so manche skurrile Idee, manche Laune, zu Papier gebracht. Manches, das man gewöhnlich mit sich selbst abmacht, Äußerungen eines Reifungsprozesses, bei dem ja nicht jedermann zuschauen muß; lauter Stadien der Persönlichkeitswerdung, die man später gern hinter sich läßt.

In den Briefen aber sind sie eng mit den sachlichen Mitteilungen – die uns hauptsächlich interessieren – verwirrt, so daß der Chronist Mühe hat, das eine vom anderen zu trennen. Was allerdings nicht ganz gelingen kann, da bei allen geschilderten Begebenheiten die Person des Erzählers eine wichtige Rolle spielt, und damit auch seine jeweiligen Gemütsbewegungen.

Paul Helm als Jüngling

1908

In einer Postkarte aus Österreich erfährt man, daß Paul Helm etwa drei Monate vor der Abreise zu einem neuen Kontinent noch einmal in Kur war; an einem Ort an der Iser. Daß sich zwei Anfälle eingestellt hätten, die aber vorübergingen; und in acht Tagen sei er wieder zu Hause. Ein gesundheitlich labiler junger Mann, der sich vorgenommen hat, in ein fremdes wildes Land auszuwandern!
In Berlin hat er dann am 30. August 1908 noch einige Behördengänge zu erledigen, u.a. wahrscheinlich auch beim Kolonialamt, und er versäumt keine Gelegenheit, die Verbindung mit zu Hause, insbesondere mit der Mutter, herzustellen.

Im Anschluß an die Zugreise nach Hamburg – von wo die Reise in die Welt beginnen sollte – schickt er eine Postkarte an Frau Prof. H.

Helm in Zittau, und zwar von seiner Unterkunft im „Hotel Römerbad“ aus: „Heute geht es mir ausgezeichnet. Die Fahrt und das Wetter war bzw. ist sehr schön. Ich fuhr mit Schauspielern, die Skat spielten. Nachmittags bin ich in den Elbchaussee-Promenaden gewandert, die großartig sind. Mit den herzlichsten Grüßen, Dein Junge Paul“

Am 23. September 1908 (Mittwoch) ist der unvermeidliche Abschied vom bisherigen Leben in unmittelbare Nähe gerückt, und jetzt wird es ernst.
Er bittet die Mutter, Briefe, „die ich eigentlich hätte verbrennen müssen“ – denn sie stammen von „einer nunmehr verheirateten Dame“ –, „ungelesen in eine Kiste zu befördern, die dann gut verschlossen werde.“
Das ist ein Abschied! Nicht einfach mit schlichten Worten wie „Leb wohl! Auf Wiedersehen!“ sondern auf recht untergründige Weise.
„Es ist gut, daß ich schon am Sonnabend (19. September 1908) abreiste, denn das Abschiednehmen bringt mich um ...“ „Hier habe ich mich bald erholt ...“ und „es mag wohl die Beschäftigungslosigkeit sein, die meinen unruhigen Geist immer krank macht.“ Die mangelnde Herausforderung in mütterlicher Obhut – „Du hast mich gepflegt wie die beste aller Mütter“ – hat ihn krank gemacht und ein hilfreicher Instinkt trieb ihn hinaus aus diesem für einen normalen Mann unerträglichen Zustand. Hinaus aus Zittau, zuerst über Saarau nach Breslau, wohin er ja zuvor schon ausgewichen war, von wo es ihn aber gar zu leicht wieder in den Bannkreis

Die Mutter

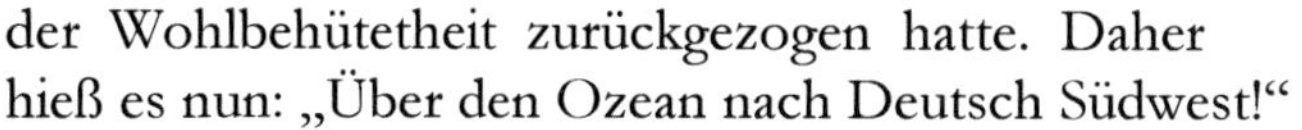

der Wohlbehütetheit zurückgezogen hatte. Daher hieß es nun: „Über den Ozean nach Deutsch Südwest!“

Hamburg, den 23. September 1908: Vom „Hotel Römerbad“, Zeughausmarkt Nr. 1, bricht man um 3/4 12 Uhr auf und erreicht die „Wartestelle“ kurz vor 12 Uhr. Ein Hafendampfer bringt die Passagiere zum „Prinzregent“, wo um 1 Uhr die ärztliche Untersuchung er-

folgte, „die darin bestand, daß man uns flüchtig in die Augen sah; dann Prüfung der Papiere und Abfahrt auf dem Prinzregent".
„Ich hatte Glück, einen hübschen Platz am Fenster zu erwischen, parallel mit der Schiffswand, was bei ausbrechender Seekrankheit von Nutzen sein soll. Mein Platz ist also ‚wie gesucht' ausgefallen."
„Meine Mitbewohner bestehen nur aus Menschen, ein Vorteil, den andere, welche Schaben Wohnrecht einräumen müssen, sehr zu schätzen wissen. Die Herren in meiner Cabine sind sämtlich schon drüben gewesen; beruflich, teils Eisenbahn-Telegraphenbeamte, ein Farmer. Sechs Mann bewohnen meine Cabine. Der Betrieb ist sehr gemütlich, der Verkehr ist ungezwungen, man ‚paart' sich schon am ersten Tag. Das Kleeblatt, dem ich angehöre, ist fünfblättrig:
2 Damen aus Transvaal, verheiratet; 1 Fräulein, das nach Swakopmund in Stellung geht, obiger Farmer, der bei Gobabis seine durch den Krieg zerstörte Farm aufrichten will, und ich. Wir sind oft beisammen, uns zu unterhalten. Ich habe von meiner Clarinette einmal leichtsinnigerweise gesprochen, die ich nun hinter Antwerpen, wo der Schiffsbetrieb etwas in Ruhe kommt, hervorholen muß. Na, die sollen es büßen!
Gestern nacht konnte ich nicht schlafen, wie die meisten anderen infolge Höllenlärm auf Deck.
Früh um 7 Uhr gibt es Kaffee, Milch, Zucker und Buttersemmel. Um 8 Uhr Kaffee, etwas Gebratenes, Kartoffeln, Brot, Wurst, Käse. Mittags einen gutbürgerlichen Mittagstisch; gegen 4 Uhr Kaffee, Brot. Kuchen zuweilen; abends 7 Uhr Kartoffeln, Fleisch, Brot, Wurst. Alles reichlich. Getränke müssen im Übrigen ziemlich hoch bezahlt werden.
In der 3. Klasse befinden sich zu 90 % Leute, die sich ‚natürlich' bewegen und einfach aber angenehm sind.
Von der zweiten Klasse kann ich so etwas nicht berichten. Die ich bisher kennenlernte, waren eingebildete Leute, die auf die dritte Klasse mit Verachtung herabsehen, obgleich die betreffenden als Polizeisergeanten, Schutztruppenunteroffiziere etc. der „Zweiten" sicherlich keine Ehre machen. Diese ist mit solchen Elementen stark durchsetzt, so daß ich es nicht bereue, in der dritten zu fahren, zumal man nirgends mehr als satt werden kann."

Bremerhafen, den 24. September 1908: „... wir haben hier nur wenig Zeit, die ich aber ausnutze, Dir zu sagen, daß ich mich sehr wohl befinde." „Unser Dampfer fährt ausgezeichnet, wie Kenner behaupten, wahrscheinlich deshalb, weil er stark beladen ist. Gestern hat man in Bremerhafen ca. 400 tons = 400.000 kg zugeladen.
Ich habe heute meine Uhr 44 Minuten nachstellen müssen, sonst wäre ich zum Essen immer viel zu früh gekommen.
Die dritte Klasse ist, nebenbei bemerkt, bis auf wenige Plätze voll besetzt, im Ganzen ca. 60 Personen."
„Mein Bett ist so schmal wie bei den Dampfern der Ostsee, ausgerüstet mit einem Strohsack, auf dem sich's gut liegt, einem Kopfkissen (sehr hart) und einer Decke. Mit nur einer solchen kommt man aber keinesfalls aus und es war gut, daß ich noch eine bei mir hatte. Ich habe aber in der ersten Nacht vorsichtshalber die Hosen anbehalten ..."
„Das Waschwasser (süßes) wird einem jetzt schon abgewöhnt; die Rationen betragen ca. 3/4 Wassergläser pro Nacht und Tag, weiteres ist schwer erhältlich. Noch knapper ist gewöhnliches Trinkwasser, welches mit unheimlicher Langsamkeit durch einen Filter läuft. Um ein Wasserglas voll zu bekommen, muß man sicher 1/4 Stunde Geduld haben. Ein wahrer Segen, daß die Deutschen so viel Bier trinken!"
„In Antwerpen werde ich an Land gehen, um mir die Schuhe zu putzen."
Von dort erfährt die Mutter: „Es geht mir recht gut. Ich habe reichlich Hunger und Durst ..."

„In Antwerpen lagen wir 3 Tage (etwa 26. bis 28. September 1908), die ich zur Orientierung benutze. Ich habe mir nur das Museum von Altertümern und den Zoologischen Garten angesehen und war Weltenbummler in allen Gassen. Man kommt mit Deutsch schon schwer durch, immerhin versteht man es besser als schlechtes Französisch, das, wie ich merkte, von manchen Antwerpenern als Flamen recht stiefmütterlich behandelt wird. Deutsches Geld wird in Silber und Gold überall anstandslos genommen. Anders war es in Southampton. Dort darf man nur englisches Geld anbieten, das man mit Verlust eintauschen muß; außerdem spricht man dort fast nirgends deutsch."

Antwerpen: „Heute um 12 Uhr mittags gehen wir in See. Leb wohl! Herzliche Grüße an alle. Morgen sind wir in Southampton."

„Southampton in Sicht!" (Etwa 29. September 1908) „Ich werde an Land gehen, damit man in Bewegung kommt."
„Der 'Prinzregent' fährt ganz ruhig; man wird wirklich selten gewahr, daß man auf See ist ... Unser Dampfer fährt, wie ich mir habe sagen lassen, ca. 20 Kilometer pro Stunde. Die Seeluft wird hier schon bedeutend milder als in Hamburg und Bremen ..."
„In Southampton habe ich mit einigen anderen eine kleine Rundfahrt im Tram gemacht. Ein ganzer Stadtteil besteht aus kleinen Einfamilienhäusern, jedes mit einem kleinen Garten. Die Lage dieses Teils erinnert stark an Loschwitz. Im übrigen, was Bauten anbelangt, ist die Stadt ganz unbedeutend und hält mit Antwerpen keinen Vergleich aus."

„Hinter Southampton, am 30. September, begann es nächtlicherweile so gegen 1/2 1 Uhr – ich lag im tiefsten Schlaf – mächtig zu schaukeln und plötzlich kommt durch mein leicht geschlossenes Kojenfenster ein mächtiger Wasserstrahl, und ehe ich zur Besinnung komme, ein zweiter ..."
„Mit einer Ausnahme waren sämtliche Damen inzwischen seekrank geworden, von den männlichen Individuen ein gut Teil. Ich bin nicht unter den Leichen gewesen; ich fühlte mich selbst aber nicht besonders wohl und hatte keinen Appetit. Jetzt ist die See wieder leidlich ruhig."
„Gegenwärtig sind wir auf der Höhe von Gibraltar und ich finde, es wird warm. Montag (5.10.08) sind wir in Teneriffa, wo man wahrscheinlich nicht an Land gehen kann, und am selben Tag voraussichtlich in Las Palmas. Dann geht's 14 Tage lang zwischen Himmel und Wasser bis nach Swakopmund."

Sonnabend, den 3. Oktober 1908: „An Bord haben wir etwa 20 - 30 Schwarze, die sich alltäglich einen Fraß zusammenbrauen, den man kaum riechen kann ..."

Am 4. Oktober 1908 berichtet er von Bord des Schiffes: „Heute bin ich umgezogen, in die Nachbarkabine, die geräumiger ist. Das Wetter ist schön. Meine weiteren Nachrichten erfährst Du in ca. 2 Monaten von Swakopmund aus."
„Ich werde vermutlich mit einem gewissen Leo W. von Windhuk über Gobabis in die Gegend von Epukiro reisen, wo Genannter eine Farm besitzt. Wenn möglich, lasse ich mich in dessen Nähe nieder ..."

Brief vom 12. Oktober 1908: „In Las Palmas bin ich an Land gegangen. Man hat für die Fahrt mit dem Dampfboot pro Fahrt 1 sh oder M zu entrichten. Dann hat man sich mit allen Kräften der dringenden Angebote von Früchten, Führern und Kutschern zu erwehren und man betritt eine der staubigsten, verlottertsten „Straßen", die ich gesehen habe, welche nach dem ca. 4 km entfernten Las Palmas führt.
Auf der Gasse produzierte sich ein Junge – besser eine Rotte – mit Radschlagen mit dem Rufe: „1 Groschen", das einzige Deutsch, das er beherrschte. Wir gaben ihm nach einiger Zeit einen Fünfer, was zur Folge hatte, daß der heißblütige Sohn des Südens in respektvoller Entfernung einen Stein ergriff und nach uns zielte. Hierbei konnten wir ihn glücklicherweise überraschen. Die Stadt zeigt aber das Bild, das ich mir aus Abbildungen gemacht hatte. Nicht übermäßig sauber, Pflaster grauenhaft, für Radfahrer unmöglich. Die Schönen sind zutraulich, reagieren auf Kußhändchen sofort, doch schön fand ich sie nicht.
Die Gegend ist kahl. Palmen, Kakteen etc."
Eintritt in die Wirtschaft „Colon": „Die Flasche Madeira bezahlten wir mit 2 M. Geschmack vorhanden, und zwar zuviel; die Sorte brannte wie Cognac.
Die Bewohner waren gemütliche Leute, das muß man ihnen lassen; anders geartet sind die von Teneriffa, die auf einem romantischen Fleckchen wohnen: Steil, zackig, wie ein Bild der Fantasie ragt die Insel aus dem Meer, deren Pik von Teneriffa (3716 m) man über den Wolken 60 Seemeilen (à 1700 m; 102 km) weit sehen kann. Lange dauerte der imposante Anblick nicht, bald war der Pik den Neugierigen durch Wolken verhüllt, die hin und wieder die ganze Insel verstekken. Wir hielten nur wenige Stunden an diesem ungastlichen Gestade, wo die Bewohner den Fremdlingen des ‚Prinzregenten' nach kur-

zem Handel mit dem Ruder drohten – sogar eine Weinflasche zersplitterte auf unserem Deck. Die Gegend ist scheinbar fruchtbar. Einige Schwindsüchtige riskierten es, dort ihre Gesundheit zu restaurieren, wobei sie aber viel Mut zeigen, denn das Messer der schönen, aber verwegenen Teneriffer sitzt besonders locker.
Dem schönen Aufenthalt in den Canarian folgte ein Tag tropischer Hitze. Hast Du eine Ahnung, was der Mensch schwitzen kann! Der nächste Morgen war kühler, denn er brachte Regen und Sturm. Nur kurze Zeit, wir lernten das Seemannsleid nicht kennen. Die Wellen auf offenem Meer sind übrigens sehr zahm; die Ostsee führt dieselbe Qualität.
Gestern abend (11.10.08) haben wir den Äquator glücklich überschritten, ohne die berühmte Taufe, die unser gestrenger Kapitän offiziell nicht duldet. Damit haben wir den Höhepunkt überschritten und die Fahrt geht also bergab; es geht also bedeutend schneller. Weißt Du auch, wie der Äquator aussieht? Denk Dir einmal eine große schwarze Kette über die Erde gespannt – das ist er!
Die Tage sind jetzt hübsch kühl und windig. Der Europäer findet nichts von den gefürchteten Tropen, erfreut sich seines Daseins und trinkt ein Bier nach dem anderen. Die Brauereien können sich freuen.
Wir befinden uns heute Mittag (12.10.08) 12 Uhr 1°49' südlicher Breite und 6°12' westlicher Länge."

14. Oktober 1908: „Heute sind wir mittags 12 Uhr 8°44' südl. Breite und 0°49' östlicher Länge.
Wenn Du denkst, hier muß es warm sein, dann bist Du gründlich auf dem Holzwege. Heute muß ich meine Pelzjacke anziehen; während man gestern zur Not noch mit einer Decke auskam.
Nebenbei bemerkt war gestern Ball. Unsere Sammlung hatte für das achtköpfige Musikkorps M 30.- ergeben. Eine weitere wurde zu einer Lotterie verwendet, bei der ich einen Aschenbecher gewann. Tadelloses Ding aus Muscheln, aber zerbrechlich."
„Ein beliebtes Spiel ist hier Schinkenkloppen, an dem sich Männlein und Weiblein lebhaft beteiligen. Wie sich doch so manches ändert: Am ersten Tag meines Schiffsdaseins lautete die Devise im Verkehr mit der holden Weiblichkeit: ‚Das Berühren der Figüren mit den Pfo-

ten ist verboten'. Heute ist dieser Satz versenkt im Meer, da wo es am tiefsten ist. Schließlich gewöhnt man sich an alles ..."

17. Oktober 1908: „Heute war Land zu sehen. Wirkliches Afrika. Kalt ist es immer noch zum Erfrieren.
Gestern haben wir, zum letzten Male wohl, nach den bezaubernden Klängen einer Ziehharmonika getanzt. Andere Spiele wie 'Schinkenkloppen', 'Jakob wo bist Du', die haben sich inzwischen überlebt. Die gemütlichsten Menschen der Welt, soweit ich solche kennenlernte, sind doch die Schiffer; treuherzig und nicht aus der Ruhe zubringen. Dabei sehr zuvorkommend gefällig.
Seit acht Tagen gibt's nachmittags Kuchen, Streusel- und Kranzkuchen, was ich sehr wohltuend empfinde, nachdem ich mir die Orangenmarmelade und die Margarine etwas überdrüssig gegessen hatte. Die Kost ist im übrigen nicht schlecht, es fehlt aber an Abwechslung.
Ob ich später viel schreiben kann, kann ich heute noch nicht sagen, ich verspreche aber so viel wie möglich Euch zu sagen und bitte darin um Eure Unterstützung, die darin besteht, mir mit jedem Brief Briefpapier und Couverts zu senden, das ich dann benutze, wenigstens so lange, bis ich unter Dach und Fach komme."

18. Oktober 1908. Karte vor der Ausschiffung an Kaufmann Rudolf J., Zittau. „Sehr geehrter Herr J.! Wenn die so gefürchtete Ausbootung in Swakopmund [wahrscheinlich haben die „alten Hasen" den Neuankömmlingen hierüber die schaurigsten Geschichten erzählt!] glücklich verläuft, dann habe ich eine zeitweilig kalte aber günstige Reise hinter mir. Mein Befinden hat sich inzwischen ganz wesentlich gebessert. Von Muttern erfahren Sie auf Wunsch Ausführliches. Mit herzlichen Grüßen an Sie und die werten Angehörigen bin ich Ihr ergebener Paul Helm."

Swakopmund, den 19. Oktober 1908: „Glücklich angekommen! Bei denkbar ruhigster See. Trotzdem hast Du keine Ahnung, was es geschaukelt hat. Sogar für meine Begriffe hinreichend.
Wie sieht Swakopmund aus? Denke Dir ein großes Sandfeld, in welchem man bei jedem Schritt fast bis an die Knöchel einsinkt; darauf

hat man Häuschen ohne Etagen gebaut, meist Wellblech; als Trottoir benutzt man Holzwege, auf denen man ebenso bequem wie in der Stube läuft. Auf dem Fahrdamm liegen Schienen, um ein Befördern überhaupt zu ermöglichen. An den Ecken sieht man Kaffern, die in aller Gemütsruhe ihre Weiber verprügeln.
1 Flasche Sauerbrunn M 1.-; 1 Solei 0,50 M. Mittag-Abendbrot à 2 M; Logis (billig) M 1,50; 1 kleines Glas Bier (vielleicht 0,15 ltr) M 0,50.
Verzollen ging glatt nach Wunsch, ebenso die anderen Formalitäten.
Die Leute sind entschieden sehr vernünftig. Vor Diebstahl braucht man wenig Angst zu haben, weil Mausen nicht ortsüblich ist, aber Saufen, wovon Ihr keine Ahnung haben könnt. Gestern kam ich mit einigen in eine Kneipe, wo man sich auf sogenannten Bar-Stühlen niederläßt. Ehe es zum Bestellen kam, hatte das ein anderer für mich getan, und ich sah ein Glas Bier (Pschorr) vor mir stehen. Prosit! Prosit! Wir trinken einen Schnaps! Dann kam Whisky mit Soda dran, und ehe sich mein besseres Ich gegen eine solche alkoholische Behandlung sträuben konnte, lag ein frischimportierter Mitteleuropäer bereits unten und ich schlug mich rechtzeitig seitwärts in die Büsche."

Okahandja, den 22. Oktober 1908: „Die Wirte in Swakopmund sind Gemütsmenschen: Früh um 6 Uhr geht der Zug. Es macht ihnen besonderen Spaß, nicht zu wecken, damit man noch einen Tag ihr Gast bleibt. Glücklicherweise kamen wir noch rechtzeitig hin. Nach 10 km Sandfeld die erste Station, die wie die meisten anderen aus einem Stationsgebäude und einem Gehöft besteht. Dann Sand und Klippen, Berge. Nach einiger Zeit hie und da ein Brackbusch. Endlich mittags 1/2 1 Uhr Jakalswater, wo man für M 2,50 Mittag ißt. Allmählich wird die Gegend interessanter, rechts und links schroffe Berge, aber kahl und öde, nur hin und wieder, wo zur Regenzeit ein Rivier (Fluß) kommt, da wird es grün mit Busch und Gräsern.

Paul Helm als junger Mann

Gegen Abend endlich erfreut sich das Herz durch den Anblick eines Baumes und ich habe da gelegentlich auch ein paar Stück Wild gesehen. Die Endstation für diesen Tag heißt Karibib. Das bedeutet für den Kaufmann ungefähr dasselbe, als wenn man einem Geräderten die Erlaubnis erteilt, seine Knochen zusammenlesen zu dürfen. Man hat nämlich auf der Bahn 3 Wagenklassen:
I. Classe, dasselbe wie in Deutschland die 3. Classe.
II. Classe: Man denke sich eine offene Lore, an den Längsseiten schmale Bänke hingestellt und das Ganze notdürftig mit Leinwand überspannt. Ein trabfahrender gewöhnlicher Bretterwagen hat dieselben Annehmlichkeiten wie ein Reisender mit grüner Fahrkarte hierzulande.
III. Classe: Setzt sich hier auf den Kohlen- und sonstigen Güterwagen. Ein besonderer Reiz hierbei ist es, daß man von früh 6 Uhr bis abends 1/2 9 Uhr fahren darf.
In Karibib wohnte ich mit drei anderen bei R. für 1 M pro Nacht, gebettet auf dem Fußboden, schlummernd wie ein Murmeltier. Abermals früh um 6 Uhr allgemeine Abfahrt, diesmal durch eine bessere Gegend. 2h30 nachmittags Ankunft in Okahandja, wo ich meine Flinte zum Büchsenmacher geben mußte. Ich besuchte hier Herrn Dr. F., der mich mit größter Liebenswürdigkeit aufnahm. Er zeigte mir seinen Garten, der sich noch im Anfangsstadium befindet und fuhr mich dann mit seinen Sandschneider [einem vierrädrigen, offenen Kutschwagen, ein- oder zweispännig fahrbar und von leichter Bauart, damit er auf sandigen Wegen benutzt werden kann] nach dem Kleinsiedlungsort Osona. Ich verdanke es seiner Bekanntschaft, daß ich mir eine solche Kleinsiedlung unter Begleitung des Besitzers eingehend ansehen konnte. Nun greift ein Rad ins andere; er hat mich mit weiteren Empfehlungen versehen.
Die Viehpreise sind rapid gesunken und fallen voraussichtlich noch weiter.
Dr. K., von dem mir Emil und Ernst geschrieben haben, reist heute durch Okahandja mit Gouverneur Sch. nach Europa. Ich kann also nicht mit ihm reden.
Einen sonderbaren Eindruck machen die Schwarzen. An der Küste gibt es fast nur Klippkaffern, hier meist Hereros. Man redet hier sol-

che mit „Du“ an. Sobald man einen anspricht, zieht er seine Mütze und steht entblößten Hauptes stramm, etwa genau so wie die gewöhnlichen Sterblichen in Deutschland wenn Serenissimus [der Kaiser] huldvoll mit ihnen zu sprechen geruht. (So weit erniedrigt sich der brave Deutsche, ehe er sich wohlfühlt!) Dann spricht man, und es ist eine Kunst, sich mit dem Bambusen [Dienern] zu verständigen, weil sie – wahrscheinlich eingeschüchtert – einen regelmäßig falsch verstehen. Gesten müssen da helfen.
Es ist im Sinne der Schwarzen eine große Ehre, wenn man angebettelt wird. Er will damit sagen, daß Du reich und bedeutend bist, daß Dir ein Geschenk nichts ausmacht. Deshalb darf man über diese eigenartige Ansicht nicht unwillig werden.
Gestern bat ich meinen Wirt um eine Kleiderbürste. Zu was? Nun, zum Ausbürsten, ich will einen Besuch machen. – ‘Mensch, sind Sie eitel!’ sprach kopfschüttelnd der Mann und brachte mir einen Kehrbesen, wie man ihn zum Stubenfegen braucht.
Einen beachtlichen Reiz hat der Sandstaub; nicht allein für die Augen sondern für die Nase und ich habe immer Not, meinen Rüssel gebrauchsfähig zu halten. Im übrigen schadet der Sand mitnichten, denn er ist steril. Ein Schwindsüchtiger will sich hier zur Gesundung niederlassen.
Lebt wohl, meine Lieben, Ihr, die Ihr da wohnet östlich und westlich der Elbe und meiner so treu gedacht habt beim Abschied. Habe es wohltuend empfunden, obwohl ich für Rührseligkeiten und Abschiedsszenen wenig Verständnis habe ...“

Swartklip, den 26. Oktober 1908: „... befinde mich mit Leo W. auf Pad (Landstraße). Zwei Buren haben unser Gepäck auf ihre 3 Treckwagen geladen, an denen je 20 Ochsen schwer zu ziehen haben. Wer einmal ordentlich durchgerüttelt werden will, darf sich auf einen Wagen setzen. Heute ist der 4. Tag, den ich unterwegs bin und habe 2 Nächte im Freien geschlafen – früh ist es hundekalt. Seit Okahandja geht es mir nicht übermäßig gut, ich habe mir eine Diarrhö geholt, die jetzt erst im Verschwinden ist; dazu eine mir nicht gewohnte Küche, in der Hauptsache halbgekochter, ganz dicker Wasserreis, Brot, Kaffee, Schweinefleisch. Heute sind zwei Mann auf Jagd, ich hoffe, daß sie mir ein Perlhuhn bringen ..."

Seeis, den 28. Oktober 1908: „Gestern hat der Bur zwei Böcke geschossen. Das Fleisch ist sehr zart und schmeckt wie Geflügelfleisch. Ich bekomme nun wieder Hunger.
Du wirst erstaunt sein, zu erfahren, daß Kohle – eine Art Braunkohle – hier fast überall zutage tritt. Dies ist sehr angenehm beim Abkochen. Die Kohle ist aber kein fossiles Holz wie in Europa, sondern wird von der Firma Rindvieh & Co als Nebenprodukt fabriziert, in handliche Brikettform gepreßt und in der Sonne getrocknet. Beim Verbrauch äußerst sparsam und sollte deshalb in keinem Haushalt fehlen. Man legt mitunter das Fleisch direkt darauf, wodurch man Gewürze wie Muskatnuß, Nelken entbehrlich macht. Du siehst, daß der Afrikaner in Küchenfragen dem Europäer überlegen ist. Auch ist er keineswegs so kleinlich wie dieser; er liest keine Polizeivorschriften über die Genießbarkeit seines meist undurchsichtigen Wassers, sondern erspart sich die Zeit und trinkt es.
Aber ach, 'bald wird kommen die Zeit, da die herrliche Freiheit hinsinkt', denn in Windhuk und größeren Orten arbeitet die heilige Bürokratie mit hunderttausend Armen an Paragraphen, angeblich zum Schutz und Frommen der Einwohner – in Wirklichkeit wohl nur dazu bestimmt, damit der Farmer das Lesen nicht verlernt."
„Ich habe mir gestern ein Maultier gekauft und mich mit ihm bereits angefreundet; es tut sehr reserviert und ist erst heute früh etwas zugänglicher. Reiten ist scheinbar sehr gesund, solange man auf dem Bieste bleibt. Zärtlichkeiten wie 'um den Hals fallen' verändern jedoch gewöhnlich die Lebenslage erheblich.
Meine Uhr hat das Klima nicht vertragen, die Feder ist kaputt.
Es fängt an mir hier zu gefallen! Nun lebt wohl! Hebt bitte meine Briefe auf.
Dein gehorsamer Junge Paul"

Otjihaenena, den 30. Oktober 1908 (Freitag): „Trecken ist doch nicht so einfach, wie es sich anhört.

Gestern haben wir von 3 Uhr bis nachts um 12 Uhr fahren und laufen müssen. Legt man sich dann müde nieder, dann friert man. Dazu kommt, daß wir gestern das letzte Fleisch gegessen haben und ohne Brot waren. Ich habe wunderbarerweise diese kritische Sache ohne jeden Nachteil überstanden.
Ochsen sind bis dato 2 Stück gefallen [verendet]. Ein eingeborener Viehtreiber bekommt monatlich M 120.- und freie Verpflegung. Sein Dasein ist aber nicht leicht. Schon zur Handhabung der Peitsche, die eine Stiellänge von über 3 mtr und eine Riemenlänge von ca. 5 mtr hat, gehört Ausdauer und Kraft. Dann muß der arme Kerl auf- und abwärts in dunkelster Staubwolke laufen, so daß es kein Wunder ist, wenn er permanent heiser ist.
An die dünne Luft und den Staub habe ich mich ebenso wie an den Dreck schnell gewöhnt. Fliegt einmal eine Wolke Sand zufällig auf den Teller, so serviert man hierzulande nicht von neuem, sondern macht höchstens der Zähne wegen den Mund ein wenig weiter auf ..."
„Mein Maultier (hier Muly genannt) hat den schönen Namen August und ferner großen Drang nach Freiheit. Trotz Spannfesseln läuft er nachts unheimlich weit. Er geht zwar gut, ich kann ihn aber vorläufig noch nicht gebrauchen, da der in Frage kommende Körperteil, von dem ich schon von der Schulzeit her weiß, daß er mir gehört, bereits leidend geworden ist."

30. Oktober 1908: „Heute schoß ich zum dritten Mal nach Wild und traf eine Taube. Sie war sehr mager, deshalb habe ich sie dem Bambusen überlassen."

Omitara, den 1. November 1908: „Afrika hat alle Bequemlichkeiten der Neuzeit, z.B. Elektrizität. Wenn man abends seine Decken zum Schlafen auseinanderbreitet, so blitzt es nur so von elektrischen Funken. An den Fingerspitzen hat man dafür sogar anfangs Empfindungen."
„Wir trecken unglaublich langsam. Wenn's gut geht sind wir in 8 Tagen in Gobabis. Dann haben wir seit Seeis, das wir vor 4 Tagen verließen, wieder Gelegenheit, Zucker zu kaufen, der „keia" ist. (Hererosprache, auf Deutsch: 'Weg, alles verbraucht')"

Otjiwarumendu, den 2. November 1908: „Gestern hat mein August ein Heldenstück vollbracht: Er hat Mister W. (Ulan der 8.) mit Eleganz in den Sand gelegt, so daß er heute lendenlahm ist. Auf diese Weise – so sagt sich Muly – bin ich für einige Tage von diesem Übel befreit!
Was ist ein Bambuse? Ein Bambuse ist die personifizierte Bummligkeit oder auch ein Neger von 8 – 12 Jahren, der meist nur mit den Kiefern arbeitet. Das eine Exemplar hier ist besonders bemerkenswert: Hottentott von Geburt, 8-10 Jahre alt, schwächlich, von geringer Größe. Er arbeitet grundsätzlich nur, wenn jemand aufpaßt, für den es dann eine wahre Lust ist, zuzusehen. Seine Bekleidung besteht aus einer Weste – die ein wohlbeleibter Herr getragen haben muß – sie ist tief ausgeschnitten und reicht ein Stück über die Beckenknochen herunter; das zweite Kleidungsstück, das Bambuse „Condor“ zu seinem interessanten Äußeren verhilft, besteht in einer Hose, deren Hosenboden auch die Kniekehlen bedeckt. Trotzdem ist die Hose sehr praktisch eingerichtet: Vom sog. Kreuz an sorgt ein etwa 30-40cm langer Riß für gute Ventilation. Aus dieser Beschreibung sieht jeder, daß diese Hose für den Besitzer zu groß ist. Als ich ihn zum ersten Mal sah, bedeckte sie noch seine Füße; inzwischen hat er die Hose als Putzlumpen etc. bis fast an die Knie abgerissen und aufgebraucht. Nächstens muß also der Hosenboden drankommen, dann aber reinige ich mir meine Tassen, Teller etc. lieber selbst.“

Okasewa, den 3. November 1908: „Bis jetzt ist alles leidlich glücklich verlaufen. Bruch eines Wagenrades, Sterben von Ochsen gehört zu sog. Alltäglichkeiten einer Ochsenwagenpartie, die ich seit fast 14 Tagen in vollen Zügen genieße. Etwa am Montag (9.11.) sind wir in Gobabis. Dort ist wieder mal ein Briefkasten. Der deutsche Reichstag bewilligt so wenige davon ...“

Witvley, den 6. November 1908: „Heute endlich sind wir 50 km vor Gobabis. W. ist auf meinem „August“ vorausgeritten, damit wir dort möglichst wenig Aufenthalt haben. Denn dies wäre Luxus, da so etwas sündhaft Geld kostet.“

„Unser Transport hat Achsenbruch erlitten, am 3.11., was einen zweitägigen Aufenthalt in Okasewa zur Folge hatte. Wir sind jetzt nur noch mit 2 Wagen auf Pad (Straße), während der 3. auf der Mission zu Okasewa liegt, wo Oubaas (Herr und Meister, Besitzer des Wagens) getreulich Wacht halten muß. Sein Bambuse (Boy) „Condor“ war ihm gestern entlaufen. Hätte ihn die Polizei gebracht, so würden ihm 25 mit dem Ochsenriemen verabfolgt worden sein; so kam er schließlich von allein und Oubaas wird wohl milde gewesen sein.“
„Die Transportkosten sind enorm. Meine Collis kosteten bis Windhuk inklusive aller Spesen M 44.-, von Windhuk nach Gobabis M 52.-. Bahnfracht pro 100 kg 0,04 M; Ochsenfracht 0,10 M pro 100 kg und Kilometer.“
„Eine Landplage sind unter anderem die Dornen, Morgensterne und sonstige scharfspitzige vegetabilische Erzeugnisse. Wo man hingreift, da sticht man sich; legt man eine Decke auf die Erde, so sammeln sich daran kleine Stacheln, die sich an die Hosen setzen und im geeigneten Augenblick einem die Annehmlichkeiten eines Ochsenwagentransports so herrlich vor Augen führen.“
„Das ungekochte Wasser kann ich hier noch nicht vertragen, sonst geht es mir ganz ausgezeichnet.
Eine Bitte: Ich glaube, ich habe Spulwürmer; schicke mir doch ein Wurmmittel als Muster ohne Wert, postlagernd Gobabis, DSWAfrika.“

Gobabis, den 8. November 1908: „Ich schreibe, und da ich schreibe, lebe ich, andernfalls wäre ich wahrscheinlich gestern in den Sandfeldern verdurstet – aber ich habe die 20 km – den Weg von Kalkpfanne bis Gobabis, zu Fuß glücklich in der Mittagsglut zurückgelegt, in ca. 6 1/2 Stunden. W. war auf meinem Muly schon von Witvley aus vorgeritten, da wir uns orientieren mußten, und ich kam nach ...“
„Rinder kosten heute nur 120 bis 180 Mark; Schafe, Ziegen pro Stück 14 bis 16 Mark. Land pro ha im Norden 1 M, vielleicht auch schon 1,20 M.“

Gobabis, den 10. November 1908: „Eben komme ich vom hiesigen Bezirksamt wegen Farmkauf. Die Leute haben innerhalb von 8 Tagen um 20 Pf. pro Hektar aufgeschlagen und verlangen ferner, daß ich den Nachweis bringe, ein Kapital von 15-20.000 Mark zu besitzen. Ich bitte Dich daher, sofort nach Erhalt dieses Briefes an das Kaiserliche Distriktamt zu Gobabis zu schreiben, daß Dein Sohn Paul bei Dir M 9000.- noch verfügbar hat. Der Brief ist direkt an das Distriktamt zu Gobabis zu senden und behördlich zu beglaubigen. Die Fassung überlasse ich Ernsten und Dir und verpflichte mich hiermit, auf diese Summe rechtlich keinen Anspruch zu erheben. Ich betrachte die Sache nur als Formalität. Die Sache ist eilig!"

Gobabis, den 20. November 1908: „Das wilde Leben hat begonnen. Es mögen wohl 10 bis 12 Tage her sein, daß wir Gobabis verlassen, um nach Sturmfeld (Otjunda) bei Epukiro zu trecken. Bei Owingi, einer Farm 70 km von Gobabis, ritt ich in Begleitung eines angeblich Landeskundigen querfeldein nach einer Niederlassung bei Okumbumbi, die in der Nähe meiner zukünftigen Farm liegt.
Die Luftlinie bis dahin beträgt etwa 38 km. Nach 19stündigem Ritt kamen wir an. Dein Junge hatte 36 Stunden nichts gegessen und getrunken und der afrikanischen Sonnenglut mit dem Mut der Verzweiflung tapfer standgehalten. Seit dieser Zeit bin ich wenig aus dem Sattel gekommen, habe schon zweimal meine Zunge bis an die Knie herunterhängen lassen, lebe aber mopsfidel und gesund in den Tag hinein.
Etwas Rührendes ist hier die Gastfreundschaft. Kommt man hungrig, müde, durstig an das noch so dürftige Farmhaus, so kann man sicher sein, daß der Mann christlich teilt, so in Okumbumba, wo es nur wenig Dickmilch und Reis gab. Milch, die ich früher ungern trank, genieße ich jetzt als Delikatesse, sei es Butter-, Dick- oder gewöhnliche Milch. Doch bei den im allgemeinen knappen Mengen erhält man selten davon so viel, als man haben möchte. Schade, daß ich ein so schlechter Schütze bin; es fehlt mir an Fleisch, dafür muß ich Fett teuer kaufen, wenn ich dermaleinst Leute haben werde.
Brotbacken ist auch eine Kunst, der ich mich nächstens befleißigen werde. Vorläufig hat Mister W. Brot gebacken, das außen verbrannt und innen noch nicht fertig war. Ich werde es trocknen und meinem braven Maultier geben, mit dem ich solo von Sturmfeld bis hierher ca. 100 km geritten bin. Auf der Pad habe ich nur kurz vor Gobabis Men-

schen gesehen. Zwei Nächte schlief ich in Farmhäusern und eine stürmische etwas regnerische Nacht auf freiem Feld.
Vor Regen fürchtet man sich hierzulande nicht, im Gegenteil, er wäscht und erfrischt und trocknet im Handumdrehen wieder ab."
„Hier baut man mit Macht an Gartenanlagen. Der eine hatte Wein angebaut, als Laubengang, der hat aber dieses Jahr wenig angesetzt und sah dürftig aus. Im übrigen verspricht man sich viel vom Weinbau. Häufig findet man Dattelpalmen und Bananen, die aber nur in Windhuk und im hohen Norden gedeihen, wo wenig Frost ist."
„Eine schwierige Frage ist die Eingeborenenfrage: Die Regierung greift die Schwarzen auf und schickt sie nach den Minen; der Farmer erhält den Bescheid, es sei dies Befehl aus Windhuk und es ließe sich daran nichts ändern. Leute erhält er keine. W. hat zur Not noch einen alten Buschmann mit 5 Weibern bekommen, die aber nicht besonders geeignet sind. Ich habe noch niemanden."
„Fabelhaft ist der Ortssinn der Eingeborenen. Sagt man einem, er solle nach einem 50-60 km entfernten Ort gehen, so geht er querfeldein gerade darauf los und kommt stets an. Eine ähnlich schöne Eigenschaft sollen die Esel und Maultiere haben. Hat man sich beispielsweise im Gelände verirrt, so läßt man den Zügel frei und das Tier führt den Reiter an irgendeine Wasserstelle. Mein Muly hat leider sehr wenig Durst und ich fürchte deshalb, daß dieser Vorzug bei ihm wenig entwickelt sein wird."

Gobabis, den 21. November 1908: „Eben ist mir mein Muly weggelaufen und ich muß warten, bis ihn die Eingeborenen gefunden haben; das kann noch einen Tag dauern. Ich benutze die Zeit, um Dir meine kleinen und großen Wünsche – es sind die dringendsten – warm ans Herz zu legen ..."
Es folgt eine Liste von Gegenständen, die man in Deutschland an jedem Ort kaufen kann, sobald man sie benötigt; deren Bedeutung einem aber erst so recht bewußt wird, wenn man sie nicht kaufen kann, auch wenn man sie noch so sehr benötigt. Z.B. das eine oder andere für die Hausapotheke, aber auch eine Staubbrille aus Planglas, Küchengeräte, Eßgeschirr; dann Werkzeug wie Schraubenzieher, Säge, Schraubstock, Nägel. Für den künftigen Garten 2 Gießkannen und 4

Zinkeimer; Pulver und Blei, 3 Klappstühle und den Luxus eines Selterwasserapparates.
Der größte Posten war „1 solider Wendepflug, der wohl nicht mehr als M 80-90 kostet, wenn möglich franko Windhuk." In Swakopmund sollte Herr Spediteur Tobias A. die Zollabfertigung erledigen.

Kanabis (Poviansklip), den 4. Dezember 1908: „Liebe Mutter! Du freust Dich sicher, wieder einmal etwas von Deinem Jungen zu hören, der inzwischen manchen Sturm erlebt und manchen tropischen Regen mit vornehmer Geringschätzung auf seinem Buckel herunterrutschen ließ.
Den Ort, von dem aus ich schreibe, kennst Du nicht, trotz Deiner geographischen Kenntnisse. Er heißt Kanabis (später Simmenau), manche Leute aber nennen ihn wegen der vielen Paviane „Poviansklip". Wenn Du einmal wieder auf irgendeine Weise zu einem Affen kommst, z.B. im Zoologischen Garten, und siehst Dir die größten Exemplare an, so glaubst Du kaum, daß diese gefährlich sein können. Unsere Paviane aber haben schon einen Leoparden und einen starken Hund auf dem Gewissen. Im übrigen sind die Viecher sehr spaßhaft. Unser Rivier hat als Ufer 30-50 mtr hohe steil abfallende Felsen. Gehen die Affen zur Tränke, so sitzt ein alter Pavian oben und hält aufmerksam Wache. Die Unterhaltung erfolgt laut und vernehmlich im Affendialekt. Einzeln, im Gänsemarsch, erst die Alten, geht's zum Wasser, bei jedem Schritt drehen sich die Köpfe nach allen Seiten, erst die Alten, dann ahmen es getreulich nach die Jungen. In große Nähe kann man nicht kommen, es aber deutlich per Fernglas wahrnehmen.
Ich will mich hier, 85 km südlich von Gobabis, einstweilen bei H. G. niederlassen, der mir ein vorteilhaftes Angebot machte, bis mein Vermögensnachweis geführt ist und ich nach Okatjongoro, meiner voraussichtlichen Farm, übersiedle. Aber das kann 1/2-3/4 Jahre dauern. Einstweilen besitze ich eigentümlich 6 Kühe, 2 Kälber, 2 Ochsen, 1 Bullen, 1 Maultier und gedenke noch 3 Kühe dazuzukaufen, der Milch wegen.
Heute gehe ich wieder nach Gobabis und von da nach Sturmfeld zu W., um meine Sachen zu holen, wo ich in 8 Tagen einzutreffen gedenke. Von da geht's mit kleinen Unterbrechungen nach hier zurück. Es

ist mir lieb, daß ich eine Ochsenkarre habe, denn ich finde es ungemütlich, nächtlicherweise von allerhand Getier bekrabbelt zu werden, was in der Regenzeit nur zu oft vorkommt.
Da existiert hier z.B. ein Wurm, dem Aussehen nach dem Blutegel ähnlich, nur mit Füßen, der giftig sein soll und der stellenweise schockweise vorkommt; auf anderen Plätzen sind es Skorpione, die die Aufmerksamkeit sogar der Müdesten wachhalten. Aber man gewöhnt sich an alles und wird gleichgültig. Das ist auch das Beste, denn in Wirklichkeit passiert wenig.
Wie gesagt, in 14-16 Tagen bin ich zurück und gedenke mich da etwas an einem bestimmten Platz aufzuhalten. Seit Monaten wieder einmal. Nun ist die Farm groß und meine erste Arbeit hier ist Brunnen- und Hausbau in einer Entfernung von einer Stunde von hier."
„Du hast wohl meine zurückgelassenen Briefe gelesen und gefunden, daß mein Compagnon nicht mitgegangen ist. Ich habe das absichtlich nicht publiziert, um Dich im Glauben zu lassen, ich ginge nicht alleine. Verlaß Dich drauf: Hätte ich 15.000 gehabt, hätte ich ihn mitnehmen können, so aber nicht. Trotzdem gedenke ich mich mit meinen paar Kröten durchzuwürgen, wahrscheinlich ohne weiterer Unterstützung zu bedürfen; sonst sind meine Ansprüche an Deinen Geldbeutel hoffentlich nur ganz gering."

Gobabis, den 7. Dezember 1908: „Lieber Bruder! Heute komme ich zu Dir, um mit Dir eine Vermögensfrage in Erwägung zu ziehen, und ich bitte Dich dringend, bei der Entscheidung dieser Frage diesmal nicht bloß der knöcherne Rechenmensch zu sein, sondern eingehend zu berücksichtigen, daß das Wohl und Wehe Deines eigenen Bruders an diesem Faden hängt.
Ich bin bis jetzt auf vielen Farmen gewesen und habe manche ziemlich gründlich angesehen, was lehrreich genug war, um zu folgender Ansicht zu kommen: Mit dem vorhandenen Kapital kann ich nur dann selbständig werden, wenn ich, wie ich dies bereits getan habe, mich bei diesem oder jenem Farmer aufhalte und gegen Kost arbeite. Hierbei kann mein Vieh, gegenwärtig 11 Stück Großvieh, weiden und sich vermehren, bis ich in 8 bis 10 Jahren genug habe, allein anzufangen.

Die Schattenseiten dieses Verfahrens sind aber sehr groß, denn ich kann niemals von der Farm herunter und muß mein heranwachsendes Vieh durch meinen jeweiligen Chef verkaufen lassen, der daraus nach Afrikanerart seinen Vorteil hat!
Zweitens kann er mich jeden Monat fortjagen, und zudem entgeht mir jedes Gelegenheitsgeschäft. Ganz abgesehen von einträglichen Nebenbeschäftigungen wie Buschmannshandel (Handel mit Straußenfedern, Fellen, Gehörnen etc. mit Eingeborenen), die man nur für Rechnung seines Chefs tun darf. Dabei lebe ich wie ein Wilder von Reis, Mehl und Wildbret und nachts leben dann die Ameisen im Pontok von mir."
„Ich kann nun trotzdem nicht sagen, daß mir dieses sonderbare Leben schlecht bekommt, im Gegenteil, ich fühle mich wohl, bin der Hitze und den Anstrengungen gewachsen und leide nicht mehr an Nervenanfällen. Dies ist der Grund, weshalb ich unter allen Umständen hier bleiben möchte, denn wenn ich an die letzten 8 Jahre meines Aufenthalts in Deutschland denke, so überläuft mich eine dicke Gänsehaut auch dann, wenn mir hier vor Durst die Zunge zum Halse heraushängt."
„Ob nun meine gegenwärtige Erwerbsart die richtige oder überhaupt eine zum Ziel führende sei, darüber habe ich gelegentlich alte Farmer gefragt, die ich für unparteiisch halte: Einstimmig sagen sie, daß dies kaum zu etwas Gutem führen könne, weil bei solchen Zusammenarbeiten der Angestellte zu leicht betrogen werden kann, und sie rieten ab."
„Nun lernte ich einen gewissen Georg B. aus Leipzig kennen. Der Mann ist Landwirt und hat genügend Erfahrung, wie ich sehe. Er hat die Absicht, sich nächstens anzukaufen und machte mir den Vorschlag, mit ihm auf einigen Gebieten zusammenzuarbeiten, damit wir mit möglichst wenig Betriebskosten bald und ziemlich sicher etwas erreichen. Unser Zusammengehen soll darin bestehen, daß wir Groß- und Kleinvieh in den ersten Jahren zusammen weiden lassen und uns die Kosten der Hüter teilen. Ferner soll das Holen von Proviant aus Windhuk mit eigener Karre bewerkstelligt werden, wobei für Fracht M 10.- pro Centner erspart wird. Wir haben zufällig einen heruntergekommenen aber brauchbaren Maurer bei der Hand, der billig, nämlich M 25.- pro Monat und Kost für uns Häuser, Brunnen und Gärten

baut. Im übrigen hat dann jeder von uns noch 2 brauchbare Leute, mit denen allein er zwar nicht auskommen würde, wohl aber kommen 2 mit 4 Schwarzen aus. Während der eine auf der Farm arbeitet, soll der andere, sofern keine Fahrten gemacht werden müssen, Buschmannshandel betreiben. Einer von uns aber muß unbedingt zu Hause bleiben, denn die Schwarzen könnten sonst Schaden anrichten."
„Um das Vieh zu guten Preisen in wohlgenährtem Zustand in den Hauptorten Windhuk, Swakopmund etc. abzusetzen, soll bei Okahandja in 1909/10 eine Kleinsiedlung angekauft werden mit Weideland (Preis 800-2000 M)."
„B. verfügt über etwa 16.000 M – ich dagegen habe Werte in bar oder Vieh von ca. M 5500.-, außer Handwerkszeug, Kleidung etc. Um ein gesundes Zusammenarbeiten zu ermöglichen, ist es notwendig, daß möglichst gleiche Kapitalien arbeiten."
„B. macht nun folgenden Vorschlag bezgl. Anschaffung, wobei er auf das Minimum zurückgegangen ist. (Es soll jedem unbenommen bleiben, sich mehr Kühe zu halten, die dann gezeichnet werden.)"
„Um das Interesse hochzuhalten, halte ich es für nötig, alles als Gesellschaftsbesitz zu halten, so lange wie möglich, wenigstens bis es sich lohnt, allein zu farmen.

250 Fettschwanzschafe à 20.-	5000.-
3 Ramme à 50.-	150.-
Ziegen für ca.	600.-
24 Milchkühe à 220.-	5280.-
(die sind wegen der Milch für Eingeborene mindestens nötig)	
1 Bulle	250.-
1 Karre mit 10 Ochsen	2500.-
Proviant und Löhne für 1-2 Jahre	2700.-
kleinere Ausgaben	800.-
Reserve	1000.-
	18.280.-

Macht pro Nase M 9140.-
Mein Barvermögen einschließlich Wert für zwei hierauf zu verrechnende Ochsen beträgt noch 3600.-

Das übrige Vieh von mir ist kein Milchvieh und wird gegen gleiche Stückzahl meines Gesellschafters ausgeglichen. Hiervon ab noch die Anzahlung für die noch zu kaufende Farm, 800 M, also bleibt mir nur noch M 2600.-
Es kauft sich also jeder seine Farm, die wahrscheinlich zusammenstoßen, worauf Häuser und Brunnen sogleich gebaut werden, so daß im Falle von Streitigkeiten eine Trennung unschwer ist. B. kommt mir in Geldsachen peinlich und gewissenhaft vor und ist verträglich."
„Mir fehlen also noch 6500 M, von denen ich mindestens M 2000 bald (notfalls April/Mai), Rest April/Mai (notfalls Juli/August) haben muß. Etwaige Lombardzinsen würde ich tragen."
„Ich hatte nach all den Erfahrungen mit Dir und Mutter die Absicht, lieber Dreck zu fressen – mit Respekt zu sagen – als Euch anzubetteln; aber ich tue doch den Canossagang, weil ich mir sage, daß es ein nicht wieder gut zu machendes Unrecht ist, wenn ich nicht wenigstens versuche, auf diese günstige Weise mir eine Existenz zu gründen, in der man nicht jeden Augenblick wie jetzt gewärtig sein muß, daß die Bude einfällt oder daß man fortgejagt wird wie ein Hund, sondern wo ich getrost in die Zukunft sehen kann und in einigen Jahren mich wieder europäisch kleiden, essen und denken darf.

Die Chancen sind folgende:

Nach 1-2 Jahren Verkauf von ca. 100 Hammel à 12.-	1200.-
Ziegen, Kapater	100.-
Buschmannshandel	600.-
	1900.-

Zahlen sind niedrig gegriffen, doch deckt der Ertrag die Unkosten, die sich jährlich auf 1800.- belaufen.

1 Jahr später:

150 Hammel à 10.- (für den Fall, daß die Preise fallen)	1500.-
Ziegen	200.-
Buschmannhandel	800.-
	2500.-

Dazwischen kann vielleicht noch ein alter Frachtochse abgesetzt werden, der durch eigene Zucht ersetzt wird.
Der Buschmannshandel, für den B. Anknüpfpunkte hat, ist vermutlich wesentlich höher, aber trotzdem will ich, daß die Zinsen für 2 Jahre im voraus bezahlt werden, weil ich ein pünktlicher Zinszahler sein werde.
In der Aufstellung findest Du Klein- und Großvieh. Denke nicht dabei, warum fangen die denn gleich mit beiden Sorten zugleich an. Man züchtet beides, um bei evtl. Krankheiten sich an eine Sorte halten zu können, denn die Krankheiten beider sind so verschiedener Art, daß man nicht annehmen kann, alles könnte gleichzeitig auftreten.
Wenn Ihr Euch einverstanden erklärt, so verpflichte ich mich, Euch vierteljährlich einen genauen Stand meiner finanziellen Lage nach bestem Wissen und Gewissen so lange zu geben, als ich bei Euch im Debit stehe. Über Eure Meinung muß ich so bald wie möglich Gewißheit haben und ich bitte je nach Lage der Dinge, an Quentin, Gobabis, zu depeschieren: 'Quentin Gobabis 2000 Januar' (oder den betreffenden Monat, in welchem die Absendung erfolgen wird), ,4500 April' (oder den in Frage kommenden Monat), oder im Fall der Ablehnung: 'Quentin Gobabis unmöglich'.
Mein Bankkonto habe ich bei der Deutschen Afrika Bank AG Windhuk, wo evtl. Einzahlung zu machen wäre."
„Ich wende mich direkt an Dich, weil solche Sachen ja doch durch Dich erledigt werden und bitte Dich, diesen Brief originaliter an Mutter nach Zittau einzusenden, wohin ich ausführlich nicht schreiben kann, weil ich morgen bei Morgengrauen weiter muß.
So, nun handelt, wie Ihr es verantworten könnt. Ich würde gerne noch einiges hinzufügen, aber ich muß noch Vorbereitungen treffen und werde spät und müde zu Bett kommen. Leb wohl! Mit herzlichen Grüßen an Dich und die Deinigen, die Ihr alle gesund bleiben möget.
Dein getreuer Bruder Paul"

Nach dem 7. Dezember 1908 an Schwester Feli: „... Meine Leute sagen 'Ochsen kaia', das heißt, sie sind fortgelaufen; was bleibt mir also übrig, als zu warten, bis sie gefunden sind. Echt afrikanische Ruhe gehört dazu, wenn man nicht weiß, ob man 800.- verloren hat, auf immer, oder ob der Boy das Viehzeug wiederbringt. Interessant die See-

lenruhe der Schwarzen: Du sagst z.B. 'Paul, hol die Ochsen!' Paul dreht sich schwach zu einem um und sagt gelassen 'Osse kaia' und setzt seinen Müßiggang fort. Der Afrikaner antwortet daraufhin mit derselben Ruhe: 'Osse kaia – Kos kaia', d.h. Paul bekommt solange nichts zu essen, bis er die Ochsen bringt. Daraufhin setzt sich Paul mit erstaunlicher Langsamkeit in Bewegung und sucht. Auf die Ochsen und den Jungen aber wartet man mehrere Stunden – ich warte gegenwärtig 5 Stunden und sehe nichts von den Meinen. – Endlich ist er da; mittlerweile ist es so spät geworden, daß ich erst gegen 4 Uhr nachmittags weiter kann."
„Von W. (Sturmfeld) rücke ich aus, weil ich dort keinen Vorteil habe und gehe hinunter nach dem Süden, nach Kanabis oder Poviansklip, wie lange, das hängt von Mama ab. Ich habe an Ernsten einen Brief geschrieben und ihm mein Wohl und Wehe zur Entscheidung überlassen. Hätte ich, wie ich ursprünglich wollte, das ganze Kapital gehabt, so hätte ich mir ein paar 100 M erspart und säße auf einer guten eingerichteten Farm, die einer gern und tatsächlich billig verkaufen will oder wollte, der auf Wunsch seiner Frau nach Europa übersiedelt.
Nebenbei bemerkt, hast Du nicht eine Frau für mich, Du, die Du so viele Freundinnen hast?"

Nach dem 7. Dezember 1908 an die Mutter: „... ich schrieb einmal früher, daß ich im Falle ich keine Unterstützung von Euch erwarten kann, daß ich dann zu einem Farmer gehen und gegen Kost arbeiten würde, wobei mein Vieh zusammen mit dem des Farmers weiden sollte; davon bin ich abgekommen, nachdem ich gemerkt habe, daß solche Farmer nichts taugen. Ich habe die Augen offen und bin rechtzeitig ausgerückt, denn der betreffende Mann steht im Verdacht, anderen Leuten gelegentlich das Vieh abzujagen und es an entfernteren Plätzen zu verkaufen. Der Nachweis ist schwer zu führen, weil im benachbarten Bezirk die Zahl der dunklen Ehrenmänner Legion ist."
„Bei B. bin ich einstweilen sicher, weil der Mann gute Viehwächter hat. Wir gedenken uns aber trotzdem ein Pferd zu kaufen – sobald wir beide ins klare kommen –, um räuberische Buschleute aufzuspüren. Da jeder Weiße berechtigt ist, jeden Schwarzen anzuhalten und die mit Gewehr bewaffneten gegebenenfalls anzuschießen, so dürfte bei mir

der Unfug bald aufhören. Buschleute bringen zwar Felle und ähnliches, doch auf der eigenen Farm sollte man sie nicht dulden, denn das Vieh ist vor ihnen nicht sicher und der Wildbestand wird bald vernichtet ..."
„... wenn Ihr mich ganz im Stich laßt, so bleibt mir nichts anderes übrig, als in Windhuk oder Swakopmund Arbeit zu suchen: Ziegelstreichen, Kellner etc., während mein Viehbestand dem Wohl- oder Übelwollen des Herrn B. überlassen bleibt. Dabei ist das sog. Vorwärtskommen ungemein langsam und unsicher; außerdem nicht billig, denn die Geschäftsspesen, die ich nicht kontrollieren kann, muß ich mir sauer verdienen. Wenn ich nach Jahren noch gesund bin und sich meine Viecher vorschriftsmäßig vermehrt haben, dann ist's ja auch gut, und dann erst baue ich mir ein Haus, um endlich einmal das unstete Wanderleben aufzugeben."
„Die letzte Gewalttour ist mir nicht allzu gut bekommen; wahrscheinlich weil ich zu wenig zu beißen bekam. Inzwischen bin ich wieder ohne Anfall gesund geworden. Die Darmnerven haben sich ganz leidlich betragen und begnügten sich damit, ihre Anwesenheit festzunageln: Solange ich ruhig liegen konnte, ohne Schmerzen; sonst nach etwa 20 km Marsch Druckgefühle. Aber auch meine Schwarzen waren kaputt; Chinin als Vorbeugungsmittel vertrage ich ohne Unannehmlichkeit."

Gobabis, den 22. Dezember 1908, an die Mutter: „Mir geht's dauernd ausgezeichnet; nur einmal, als ich ca. 100 km bepackt gelaufen war und unterwegs einige gewaltige Regengüsse längere Zeit keinen trocknen Faden auf dem Leibe duldeten – ich mußte im Freien schlafen – da habe ich ganz zum Schluß und auch nur vorübergehend gefühlt, daß ich Nerven habe, aber nur wenig und nicht besonders unangenehm. Nie hätte ich so etwas dort ausgehalten."
„Von Euch habe ich seit Antwerpen keine Nachricht erhalten; die nächste Post kommt erst in 14 Tagen. Ein hiesiger verheirateter Farmer hat mich zu den Festtagen zu sich eingeladen; ich weiß aber noch nicht, ob es mir möglich ist, ihn zu besuchen."
„An Weihnachten, das ich immer so gerne zu Hause verlebe, denke ich lebhaft an Euch. Den Christbaum stelle ich mir in all seinem

Schmuck im Geiste lebhaft vor, denn hier gibt es keinen ähnlichen Baum, aber dafür Punsch, und den trinke ich wirklich, das hat der Farmer Goldbeck bereits verraten, zu dem ich geladen bin."
„Meinen Leuten werde ich je eine Tabakspfeife schenken, die sie sich gewünscht haben. Auch ihr sollt später, wenn ich die Mittel dazu verdiene, so viele schöne Sachen erhalten, daß Euch kein Zweifel mehr quälen wird, ich hätte Euch vergessen. Aber diesmal sind meine Hände leer."
„Mais habe ich bereits gesteckt und er soll ohne Bewässerung auskommen, da die Gegend viel Grundfeuchtigkeit haben soll. Wenn sich das bewahrheitet, so habe ich viel gewonnen, denn ich brauche dann nur noch wenig zu kaufen, weil meine Leute ausschließlich von Milch und Mais leben. Dann kostet der Kopf pro Jahr höchstens 160-200 M. Zudem möchte ich noch 25 Pfd Kartoffeln legen; das hat aber bis Mitte Januar Zeit.
Meine Leute sind wie die Tschechen und Polen; sie tun anfangs so, als verstünden sie kein Deutsch, bis sie eines Tages von mir ein Geschenk haben wollen; das machen sie mir dann im Neger-Holländisch-Deutsch klar. Von da ab bemühe ich mich dann nicht mehr, ihnen meine Absichten durch Gesten klar zu machen, sondern ich spreche laut und deutlich Deutsch und sie verstehen es ganz leidlich.
Lebt wohl! Ich hoffe, daß Ihr mir meine Bitte wegen Geld erfüllen werdet und Ihr zweifelt doch hoffentlich nicht an meiner Ehrlichkeit, sowie daran, daß ich zielbewußt und fleißig arbeite und es auch ferner tun werde.
Doch ich kann ja nichts dafür, daß man hier mit geringen Mitteln nicht weiterkommt und daß es nun von Euch abhängt, ob ich eine sichere Existenz erhalte ..."

Kanabis, den 30. Dezember 1908 (Mittwoch) an die Mutter: „Gegenwärtig kann ich nichts unternehmen, da meine 'abgeschundenen' Schwarzen auch einmal Ruhe haben wollen: Wir haben 4 Feiertage. Ich selbst bin auch der Ruhe bedürftig und will mich keineswegs überanstrengen, was ich eigentlich schon getan habe. Denn wenn man 3 Wochen lang zu Fuß und mit Ochsenkarren Gewalttouren macht,

durch tiefen Sand bei glühender Sonnenhitze, so sagt jeder Sachverständige hierzulande: Das genügt für den Anfang!"
„Weihnachten habe ich nicht bei Mister Goldbeck verlebt, weil ich fürchtete, hier zu spät einzutreffen. Ich habe einsam mit meinen Leuten auf dem Wagen in finsterer Nacht unterwegs gelegen und mich beim Lagerfeuer von meinen Gedanken führen lassen, nach Hause, wo ich gerne gewesen wäre. Hier ersetzt man den deutschen Tannenbaum durch Weißdornbusch, der auch imstande ist, Weihnachtsgefühle auszulösen, wenn er kunstgerecht bearbeitet wird.
Meinen Leuten sagte ich: 'Heute ist Christmas; hier habt Ihr eine Tabakpfeife und Tabak zur Feier des Tages.' Obgleich sie katholisch sein wollen, wußten sie nichts von Weihnachten. Jedenfalls ist Religion bei ihnen Nebensache, mehr Wert legen sie auf Essen. Im Übrigen ist der Neger nicht so unvernünftig, wie er bei Euch gilt. Er hat eben einige Eigenschaften wie Faulheit, Sorglosigkeit, kein Verständnis für Mein und Dein. In punkto Mausen ist zu beachten, daß der Neger grenzenlos freigiebig ist, das Erlangen irgendeiner Sache macht ihm unter seinesgleichen kaum Schwierigkeiten. Man kann also beinahe von Gütergemeinschaft reden, denn er findet nichts dabei, wenn er bei der Aneignung eines Gegenstandes ganz zufällig einmal nicht um Erlaubnis fragt. Deswegen verwahren Neger Sachen, die sie nicht entbehren wollen, außerordentlich sorgfältig."

1909

Gobabis, den 6. Januar 1909: „Liebe Mutter, Ich mußte heute wegen Post und einigen wichtigen Besorgungen nach Gobabis, d.h. 70 km mit der Ochsenkarre in 2 Tagen. Bei Quentin fand ich Dein Telegramm vor, auf Grund dessen ich wenigstens etwas unternehmen kann, und das muß man sobald wie möglich, denn jeder nutzlos verstrichene Tag bedeutet Geldverlust.
Ich habe also eine Farm beantragt, und zwar aus besonderen Gründen eine andere als Okatjongaro am Epukiro, welche ich heute wieder aufgegeben habe. Neuerdings hat nämlich die Siedlungsgesellschaft ange-

regt, Tabak zu bauen; kauft bereits jetzt jedes Quantum zu M 2.- pro Pfund. Sie will Maschinen kaufen zur Herstellung von Plattentabak, der aus Amerika stammt, und fordert Farmer auf, sich zu irgendeinem Quantum jährlicher Lieferung zu verpflichten, bei günstigen Bedingungen. Tabak leidet nicht durch Heuschrecken und sonstige Schädlinge, höchstens durch Trockenheit.
Daran wollen B. und ich uns beteiligen.
Wir haben uns am Weißen Nossob südlich von Gobabis bei Kaukurus zwei Farmen ausgesucht, die viel bewässerungsfähiges Gartenland haben.
Die Größe meines Gartenlandes beträgt schätzungsweise 200 - 300 Hektar. Wenn Ihr, speziell Du, mir das Vertrauen schenkt betreff der angefragten Unterstützung von ca. M 6000.-, so kann ich damit gut vorwärtskommen und jeder kann sich eine Baggerpumpe für M 900 bis 1000.- kaufen, die zur Bewässerung von mindestens 1-2 Hektar genügt, welche allerdings erst in Monaten zur Bepflanzung fertig sind. Doch das schadet nichts, da in dieser Campagne ohnehin nicht mehr erreicht werden kann als Planierung etc. des fraglichen Landes.
Man rechnet auf einen Hektar ca. 25 bis 40 Centner Tabak. Wir gedenken aber vorläufig nur 1/4 ha zu bebauen, da unsere Arbeitskräfte nicht stark genug sind. Unsere Lage im Hinblick auf das Tabakunternehmen ist die denkbar günstigste, denn die Farmen stoßen direkt an das Land der Siedlungsgesellschaft.
Nun baue ich mir keine Luftschlösser, sondern sage mir, daß die Tabakgeschichte in spätestens 10 Jahren nicht mehr besonders lukrativ sein wird, aber bis dahin sind wir über die Anfangsschwierigkeiten hinweg ...“

Gobabis, den 20. Januar 1909: „Liebe Mutter! Liebe Oderwitzer! Heute empfing ich Eure Briefe, die ersten hierzulande ...“
„Unter meinen Jagdergebnissen befindet sich auch eine reichlich 2 mtr lange Schlange, die ich Weihnachten mit einem Schrotschuß aktionsunfähig machte. Giftig war sie entschieden nicht, aber dick und unheimlich anzusehen. Mein Herero war plötzlich vom Wagen verschwunden und jagte wie besessen mit einem Stock in den Dornbü-

schen umher. Als ich das Vieh sah, opferte ich dem Allgemeininteresse 20 Pf in Form eines Schrotschusses.
Am folgenden Tag, in größter Mittagshitze, hatte ich die Absicht, mich unter die Karre in den Schatten zu legen. Den gleichen Gedanken hatte auch eine kleine aber giftige Schlange, die ich rechtzeitig entdeckte. Unter den Nagelschuhen des Herero trennte sich die schwarze Schlangenseele von dem schillernden Leibe.
In der dortigen Gegend habe ich schon viel ähnliches Ungeziefer vorgefunden, auf meinem neuen Ansiedlungsgebiet weniger.
Drei Strauße habe ich auf meinem Platz gesehen ... Die Omakaindu [Frau] Emilie ist fieberkrank ...“
Es folgt nun die Wiedergabe einiger Einzelheiten aus verschiedenen Erzählungen Alteingesessener, die dabei auch gleich herausfinden wollten, wieviel Aufschneiderei man einem Neuling zumuten kann: „Der Neger scheint ziemlich empfindungslos zu sein. Haut man ihm mit der Faust über den Kopf, so verzieht er höchstens vergnüglich das Gesicht. Daher benutzt man landesüblich zur Erziehung einen kräftigen Knüttel und schlägt so lange, bis man eine kleine Gehirnerschütterung vermutet, anders erzielt man nichts.
Da hat doch hier ein Brunnenbauer mehrere Kaffern versehentlich mit Dynamit aus dem Brunnen gesprengt, ohne ein besonderes Wehgeschrei zu hören.
Kürzlich erzählte ein Maurer, daß er einen Schwarzen entlassen mußte, weil er sich beim Steinebrechen fortwährend die Zehen abschlägt, so daß vom Fuß sonst bald nichts mehr übrig bleiben würde.
Die Hottentotten sind nicht ohne Humor. Nachbar Riemann fragte einmal in meiner Gegenwart einen neu eingestellten: ‚Friedrich, kannst du mauern?‘ Friedrich: ‚Nee, ich kann bloß scheißen ...‘“
„Unser mit B. gemeinschaftlicher Brunnen hat viel Wasser, und zwar in 7 mtr Tiefe ...“

Owingi, den 23. Januar 1909: „Meine liebe Mutter! Wenn man 1/4 Jahr von zu Hause nichts gehört hat, so liest man die endlich empfangenen Briefe nicht nur einmal, sondern mehrere Mal andächtig durch, nachdem man sie im Anfang verschlungen hatte. Jetzt, wo ich unter meiner Karre auf dem Bauch liege, Tee trinke, Brot esse und auf einem Stück Kistendeckel mit einem abgebrochenen Stück Bleistift schreibe. Es ist Mittag; die Sonne steht etwas südlich fast senkrecht. Die Wirkung dieser Stellung ist dem Europäer im allgemeinen verhaßt, denn es ist afrikanisch heiß. Allerdings kommt mir zugute, daß ich nicht allzusehr unter Hitze leide – Du weißt ja, wie selten ich schwitze – und in der Mittagspause unter all den Weißen noch am frischesten bin."

„Es regnet jetzt öfter, aber sogenannte tropische Güsse sind es nicht immer; diese kommen am Epukiro häufiger vor als hier unten bei mir und sind, sobald man unterwegs ist, höchst unangenehm, weil keine wasserdichte Wagenplane das transportierte Gut schützt. Sich selbst läßt man in solchen Fällen einfach durchregnen, bis auf die Knochen – weiter geht's meistens nicht – wartet bis es aufhört – das geschieht von allein – und brennt dann mit Hilfe von Petroleum – das man nicht vergessen darf – das nasse Holz an. Dann sagt man in innerer Übereinstimmung mit dem Dichter: „Wohltuend ist des Feuers Macht ..." und räuchert dabei seinen eigenen Schinken ..."

„Unsere Nachbarn, die in einer Entfernung von ca. 6 km südlich von uns wohnen, heiraten demnächst und dann bekommen wir eine klavierspielende Nachbarin, die sehr musikalisch sein soll. Es ist höchste Zeit, daß solche Leute heiraten, denn sonst kann ihnen der Spiritus noch empfindlich schaden, weil man den hier wirklich nicht verträgt. Nun sind die beiden reiche Gutsbesitzersöhne mit guter Bildung (etwas studentenmäßig) und können sich größere Ausgaben leisten."

„Schwarze sind nicht zu haben, dagegen konnte ich einen mittellosen Schlosser aus den Otavi-Minen billig engagieren; wir sind somit jetzt 4 weiße Männer auf unserem Platz. Ich habe ihm neben Kost etc. M 15 monatlich bewilligt, womit er sich gern einverstanden erklärte. Mehr kann ich ihm wirklich nicht geben, aber er soll später gewisse Gewinnanteile haben, wenn er sich bewährt."

„Meine Farm ist wahrscheinlich 5000 ha groß, mehr ist in diesem Fall auch nicht unbedingt nötig. Sie hat den bedeutenden Vorteil, daß sie mehr von dem wertvollen Revierland hat als die meisten anderen Farmen. Für mich war zur Änderung meiner Pläne ausschlaggebend, daß im Norden Rindvieh gut, aber Kleinvieh schlecht gedeiht, ferner, daß in meiner unmittelbaren Nähe die Siedlungsgesellschaft als Ta-

bakabnehmer auftritt. Dieser Tabak braucht nicht fermentiert zu werden, sondern wird ungetrocknet abgeliefert."
„Nebenbei bemerkt habe ich auch größere Strecken Wald, allerdings meist sehr dünn bestanden. Sodann kleine Höhen, leidliche Landschaftsbilder, und auch Strauße fehlen nicht."
„Mit dem Wasser glaube ich keine Not zu haben, da die Anzeichen dafür deutlich sind und die Nachbarn ober- und unterhalb Wasser in Mengen haben."
„Mein Ochse „Weißfuß" (Witvoet) hat ein defektes Bein und mußte zurückgelassen werden. Die geliehenen 4 Ochsen sind schwächer und gehen nicht so gut wie meine echten „Afrikaner" [eine Rinderrasse]. Mein Maultier ist von der Sterbeimpfung zurück und hat von seinem Aufenthalt in Gobabis verschiedene Unarten mitgebracht; vor allem ist es nicht mehr so zahm wie früher, läuft gern fort, wenn man auf einen Augenblick die Zügel losläßt, und zerreißt jeden Riemen mit Leichtigkeit. Trotzdem ist es mir noch wertvoll, wenn ich andere Rabenviecher daneben sehe, die z.B. die Angewohnheit haben, sich bei vollem Galopp auf die Vorderfüße zu stürzen, den Reiter abzuwerfen und dann fortzurennen. Gutartige Maultiere sind sehr selten, deshalb schätze ich meinen „August" so hoch ..."

27. Januar 1909: „Liebe Mutter, Du kennst das schöne Lied: 'Wenn jemand eine Reise tut, der kann gar viel erzählen'. Ich kann Dir von einem kleinen belanglosen Abenteuer berichten. Also meine 4 geliehenen Ochsen waren abends noch kurz vor einem Gusse erstklassiger Sorte ausgespannt und frei ins Feld gelassen. Früh morgens, ehe ich erwachte, war mein Junge auf der Suche nach ihnen. Es wird 6, 7, 10, 12, 2, 5 Uhr. Wo sind die Ochsen, wo ist der Junge? Himmelbrimboria, ist der ausgekniffen und läßt mich sitzen? Ich muß das schlimmste annehmen und lasse die Karre im Stich, sause nach der nächsten Niederlassung, ca. 12 km entfernt, wo ich nach Sonnenuntergang, naß bis auf die Knochen, anlange. Hierbei erwischte mich ein Hund, der mir die Hosen zerreißt. Helfen konnte der Mann mir nicht, empfahl mir aber, nochmals zurückzugehen und sagte tröstlich, ein anderer Farmer, der ca. 27 km von meiner Karre entfernt wohnte, würde wahrscheinlich helfend eingreifen können.

Mir blieb keine Wahl, ich sause früh zurück und finde hocherfreut meinen Jungen mit den 4 Ochsen am Wagen. Nach seinen Darstellungen müssen die Ochsen 70 km gelaufen sein; und er auf ihren Spuren hinterdrein!? Das sind die Schattenseiten des afrikanischen Reisens, denn hier wirken sich die großen Entfernungen recht unangenehm aus.
Doch inzwischen habe ich meine beiden Ochsen wieder; mein 'Weißfuß' muß schon recht gesunde Knochen haben, sonst hätte er seine Verletzung nicht so rasch überstanden.“
„Schmerzlich ist es mir mitzuteilen, daß ich Emils Dolch verloren habe. Wenn Ihr mir gelegentlich eine Sendung macht, wobei eine Lücke auszufüllen ist, so empfehle ich als Füllung: Erbswürste, am besten eingelötet, aber nicht unbedingt nötig.
Nächsten Monat werde ich Dir noch fleißig schreiben, dann aber tritt wahrscheinlich eine Pause ein, weil ich dann nicht mehr wie jetzt unterwegs bin, sondern zu 'Hause' im Pontok sitze, ohne Schreibgelegenheit mit vielen Abhaltungen.“
„Eine fürchterliche Plage sind hier die Fliegen. Hat man einen Bissen vorbereitet, so bläst man die Viecher zuerst herunter und verschlingt denselben dann mit affenartiger Geschwindigkeit. Nach einiger Übung gelingt es einem, das ohne unbeabsichtigte Zutaten zu genießen, was die Bande einem übrig gelassen hat.“
„Heute (Mittwoch) ist Kaisers Geburtstag. Alles ist in Gobabis wegen Gründung eines Farmervereins; ich sitze also einsam und verlassen bei gutem Landregen auf einer ausgestorbenen Farm und warte seit morgen unter meinem Wagen auf das Eintreffen der Leute, die mir Hühner verkaufen wollen. Das Stück M 4,-, der Preis ist billig.“
„Mein Zelt kann ich gut gebrauchen; es ist dicht, groß genug und hält bis jetzt wunderbarerweise allen tropischen Güssen stand.“

Gobabis, den 3. Februar 1909: „Liebe Mutter, Heute kommen endlich Ernstens Zeitungspakete, für die ich schön danke. Ich schreibe einen Brief an einen Rechtsanwalt, weil ich meinen Nachbarn verklagen muß, der mich auf das gröbste beleidigte. Du siehst, daß es auch bei den wenigen Leuten nicht möglich ist, in Frieden zu leben.“

Vor Hohewarte, den 22. Februar 1909: „Liebe Mutter, ... jetzt sitze ich in einer wunderschönen luftigen Berggegend, die ich gerne mein nennen möchte, mückenfrei und grün, weit reicht der Blick; die zackigen Berge sind eine angenehme Abwechslung für mein durch lange Flächen gelangweiltes Auge."
„18 km fuhr ich durch bekanntes Gebiet bis Kaukurus, dann 71 km unbekannte Gegend bis Kowas (auf Deutsch: 'Läuseplatz'). Vorher sah ich den ersten See in Afrika, d.h. ein sog. Vley. Denke Dir eine überschwemmte Wiese, das ist ein Vley."
„Von dort ging's im Sturmschritt nach Kowas, weil uns sonst die Mükken abgemurkst hätten. Dort gibt es eine Kalkpfanne von enormer Größe, die sehr viel Wasser hat."
„Während man bis Kowas nur Hügel sieht, so hat man 20 km dahinter schon ganz ansehnliche Höhen. 64 km hinter Kowas ist eine Farm, Wasserstelle für Menschen. Tiere müssen etwa 80 km ohne Wasser aushalten. Ich habe von Kowas aus täglich etwa 45 km zurückgelegt, was aber über das normale Maß hinausgeht. Heimwärts dürften im Durchschnitt nicht mehr als etwa 25 km/Tag herauskommen, weil ich 25-30 Ctr. laden will. Vielleicht habe ich von da an die Gesellschaft eine Dr. phil. L., den ich nach Kowas bringen soll."
„Unterwegs lese ich mit Eifer die „Leipziger" vom November/Dezember."
„... daß mir mein treuer Begleiter Herr August Muly vorige Woche an Sterbe eingegangen ist. Dagegen hat sich mein Viehbestand um ein Betschuana-Bullkalb und zwei Zicklein vermehrt. Ein 3/4jähriges Bullkalb wollte ich zum Verkauf mit nach Windhuk nehmen, es tat aber nicht mit und wäre bei dem Versuch fast erwürgt worden. Er möchte eben Gesellschaft haben. Meinetwegen."

Hohewarte, den 8. März 1909: „Liebe Mutter, ... hört hierzulande der mit viel Fracht und Sorgen beladene Farmer auf seiner Weiterreise das Wort „Gute Pad" (dasselbe wie „Glückliche Reise"), so hat das eine ungleich größere Bedeutung als bei Euch, und das ‚Danke' kommt, wenigstens dem Neuling, aus größeren Tiefen der menschlichen Seele. Ein Karrenfahren mit 30 Ctr. und 8 Ochsen ist immer noch ein Spaß, wenn der Weg eben ist. Hat man aber z.B. Windhuker Gebirge zu

durchkreuzen, dann vergißt man all die Schönheiten der grünen und auch kahlen Berge, die tiefen Gründe, wo Schafe und Kühe sorglos weiden; man bewundert keine gigantische Klippe, sondern hat einzig darauf acht, daß man auf den steil bergauf und talabwärts gehenden Wegen mit tief ausgewaschenen Wasserrinnen erstens vorwärtskommt und zweitens daß man weder nach rechts oder links oder nach hinten umschmeißt. Das letztere vermeidet man, indem man sich bergan vorne auf die Karre setzt, dabei stimmt man im Verein mit den beiden Jungen den denkbar größten Höllenlärm an, den sogar Ochsen nicht vertragen können und sich daher veranlaßt sehen, möglichst schnell weiter zu kommen."
„Das schlimmste haben wir nun hinter uns, aber die 40 km bis hierher haben meine Stimmbänder sehr angestrengt, was kein Wunder ist, denn die Kraftanstrengung und der Staub waren bedeutend. Mein kräftiges Organ hat der Jungen Bewunderung erregt und immerhin den Erfolg gehabt, daß wir nicht steckengeblieben sind. Bis zum nächsten Berg bin ich hoffentlich wieder auf dem Damm."
„Gestern hatten wir Rencontre mit einer grauen Mamba, das ist eine etwa 2 mtr. lange äußerst giftige Schlange. Mein Junge Sangu macht plötzlich während der Fahrt etwas seitwärts im Gras einige rasche springende Bewegungen und ruft: 'Eine Schlange, Mister!' Ich saß vorn auf dem Wagen, greife eilends das Gewehr, lasse halten und erreiche die flüchtende Schlange unter einem Strauche. Ich sah sie nicht, aber Sangu; der will aber nicht schießen, was ja auch nachteilig sein kann, wenn man das Reptil nur wenig streift. Mein Erfolg war, daß das Biest liegen blieb, aber sich noch bewegte. Der Junge erklärte, daß ich wohl getroffen hätte, doch von hervorholen wollte er nichts wissen, bevor der Kopf nicht zerschossen sei. Als ich den dann sah und darauf schoß, war er mit dem Schrote spurlos verschwunden und wir konnten feststellen, daß der vom ersten Schuß aufgerissene Leib noch für Nachkommen sorgen wollte. Eine Schlange ist schon ein schauderhaftes Geschöpf!
Sangu ist ein heidnischer Klippkaffer; mein katholisch angehauchter Herero Paul hätte die Mamba sofort angegriffen und die Karre und alles im Stich gelassen, bis er sie zur Strecke gebracht hat."

„... die balsamischen Gerüche, die einen hie und da ersticken wollen, sind entschieden so dick, daß man sie hier bei geeigneter Behandlung leicht fangen kann. Ich habe aber aus meiner Praxis [als Drogist] zu viel vergessen, als daß ich die Düfte festnageln könnte. In Felsklüften fand ich einmal starken Vanillegeruch, an feuchten Stellen einen aromatischen Kressengeruch; sehr oft im Felde aber dringt mir eine Welle undefinierbarer Wohlgerüche entgegen, so viel und so stark, daß ich engherziger sparsamer Farmer sage: 'Ist das nicht eine Verschwendung'?
Die Reise war sehr lehrreich, ich habe natürlich jeden Menschen angelabert, um dies und jenes zu erfahren. In Windhuk habe ich eine Heimstätte in Avis – schätzungsweise 10 ha groß – für mich und B. beantragt, die wir zur Aufstellung des Verkaufsviehs, das in Windhuk auf den Markt kommen soll, benötigen. Bringt man nämlich nach Windhuk einen Schwung Vieh, so wissen die Käufer bald, daß man es innerhalb von 8 Tagen los sein muß und zahlen gern Hundepreise. Hat man in der Nähe aber einen Unterkunftsort, z.B. in Avis, so ist es nicht so eilig, sondern man füttert das getriebene Vieh erst einmal ganz gemütlich wieder auf und wartet ruhig auf den richtigen Mann.
In Windhuk habe ich mir 2 Hunde und 3 Katzen zugelegt. Zwei der Katzen machten nächtlicherweise einen 2. Fluchtversuch, der glückte, nachdem sie mir beim ersten mörderisch meine rechte Hand zerkratzt hatten. Die beiden Hunde scheinen sich leidlich benehmen zu können und geben sich neuerdings auch mit Reis zufrieden."
„Die Afrika Bank teilte mir mündlich mit, daß M 2000.- für mich eingegangen sind; sobald ich davon schriftlich Nachricht habe, bestätige ich den Empfang des Geldes an Ernst."
„Die hiesige Bevölkerung ist erbittert über die scheinbar schamlosen Ungerechtigkeiten in der Diamantengegend von Lüderitzbucht. Hoffentlich klärt sich die Sache noch befriedigend auf, denn sonst könnte man die Leute verstehen, die ‚Revolution' schreien. Es muß aber etwas Wahres bei dem Skandal sein, denn sehr angesehene Leute tragen dafür ihre Haut zu Markte. Wirtschaftlich genommen im wahrsten Sinne des Wortes. Denn die Behörden sind imstande, ihren Einfluß dergestalt geltend zu machen, daß ein Minderbemittelter

schwer zu kämpfen hat gegen etwaigen höheren Machtanspruch. Deshalb sollte man sich lieber an den Wahlspruch halten: ‚Kümmere dich nicht um fremde Sachen!' In den Blättern liest man geharnischte Artikel; mit Namensunterschift! Der Kampf ums Dasein ist schwer aber interessant für den, der sich nicht fürchtet! Leb wohl! Dein gehorsamer Junge Paul."
Nach den anfänglichen, vorläufigen Regelungen der Diamantenangelegenheiten erließ das Gouvernement auf Anordnung der Berliner Reichsbehörde scharfe Bestimmungen über den Handel mit diesen Edelsteinen. Durch Erlaß vom 25. Februar 1909 sicherte sich das Reich in der sogenannten „Diamantenregie" eine Beteiligung an der Ausbeute.

Kowas, den 12./13. März 1909: (Freitag/Sonnabend) „Liebe Mutter, Schwer beladen rollt langsam unsere Karre vorwärts. Vorne, direkt hinter der Deichsel, steht meine Proviantkiste; auf dieser Kiste steht ein Blechgefäß, gefüllt mit Trinkwasser; und auf diesem Fasse sitzt thronend der Baas [Herr] des Transports, quasi Dein Junge."
„Seit Windhuk lebe ich einfach fürstlich! Ich habe dort billig Kartoffeln kaufen können, M 15.- pro Centner, und mache mir öfters Bratkartoffeln ... Bisher habe ich von Wasserreis, Erbswurst und Aschbrot gelebt (das ist Schwarzmehl mit Salz und Wasser flachgedrückt und in der heißen Asche gebacken). Der Hunger treibt's herunter, schmecken tun nämlich die weichen Kieselsteine nicht besonders. Zum Brotbacken muß ich mir gelegentlich eine Form besorgen, die man mitnehmen kann."
„Die Fahrerei auf den Klippen [Steinen] in der Windhuker Gegend bekommt mir nicht gut, wie überhaupt ein andauerndes Rucken und Halten über Klippen und Rinnen meine Darmnerven auch heute noch unangenehm berühren. Jetzt wo wir die kritischen Stellen hinter uns haben, ist es glücklicherweise nicht wiedergekommen. Es kann aber auch am Klima liegen, denn der dortige Aufenthalt tat mir auch nicht wohl."
„Ich habe mir Wellblech mitgebracht zum Bau meines Hauses mit 3 Räumen.

Kostenpunkt:	Wellblech ca.	M 160.-
	3 Türen à 30.-	M 90.-
	2 gr. Fenster	M 100.-
	5 kl. Fenster	M 125.-
		M 475.-

„Vielleicht noch eine Tonne voller Cement, wenn der Fußboden aus Lehm von Termiten zerfressen werden sollte, die würde M 28.- kosten. Später muß das Haus gestrichen werden, kostet ca. M 50.-. Die Türen könnte man sich auch selber herstellen. Aber man schindet sicher mit einer besseren Sorte Türen einen guten Eindruck und ich bin der Meinung, daß sich diese Ausgabe als Reklame gewissermaßen gelegentlich bezahlt macht, wenn dieser oder jener Besuch in der weiten klatschsüchtigen Welt verbreitet: 'Der Mann wohnt ganz anständig; er muß nicht ganz unvermögend sein.'
Außerdem ist es für mich ein Genuß, etwas wohnlicher zu hausen als sich im eigenen Hause eng und ungemütlich zu fühlen, lediglich um M 100.- zu sparen."
„Heute ist das Wetter nach langen Regentagen endlich schön, und ich hoffe heute Nacht trecken zu können. Durch den Regen bin ich um einige Tage aufgehalten worden."
„Die Gegend ist wieder ziemlich flach und hat in der Trockenzeit eine Durststrecke von 70 km. Jetzt ist Wasser genügend vorhanden, nur läßt sich über die Güte desselben streiten."
„Nächste Woche Dienstag, Mittwoch, Donnerstag (16. - 18. März) hoffe ich endlich nach Hause zu kommen, wo ich wahrscheinlich schon sehnsüchtig erwartet werde, weil dort zum Essen nicht mehr viel vorhanden sein wird. Meine Ochsen sehen noch sehr gut aus und ich denke, daß sie es aushalten, wenn ich täglich 25 km statt 20 km zurücklege.
In meinem Transport befinden sich 2 Hunde: Ein ganz junger mit starkem Gebiß und (leider) langem Haar, dem ich den schönen Namen ‚Schuft' beigelegt habe. Der frißt für drei, wird aber auch dick und kräftig. Dann ein 2. Hund, einjährig, zart, empfindsam, der sehr gut pariert und auf den Namen ‚Caesar' hört. Dann habe ich noch einen Kater, ein gutes

Vieh, das auf das Wort 'Peter' mit einem sehnsüchtigen 'Miau' aus seinem Käfig antwortet. Peter ist außerordentlich zahm ..."
„Kalt ist es auch hier, sogar im Sommer, aber die Tage sind mit Ausnahme warm und trocken ..."

Kalkpfanne, vor Gobabis, den 30. März 1909: „Liebe Mutter, Schönsten Dank für Deinen lieben Brief vom 2. Januar d.J. und Deine Angebinde. Emil und Feli sind ja sehr nett, mir den Selterwasserapparat zu stiften."
„Heute fahre ich wegen der Unterzeichnung des Farmkaufs nach Gobabis; der Vertrag geht dann zur Genehmigung nach Windhuk und gelangt in etwa 6-8 Wochen in meine Hände zurück. Das Geschäft wird dann perfekt. Die Eintragung der Klausel werde ich zu gegebener Zeit beantragen; heute ist das noch nicht möglich, weil das Grundbuchblatt nicht ausgelegt werden kann. Meine Farm ist abgesteckt und oberflächlich vermessen. Erst nach der genauen Vermessung wird das Grundbuchblatt ausgelegt und dann können die Hypotheken eingetragen werden. Ernst kann nun ja einen Vertrag zur Unterschrift einsenden, denn es ist wahrscheinlich, daß man bis dahin noch ein bis zwei Jahre älter werden kann.
Die von Dir monierte Eile hat Gründe:
l. ist das Land bereits von 1.- auf 1.20 pro Hektar gestiegen und soll noch auf 1.50 M steigen;
2. ist eine Farm nicht wie die andere. Die erste Farm (Okatjongoro) hat anderen gegenüber gute Wasserverhältnisse und Weide, landschaftliche Schönheiten etc. Die Jetzige hat letzteres in bedeutendem Umfang ebenfalls, dazu aber viel Gartenland und eignet sich im Gegensatz zu Okatjongoro sehr gut für Kleinvieh.
Nun ist die hiesige Gegend schon dicht besiedelt und wenn man kaufen will, soll man nicht warten. Die letzten Bedenken wurden zerstreut, als ich mit B. zusammentraf, da dieser die technische Seite genügend vertreten kann. Ich komme mit ihm ganz gut aus. Er will sich nächstens verloben."
„Die durch Ernst gesandten M 2000.- (zweitausend Mark) sind am 1. März 1909 bei der Afrika Bank für mich eingegangen."
„Gegenwärtig kommen bedenklich viele Fieberfälle vor, die fast immer sehr ernst sind und bereits einige Opfer forderten. Die Betroffenen sind

gewöhnlich durch Alkohol und Strapazen geschwächte Personen. Ungenügende Ernährung kann ebenfalls schuld sein, aber weniger. Unsere Schwarzen haben auch Fieber, aber höchstens 39 bis 40° C, nicht 41° C wie ein junger Mann, den wir aufgenommen hatten."

Eine Photographie, die am 31. März 1909 in der Nähe von Gobabis aufgenommen worden ist. Die mit ihm abgebildeten Eingeborenen werden wahrscheinlich „seine Leute" gewesen sein, d.h., seine Angestellten und deren Angehörige.
Der Schwarze neben ihm könnte ein Damara sein, ein „Chaudamab", auf den sowohl die Hottentotten als auch die Herero herabsahen, eine Sorte, die aber dennoch nicht ganz ohne Selbstvertauen waren, es aber damals vorsichtshalber nicht allzu offen zeigten.
Der Mann neben ihm hat einiges von einem Hottentotten und gehört zu jener Sorte, denen wir niemals ein Pferd anvertraut haben, da sie es in kürzester Zeit zu Tode geschunden oder zumindest derart zuschanden geritten haben, daß es hinfort untauglich war. Die Frau und ihr Kind – von wem auch immer – erinnert mich an so manche unserer Küchenhilfen: Buschmann und/oder Hottentottenfrauen. Die tragen ein Kopftuch, sobald sie verheiratet sind. Hatte zuvor das Dasein in der Wildnis ihnen das Leben nicht leicht gemacht, so waren es jetzt oft die dominierenden Mitglieder der Gemeinschaft.

Gobabis, den 31. März 1909: „Lieber Bruder! Herzlichen Dank für Deinen Brief und freundlichst zugedachtes Briefpapier."
„Den Vertrag vermag ich heute noch nicht zu unterzeichnen, weil ich heute zu ruhiger Überlegung keine Zeit habe. Gobabis ist zur Zeit ein böser Fieberort und ich muß deshalb vor Einbruch der Dunkelheit auf die Höhen der Umgebung gelangen. Gedulde Dich deshalb noch bis zur nächsten Post. Nicht aber will ich Dich warten lassen auf die Anerkennung Deiner durchaus brüderlichen Gesinnung, und danken will ich Dir für Dein opferfreudiges Angebot, dessen ich, hoffen wir, nicht bedürfen möge."
„Heute war ich auf dem K. Distriktsamt zur Unterzeichnung des Farmvertrages und in einigen Monaten geht die Bestätigung vom Gouvernement vermutlich ein ..."
„Von den Strapazen der Windhuker Reise habe ich mich nach 8 Tagen bei Dickmilch, Brot, Kartoffeln und Eiern erholt. Im ganzen Bezirk herrscht ein bösartiges Fieber, was mehrere Todesfälle bezeugen können. Es ist gut, daß ich meine Wellblechbude und ein selbstgezimmertes Bett in Ordnung habe, so daß man wenigstens vor Nässe und Erkältung geschützt ist. Von Stechmücken bin ich oft sehr zerstochen, was aber, im Gegensatz zu B., der sich mit einem gewaltigen Mosquitonetz bewaffnet hat, mein seelisches Gleichgewicht nicht stört. Unangenehm sind die Tierchen dennoch, von der Krankheitsgefahr ganz abgesehen."
„Meine Beleidigungsklage gegen meinen ruppigen Nachbarn habe ich nach gründlicher Erforschung rückgängig gemacht. Der Mann ist ja erst 23 Jahre, war stark bezecht und ist mein Nachbar, mit dem man möglichst gut auskommen will.
Mit herzlichen Grüßen an Dich, Weib und Kind ..."

8. April 1909: „Liebe Mutter, Ich arbeite mächtig im Garten, der nun sehr gut gedeiht. Heute habe ich 8 Zeilen Kartoffeln gegraben. Die Qualität ist gut, die Ausbeute mittelmäßig. Wer gut bewässert, erntet viel und hat Freude am Anbau, aber es kostet viel Arbeit, zumal unsere Pumpe nicht funktioniert. Da nehme ich mir 3 Jungs und gieße andauernd ..."

„Wir erwarten in den nächsten Wochen den ersten Frost, damit endet dann die Gurken-, Bohnen-, Kürbis- und auch die Kartoffelernte. Kohl, Zwiebeln, Radieschen und Salat werden aber weiter gebaut. Mit dem ersten Frost endet aber auch die Mosquito-, Fliegen- und überhaupt Insektenplage."

„Ein interessantes Insekt, das ihr nicht kennt, ist der Dickpens, etwa ein sehr großer Käfer ohne Flügel, vielleicht eine Grillenart, denn das Tier zirpt. Dieses edle Geschöpf lebt in unzählbaren Mengen überall, aber mit Vorliebe im Garten, wo was wächst; es frißt, und zwar sehr gründlich. Einen besonderen Reiz für den Ansiedler hat ein frisch mit jungen Pflanzen bestecktes Beet am folgenden Tage, denn was sieht er? Vieles, was nicht mehr da ist und einige schwerfällige Dickpense, die sich gerade über den Rest hermachen und dann geduldig warten, bis man nachpflanzt. Nicht wahr, das sind doch interessante Tiere?"

„Vorgestern ist Herrn B. eine schöne und teure Färse eingegangen, unter recht verdächtigen Erscheinungen. Bei der Öffnung stellte sich heraus, daß sie einen Fellfetzen im Schlund hatte, den sie nicht mehr nach oben bringen konnte. Es ist nicht ausgeschlossen, daß unsere Leute dem Tier beim Ableben behilflich gewesen sind.

Von den Ziegen werden wir in den nächsten Monaten 3-5 alte Tiere schlachten müssen, die an einer Fußkrankheit leiden und nicht mehr recht gehen wollen. Schlimm ist das noch nicht, denn wir haben mit den kleinen immerhin 82 Stück und erwarten nächstens mehr. Eine Ziege bringt oft 2 Junge, und 20 Ziegen hecken [lammen] im Mai/Juni. Dann ist die große Lammzeit. Von den Tieren machen die Ziegen die meiste Arbeit; sind sie klein, so muß man sie vor Regen und Kälte schützen, und unsere großen sind oft fußkrank.

Es ist dies eine Art von Klauenseuche. Ich nehme dann das Messer und kratze den Eiter heraus, während mindestens zwei Jungs das Tier festhalten, und spüle dann kunstgerecht mit Kreolin [Desinfektionsextrakt]. Das Verfahren hat sich bewährt."

Farm Breitenberg, den 12. April 1909: „Liebe Mutter, ... eine böse Reise habe ich heute gemacht. Ich befasse mich, wie du weißt, mit dem Plane, ein Haus zu bauen und wähle jetzt den Platz dazu. Für diesen Zweck steht mir die ganze Seite am Rivier zur Wahl; das sind 7 km. Diese 7 km im Riviersand zu durchlaufen war meine heutige Leistung. Als schwachen Trost habe ich ein Sandhuhn erlegt und eine Schildkröte gefunden. Mit ersterem fülle ich mein Gedärm, mit der Schale der anderen mache ich mir in Windhuk gute Freunde."

„Den größten Teil dieser Partie habe ich nun zum ersten Mal durchwandert und dabei entdeckt, was meine Farm an landschaftlichen Reizen bietet. Bisher bin ich nur auf dem nördlichen Teil gewesen, der wenig Bäume hat und viel Gebüsch und manches schmackhafte Huhn. Im südlichen fand ich einige [Perl-]Hühnervölker, sah einen Kudu (Antilopenart in Centnergewichten), zwei Deuker (Gazellenart). Da der Kugellauf meines Drillings nicht in Ordnung ist, brauchte ich auch gar nicht erst anzulegen, denn ein Schrotschuß wirkt auf Großwild wie ein starker Hagelschauer. Ein schönes Bild geben die Kudus mit ihren großen regelmäßigen Gehörn ab."

„Unsere Hennen sind recht ungezogen. Sie legen schlecht und wenn sie nun wirklich einmal so freundlich sind es zu tun, dann gewiß in meine Decken oder eine Kiste, höchst ungern aber in die vorgeschriebenen Nester."

„Jetzt fängt es wieder etwas zu regnen an, da muß ich die jüngsten Lämmer mit in den Pontok nehmen, wo sich ein Heidenspektakel entwickelt. Draußen schreit die Mutter, drinnen das Kind ... es genügt ja ein Schreihals vollkommen, um die anderen blödsinnigen Schafe zu dem gemeinschaftlichen geistreichen Ruf 'Mäh' zu veranlassen ..."

„Als Philosoph finde ich, daß eine Zeitbeschränkung der Meinungs- und Empfindungsäußerung der einzelnen Individuen (also auch der Schafe) nicht besteht, und auch juristisch ist ihnen nicht beizukommen, da es sich um Minderjährige handelt, für deren Unsinn wiederum ich der Verantwortliche bin. Ehe sich also die Schlange in den Schwanz beißt, schließe ich meine Äuglein, lasse mich von Uribs [Kopfläuse] zwicken und applaudiere dem Mißgeschrei durch behagliches Schnarchen, kümmere mich wenig um das seelenruherschütternde Summen von Mosquitos und finde dann, wenn frühmorgens der Hahn mir die Mitteilung macht, daß die Welt noch steht, daß sich alle Geschöpfe der Erde wohl vertragen können, wenn sie nur wollen."

„... in Kaukurus wollten wir bei der Siedlungsgesellschaft Kühe kaufen. Nun befindet sich aber der Verwalter fieberkrank im Lazarett in Gobabis. Ich hatte also den Weg umsonst gemacht ..."
„... bei Gobabis fließt andauernd in Höhe von 1 mtr und einer Breite von 5 mtr der Schwarze Nossob. Brücken sind hier nicht üblich und der Farmer fährt durch das rasch fließende Wasser kaltlächelnd mit Karre und Ochsen hindurch. Ich hatte Pech insofern, als sich einmal ein junger eigensinniger Ochse am anderen Ufer hinlegt und mich in den Fluten zurücklassen wollte. Auf der Rückreise lenkte der Treiber schlecht und wir kamen in Gefahr umzukippen, was leicht passieren kann. Schließlich riß der Jochriemen des einen Ochsen ... aber ersoffen bin ich nicht."
„Die afrikanische Hitze geht mehr und mehr zurück. Man lernt jetzt afrikanisch frieren, die Pelzjacke tritt wieder in regelmäßige Benutzung. Der Wintermantel ist des nachts nicht mehr zu entbehren."
„Wenn Du einmal Dr. Berger triffst, so teile ihm nur mit, daß seine Alkoholtheorie sich in Fiebergegenden zu bewähren scheint, wenigstens sind wir beiden Abstinenzler im Gegensatz zu der stark alkoholischen Umgebung vom Fieber verschont geblieben. Der Tabakgenuß ist aber wahrscheinlich auch nachteilig ..."

Gobabis, den 26. April 1909: „Liebe Mutter, Eben komme ich aus dem hiesigen Lazarett, in das ich malariakrank getragen werden mußte. 8 Tage lang hatte ich Fieber, war matt zum Umfallen, ehe ich hier ankam. Nachdem ich bis zum Taubsein Chinin gefrühstückt hatte, hörte das Fieber auf und der Appetit kam wieder. 11 Pfd habe ich dabei abgenommen und wiege jetzt noch 118 Pfd. Stelle Dir einen tüchtigen Influenzaanfall vor, das ist etwa das gleiche wie Fieber. Es war gut, daß ich baldigst ärztliche Hilfe annahm, denn nach den Büchern und Ratgebern wäre ich das Leiden wohl nicht so schnell losgeworden. Es wird im Bezirk Gobabis wenig Leute geben, die dieses Jahr von dieser Krankheit verschont geblieben sind. Denn es regnete mehr als reichlich. Die Parasiten habe ich mir in Kaukurus, diesem Seuchenherd, geholt, als ich die Kühe kaufen wollte. – Die Betreuung war gut, bis auf das Futter, das sehr mittelmäßig beurteilt werden muß."

Gobabis, den 27. April 1909: „Die Rechnung für den Lazarettaufenthalt beträgt M 42.-. Im Hotel werde ich auch noch einiges loswerden, aber Hauptsache, ich lebe noch und habe außerordentlich Hunger. Im Blute wurden keine Parasiten gefunden; angeblich hatte ich die schon mit Chinin abgetan. Dafür aber Eiweiß in Spuren, was man auf den letzten Fieberanfall zurückführte.
Der Stabsarzt legte dieser Entdeckung keine Bedeutung bei.
Im Lazarett erhält man wöchentlich 2 Schtl. Schweden, 1 Fl. Rotwein, 1 Fl. Fruchtsaft, zuweilen auch eine Flasche Cognac und 10 Cigarren. Zum Abschied bekam ich 300 2 gr.-Tabletten Chinin als Vorbeugungsmittel für mich und meine Leute freundschaftlich in die Hand gedrückt. Man will nämlich das Fieber ausrotten. Meine angeschwollene Milz hat sich bereits wieder gesetzt. Die Herztätigkeit ist auch wieder in Ordnung."

Gobabis, den 1. Mai 1909: An Schwager Emil und Schwester Else, die am 11. April ihren Hochzeitstag feierten, was ihn zu folgender Betrachtung veranlaßt:
„Ich habe an Euch gedacht ... Dabei lag ich friedlich in meinem selbstgezimmerten Bett – es war ja Feiertag – ... dann bin ich gedankenversunken aufgestanden, habe 3 Eier geschlagen, Milch und Mehl dazugerührt und kam endlich wieder zu mir, als ich den vielversprechenden Eierkuchen auf dem Teller liegen sah. Da wurde mir klar, daß ich als Herr der Schöpfung diese Beschäftigung ja eigentlich gar nicht nötig hätte, wenn ich wie Du, lieber Schwager, verheiratet wäre! Dann nämlich winkt man nur noch mit dem kleinen Finger ...
Zwei Tage später, am 13. April (Dienstag) wurde ich krank und hatte Fieber und Schüttelfrost bis zum darauffolgenden Montag. Dann kam ich ins Lazarett und erhielt von mittags bis nachts um 2 Uhr alle 2 Stunden 0,5 gr. Chinin, insgesamt also 4 gr. Am nächsten Tag in gleichen Abständen insgesamt 3 gr. Die Folge war Schwerhörigkeit, die sich aber gelegt hat. Nach 6 Tagen wurde ich entlassen.
Der ganze Distrikt Gobabis leidet schwer unter Malaria wie kaum ein anderer. Jetzt setzt bereits die Kälte ein und die Mosquitos verschwinden. Meine braune Hautfarbe ist während der Krankheit verschwunden."

„Vorgestern hatte ich ein Maultier bestiegen, von dem behauptet wurde, daß es lieber ohne Reiter läuft. Etwa 12 km bin ich tadellos geritten, dann passierte etwas: Der Gaul wirft den Kopf nach rückwärts, um meinen Fuß zu beißen, dann geht er im Galopp seiner Wege. Da ich grundsätzlich niemandem meine Meinung aufzwinge, so suchte ich mir eine hübsche sandige Stelle aus, die ich dann auch mit beiden Händen ergriff; da ich dort aber weder Gold noch Diamanten fand, so war mein Verweilen zwecklos und ich zog es vor, mich mit meinem Muly wieder zu vertragen."

„Jetzt hat B. ein Pferd gekauft ... und da werde ich einmal ordentlich reiten lernen.

Der Tabak hat große Schwierigkeiten bereitet, und ich werde mich damit erst befassen, wenn ich allein bin, d.h. ohne B., das ist nämlich ein Mann wie Ernst, mit 1000 Wenn und Aber. Solche Leute sind oft Blei an den Füßen, obgleich sie auch ihre guten Seiten haben. Ein charakteristisches Beispiel habe ich jetzt von ihm: Auf meiner Windhuker Reise habe ich ein Geschäft gemacht, zu dem er seine nachträgliche Einwilligung geben muß. Zwei Monate hat es fast gedauert, ehe er sich klar wurde. Da kommt es denn zuweilen vor, daß ich ihn übergehe, weil mir das alles zu langweilig wird. Das unter uns gesagt."

„Mit dem Kuhhandel habe ich jetzt kein Glück. Bei zwei Farmern war ich ohne daß ich zu einem Geschäft kam; ich mußte also weiterwandern. Dann muß ich noch 100 Stück Fettschwanzschafe kaufen. Die Tiere haben in dem weichen dicken Schwanz 6-15 Pfd ziemlich dünnflüssiges Fett, das zum Braten und Backen genommen wird.

Zum Brotschmieren wird es von den Buren genommen; dafür kann ich mich aber nicht begeistern. Die hier gezüchteten Hammel sind nicht mit den dortigen zu vergleichen, denn unsere (in SWA) sind besser im Geschmack. Man will später hiesiges Fleisch in gefrorenem Zustand von Swakopmund nach Hamburg senden. Vielleicht lernt Ihr bei dieser Gelegenheit die Güte der hiesigen Ware schätzen. Die Frauen hierzulande versuchen es, den sogenannten Schafsgeschmack zu veredeln. Der Braten ist weich und nicht besonders fettreich und prima."

„Hier baut man an einer Schule, in der die Kinderlein von der gestrengen Lehrerin sorgsam in allen Weisheiten unterrichtet werden

sollen. Dann hat man noch, damit die höhere Gelehrsamkeit auch eine Stätte hat, in Windhuk eine Realschule errichtet, mit Berechtigung bis zum Einjährigen."
„Im Reichstag wundert man sich, daß der hiesige Bierkonsum durchschnittlich pro Jahr und Kopf 5 Hektoliter beträgt. Wenn die Leute wüßten, daß an den fraglichen 35.000 Hektolitern der kleinere Teil der Bewohner saugen, dann würden sie noch mehr staunen ..."

Gobabis, den 1. Mai 1909: „Liebe Mutter, Deine Sendung ist Ende März in Swakopmund angekommen."
„Meine Wohnung baue ich nächstens, dann kann ich auch einmal krank werden, ohne ins Lazarett zu müssen, weil ich dann vor Zugluft geschützt bin."
„Wollschafe habe ich überhaupt keine, nur Fettschwanzschafe, die lediglich gefüttert werden müssen. Wollschafe müssen glattes und stechgrasfreies Gelände haben, und es bleibt noch abzuwarten, ob unsere Gegend dazu geeignet ist."
„Ich habe mein Viehzeug noch nicht ganz beisammen und muß Dich daher mit meinem Bericht noch etwas warten lassen."
„Berge in Eurem Sinne habe ich nicht, Anhöhen ja, dabei ist das Gelände auch nicht eben, sondern ganz sanft wellig. Zum Getreideanbau eignet sich ein großer Teil meines Landes, aber wozu die Arbeit, wenn man keinen Absatz findet. Später kaufe ich mir eine Handmühle und werde vielleicht etwas Weizen anbauen, wenn ich mich nicht mit Mais begnüge, der oft 200- bis 300fältig trägt."
„Zur Beurteilung der Eingeborenen diene folgendes: Ich war unfähig, mich längere Zeit auf den Beinen zu halten, als ich krank nach Gobabis fuhr. Jede Bewegung war eine Anstrengung; jede menschlich fühlende Seele mußte Rücksicht nehmen und der Untergebene hatte erst recht die Pflicht, seinem Gebieter das Leben leicht zu machen. Was aber machen die Eingeborenen? Sie reagieren nicht auf meine Anweisungen und saufen mir von meinem Wasser einen großen Teil weg, ohne selbst in Not zu sein. Wasser war aber das einzige, was ich zu mir nehmen konnte. (Und dabei hilft man seinen Leuten in jeder Krankheit, bei jedem Unfall!) Zum Zuhauen war ich zu schwach und deshalb sagte ich ihnen, ich würde sie von nun an „wie Poviane be-

handeln". Als ich nach Gobabis kam, hörte ich ähnliches von anderen Seiten. Was soll man künftig tun? Ich lade meinen Revolver mit Salz und schieße ihnen eine Ladung auf die blanke Haut. Eine Ladung wird genügen, um die Bande zur Raison zu bringen. Vorher werde ich mich erkundigen, ob die hiesige Polizei in solchen Fällen bereit ist, 25 [Hiebe mit dem Ochsenriemen] aufzuzählen. Der Neger faßt eine derartige Behandlung als selbstverständlich auf und macht auch keine Späne, wenn er gerechterweise etwas abkriegt."
„Mit Straußenfedern ist es Essig, da die Regierung die Jagd auf Strauße ganz verboten hat."
„Das Wasser ist hier nicht so leicht zu haben wie bei Euch. Hier geht man zuerst ans Rivier (Flußbett), verfolgt die Wasserader am Ufer, was man aus der Lage der Weißdornbüsche ersehen kann, greift zur vielverspotteten Wünschelrute und sucht sich eine passende Stelle. Dicht am Rivier haben wir etwa 4 mtr zu graben, entfernter (300-400 mtr) davon dann 7-8 mtr, und landeinwärts muß man sich an Kalkpfannen halten, wo Wasser meistens in Tiefen von 4-8 m zu finden ist. Hat man eine oder mehrere Kalkpfannen – große flache Mulden aus Kalk – tief im Inneren, so erhöht sich der Wert der Farm um ein beträchtliches, weil das Land sich besser ausnutzen läßt; denn mehr als 6 km kann man doch das Vieh nicht landeinwärts treiben!"
„Diamanten von Lüderitzbucht habe ich gesehen: Wasserklar und sonst prima. Man wird ruhig daran glauben müssen, und ich bedauere, daß Lüderitzbucht nicht in unserer Nähe liegt. Da würde man manches loswerden können, was jetzt nicht immer so ganz einfach ist. Ich denke und hoffe, daß die Leute, die in unserer Gegend suchen, auch einmal fündig werden. Gold hat man ja, aber solange die Eisenbahn nicht Gobabis und Windhuk verbindet, soll sich die Ausbeute nicht lohnen."
„Die Regierung hat das Schürfrecht auf Diamanten bei Lüderitzbucht einzig der Kolonialgesellschaft gestattet, wohl um englisches Kapital fernzuhalten. Darüber haben die Windhuker und andere viel Lärm gemacht, der aber ohne Wirkung geblieben ist."
„Mit B. komme ich jetzt leidlich aus; wir gedenken ja auch nur die Anfangsjahre zusammen zu wirtschaften, um uns dann friedlich zu tren-

nen und uns nur bei Bedarf gegenseitig zu vertreten. Deshalb bauen wir unsere Häuser auch nicht allzufern voneinander, etwa 2 km."

Gobabis, den 2. Mai 1909: An Bruder Ernst. „Den Vertrag habe ich unterschrieben und nach Zittau geschickt und wegen der Hypothekensache gebeten, mir einen Vertrag zu senden, der eine Eintragung, die vorläufig noch nicht möglich ist [da die Farm noch nicht genau vermessen ist], einstweilen ersetzt.
Wenn ich die letzte Rate erhalten habe, werde ich Euch einen Einblick in mein Geschäft tun lassen und Euch auf dem Laufenden halten. Vorher hat es keinen rechten Zweck ..."
„Eine sonderbare Auffassung herrscht hier über Rechtspflege. Ich kenne Farmer, die Klagen beim Zivilgericht einreichten, die aber gar nicht behandelt werden. Der eine hatte sich einige Mal nach dem Stand der Dinge erkundigt, aber keinen Bescheid erhalten. Er sagt, man hätte ihn fast rausgeschmissen. Und zwar gehen die Klagen gegen höhere Verwaltungsorgane. Ich habe mehrfach gefunden, daß man kein Vertrauen mehr hat, weder zur Verwaltung noch zum Gericht. Hoffentlich komme ich nicht auch einmal in die Lage, das Vertrauen in die Obrigkeit zu verlieren!"
„Heute ist Sonntag und Gottesdienst für beide Confessionen. Die Eingeborenen in großen weißen und farbigen Schürzen, hin und wieder ein tadelloser Sonnenschirm, graziös getragen, die weiten Röcke, hinten lang, vorne kurz, ungeschickt und unanständig gerafft, so ziehen sie hin zum Kirchlein, um ihre markerschütternden Stimmen selbstgefällig erschallen zu lassen. Männer sind wenige vertreten. Daß das Christentum irgendwelche segensreichen Spuren hinterläßt, wird man wohl nicht behaupten können. Äußerlichen Erfolg mögen die Missionare heute erzielen, aber überzeugte Christen mit schwarzer Haut werden hier erst spätere Generationen hervorbringen, wenn das dem Neger angeborene Gefühl vollkommener Wurschtigkeit einige Einbußen erlitten haben wird."
„Von den Negern hat der Klippkaffer wahrscheinlich das beste musikalische Gefühl; denn ich habe solche schon zweistimmig gehört; das klingt zwar nicht bezaubernd aber rein. Der Buschmann singt, soviel ich gemerkt habe, selten, aber hie und da spielt er Zieh- oder Mund-

harmonika, einfache, kurze Strophen, die sich nicht unangenehm anhören. Wehe dem aber, der sich etwas von Hereros vorsingen läßt! Ein Getön, das Steine erweicht! In meiner Nähe darf keiner von denen seinen Mund auch nur halb öffnen zum leisen aber nerventötenden Gesinge. Interessant wird die Bande an Vollmondnächten, wenn sie ihre Tänze aufführen. Feierlich ernst, oft auch etwas polnisch heben sie ihre Hinterbeine, entweder im Takt der Ziehharmonika oder nach Gesang, der mit eifrigem Händeklatschen begleitet wird. Wenn man die Kerle dabei überrascht, so ist der Tanz aus ..."

Farm Breitenberg, den 11. Mai 1909: „Liebe Mutter, Heute habe ich zum ersten Mal meine Farm in Betrieb gesetzt, indem ich einen Dornkraal baute zur Aufnahme von vorläufig 67 Fettschwanzschafen und 48 Ziegen. Es hat sich herausgestellt, daß unsere Herden in aller Kürze geteilt werden mußten und ich hielt es deshalb für angebracht, von vornherein selbständig zu wirtschaften. Der gemeinsame Betrieb ist also nur noch beim Transportwesen und der Leuteversorgung am Leben. Unsere Hühner haben Zuwachs von 7 Küken. Die Gartenproduktion ist großenteils durch die Dickpense vernichtet, weiter haben unsere Kaffern in unserer Abwesenheit schlecht gegossen ..."

Farm Breitenberg, den 18. Mai 1909: „Liebe Mutter, Kaum zurück von Gobabis bin ich weitergefahren nach Hoaseb, 50 km südlich, um Schafe zu kaufen. Es ist mir aber nicht geglückt, denn die fragliche Herde war von der Räude verseucht, was ich im letzten Moment noch merkte. Da bin ich also 3 schöne Tage umsonst unterwegs gewesen und habe mich im Fiebernest Aais tüchtig von Stechmücken bearbeiten lassen."
„Vor einigen Tagen ist meine Farm abgesteckt worden und wird vom Landmessergehilfen auf etwas mehr als 5000 ha geschätzt. Im Norden soll eine große Kalkpfanne liegen, die ja im allgemeinen Wasser enthalten. Hierdurch würde die Farm wesentlich gewinnen, da ich das Hinterland ausnützen kann, denn sie liegt etwa 8 km landeinwärts. Später, wenn ich mehr Zeit habe, werde ich sehen, ob man Wasser aufspüren kann. Inzwischen aber hoffe ich das Beste."

„Nach einigen freundschaftlichen Auseinandersetzungen werde ich mich, was Ackerbau und Viehzucht anbelangt, isolieren, zumal ich allmählich einen Überblick über die Verhältnisse gewonnen zu haben glaube. Ich fühle mich offen gestanden nicht wohl in dem Zusammenleben und hoffe, daß wir uns getrennt gelegentlich mehr nützen können als bisher. Das „Vorwärtskommen" dürfte auch dabei gewinnen."
„Der Hausbau wird wahrscheinlich nicht in der gedachten Weise stattfinden, da unser Baumeister uns im Stich zu lassen scheint. Schadet nichts! Da mache ich mir meine Bude selbst so gut und schlecht es geht. Freilich erhält sie ein anderes Aussehen als ich sie mir vorstellte und es wird dabei nur in Frage kommen, ob mein Heim praktisch und zulänglich ist. Die Fenster fabriziere ich selbst, die Türen lasse ich anfertigen. Glas ist Luxus, dafür Gaze und bei Regen ein Sack. Das Gebälk muß selbst gezimmert werden und zwar aus termitensicherem Kameldornholz."

23. Mai 1909: „Viel habe ich von meiner über 50 Quadratkilometer großen Farm noch nicht gesehen, aber einiges, und ich bin ziemlich befriedigt. Kleine Höhen, dichte Büsche und einige hübsche Aussichtspunkte geben genügend Abwechslung für mein schon anspruchsloses Gemüt. Und vom praktischen Standpunkt ist nichts ungünstiges von meinem neuen Wirkungsbereich zu berichten. Freilich, manches könnte besser sein, aber von den allbekannten gebratenen Tauben habe ich bisher noch nicht viel bemerkt; jedenfalls sehe ich genug Großviehweide und vorläufig hinreichend Kleinviehfeld, und Gartenland mehr als ich zu bearbeiten vermag. Hin und wieder fehlt der Baumwuchs, doch habe ich immerhin noch genügend gefunden. Dagegen habe ich an manchen Stellen reichlich den sog. Hakkiesdornbusch, den die Buren „Wag 'n bietjie" nennen. Wer in den Bereich dieses Busches kommt, muß ein bißchen warten, bis er wieder frei ist. Die Blätter dienen als Ziegenfutter."
„Allmählich beginnt auch die Übersiedlung auf meinen Platz. Ein Kraal aus Hakkiesdorn für meine 116 Stück Kleinvieh ist bereits bewohnt. Ferner ist der mühselig aus Baumstämmen zusammengebaute beinahe fertig und ich hoffe, morgen meine wildesten Kühe, denen ich die Hornspitzen absägen mußte, darin einzuquartieren. Durch einen

gewöhnlichen Dornkraal brechen sie nämlich mit Eleganz aus. Diese drei Kühe sind auch großenteils der Grund unserer Trennung. Die eine davon rammelt gerne und hatte bereits Verletzungen verursacht, u.a. bei einer Kuh von B., der mich in Zukunft dafür verantwortlich macht. Was bleibt da übrig, als einen eigenen Kraal zu bauen?"
„B. ist kein Freund von Wandern und ich bin deshalb gezwungen, wieder selbst nach Windhuk zu fahren, um nunmehr für mich allein zu fahren. Anfang Juni fahre ich."
„Jetzt ist auch B. sehr fieberkrank. Der erste Anfall dauerte 18 Stunden und jetzt liegt er bereits 27 Stunden im Fieber. Ich riet ihm daraufhin, sofort nach Gobabis zu fahren, er aber will noch warten. Für mich bedeutet das einige Nachtwachen, die ich zwar gern übernehme, die mich aber sehr angreifen. Im übrigen ist er, wie wohl alle sehr gesunden Menschen, recht ungeduldig."
„Morgen gedenke ich meinen ersten Brunnen zu graben, an der augenscheinlich günstigsten Stelle, die nicht weit von meinem künftigen Heim liegt ..."
„Straußeneier werden hin und wieder noch gebracht ... man verwendet sie zuweilen als Wasserbehälter ..."

26. Mai 1909: „Auf meiner Farm stehen bereits 2 Pontoks [Eingeborenenunterkünfte] für meine Leute; einer für Küchenzwecke wird heute gebaut. Mein Kleinvieh hat sich heute um ein Schaf vermehrt; insgesamt 117 Stück. Drei wilde Kühe, die ich herschaffte, sind schleunigst ausgebrochen, so daß ich den Kraal flicken mußte. Gestern habe ich meinen Brunnen angefangen, in einer Schilfgegend, und dabei gefunden, daß ich dort 1 1/2 Spaten tief Humusboden habe, wie er selten ist. Ich denke heute schon darüber nach, was man darauf bauen kann. Viel hängt natürlich an dem Wasservorkommen dieser Gegend."
„Unsere beiden Werften [Gesamtheit der Pontoks an einem Ort] liegen etwa 30 Minuten entfernt einander gegenüber auf zwei Anhöhen, in gleicher Entfernung vom Rivier"
„... Auf der einen Seite geht die Farm etwas über 7 km, auf der anderen etwa 10 km ins Land hinein und hat eine Breite von etwa 6 km

Luftlinie. Läuft man am Rivier die Grenze ab, so muß man 9 km wandern, derartige Biegungen macht der Weiße Nossob."

Farm Breitenberg, den 29. Mai 1909: „Morgen sagen wir 'Pfingsten, das liebliche Fest ist gekommen' und Pfingstgeläute soll bei Euch zu allen Herzen dringen. Während dort die Natur in zartem Grün prangt, geht hier die Flora allmählich schlafen. Welkes Laub so wie bei Euch im Herbst ist noch nicht überwiegend, und die zumeist kleinen Blätter fallen auch ohne schöne Herbstfärbung zur Erde. Nur die sog. Windgräser sind verdorrt und werden von dem starken Luftzug der jetzigen Tage mehr und mehr gebrochen und verstreut. Aber die verhältnismäßig wenigen Stellen, wo sie wachsen, am Rivier, rufen keine Herbststimmung hervor wie im fernen Heimatlande. Die muß man sich denken, wenn man in den kahlen Wänden seines Pontoks sitzt."
„Wir haben sonderbarerweise noch keinen Frost gehabt, wenn auch die Nächte grimmig kalt sind und das Aufstehen im frischen Morgenlüftchen nicht gerade zu den Annehmlichkeiten des Lebens gehört. Glücklicherweise ist es 1-2 Stunden nach Sonnenaufgang schon ganz hübsch warm und ich vertausche dann meine Pelzjacke mit der Khakijacke. Die durchwachten Nächte am Fieberbett von B. sind mir schlecht bekommen, denn Nachtruhe brauche ich unbedingt. Doch das ist jetzt vorbei. B. ist gesund und ich auch. Von meiner eigenen Fiebersache habe ich mich laut Aussagen meiner Nachbarn auffallend schnell erholt. Und ich fühle mich auch wohler als vordem."
„Mit für afrikanische Verhältnisse Blitzgeschwindigkeit habe ich meinen Kaufvertrag zurückerhalten. Ich bin seit dem 20. April 1909 Eigentümer der Farm Nr. 60 a am Weißen Nossob in Größe von 5500 ha ... Ich werde gelegentlich eine Skizze anfertigen."
„Heute habe ich Pech gehabt: Ein tragendes Mutterschaf ist mir an Lungenseuche eingegangen. Ich ließ die Beine abschneiden und alles andere verbrennen, denn ich möchte kein weiteres Stück Vieh daran verlieren. Die Krankheit soll nicht besonders gefährlich sein, in Bezug auf Ansteckung, und kommt meist nur bei starkem Regen vor."
„Ein Nachbar von mir hat sich bereit erklärt, für 25.- pro Monat mein Vieh zu beaufsichtigen, für den Fall, daß ich irgendwo anders Geld verdienen will. Dieser Fall kann eintreten, wenn ich in Windhuk bei

irgendeiner Behörde als Diätist (Schreiber) mit einem Tagesverdienst von 7-8 M ankomme. Es ist nämlich zu bemerken, daß ich in den nächsten 2 Jahren nur geringe Einnahmen habe – und allerdings auch wenige Ausgaben, denn die Kost für die Leute kann man sich selbst bauen. Ferner traue ich dem Tabakunternehmen nicht recht, auf das ich anfangs große Hoffnungen setzte. Weiter kommt in Frage, daß ich Euch prompt bezahle, sonst schimpft Ihr böse und ich bin das räudige Schaf in der Familie. In Windhuk selbst bin ich indirekt für die Farm tätig, da ich dort meine Heimstätte ausbauen würde, die nur ca. 8 km von Windhuk entfernt liegt."

„Nun sollen die fraglichen Posten nicht schwer zu erlangen sein und ich wüßte nicht, was gegen den so ziemlich von allen Seiten beguckten Plan spräche. Höchstens der K. Distriktschef zu Gobabis, aber ich glaube, mit dem läßt sich reden. Habe ich endlich in Windhuk ca. 2 Jahre abgeschraubt, so bin ich, hoffe ich, schön raus, denn dann wirft die „Burerei" [Farmerei] schon etwas ab. Nach meinem jetzigen Plane würde ich 22 Kühe, 1 Bulle und ca. 100 Stück Kleinvieh (Mutterschafe, Lämmer, Kapater [kastrierte Ziegenböcke], Hammel nicht inbegriffen) haben, ferner 1 Pumpe und Rohre von ca. 800.- ..."

„Andere Farmer, die mit Mammon nicht beladen sind, behelfen sich auch, jeder in seinem Fach: der eine baut, der andere zimmert usw., warum soll ich das nicht auch dürfen?"

10. Juni 1909: „Liebe Mutter, Wieder auf Pad ..."

Wünscht der Mutter, die am 12. Juli und seinem Bruder Heinz, der am 7. Juli Geburtstag hat, alles Gute.

„In Windhuk ist es nicht ausgeschlossen, daß ich mir ein Pferd kaufe, und zwar ein ‚Graspferd', im Unterschied zum ‚Haferpferd'."

„Vorgestern hatte ich ein Abenteuer. Mit 2 anderen Farmern fuhr ich nachts und schlief meinen wohlverdienten Schlaf. Da plötzlich machen unsere 7 Hunde vor einem Baume einen Mordsspektakel. Ich höre gerade noch, wie einer der Herren sagte: Ein Tiger!, nach dem Gewehr greift und mit dem anderen vom Wagen steigt. Ich suche meinen Revolver und tue desgleichen. Nun sollen die Eingeborenen unter dem Baum Feuer machen, damit man was sieht. Die denken aber nicht daran, sondern verharren in respektvoller Entfernung. Da ich ohne Gewehr ja doch nicht mitschießen konnte, trug ich brennendes Gras dem Baum möglichst nahe – allerdings schußbereit. Dann begann eine Schießerei. Der Tiger verschaffte sich noch einigen Respekt durch ein unheimliches Knurren, so daß die noch im Joch befindlichen Ochsen in Verwirrung kommen. Auch sauste er mit Katzengeschwindigkeit am Baume auf und nieder, so daß man nicht wußte: 'Gilt es Dir oder gilt es mir?' Dann wurde Ruhe und der Tiger hing ca. 6 m hoch in den Zweigen des alten Kameldornbaums. Mit Säge und Beil wurde der Ast gekappt und wir hatten das Opfer vor Augen. Ein altes Tier; mächtige Pranken, das Gebiß war aber reparaturbedürftig. Ein Augenzahn war ihm abgebrochen. Die Verletzungen waren zahlreich: 2 Schüsse durch die Pfoten, mehrere durch den Leib, einen durch den Hals, endlich der Herzschuß. Das Vieh muß zäh gewesen sein. Unter Tiger versteht man hierzulande Leopard."

Windhuk, den 6. Juli 1909: An die Schwester Feli, der er zum 21. Geburtstag am 4.8. gratuliert. „Ich grüße Dich hiermit als Kaiserlicher Hauptmagazinschreiber, der ich jetzt bin, seit dem 24. Juni dieses schönen Jahres. Zu diesem Posten hat mir Trude verholfen. Sie schrieb mir eines Tages, wenn ich nach Windhuk käme, solle ich 2 grüßen. Einer davon war der Hauptmagazinvorsteher G. aus Saarau. Im Laufe des Gesprächs sagte ich ihm, ich würde später gerne eine Schreiberstelle annehmen, als er mir sagte: 'Warum nicht gleich?' Ich hatte gerade starkes Fieber, war etwas dösig und ging, kam aber nach 2 Tagen wieder und sagte: 'Herr G., ich hab mein Haus bestellt, ich bin bereit.' Ich hatte sogenanntes Schwein, denn kurz vorher war mein Vorgänger zu einer anderen Abteilung übergegangen.
Am nächsten Tag, nachdem ich mir für 22 M einen Anzug und einige Kragen gekauft hatte, trat ich an. Ach, es ist ein schwerer Dienst: Von 8 bis 12 Uhr und von 1/2 3 bis 1/2 6 Uhr; Sonnabends bis 1 Uhr, Sonntags nur ausnahmsweise. Die Tätigkeit besteht aus Akten heften, registrieren und abschreiben. Und da muß man schwitzen. Man kommt aus dem Stöhnen gar nicht heraus. Die Stühle sind so furchtbar unbequem beim Schlafen. Na, kurzum, für diese anstrengende Sache bekomme ich täglich 8 M. Ich bewerbe mich inzwischen um einen anderen Posten, der mit ca. 9000.- dotiert ist. Wäre ich verheiratet ge-

wesen, so dürfte ich angekommen sein. So nicht. Doch habe ich wieder Schwein gehabt, denn heute sagte mir mein Chef: 'Es wird ein besserer Posten frei; wenn Sie 1 1/2 Jahre bleiben, so kommen Sie dran.' Da habe ich freie Wohnung und 250 M pro Monat. Hoffentlich hält die Schweinerei noch eine Weile an. Er fragte mich, ob ich nicht die Farm verkleppern wolle? Dafür aber bin ich nicht. Meine möblierte Bude kostet 40 M im Monat. Auch sonst ist nichts umsonst; Mittags 2.- billigst."

8. Juli 1909: „Mein Arbeitsbüro heißt Kaiserliches Hauptmagazin. Um dahin zu gelangen, überspringt man graziös 1 bis 2 Gräben, überschreitet die Gleise der Bahn, klettert dann einige Klippen hinauf und dann ist man an der Türe. Vielleicht werden einst unsere Urenkel die Klippen abgetreten finden – einstweilen sind aber turnerische Übung und absolute Nüchternheit erforderlich. Wir haben jetzt sog. Winter. Der Schnee wird vollkommen ersetzt durch Staub; wird er aufgewirbelt – das ist immer der Fall – so findet man ebenbürtigen Ersatz für jede Sorte Nebel. Im Interesse der Bananenkulturen in Windhuk verzichtet man großzügig auf Kälte für diesen Ort."
„Ich habe einige Bekanntschaften gemacht, z.B. mit einem Bienenvater. – Kennst Du „Uribs"? Die sind noch anhänglicher als Flöhe ..."
„Mein Fieber ist bis dato nicht wiedergekommen ..."
„... Früh pflege ich wie andere Leute zu essen und genehmige mir etwas Brot, Wurst oder Käse und, da Kaffee zu teuer ist und auch nicht gesund, zuweilen Wasser. Mittags gehe ich in die Kneipe essen, der Spaß kostet 2.-. Abends Brot, Butter (2.- pro Pfd), Käse, Wurst. Diese Lebensart halte ich scheinbar aus. Diesen Monat kann ich nicht viel erübrigen, aber später hoffentlich 100.- pro Monat."
„Im Büro stehe ich mit den Herren Collegen auf bestem Fuße, es herrscht dort nicht der sonst hier übliche Kastengeist, und die Arbeit ist nicht schwer, höchstens sehr langweilig. Wer aber verdienen will findet das nicht allzu unangenehm, weil ja das Verdienen an sich sehr interessant ist. Und so schraube ich geduldig einen Tag nach dem anderen herunter und freue mich darauf, nach einigen Jahren frei auf die Farm zurückkehren zu können ..."

Windhuk, den 16. Juli 1909: „Liebe Mutter, Schneller als ich dachte hat sich eine Wendung in meinem abwechslungsreichen Leben abgespielt – ganz zu meiner Zufriedenheit. Als alter Kaufmann habe ich vor längerer Zeit schon eine Rechnung über Durch- und Vorwärtskommen des Farmers P. Helm gemacht und gefunden, daß beides mit Schwierigkeiten verbunden sei für die ersten 2 bis 3 Jahre. Ursprünglich dachte ich an Fellhandel oder Tabakbau. Wegen Fellhandel kam ich mit B. in Differenzen und Tabakbau ist für dieses Jahr riskant, weil ein Heuschreckenjahr in Aussicht steht. Es ist auch ganz gut, daß ich das aufgab, weil der Abnehmer dafür gegenwärtig ‘faul’ steht. Außerdem bekomme ich dafür gegenwärtig keine geeigneten Arbeitskräfte. Nun dachte ich auswärts zu verdienen und zwar mit der Feder, weil die physischen Kräfte nicht ausreichen, abgesehen davon, daß man sich leicht einen Herzfehler holt bei körperlichen Anstrengungen. Ich sprach darüber mit B., der mich auf meiner Werft dann zu vertreten hätte. Aber der wollte dabei mehr verdienen als ich und verlangte kaltblütig 50.- pro Monat einschließlich Milch von meinen Kühen. Das war doch etwas reichlich. Da ich aber seine Vertretung während der Windhukreise brauchte, sagte ich nichts, besorgte mir aber einen andern Vertreter, denn ich hatte nicht Lust, mich von einem ‚sehr bequemen’ Nachbarn ausnutzen zu lassen ...“
„B. kocht seitdem Gift und hat die Absicht, mir Unannehmlichkeiten zu machen. Vater hatte doch Recht mit „Compagnei = Lumperei“. Wir hatten nämlich eine Karrengemeinschaft, die für mich keinen Wert mehr hat, ich will daher das Verhältnis lösen. Dazu schreibt er mir sehr patzig, er halte sich mir gegenüber streng an den Buchstaben des Gesetzes und verweist auf §§ 741-758 BGB!! Der Rechtsanwalt aber sagte mir: ‚Der will Sie anblaffen!’ Aber dankbar bin ich B. doch dafür, daß er mich von einer Ansiedlung im Norden abgehalten und mir meine schöne Farm gezeigt hat. Ich denke auch, daß die Zeit ihm etwas Mostrich auf das Butterbrot streichen wird und daß sein nächster Brief nicht so reichlich mit Paprika gewürzt ist.“
„Im Norden des Bezirks Gobabis sind einige merkwürdige Sachen vorgekommen: 1. haben die Hereros mindestens einem Farmer in seiner Abwesenheit das Vieh weggetrieben. 2. haben sich drei Weiße „verlaufen“; ich glaube, sie leben nicht mehr. 3. will mein Herero kün-

digen, sicher in der Absicht, nach Norden zu gehen. Ich wurde heute von der Kriminalpolizei in dieser Sache befragt. In dieser berüchtigten Gegend liegt nun auch Okatjongoro am Epukiro, ursprünglich das Ziel meiner Wünsche.
Man hat aus dieser Gegend schon eine Masse Feldhereros herausgeholt, aber das Sandfeld ist groß. Vielleicht klärt sich noch manches. Mein Herero sagte mir einst: 'Okatjongoro mooi – Kaukurusse mooikak!' d.h. Okatjongoro ist gut, meine jetzige Farm ist schlecht! Damit wollte er mich veranlassen, nach Norden zu ziehen, wo seine Schwestern und Brüder gern bei mir 'werken' (arbeiten) wollten. Er ist ein guter Junge, der etwas auf seinen Baas (Herrn) hält. Er kümmert sich sehr um das Vieh und versteht damit umzugehen. Dagegen mault er gerne und muß dann entsprechend 'bearbeitet' werden. Wenn man im übrigen von jeder Sorte – Herero, Kaffern, Buschleute (Hottentotten kommen nicht in Frage) – einen hat, so verklatscht der eine den anderen."
„Also sitze ich jetzt in Windhuk und spare. Dann habe ich noch 10 Ochsen und einen Wagen gekauft, die dabei helfen sollen.
Im ersten und zweiten Monat ist das Zurücklegen natürlich schwer. Denn ich mußte mich neu auftakeln, von den Zehen bis zum Scheitel. Auch Strümpfe. Bisher habe ich mir diesen Luxus nicht geleistet. Bei dem vielen Sand geht es allerdings gewaltig über die teueren Strümpfe, die der sog. Dreckfarmer bloß zur Feier seiner grünen Hochzeit anzieht. Mein Empfinden ist entsprechend meiner Tätigkeit; seit ich wieder Bürokrat bin, protestieren auch schon meine Nerven gegen das unnatürliche Leben ..."
„Deine Sendung habe ich erhalten. Anfang Juni ist sie in Windhuk angelangt. Dabei ist die Kiste mit den Kleidern ganz zerschlagen angekommen und es fehlt so manches. Der Seltersapparat ist unversehrt. Aber der Himbeersaft, o weh! Deine Bierflaschen sind nicht alle dicht gewesen! Eine ganz leer, 1 halb, 1 etwas ausgelaufen. Preiselbeeren, 1 Beil und die 5. Flasche Saft fehlten. Die Kaffeemühle kaputt. Die Kosten betragen an Frachten etc. 220.- Der Pflug kostet hier 155.-, Eimer 3.50. Löffel, Messer, Gabeln werden hier ebenfalls mit großem Nutzen für den Verkäufer gehandelt. Ich bin daher der Überzeugung, daß sich die Fracht lohnt. Das nächste Mal mußt Du noch an der Seite

Nägel einschlagen und das Ganze mit Bandeisen beschlagen lassen. Die beiden anderen Kisten habe ich noch nicht auspacken können, da ich keinen Platz habe."

„Windhuk ist ein schöner Fleck. Frost ist fast ausgeschlossen, Temperatur ist gegenwärtig etwa dieselbe wie bei Euch im milden Sommer. Großartige Fernsicht, nur etwas staubig. Alles ein wenig staubig, denn die Straße wird ausschließlich von Petrus gesprengt; der aber ist gegenwärtig beurlaubt. Im übrigen hat Windhuk Laternen, etwa alle 500 m eine, die aber nicht angezündet werden. Auch ist es überflüssig, auf der Straße Untiefen, Steine und Sandhaufen zu entfernen bzw. abzusperren, weil man mit Recht annimmt, daß jeder selbst bemerkt, wenn er hingefallen ist, weshalb ihn also vorher beunruhigen. Die schöne Erscheinung eines von Pflichtgefühl durchdrungenen deutschen Schutzmanns fehlt hier, glücklicherweise."

Windhuk, den 26. Juli 1909: „Liebe Mutter, Aus Deinem Brief vom 29. vergangenen Monats ersehe ich, daß Du mütterliche Sorgen um meine Gesundheit hast. Ich versichere, daß Du das nicht nötig hast, denn es geht mir trotz Schreibens besser als ich ahnte. Es mag auch daran liegen, daß ich keine so aufregende Tätigkeit habe und ferner, daß meine Nerven endlich etwas Rücksicht auf mich nehmen und nicht mehr egoistisch im Vordergrund bleiben ... Ferner wirkt günstig, daß ich sehr zeitig in die Falle krieche. Ein weiterer Heilfaktor ist der ewig blaue heitere Himmel, die milde Luft, wenn auch staubig ... Außerdem wirkt es meiner Überzeugung nach günstig, daß man kein Pflaster zu treten braucht, sondern meist im Sande oder Staub läuft. Man könnte weiter noch sagen, die orientalische Gleichgültigkeit, welche man sich hier bald angewöhnen muß, hat einen günstigen Einfluß auf die zappelnden Nerven ... Jedenfalls habe ich keine Schwierigkeiten mehr. Malaria in Verbindung mit einem Nervenanfall hatte ich vorigen Monat ... Da habe ich 5 Tage von einigen Suppentafeln und etwas Zucker gelebt, nachdem mir die Kaffern die andere Kost weggefressen hatten; und ich mußte, als vor Windhuk meine Ochsen schlapp wurden, etwa 25 km im schweren Sand bergauf, bergab laufen, lediglich um dem Magen etwas anbieten zu können. Am nächsten Tag hatte ich Fieber, mußte aber weiter, um Ochsen zu kaufen, was zur Folge hatte, daß meine Nerven mich ergebenst darauf aufmerksam machten, das sei zu viel. So eine Abwechslung gehört zum Farmerleben!"

„Jetzt wohne ich noch in der Waschküche, am 1. August aber ziehe ich in eine Hütte, die keine Miete kostet. Sie liegt etwas einsam, hat keine Fenster sondern zwei verschließbare Luken, ist klein, hat aber einen Holzfußboden und genügt ..."

„Vorläufig bin ich noch Hilfsschreiber, doch vielleicht macht man gelegentlich Contrakt und verleiht auch mir den Titel 'Bürogehilfe', auf den man stolz sein kann. Am Titel liegt mir's weniger, mehr aber am ‚Mittel'; dann setzt es nämlich 3000 bis 3400 M im Jahr plus freie Wohnung und nach 3 Jahren dann 6 Monate Urlaub nach Deutschland bei Vergütung der Kosten; während man das Gehalt entweder ganz oder doch zur Hälfte weiter bezieht. Die Jahre zählen bei der Pensionsberechtigung doppelt. Mehr kann man nicht verlangen. Du siehst, wenn aus der Farmerei nichts wird, ist man noch lange nicht erschossen."

Windhuk, den 1. August 1909: „Seit dem 30. Juli im eigenen Haus. Eine Art Sommervilla, alias Kirschbude. In der ersten Nacht haben mich die afrikanischen Wanzen gestört; jetzt bin ich ihre Scherze entweder gewöhnt oder sie haben den Insektenpulverraum fluchtartig verlassen ..."

„Meine Bude ist etwa 2 m breit und 3 m lang und hoch genug; ausgerüstet mit dem notwendigsten Inventar. Anstatt Fenster zwei zuschließbare Luken, die ich verriegelt vorfand, weil in der Gegend unheimlich geklaut wird."

Im Archiv in Windhuk ist unter dem 30. August 1909 zu lesen: „Paul Helm ist zur Zeit beim Kaiserlichen Bezirksamt in Windhuk beschäftigt" auf Grund eines Gesuchs vom 20.8.09: „... bitte ich das Kaiserliche Distriktamt gehorsamst, mich von der persönlichen Verwaltung meiner Farm, die ich lt. Vertrag am 30. October a.c. in Bewirtschaftung zu nehmen habe, auf die Dauer eines Jahres zu entbinden."

Dazu heißt es am 5. September 1909: „Ausnahmsweise bewilligt!"

Das Distriksamt in Gobabis hat sich bereits ein wenig über den Farmbetrieb des Farmers Helm informiert und am 25.9.09 festgestellt: „150 Stück Kleinvieh, 15 Kühe, 12 Kälber, 5 Ochsen. Der Farmer B. verwaltet die Helmsche Farm."
Aus Windhuk erfährt man in Gobabis: „... Helm ist bei ... als Buchhalter beschäftigt und im nächsten Jahr unabkömmlich. Wenn nicht besondere Gründe vorliegen, wird ergebenst gebeten, dem Gesuch stattgeben zu wollen. G., Magazinverwalter."

Windhuk, den 23. September 1909: Bestätigt den Doppelbrief von Bruder Ernst und dankt für „... Samen, Federn, 1 Messer und einen großen Schreibebrief von 12 Seiten."
„Letzterer zeigt mir etwas die Falten Deines Herzens, das in gut brüderlicher Besorgnis zu schlagen scheint. Du vermutest also stark, daß ich mit Onkel Kain harmonisiere und mich freue, daß auf meiner Stirne die Worte zu lesen sind: 'Unstet und flüchtig', Einmal auf der Farm, dann in Windhuk und wer weiß wo später!
Ist etwas angefangen, so ist es auch schon beendet ... ein schöner Bruder ist der Paul! Und mein Bruder in Hainichen ist der Beständige, weil er eben warten muß bis man ihm den Staub von den Füßen abbürstet. Gestatte mir aber zu bemerken, daß auch ich möglichst beständig bin, daß es mir aber nicht beschieden ist, dort zu bleiben wo auch ich sein möchte. Die Besorgnis, daß meine Mittel zu klein sind, ist berechtigt, und ich habe mich schon vor langer Zeit darauf vorbereitet, nebenbei etwas zu erwerben. Graue Haare sind aber nicht notwendig, denn die Gesundheitsverhältnisse sind hier beim Vieh völlig anders. Als ich mich früher mit Nebenverdienstgedanken abgab, bin ich nicht sogleich auf Schreibarbeit gekommen, sondern dachte an Frachtfahren und anderes. Aber endlich kam ich darauf, als ich meinem jetzigen Chef – einem geborenen Saarauer – einen Gruß bestellen sollte. An meine Mutter habe ich aber mehr gedacht als an mich, das glaube mir. Die finanzielle Lage ist hierzulande die denkbar schlechteste, und ich glaube, daß außer der Regierung kaum jemand Geld hat. Also ist es bei ihr gut sein. Nächstens soll ich Zulage erhalten. Um aber das Risiko bei der Viehwirtschaft auf ein Minimum zu mindern, gedenke ich das Kleinvieh mit kleinem Verdienst gelegentlich zu ver-

kaufen und Kühe dafür einzuhandeln, die beinahe keiner Pflege bedürfen. Dann dürften meine Lieben in Deutschland ruhiger schlafen."
„Gegenwärtig spare ich monatlich vom Gehalt 100.-, lebe allerdings einfacher, als dies bei Euch möglich ist. Wenn ich Zulage erhalte, werde ich etwas besser leben. Ich spare auf 2 Pumpen, die ca. 1200.- kosten, schaffe mir so manches Nützliche hier gelegentlich zusammen und denke Ende nächsten Jahres so weit zu sein, daß ich heimkehren kann. Ob ich es aber auch tue, das hängt von den Umständen ab, das kann ich heute noch nicht sagen, denn es kann sich ja manches ändern. Ich hoffe andauernd das Beste."
„Die Hypotheken-Eintragung ist jetzt möglich, da meine Farm vermessen ist. Laut öffentlicher Bekanntmachung ... ist eine Frist wegen Ansprüche Dritter gesetzt zum 1.12.09. Sei so gut, mir bis dahin ein Schreiben aufzusetzen, das ich zum Zwecke der Hypothekeneintragung einreiche. Aber nicht 10.000 M, sondern höchstens 8000 M, sonst macht's einen zu ungünstigen Eindruck. Im übrigen verfertige in dieser Sache ein Schriftstück, von Mama zu unterschreiben, dahingehend, daß Mamas Ansprüche an mich nicht 8000 M sondern nur 7000.- betragen. Ich will eine Unterlage haben für alle Fälle."
„Die Woche habe ich die Farmanzahlung von 660.- geleistet und die Vermessung berappt, d.s. 338,75 M. Dazu nahm ich Deine Geldsendung von M 358,15, die ich von der Afrika Bank erhielt. Anbei eine oberflächliche Inventur. Ich wollte sie ursprünglich erst anfertigen, wenn ich mit Einkäufen fertig bin. Jetzt bin ich es zwar, aber es fehlen mir die Zahlen der Farm. In ca. 6 Wochen werde ich hoffentlich genaue Angaben machen können."

Windhuk, den 26. September 1909: Bedankt sich bei der Mutter für Brief und Zeitungen.
„Die Trennung ist schwer. Mein Chef, der mich seinerzeit mit offenen Armen aufnahm, läßt mich jetzt nicht so leicht gehen. Als alter Buchhalter habe ich mich gut eingearbeitet und soll im nächsten Jahr eine Vertretung für einen auf Urlaub gehenden Beamten übernehmen, zu der sich nicht jeder eignet. Er will mich gehaltlich zufriedenstellen und sorgt im übrigen für mich in anerkennenswerter Weise. Ich halte es deshalb für ein Verbrechen, den guten Mann vor den Kopf zu stoßen

mit einer Kündigung aus heiterem Himmel, die sich vielleicht auch blutig rächen könnte, wenn ich nach einem Fiasko auf der Farm mich in Windhuk wieder nach einer Beschäftigung umsehen müßte. Denn immer wieder komme ich darauf, daß man Rücksicht auf die hiesige Geldnot zu nehmen hat. Nun bereitet mir in dieser Sache das Distriktamt Gobabis Schwierigkeiten. Es genehmigt nur einen Urlaub von der Farm bis 1.7.10. Das wird meinem Bleiben hier sehr nachteilig sein und mein Chef will sich persönlich dafür ins Mittel legen. Auf den Ausgang bin ich gespannt"
„Mir geht's gut, Arbeit ist gegenwärtig nicht bedeutend. Die kleine Regenzeit macht etwas naß; das Grün kommt aus dem Boden und eine Art Palmkätzchen an den Bäumen illustriert den Frühling. Warm ist es reichlich, weshalb die Brauereien zur Zeit mehr 'löschen' müssen. Feldbrände haben aufgehört, nachdem alles verbrannt war."

Windhuk, den 10. Oktober 1909: „Liebe Mutter, Mittag. Wolkenloser Himmel. Unheimlich drückt die Schwüle auf die braven Fleißigen, die mit schreibender Hand oder kräftiger Faust die Kolonialkarre emsig vorwärtsschieben wollen. 12 x schlägt die Uhr, auch recht langsam, ich glaube, auch sie schwitzt. Der Federhalter fängt an zu kleben. Ein Kollege kämpft bereits verzweifelt mit Morpheus, der niederträchtig Blei zu träufeln beginnt. Endlich schlägt das Armesünderglöckchen erlösend eins. Morpheus wird mit kaltem Wasser glücklich besiegt und ich steige zu Tal und dann auf die Höhe, wo mein Haus steht."
„Es lohnt sich, Umschau zu halten: Der Horizont ist schwarz. Von Süden her kommt ein Staubmeer langsam in zwei Heersäulen angezogen. Langsam aber sicher, denn nach Windhuk kommen alle diese kleinen Naturkatastrophen. Hinter dem Staub kommt herrliche frische Luft und Wind; diesen kann ich aber augenblicklich nicht brauchen, denn ich muß noch kochen. Allerdings hatte ich nicht geahnt, daß dieser niederträchtige Sturm einem stundenlang die Augen voller Sand blasen würde ... und nachdem man von dem Staubwirbel glücklich befreit war, da fängt es an zu regnen, ganz langsam, ganz gemächlich, ohne jegliche Anstrengung – bis abends. Wohl dem, der ein schützendes Dach hat! Und so flüchte ich in meinen Pontok. Es ließ sich aber

nicht bestimmt feststellen, ob man drinnen oder draußen wasserreicher wurde!“

„Jetzt habe ich einen Bambusen. Früh morgens steckt dieser kleine schwarze Halunke seine Nase nebst den benachbarten Augenlichtern in die Türspalte, klopft diskret und ruft: 'Mistera, aufstehen!'

Dann verschwindet er und macht Feuer. Bald kommt er wieder und sieht nach, wie weit ich mich von den Schlafdecken getrennt habe. Notfalls erhebt der kleine Mahner abermals seine Stimme. Ich habe ihm beigebracht, wie man die Stiefel wichst, aufräumt und ihm viel von den Wundern eines Besens erzählt. Jetzt wohnt er neben mir in einem leeren Hühnerstall, den ich des Holzes wegen kaufte, und fühlt sich wohl, obgleich ich ihm bereits an den ersten Tagen seiner Tätigkeit eine herunterlangen mußte. Er gedenkt Gelehrter zu werden und bettelt um 50 Pf für ein Lehrbuch. Er macht sich leidlich und heißt Hans.“

„Mutter, Weihnachten ist nächstens. Die 'Villenkolonie' will es feiern. Du würdest uns dabei mächtig unterstützen, wenn Du uns, bzw. mir einiges schickst, z.B. etwas Engelhaar, 2 Pack Lichter, dünne, Lichthalter ca. 10 Stück, 1/2 Dtzd Äpfel, Lebkuchen, Makronen, vergoldete Nüsse, Pralinees etc. Butter 5 kg kosten 2,40 M Porto mit Kiste, gut verschnürt und mit Glanzleinen eingewickelt. Bengalische Sachen sind vom Posttransport ausgeschlossen. Ich suche mir einen kleinen Weihnachtsbaum und putze ihn an. Wenn Du diesen Brief bekommst, so ist es höchste Zeit, die Sachen zu packen, weil Pakete 6 Tage vor Abgang des Dampfers in Berlin sein müssen.“

„Vor kurzer Zeit bezahlte mir ein Mann einen Posten von 281.- nebst Zinsen und Kosten, nachdem ich ihn verklagt hatte. Ich hatte den Betrag bereits in den Mond geschrieben und war deshalb angenehm überrascht. Allerdings kostete es mich seine Freundschaft – auf die ich pfeife –, denn er weigerte sich, mit mir persönlich zu verhandeln und ich sah deshalb ab, mit seinem Abgesandten darüber zu sprechen. Daraufhin mußte er sich zum Rechtsanwalt bequemen.“

„Jetzt habe ich nur noch 50,- unsicher, im übrigen bin ich im Reinen. – Mir geht's andauernd gut. Mit B. bin ich wieder in Frieden, er hat eingelenkt ...“

Farm Friedland, den 15. Dezember 1909: „Lieber Bruder! Ich sende Dir anbei eine Aufstellung meines Inventars, Handwerkszeug und Sachen ohne Bedeutung sind nicht detailliert, da es sich m.E. nur darum handelt, daß Ihr seht, ob Eure Ansprüche Deckung haben. Aus diesem Grunde will ich Dir auch für alle Fälle sagen, daß die Nachbarfarm – qualitativ höchstens gleichwertig – 5000 ha mit Wohnhaus (2000.-) Brunnen und Baggerpumpe (1500.-) mit 12.000 bis 13.000 M verkauft wurde. Daraus ziehe ich den Schluß, daß ich für meine Farm mindestens 2.- pro ha erhalten kann."
„Die Wasserverhältnisse bei mir sind scheinbar nicht so günstig wie bei B. In der Nähe meiner Nordgrenze, wo B. auf seiner Seite des Riviers Wasser in Tiefe von 3,5 m fand, mußte ich 8 m durch Kalk und Bruchsteine hacken und habe zwar sehr gutes Wasser, aber nicht ausreichend. Da ich in geringer Tiefe Wasser haben will, bin ich ca. 2 km von der Nordgrenze nach Süden gegangen, habe die Wünschelrute an einer geeigneten Stelle in Tätigkeit gesetzt, wo sie stark senkte. Die Bohrungen, die ich in einer Tiefe von 3,5 m anstellte, nachdem der Boden sich locker genug zeigte, zeigen, daß ich in 6 m Tiefe auf Wasser stoße. Der Brunnen hat inzwischen mehr Wasser, als ich brauche."
„Für Afrika im allgemeinen ist das zwar immer noch ein sehr günstiges Zeichen, aber nicht genügend für jemanden, der eine Diaphragma-Pumpe mit maximal 6 mtr Saugfähigkeit aufsetzen will. Ich werde also nach Fertigstellung des 2. Brunnens weitere 2 km nach Süden wandern, wo die Aussichten, glaube ich, günstiger sind. B. muß einen Blechzylinder in seinen Brunnen setzen, da er stark versandet, während ich mit eigenartigem ‚Glück' auf das festeste Gestein stoße, das man in der Umgebung findet."
„Aus den Zeitungen hast Du vielleicht erfahren von einer Blauzungensiekte [Viruserkrankung] im Süden, an der viele Tausende von Schafen eingegangen sind. Um mit stets größtmöglicher Vorsicht zu wirtschaften, habe ich es angebracht gefunden, meine Kleinviehherde zu verkaufen. Im übrigen ist die hiesige Gegend für Viehwirtschaft, speziell Großvieh, hervorragend, weil sogar in der Trockenzeit der Zustand ein ganz tadelloser ist, was man nicht überall sagen kann."

„Irgend ein „guter Freund“ hat mir meine Farm in Brand gesetzt und mir dabei so manchen Baum zerstört, sonst ist der Schaden nicht von Bedeutung.“
„Mit B. habe ich zwar offiziell Frieden geschlossen und ich werde ihn auch offiziell halten, es hat sich aber gezeigt, daß es besser ist, nicht mit ihm zu verkehren.“

1910

Witvley, den 17. März 1910: „Liebe Mutter, wir wollen uns wieder vertragen, gewürgt habe ich mich elend, doch hast Du die Anregung gegeben, daß ich wieder hinaus auf die Farm zog und ein richtiger Farmer wurde und kein Salonfarmer. Dabei verdiene ich wesentlich mehr, es ist aber auch anstrengender. Von Ernsten erhielt ich den Hypothekenantrag nebst einer Abrechnung, die möchte ich erst prüfen, wenn meine Ochsen den Wagen aus dem Schlamm herausgezogen haben, in dem er nach bindfadenmäßigem Regen steckt.“

Rehoboth, den 21. Mai 1910: „Lieber Bruder, Nochmals alles Gute zum Geburtstag. ... komme ich zum Schreiben unter meinem Wagen, dessen eines Rad gekürzt werden muß ... Mensch und Material werden hart beansprucht, wenn man in einsamer Partie durchs Gebirge nächtlicherweise 40 - 45 km bergauf, bergab durch Sand und Klippen, wo man oft den rechten Weg verliert, trecken muß.“
„Das war in der kalten Nacht vom 11. - 12. Mai. Dann bin ich noch bis Mittag herumgelaufen und erlaubte mir erst dann, hundemüde zu sein.“
„Bis zum 14. habe ich Gelder einkassiert und ausgegeben und bekam am 15. meine erste Fahrt durch den mir unbekannten Teil des Auasgebirges nach hier. Nach dem, was ich bisher sah, haben die Leute recht, wenn sie sagen, daß das Basterland schön ist, schöner als z.B. Gobabis. Das gilt für mich zunächst nur in landschaftlicher Beziehung. Wer Weltenbummler ist, der wird sich evtl. freuen, bis Aub gereist zu sein. Dort gibt es ein wunderbares Panorama, wenn man sich

auf die Höhe des Weges nach Rehoboth zu setzt. Wild habe ich wenig gesehen, dagegen eine Herde Paviane."

„Am 15. des Monats sollten eigentlich die Gesellschaften anfangen, die Nord-Süd-Bahn zu bauen; dann wird bedauerlicherweise das Frachtgeschäft ein wenig nachlassen. Hoffentlich finden sich beim Bau noch einige Schwierigkeiten, damit ich Beschäftigung bis ultimo 1911 habe; dann gedenke ich aufzuhören mit Arbeiten, die tatsächlich sehr unangenehm sind. Auch wird man alt und liebt die Behaglichkeit ... ich wiege bei leichter Kleidung nun 122 Pfd."

„... ich möchte mir noch einige gute Treckochsen kaufen."

„Auf Pad"

Windhuk, den 24. Juni 1910: „Liebe Mutter, Heute muß ich mich entschuldigen: Die fälligen 70.- nebst 134.10 kann ich nicht bezahlen und bitte um Stundung bis September. Ich bin bei meiner letzten Reise von Gibeon mit frischgekauften Schlachthammel durch Verschulden der Polizei in Kuis in das Seuchengebiet von Kub geraten, wo meine Hammel festgehalten wurden. Die einzige Rettung lag im schleunigsten Verkauf der Tiere, wobei ich 180.- verloren habe. Überschüsse

habe ich nicht machen können, weil im Geschäftsanfang eine Menge notwendiger Ausgaben zu machen sind und so wende ich mich an Dich, weil ich für Credit nichts bekomme, weil kein Mensch dem anderen traut."
„Ich fahre nach der Radreparatur nach Arahoab ... südöstlich, 350 km von Windhuk – fahre von da nach Aminuis, lade Salz und dann wieder nach Windhuk."

Windhuk, den 29. Juni 1910: Der Bruder Ernst erhält eine Übersicht über die derzeitigen Vermögensverhältnisse und die Aussichten zukünftigen Fortkommens.
„Die Verhältnisse haben sich gebessert. Bedenken macht mir das Näherkommen des Ostküstenfiebers und die nicht ganz ausreichenden Maßregeln der Regierung."
„Das Vieh ist fett ... 2 Kühe hatten erhebliche Beinverletzungen, die aber inzwischen behoben sind. Von den Jungen ist einer entlassen, der andere gestorben, einer verliehen, einer entlaufen, einer hat gekündigt. Dagegen nehme ich einen Buren, Johannes E., für 50.- pro Monat, freie Kost und ein Viertel der Gartenernte. Am Rindvieh hat er keinen Anteil, vielleicht partizipiert er beim Straußenfang. Er arbeitet bis dato gut und ersetzt den Abgang an Leuten."

Groß Witvley, den 14. Juli 1910: Berichtet der Mutter, daß er von Gibeon glücklich zurück ist, 5 Pfd zugenommen hat, „doch war der materielle Gewinn minimal. Jetzt geht's nach Arahoab und in 3 Tagen bin ich hoffentlich wieder auf meiner Farm, die ich im Vorbeigehen passiere. Das Reisen bekommt mir besser als das Schreiben, obgleich ich friere, hungere, durste und schwitze, je nachdem. Seit dem 5. Mai bin ich unterwegs, Ochsen und Jungen sind müde, ich nicht."

23. Oktober 1910: „Liebe Mutter, ... Vorige Woche ist mir eine schöne Färse verreckt, und zwar deshalb, weil sie meine Leute fressen wollten. Mitleid und Erbarmen ist den Eingeborenen etwas Unbegreifliches. Immerhin habe ich trotzdem noch 31 Stück weibliches Rindvieh und 16 Stück männliches da. Neulich animierte ich mir gut bekannte Buschleute, Straußen zu fangen. Nach einigen Tagen brachten die

Kerle 10 Stück ganz junge angeschleppt, die aber allesamt verendeten, weil ich in der Aufzucht noch keine Erfahrung hatte. Daraufhin sagte mir der alte Buschmannshäuptling etwa: „Mister, Du bist zu dumm, ich bringe Dir die nächsten Strauße erst, nachdem ich sie selbst großgezogen habe!"
Heute führte er mich etwa 7 km ins Gelände hinein und zeigte mir eine Wasserstelle, an der ich schon mehrmals ahnungslos vorbeigegangen bin. Dort war jetzt, also gegen Ende der Trockenzeit, der Wasserspiegel 1 m unter dem Erdboden. Das Wasser war gut."
„Seine Freundschaft war bis jetzt nicht übermäßig teuer, da er gut arbeitet und wenig fordert. Seine Leute hat er gut im Zuge. Vorige Woche ging er mit ihnen in Parade ins Feld. Er voran, dann drei Mann mit ca. 5 mtr. langen Stangen – damit werden die Springhasen aus den Löchern geholt – der Rest war mit Pfeilen und Kirris bewaffnet. Auch erzieherisch verrät er eine ganz gediegene Marke: Jüngst verkloppte er seinen Sprößling „Ossob", der meine Kälber nicht vollzählig zurückbrachte und erzielte damit eine anerkennenswerte Wirkung. Es ist hierbei zu berücksichtigen, daß der passive Teil nicht unbedingt nachher noch lebendig bleibt."
„Morgen geht's ans Bauen. Ich habe dazu einen Maurer, der billig arbeitet. 2 Räume und eine große Veranda davor ist das bescheidene Ziel meiner Wünsche geworden, nachdem ich jetzt volle 2 Jahre ohne festes Haus zu leben versuchte ..."
„B. wohnt mit seiner Frau schlecht und recht in einigen kleinen Räumen, die man bei Euch Ställe nennen würde ..."

Farm Friedland, den 2. November 1910: „Liebe Mutter, Mein Hausbau geht vorwärts; abgesehen von einem Fundament in Höhe von etwa 75 cm über dem Erdboden ist der Bau auf 1,60 mtr. gewachsen. Aufgefüllt habe ich bereits."
„Die Schafpocken sind nun glücklich in Windhuk und vermutlich schon weiter. Man hat zu energischer Abwehr Schritte gemacht und hoffentlich haben sie Erfolg. Gegenwärtig habe ich noch kein Kleinvieh, sollte ich aber inzwischen mangels baren Geldes welches übernehmen müssen, so gehe ich damit in mein Hinterland, denn vorn bei meiner jetzigen Werft wären mir die Schafe kritisch."

„Den zweiten Wagen, den ich seinerzeit in Arahoab billig kaufte, konnte ich bis dato noch nicht absetzen, aber das Frachtfahren hoffe ich als geldbringende Quelle nächstens mit einem Wagen wieder aufzunehmen, und zwar mit den Ochsen von B., der sie mir gegen Entschädigung zur Verfügung stellen will. Ich selbst werde nicht mitlaufen, sondern versuche mein Heil mit einem Bastard meines Frederick Ladis ...“
„Mir laufen jetzt fortwährend Leute zu [vergleiche hierzu auch das nächste Kapitel „Die Buschleute“]. Gegenwärtig 7 männliche dauernde Arbeiter und 2 Stück, die gelegentlich zum Vorschein kommen, abgesehen von Weibern. Außerdem haben sich noch 3 Männer und 2 Weiber angemeldet, die vielleicht sogar kommen. (Die Schwarzen lügen bekanntlich, daß sich die Balken biegen!)“
„Einen Weißen habe ich, einen kleinen Burenjungen von etwa 18 Jahren, der im Dezember kommen will, für 20 M pro Monat. Eigentlich sind das für mich recht reichlich Kräfte, überreichlich für meine Verhältnisse. Soll ich sie aber entlassen? Die meisten Farmer haben Leutemangel [siehe ebenfalls unten „Die Buschleute“] ... Es wird eine Zeit kommen, wo ich auch daran leide; deshalb behalte ich das Volk lieber und lasse es arbeiten, solang ich es nur irgend aushalte. Je mehr man hat, desto besser arbeitet die Bande. Ich habe von allem etwas: Buschleute mit dicken Bäuchen, Hottentotten, Klippkaffern, Hereros, Bastards.“

Friedland, den 17. November 1910: „Liebe Mutter, Vorgestern bin ich mit meiner Bude so ziemlich fertig geworden ... eine Fensterscheibe ist bereits kaputt, statt dessen dient ein Stück Drahtgaze als Ersatz. Zu jedem Raum ein Fenster, 1 mtr. breit, 1,50 mtr. hoch. Alles schön wohnlich und geeignet zum Briefschreiben, das früher unter Mangel an windgeschützten Wänden gelitten hat.“

18. November 1910: „Heute habe ich 4 Fenster gefirnißt, meinen Brunnen tiefer gemacht und jetzt bin ich müde. Nebenbei muß ich die Küche besorgen, die Oberaufsicht führen, meine Schafe und Ziegen kontrollieren und endlich mit den kleinen Kälbchen spielen, das verlangen sie ...“

„Wir fangen an, Bäume umzusägen, die zum Einzäunen des Gartens gebraucht werden. Es hat auch sein Gutes, wenn einem die Waldungen abbrennen, da spart man das Entrinden; außerdem hat man es nicht nötig, das hohe Distriktsamt mit einer untertänigen Bitte um geneigte Erlaubnis zum Fällen grüner Bäume zu belästigen."
„Meine Straußenjäger haben kein Glück gehabt. Ich glaube ihnen, daß es nicht so einfach ist. Sintemalen eigentlich Straußenjäger nur die Buschleute sind, die wohl jeden anderen Eingeborenen oder Weißen bezgl. Ausdauer und Schnelligkeit totlaufen."
„Neulich habe ich wieder Pech gehabt mit einem Herero, der mir nach Schluß einer Auseinandersetzung eine Gießkanne so kräftig gegen Leib und Rippen warf, daß ich sofort zu Boden fiel. Er ist dann elend vermöbelt worden und ich entließ ihn aus meinem Dienst. Das ging ihm an die Nieren, besonders auch die Aussicht, daß ich ihn noch anzeigen würde und so bat er wie ein Wilder, bleiben zu dürfen. Darauf ließ ich ihm sagen, daran liege mir gar nichts und ich würde es mir noch überlegen. Als ich ihn dann nach 8 Tagen des Hungerns zur Arbeit rief, da kam er in großen Sätzen. Er weiß sehr genau, daß sein Stammesbruder Gottfried infolge seines Überfalls 1 Jahr Kettenhaft in Gobabis abbrummt und alle 4 Wochen 25 Hiebe erhält ..."

19. November 1910: „Heute ist wieder ein Tisch fertig geworden, besser ein Tischchen, das hübsch in die Ecke paßt ... An der Wand über meinem Bett hängt ein Springbockfell ..."
„Ein Glück ist's, daß ich 4 leidliche Stühle habe. Zum Sofa werde ich gelegentlich noch ein Feldbettgestell umwandeln, und als Truhe ziert, grün angestrichen, meine Vorkiste vom Frachtwagen das „Vorzimmer". Einige Regale sind auch fertig und stehen mit vielen Dosen etc. besetzt im Hinterzimmer, und wem die in den Ecken stehenden Säcke unsympathisch sind, der möge sich darauf setzen, es sitzt sich gut und sie fallen ihm dann nicht mehr derartig in die Augen. Die Veranda ist einstweilen weggefallen, weil die Backsteine nicht ausreichten, und die Stuben sind nicht zu klein; es ist noch Raum darin übrig."
„Meinen Gemüsegarten haben die Vögel gründlich abgefressen, sogar die Radieschen, die schon hübsch groß waren. Nächstens lege ich abseits von Wasser und Wald einen anderen an."

Farm Friedland, den 18. Januar 1911: „Liebe Mutter, Weihnachten ist vorbei und mein 31. Geburtstag gewesen. Von zarter, lieber Hand ging, etwas nachträglich, ein „Weihnachten“, ein, in Form eines Kalenders „Natur und Kunst“. Es ist etwas, was man abreißen soll, aber man macht's nicht, sondern läßt's ganz und blättert, bis man gelegentlich dabei gestört wird. Meine Nachbarin, Frau B., guckt auch oft hinein ...“
„Aus meinem Mais wird wohl nichts werden, es regnet gar zu wenig, aber in den Augen der hohen Behörden gehöre ich mit der Anlage zu den „Werte schaffenden Farmern“. Der Garten kostet mich jetzt etwa 400.- und hätte dieses Jahr in günstigen Verhältnissen etwa 1200 bis 1500 M eingebracht. So aber kostet er mich noch 50.- für Saat.“
„ ... sei nicht böse, wenn die Zinsen nicht gleich kommen.“

Friedland, den 29. März 1911: „Gestern früh bin ich hier angelangt. Unterwegs wurde ich krank – Darmkatarrh – und transportunfähig, erholte mich aber in einigen Tagen ...“
„Zu Hause habe ich alles in leidlicher Ordnung gefunden, bis auf einen Strauß, der verunglückt ist. Die restlichen 6 Stück sind ganz allerliebst und haben sich gut entwickelt. Sie sind jetzt etwa so groß wie ich. Nach der Begrüßung versuchten sie, mir die Knöpfe von der Jakke abzufressen. Das gelang nicht, und dann zupften die Kerle am Halstuch des Wächters und holten mit bodenloser Frechheit die Tabakspfeife aus dessen Tasche und ließen sogar seinen Hut nicht in Ruhe. Und Abraham, der treue Hüter, lächelte dazu; er faßt seine Lieblinge wohl einmal am Hals, aber zärtlich, und streichelt sie. Schade, daß ich sie nicht behalten kann! Ich verkaufe sie nächstens. Leider sind die Preise sehr heruntergegangen. Die Preise für Fleischtiere sind dagegen in recht angenehmer Höhe. Die Geschäfte sind bis jetzt recht gut gegangen. Beim Abschluß derselben – meistens in der Kneipe – muß ich gewöhnlich viel Spiritus zu mir nehmen, und das kann ich leider nicht vertragen. Deshalb ist jetzt mein Zustand nicht ganz auf der Höhe. Aber der Afrikaner säuft und säuft und wehe dem, der mit

ihm verhandeln muß und etwa gar Selterwasser wünscht! So ein Mann ist ihm nicht vertrauenswürdig ...“
„Meine finanzielle Krisis ist zwar noch nicht überstanden, hat jedoch ihren gefährlichen Charakter eingebüßt. Ernst schrieb wegen seiner geliehenen 300.-. Ich mußte sie verwenden, weil ich wieder 2 Ochsen eingebüßt habe – einer an Giftpflanzen-Genuß, einer infolge eines Schlangenbisses – beide sind im Januar verendet. Seinem Wunsch, sein Conto zu ergänzen, komme ich tunlichst bald nach, doch muß ich nächstens ca. 1500.- bezahlen, die ich beinahe zusammen habe ...“
„Ich bedauere, daß ich nicht mehr eine robuste Gesundheit habe, mit der man ‚wüsten' kann; da wäre es meines Erachtens kinderleicht, hier gut vorwärts zu kommen. Wenn es mir hier auch besser geht als dort, so muß ich mich doch sehr schonen. Meine Stärke besteht im Aushalten von Hitze, Regen, Hunger und Durst ...“

Brief an den Bruder, vor dem 25. April 1911: „Anbei mein Todesurteil! Lies, denn es ist interessant zu lesen! Das Unglück für mich war, daß der Richter keinen Beisitzer hinzugezogen hatte, denn sogar der immer auf der Seite der Eingeborenen stehende Missionar M. sagte gelegentlich seiner Tätigkeit als Dolmetscher, daß ‚unsere Eingeborenen nicht so ungefährlich sind'. Aus der dem Deutschen eigenen peinlichen Rücksichtnahme auf die Rasseeigentümlichkeiten anderer Nationen ist mir also ein strafverschärfender Umstand geworden und die Handlung des Eingeborenen – indem er mich niederschlug, so daß ich 14 Tage mehr oder weniger bettlägerig war – ist straffrei, ja, so selbstverständlich, daß man gar keine besonderen Nachforschungen anstellt. (Einen Antrag habe ich allerdings nicht gestellt.)“
Das Ergebnis war eine Strafe von 50,- M wegen Mißhandlung eines Herero. Dieser fürchtete eine Anzeige wegen Körperverletzung, wie aus dem Brief vom 18. November 1910 ersichtlich. Um dieser Gefahr zuvorzukommen, zeigte er nun seinerseits den Angegriffenen an, der an der Verhandlung nicht teilnahm und sich somit also gar nicht verteidigte. Dann allerdings konnte er sich auch nicht über ein Urteil wundern, das die Dinge auf den Kopf stellte.
Der Farmwert sei inzwischen von 1,20 auf 1,80/ha gestiegen, und wenn die Wassererschließung erfolgreich verlaufen sollte, dann dürfe

man wohl mit 3,00/ha rechnen, ja, selbst 5,00/ha seien möglich. In Transvaal koste der Hektar umgerechnet zwischen 22 und 44 Mark!
„Mit dem Generaldirektor der benachbarten Farmgesellschaft (Kaukurus-Block) hatte ich dieser Tage eine Unterredung und wir wurden uns ziemlich einig bezüglich Einzäunung unserer beiderseitigen Grenzen. Ich soll die Pfähle setzen – als Arbeitsleistung – er kauft Draht und spannt ihn. Das würde der Anfang einer Straußenfarm sein."
„Mit unserem Bur Engelbrecht bin ich zufrieden; er arbeitet rüstig und gut. Im übrigen ist er mager und lang und 44 Jahre alt. Hoffen wir, daß er gut bleibt. Mir geht's gut ..."

Brief an Bruder Ernst, vor dem 25. April 1911: „Inzwischen habe ich eine gesundheitliche Krise durchgemacht, die als glücklich überstanden betrachtet werden kann. Ärger und Überanstrengung waren es, die meine Nerven so störten, daß ich nur selten essen konnte und nach einigen Wochen konnte ich infolge Schwäche so gut wie gar nicht mehr laufen. 60 Pulsschläge pro Minute bei ca. 1300 mtr Höhe über d.M. und 115 Pfd Gewicht. Ich schrieb Dir wohl, daß ich dieserhalb nach Swakopmund zu reisen gedachte, erholungshalber. Doch es fand sich ein anderer, billigerer und bequemerer Ausweg: Mein lieber Nachbar N. – seine Mutter und Schwester haben in Königsberg ein Pensionat – besuchte mich und schickte mir gleich darauf seine Karre zur Übersiedlung nach Kaukurus. Dort bin ich im ganzen 3 Wochen gewesen. Jetzt bin ich ziemlich frei von Anfällen, kann essen und schlafen, darf aber wenig unternehmen. Es langt aber gerade, um 'die Kiste zu schmeißen'. In meiner Abwesenheit ist allerdings einiger Schaden entstanden: Von einer Ernte von schätzungsweise 5-6 Ctr. Mais sind mir 3-4 Ctr. gemaust oder vom Rindvieh zertrampelt worden. Meine Kartoffelernte von ca. 4 Ctr. wäre noch einmal so groß gewesen, wenn ich vor dem Hamstern etc. hätte ernten können. Dieses Jahr sind die Preise glücklicherweise ausnahmsweise niedrig und der Schaden fällt deshalb nicht so ins Gewicht."
„Nach meinem Dafürhalten dürfte sich die Rechnung für Eingeborenenkost dieses Jahr um ca. 50 % erniedrigen. Dagegen ist Zucker um 15 % und Kaffee um 20-30 % teurer geworden. Davon brauche ich wöchentlich 3-4 Pfd für die Eingeborenen. An Löhnen habe ich jetzt

monatlich 50.- zu bezahlen; davon bekommt mein Bastard als Treiber 30.-"
„Ich habe so manches gesehen und gehört und finde, daß die Einrichtungen hier noch vollkommen im Werden sind. Denke bloß: Ich bin seit Oktober 1908 hier. In dieser Zeit sind folgende Herren Distriktchefs nach Gobabis gekommen oder gegangen: Hauptmann S., Landmesser W., Oberleutnant G., Dr. W., Graf von S., jetzt R.; ein Interregnum war meines Wissens auch kurze Zeit. Daraus ergibt sich, daß jeder der Herren gerade Zeit hatte, sich Land und Leute flüchtig anzusehen und dann ohne jeden Zeitverlust in Urlaub oder woanders hin zu verduften. Kann aber jemand behaupten, daß der Distriktchef dem Distrikt erheblich von Nutzen sein könnte, wie z.B. einer, der wenigstens 3 Jahre das recht vielseitige Amt führt? Muß man da nicht zur Überlegung kommen, daß die Leute lediglich zur Abwechslung oder auch zur Erweiterung des persönlichen Gesichtskreises ohne jede Rücksicht auf das Distriktswohlergehen kommen? Für den Farmer ist ein derartiger Wechsel nicht uninteressant; er lernt dadurch die wunderlichsten Ansichten kennen, denn jeder hat recht, dort mehr als der König, zuweilen importierte Ansichten, zuweilen recht vernünftige, z.B. die von Landmesser W., den der Distrikt mit Hilfe einer Petition zu halten versuchte – umsonst. Vom Skandal der Tabaksachverständigen hast Du wohl auch gehört? Die sollen Tabakbau als Spezialfach gar nicht kennen! Aber es wird weiter gewurstelt und ich glaube, daß gar kein hervorragender Charakter dazugehört, um ganz bedeutend abzustechen."
„Hier ist die Weide vorzüglich, dagegen hat der Ackerbau gelitten an zeitweiliger Krankheit, während in anderen Teilen, sowie sie keinen Frost hatten, die Ernte nicht schlecht zu nennen ist. Mit der Bodenbearbeitung kommt man jetzt ins Klare. Hast Du mal vom Campbell System gehört? Danach soll man bei 350 mm Regen eine Ernte machen können, wenn man durch geeignete Lockerung und Untergrundbaggerung die Feuchtigkeit von einer Saison zur anderen aufspart, und tatsächlich haben einige, die über die teuren Maschinen verfügen, gute Ernten gehabt. Man muß sehr tief pflügen und nach Regen eggen. Mit dem Untergrundbaggern soll die Feuchtigkeit im Boden festgehalten werden. Meinem Boden fehlt Stickstoff; Mais bleibt klein, setzt gut an,

hat aber keinen kräftigen Wuchs, also Mist darauf. Auf meinem Grund haben vereint Betschuanen und Buschleute Gartenbau betrieben und den Boden wahrscheinlich erschöpft. Vergrößern will ich dieses Jahr meinen Garten nicht, sondern nur verbessern; dagegen ist die Arbeit nötig, meinen Gemüsegarten nahe ans Haus heranzulegen."
„Mit der Hühnerzucht habe ich gute Erfolge gehabt. Zweimal schon habe ich damit angefangen und gelegentlich einige dazugekauft: Alles zum Opfer der Schlangen, Habichte, Falken etc. Anfang mit 10 Hühnern, 1 Hahn; heute 32 Hühner und Hähne; 3 Stück selbst gegessen, 3 Stück verloren als Vogelfraß. Futterkosten kommen nicht in Frage, verkaufen läßt sich davon nichts, denn der Transport lohnt nicht. Immerhin zahlt man in Gobabis etwa 2,50 M pro Hahn, in Windhuk 3-4 Mark. Bis sich die Sache lohnt, werde ich den Ertrag meiner Hühnerzucht in meinem Magen bestens verwerten, da ich, als schlechter Jäger, sonst kein Fleisch kennenlernen würde."
„Verkehr habe ich jetzt nur noch mit N., nachdem B., mein nächster Nachbar, den Verkehr nach einigen Differenzen abgebrochen hat. Bis zu N. muß ich ca. 16 km laufen, und da der Weg recht sandig ist, so macht das wenig Spaß. Ich habe ja allerdings noch einen Reitochsen, aber den brauche ich in meinem Gespann. Von einem regen geistigen mündlichen Verkehr ist also nicht die Rede. Um nicht ganz zu verkommen, brauche ich ein Pferd oder einige geistige Nahrung in Form von Schriften, und ich glaube, die Notwendigkeit der Pflege der Gehirnfunktion wird einleuchtend sein. Kannst Du mir einen Atlas zugänglich machen?"

Windhuk, den 13. Juli 1911: „Gesundheitlich geht's wieder gut, die Folgen der Ruhr sind völlig verschwunden. Geschäftlich klappt es so mittelmäßig. Ich will dieses Jahr 2 Centner Mais anpflanzen. Hoffentlich hat der Himmel ein Einsehen und gibt Regen. Der Bur soll mir seine Kunst offenbaren. Zeit habe ich nicht übermäßig viel übrig ..."

Streitsache Paul Helm – Graf zu D.: Graf zu D. wollte einen Weg von seiner Farm Canabis direkt nach Kaitsaub legen, und zwar so, daß er durch den östlichen Teil der Farm Friedland (60a) verlaufen wäre. Das hätte einen öffentlichen Verkehr, weitab vom Farmhaus – und unkon-

trollierbar – durch die Farm zur Folge gehabt; und dagegen protestierte Paul Helm.
Am 31. August 1911 wurde darüber wie folgt entschieden: „Nachdem der Bezirksrat es nicht für erforderlich hält, daß der durch die Farm 60a von Canabis nach Nordosten führende Weg für öffentlich erklärt wird, ist derselbe für öffentlichen Verkehr zu schließen. Ich ersuche, die Farmer Helm und Graf D. hiervon zu benachrichtigen."

Friedland, den 20. September 1911: „Liebe Mutter, Nun sind es glücklich 3 lange Jahre her, seitdem ich Europa meinen Rücken wandte – drei inhaltsschwere Jahre. Aus dem Handelsbeflissenen mit mittelmäßig ausgeprägtem Untergebenenverstand ist ein Herr und Gebieter über weite Lande geworden, ein König über Negerseelen, in Lumpen gekleidet ..."
„Das Hastige im Vorwärtskommen gewöhnt man sich ab, wenn man eingesehen hat, daß die Ruhe eines Buren und auch, mit gewissen Einschränkungen, der Eingeborenen, vorbildlich ist. Pech habe ich viel gehabt und werde es vielleicht auch ferner noch haben – aber eine kalte Dusche ist meistens erfrischend. Die Karre läuft schwer, aber sie geht sozusagen nach vorn."
„Mein braver Bur Johannes Cornelius Engelbrecht, gebürtig aus Transvaal, war im Oranje Freistaat, der Cap Kolonie und ist augenblicklich bei mir. Der brave Mann arbeitet nun seit Anfang August im Garten und rodet. Ende dieser Woche ist er mit seinem vorläufigen Pensum fertig, das er mit 2 Jungen bewältigte und hat dann etwa einen weiteren Hektar „rein" gemacht."

22. September 1911: „Es fängt an grün zu werden, und zwar zuerst bei den Kameldornbäumen. Der zarte Übergang der Farben wie bei Euch ist hier nicht wahrzunehmen, es kommt sogleich ein dunkles, sattes Grün zum Vorschein. Der Weißdorn läßt wohl auch nicht mehr lange auf sich warten und dann riecht die Gegend wie eine Parfümfabrik. Im vorigen Jahr ging's einen Monat früher los. Neulich kamen nachts ein paar Tropfen herunter; die Tage sind heiß, zuweilen drückend und verhältnismäßig wenig windig. Alle Vorbedingungen sind da, daß beim nächsten Mondwechsel der brave Bauer ein paar Tropfen abkriegt."

„Ich ließ mir im Juli einen Wagen reparieren. Der Mann schickt mir einige Wochen nachher, nachdem ich schon wieder auf der Farm war, eine Rechnung an meine Adresse in Windhuk, übergibt gleich darauf die Sache dem Rechtsanwalt zum Einzuge; der teilt mir das mit einer Zahlungsaufforderung mit, setzt nach Verlauf von 14 Tagen eine Frist von weiteren 14 Tagen und klagt dann am 5. Oktober. Am 19. Oktober komme ich hier an und sehe die schönen Briefe friedlich beisammenliegen. Ich zahlte prompt die Forderung (59.-) aber betr. Kosten überlege ich es mir noch. Außerdem fand ich noch einige Mahnungen vor und bezahlte: Liebenstein & Raupert 143.-; Langer & Tobias 385.; B. 100.-; August G. 200.-. Kaufte zur Saat 180 Pfd Mais = 35.-; Kost für die Farm, Reis, Mehl = 265.-"
„Dazu verwendete ich mein Frachtgeld nach Arahoab, verkaufte das in Aminuis erworbene Salz und außerdem 3 Bullkälber und zwei Kühe zweiter Qualität und 1 alten Ochsen. Nun bin ich damit ziemlich mit den Schulden heruntergekommen, aber es sind doch immer noch eine ganze Menge. Um endlich ins Reine zu kommen, werde ich unter meinen Kühen weitere Auslese halten müssen, weil die Ochsen für einige Zeit schlecht im Preise stehen bleiben werden. Für den alten Ochsen habe ich einen anderen erwerben müssen. Kurz und gut, ich bin nunmehr abgebrannt und lediglich auf Credit angewiesen, den ich glücklicherweise noch anstandslos gewährt bekomme, trotzdem die Kaufleute hier ganz andere Bedingungen bezgl. Solidität stellen als bei Euch."
„Neulich fielen mir 2 junge Ochsen in einen 13 m tiefen Brunnen. Aber wunderbar, es ist ihnen so gut wie nichts passiert ..."
Hat seine Strauße gut verkaufen können, 75.- pro Stück, und wurde zu weiteren Lieferungen der gleichen Qualität angeregt. Seine Strauße sind mit der Zeit zahm geworden.

Windhuk, den 2. November 1911: „Liebe Mutter, Ob ich mir Saatkartoffeln kaufen kann, hängt davon ab, ob ich Geld in die Finger kriege, denn mein Geldbassin ist sozusagen leer. Wenn ich einmal eine vernünftige Frau mit 7-8000.- erhalte, so bin ich aus dem Druck endgültig heraus ..."

„Meinen Buren werde ich wohl entlassen müssen, er wird mir zu teuer. Dafür gedenke ich dauernd auf der Farm zu bleiben und habe mich deswegen mit zuverlässigen Leuten ins Einvernehmen gesetzt, die meinen Wagen hier abzufertigen haben. Die schwerste Arbeit hat der Bur ja geleistet und die übrige muß ich eben selbst bewältigen. Ich will ihm aber freistellen, später wiederzukommen."

3. November 1911: „Gestern habe ich mich mit Cacao schwer vergiftet ..."
„Hier ist wieder mal so etwas wie Ruhr, was wohl mit dem Wasser zusammenhängt ... ich freue mich auf die Abreise."
„In den nächsten Tagen kommt mein Wagen aus Heusis zurück, wohin er mit 58 Ctr. Fracht für die Liebig-Gesellschaft gefahren ist. Frachten gibt's genug zu fahren und auch zu guten Preisen und es bliebe eine Menge hängen, wenn ich 2 oder besser 3 Gespanne hätte und dauernd in Windhuk bleiben könnte ..."

Friedland, den 1. Dezember 1911: „Die Sonne brennt heiß, die Luft ist drückend schwül, doch die Regenwolken verscheucht im letzten Augenblick des Teufels Urgroßmutter. Ich stehe mit dieser Dame nicht auf gutem Fuß, denn sie ist es wohl auch, die mir eine ganze Legion kleiner Vögel sendet, damit die sich an dem Anblick meiner Saaten weiden, so lange, bis alles abgeweidet ist. ... außerdem hatte die kleine Regenzeit – Oktober/November – uns vergessen und das natürliche Straußenfutter ist einstweilen noch nicht vorhanden ..."

3. Dezember 1911: „Heute ist Sonntag. Wolken sieht man wenig am Himmel, die Hitze ist erträglich. Wasser- und Zuckermelonen sind größtenteils aufgegangen. Ich habe Gras darüber werfen lassen, damit die Vögel etwas abgehalten werden. Der Bur kommt gar nicht mehr vom Fleck. Ich mußte gestern selbst mithelfen, und da sind gegen Abend etwa 30 Pfd. Kartoffeln gesetzt worden. Die ersten frischen Kartoffeln werde ich etwa gegen Neujahr haben."
„Für Weihnachten hat mich meine 16 km weit wohnende Nachbarin Frau N. – d.h. er auch mit – eingeladen und ich habe angenommen.

Dort befindet sich ein Klavier und außerdem Weiße – 5 Köpfe Minimum – oft mehr. Die Farm ist 10.500 ha groß ...“

8. Dezember 1911: „Soll das etwa ein vernünftiges Regenjahr werden? Es sieht nicht so aus. Gestern konnte man etwas naß werden, 2 cm ist es in den Sand gegangen. Mein Gartenbrunnen ist nicht besonders gut; er versandet leicht. Ich habe Not, das ganze Stück zu begießen. Der Garten ist etwa 35 m breit und 80 m lang. Die Blumen incl. Paprika habe ich gesät. Tomaten verpflanze ich lieber nicht; ich finde, daß sie ohne Verpflanzen besser tragen ...“

„Buschbohnen habe ich in Furchen gesteckt. 12 Furchen à 12 mtr. Diese haben erhebliche Vorteile beim Bewässern. Ebenso will ich's mit den Gurken machen. Die Kürbisse sind schön herausgekommen, weniger gut die Radieschen, vielleicht waren sie zu dünn gesät. Das ist etwas, das hier selten gelingt. Eine Ernte wird gut bezahlt, 28-50 M pro Ctr. bei glatter Abnahme. Auch Möhren und Rüben kann man in größeren Quantitäten leicht absetzen, als Pferdefutter.“

„Mit der Bewässerungsanlage bin ich ungefähr im Klaren. Das Beste ist ein Windmotor und ein Bassin, zusammen billigst 3500.-, oder zweitens eine Baggerpumpe mit Bassin für 1500 - 1700 M, oder drittens ohne Bassin ca. 700.-. Ist auch das unerschwinglich, so begnüge ich mich mit einer Eimerwinde und Bassin en miniature, das kann man für 150.- haben. Das letztere geht auch, bloß läßt sich damit nicht allzuviel ernten. ... Das Bewässern muß bei der trockenen Luft stärker durchgeführt werden als bei Euch.“

Friedland, den 12. Dezember 1911: Er dankt dem Bruder Ernst für seine Bemühungen und malt sich aus, wie er immer reicher wird, allein dadurch, daß die Farmpreise fortlaufend steigen.

„Ein weiterer glücklicher Umstand meiner Farmerei besteht darin, daß auf meiner und der Farm von B. kein Stück Vieh am Genusse einer bestimmten Sorte Gras eingegangen ist, das außerordentlich scharf ist und Mastdarmeiterungen verursacht, während am Schwarzen Nossob und in anderen Teilen des Ostens dieses Jahr ganz erhebliche Verluste vorkamen. Wassermangel bestand in diesem dürren Jahr auch nicht. Es könnten an meinem Brunnen gegen 200 Rinder getränkt werden.“

„Die Farmratenzahlung beginnt am 15. April 1915 ...“
„Gestern hat es zum ersten Mal in dieser Saison merklich geregnet. Etwa 3 cm ist der Regen in den Sand eingedrungen. Besser als nichts. Ich lasse deshalb gleichzeitig pflügen und eggen, damit der Grund lokker und klein wird ...“

16. Dezember 1911: „Der Regen war ungenügend. Ich entlasse deshalb den Buren. Es ist nicht damit zu rechnen, daß der nächste Regen noch so früh fällt, daß man mit einiger Aussicht auf eine Maisernte rechnen kann.“
„Das Frachtfahren muß ich gelegentlich aufgeben – d.h. das persönliche, wo ich dabei bin –, ich kann es gesundheitlich auf die Dauer nicht aushalten. Im vorigen Jahr habe ich es noch gut vertragen, aber dieses Jahr ging’s nicht. Bis Mai 1912 will ein guter Bekannter von mir gegen angemessene Vergütung (5 %) die Beladung meines Wagens vornehmen. In diesem Falle brauche ich nicht selbst nach Windhuk. Später werde ich mich mit Leuten einschränken und Wagen und Ochsen bis auf 4 Stück verkaufen. Für diesen Fall wäre es ungemein wichtig, wenn ich dieses Jahr wenigstens noch so viel Mais ernte, als ich für meine Leute brauche.“
„Mit der diesjährigen Straußenfängerei klappt es gar nicht. Erstens zögert das Distriktsamt mit der Genehmigung aus mir unbekannten Gründen, zweitens hat die Polizei auch diesmal wieder völlig versagt im Aufgreifen herumstreunender Eingeborener. Die haben mir meine wilden Strauße sämtlich verjagt.“
„Die Polizei läßt sich hier manches zuschulden kommen: Im April des Jahres entläuft mir am hellen Tage ein Zugochse und ist nicht mehr zu finden. Ende Oktober erzählten mir Windhuker Eingeborene, die ich gut kenne, sie hätten meinen Ochsen in einem Polizeigespann gesehen. Es war sonderbar, doch erkundigte ich mich bei der zuständigen Behörde, der Landespolizei-Inspektion. Antwort: Vollständig unmöglich! Nach einigen Tagen treffe ich den betr. Kaffern und sage, er solle mir Paßmarke und Namen des Treibers des Polizeigespanns bringen. Und er bringt's. Darauf große Aufregung und Erklärung. Der Ochse ist also 7 Monate im Gespann gewesen, ohne daß die K. Landespolizei ihn vorschriftsmäßig als Fundobjekt gemeldet hat.

Dies ist aber bereits der zweite Fall, den ich kenne.
Ein Privatmann müßte das hier mit ca. 6 Monaten büßen. Auch andere Gründe veranlassen mich, vor der hiesigen Obrigkeit keinen Respekt zu haben. Es ist eben Kolonie!"

1912

Friedland, den 3. Januar 1912: „Liebe Mutter, Weihnachten 1911 ist nun auch gewesen. Es war mörderisch heiß ... so daß sich die Christbaumlichter verbogen."
„Am Heiligen Abend früh bin ich zu Fuß nach Kaukurus zu N. abgedampft, um 10 Uhr etwa hatte ich die 16 km gedrückt. Es wurde gut gegessen. Auch Hering gab's. „Missi" N. dedizierte mir eine Schlummerrolle und zeigte mir ferner noch einige traurige Reste von Pfefferkuchen etc., in denen kurz zuvor die Termiten gewohnt hatten. Das war, sagen wir, eine Gemeinheit. Na, und da auch ein Klavier da war, so sang man auch."
„N. schenkte seiner Frau u.a. ein Pferd im Werte von 4-500 M. Er ist eben Farmverwalter und kein Farmer, sonst wäre das nicht so einfach."
„Am zweiten früh ging ich heimwärts und der Himmel brachte mir auch eine Gabe. Es regnete – wenigstens etwas. Seitdem hat der Regen mich noch öfters beglückt. Am 29. Dez. 1911 habe ich schon mit Mais angefangen und heute nachmittag ist's nicht möglich, weil's einen Landregen gibt. Den größten Teil der Fläche habe ich fertig. Ein Drittel der Saat ist bereits aufgegangen. Da ich an Regen nicht mehr dachte, habe ich meine Leute weggeschickt, um Kost zu sparen, und muß nun mit einem Jungen und 4 dämlichen Weibern arbeiten. Mahlzeit! Das ist ein Betrieb! Zweie haben kleine Babys und von den anderen ist mindestens eine immer 'furchtbar krank'."

5. Januar 1912: „Es sind nun 14 Tage her, seit mein Ochsenwagen wieder unterwegs ist, um Geld zu verdienen. Er muß nächstens in Windhuk landen und eine für Gobabis bestimmte Fracht laden."

13. Januar 1912: „Etwa 1,5 ha ist besteckt mit Mais und leidlich gut aufgegangen. Regen und Sonnenschein war bisher gut, doch haben mir die Springhasen erheblichen Schaden angerichtet. Ich habe ihnen den Vernichtungskrieg erklärt und eine ganze Anzahl ist hingeschlachtet; indessen, die Haupträuber habe ich nicht erwischt. Die lieben Tierchen graben die ganz jungen Maispflanzen aus und fressen nur den übrig gebliebenen Maiskern; das übrige lassen sie liegen. Ich lasse um das Feld nachts Feuer machen und ging auch selbst hin, aber meine Wächter schlafen immer wieder ein und für mich sind Nachtwachen nicht dienlich. Mit Fangeisen war kein Erfolg zu erzielen, endlich habe ich es mit vergiftetem Mais versucht; davon liegen aber noch keine Resultate vor, abgesehen von einer Maus und einer Taube, die ich tot fand.“

4. März 1912: Er legt dem Bruder Ernst Rechenschaft ab über die Finanzen des Unternehmens „Friedland“.
„Meine Schulden:
a) alte: Meissner & Arendt 130.-; L. Franzius (Rest) 65,20; Tambowsky & Schröder 168,50; H. Abraham, Gobabis 183,05; Quentin & Co. 140.-; Fritz Langer (Rest) 40.-; B. Maul 72.-; macht 798,75 M.
b) laufende: Aug. G., Windhuk 453,10.“
Demgegenüber stehen ca. 250.-, mein Guthaben, die größtenteils bereits zur Zahlung an G. angewiesen sind (200.-).
Gedrängt zur Zahlung werde ich von den Vorstehenden nicht, dagegen vom Gericht und der Steuerbehörde (M 129,50), die zum Teil bezahlt sind bzw. in den nächsten Tagen telegrafisch überwiesen werden. Der Betrieb kostet mich zur Zeit monatlich 150-170 M. Einnahmen an Frachten sind augenblicklich günstig, 300-500 M pro Monat. Ich konnte deshalb neben mancherlei Anschaffungen einige abstoßen. Sind die 798,75 erledigt, so lasse ich eine kleine Pause zur Erholung der Ochsen und zur Instandsetzung eintreten. Dann gedenke ich, an Dich und Mutter einiges abzuführen. Es ist aber fraglich, ob ich so schnell dazu komme, denn meine Gesundheit ist wieder einmal ganz schlecht, weshalb es nicht ausgeschlossen ist, daß ich einmal auf 4 Wochen zur Erholung nach Swakopmund muß. Gegenwärtig habe ich außer zahlreichen milderen Nervenanfällen Diarrhö. Das Laufen fällt

mir meist sehr sauer. Es reicht gerade aus, daß ich mit meinen gut eingerichteten Leuten die Maispflanzung und sonstige Anlagen in Ordnung halte. Der Mais scheint eine leidliche Ernte zu geben, die hoffentlich meinen Jahresbedarf an Kost für die Leute deckt."

„Gestern war mein Nachbar N. mit Frau da. Sie hatten ihren Volontär mitgebracht, ein 26jähriger Nationalökonom, der sich in den Weißen Nossob verliebt hat. Er ist erst kürzlich herübergekommen und fand nach vielen kahlen Stellen im Lande endlich einmal etwas parkähnliches, was ihm zusagte. Dagegen sind ihm die hier zahlreichen Mücken und Fliegen und sonstige größere und kleinere Insekten eine recht unwillkommene Beigabe. Mir ist das Viehzeug ziemlich gleichgültig. Malaria hatte ich diesmal noch nicht; aber meine Nachbarn klagen darüber."

„Wenn meine Kartoffeln geraten, so habe ich etwa 6-8 Centner, die ich innerhalb Jahresfrist selbst aufzufuttern gedenke ..."

„Früher waren meine Hühner nicht zum Brüten zu bewegen, jetzt brüten sie sogar auf Gipseiern. Ich habe jetzt 26 Hühner und Hähne. Futter ist für sie nicht nötig zu kaufen. Wenn die Hähnchen größer werden, so werde ich eines nach dem anderen vertilgen, vielleicht hilft mir das etwas."

„Jetzt habe ich wieder einen Bullen, und zwar einen Halbschlag Simmentaler, der mich 300.- kostet. Eigentlich wäre mir eine Pinzgauer-Mischung lieber gewesen, war aber nicht zu erhalten. Simmentaler sind auch nicht schlecht. Seit Januar vorigen Jahres haben die Bullen der Nachbarschaft meine Kühe gedeckt ..."

Kaukurus, den 25. März 1912: „Liebe Mutter, ... hundsmiserabel ist mir, nervöser Zahn, Leibschmerzen in größeren Quantitäten. Da kommt vorige Woche die Karre meines lieben Nachbarn N.; ich werde einfach aufgeladen und nach Kaukurus versandt. Nun sitze ich schon 8 Tage hier und freue mich, daß ich mich glatt um nichts zu kümmern habe. Es ist schon die Wendung zum Besseren eingetreten – einstweilen bloß die Wendung, aber ich kann nun auf einmal mit einigen günstigen Augenblicken wieder rechnen, wo ich enorme Mengen vertilgen werde, die mir dann wieder auf die dünnen Beine helfen ..."

12. Juli 1912: „Liebe Mutter, Ich habe mir elende auf die Finger gekloppt. Das soll aber nicht eine Entschuldigung dafür sein, daß ich verbummelte, Dir rechtzeitig zum Geburtstag zu gratulieren – nee – ich war unterwegs und vielbeschäftigt. Nichts desto weniger ... alles Gute, mögest Du endlich die Sorgen los werden, ohne die Du aber hoffentlich auch leben kannst ...“

„Meine letzte Windhukreise war schlecht; erstens teilweise geschäftlich, vor allem aber war’s nachts bis -14° Re [-17,5° C], und ich habe fürchterlich gefroren, trotz vieler Decken. Jetzt ist’s schon wärmer. Geschäftlich war’s insofern schlecht, als ich fast 14 Tage lang in Windhuk warten mußte, ehe ich Fracht bekam. Andererseits hatte ich Glück: Eine ganz faule Forderung von 400.- konnte ich bis etwa 80 % retten und den Rest hole ich gelegentlich. Der Kniff dabei war der, daß ich mit der Frau des Schuldners „recht schön“ geredet habe, die dann energisch für mich eintrat. Ferner kaperte ich mir mit Hilfe meines ehemaligen Windhuker Bürochefs 10 Gouvernementsochsen behufs Einlernen für den Ochsenwagen auf ca. 6 Monate, was ermöglicht, daß ich einen Teil meiner Ochsen ausruhen lassen kann, was sehr nötig ist.“

„Ferner kaufte ich mir in Windhuk eine leichte Karre mit Federn, die einer meiner sehnlichsten Wünsche war, weil ich das Geschüttel einer ungefederten nicht vertrage.“

„Vorige Woche war ich in Gobabis, um einen Schuldner zu treten, der glücklicherweise vollständig ausglich. Es waren 480.-; der Mann soll angeblich nächstens Pleite machen. Man muß hier höllisch aufpassen, um nicht zu Schaden zu kommen; immer gelingt's nicht. So habe ich dieses Jahr 500.- verloren, weil eben nichts mehr zu holen war. Die Schuld ist schon 2 Jahre alt; heute bin ich vorsichtiger. Das Schlimme ist hier, daß eben jeder ein bissel „faul“ ist und daß ein Geringes genügt, um ihn fallieren zu machen.“

„Neulich war ich einmal mächtig im Druck; mit meinem Frachtführer hatte ich Krach gehabt und als Folge davon war anzunehmen, daß er bei Rückkehr seiner Reise seinen Lohn prompt fordern würde, wozu mir aber das nötige Kleingeld ausgegangen war. Mit echt afrikanischer Ruhe harre ich der Dinge in Kaukurus. Mein Wagen kommt und oben auf sitzt ein Fahrgast nach Windhuk mit vielen Kisten. Er ist gewillt,

prompt zu zahlen und ladet 40.- ab, die genügen, um die Falten auf der Stirn meines Jungen zu glätten ..."
„Außer meinem lieben Nachbar N. sorgt noch ein weiterer – 40 km entfernt – gut für mich. Vor Gobabis hat sich neuerdings ein gewisser K. niedergelassen, der mich sorglich aufnahm und dessen Frau mir eine gebratene Klippbockkeule mitgab. Außerdem hat sich seit Februar in Kanabis (9 km) ein Verwalter des Grafen zu D. mit Frau niedergelassen, die auch sehr nett zu sein scheinen. Ich finde, es fängt an, gemütlich zu werden."
„Gesundheitlich geht's gegenwärtig sehr gut, bis auf die Zähne. Der Mann in Windhuk hat 1 St. gezogen, 3 St. plombiert (à 15.-) und Zahnnerven behandelt für ca. 120.- zusammen; darauf habe ich 60.- angezahlt. Ich muß noch einmal hin, was wieder ein Heidengeld kostet."

13. Juli 1912: „Heute lasse ich mir beim Reparieren einer Winde den Drehling an die Kinnlade sausen. Der Vollbart, der so verachtete, hat mir die Knochen gerettet ..."
„In Windhuk und Swakopmund ist wieder Typhus."
„Dieses Jahr werde ich Betschuana-Bohnen setzen, dazu habe ich mir 1/2 Ctr. bestellt, womit man ca. 5 ha bestellen kann. Die sollen sehr wenig Regen nötig haben und mit Sandboden zufrieden sein ... Ferner soll sich noch für hier ein Kaffernkorn [Sorghum, eine Hirseart] eignen, das ich auch probieren werde."
„Als Muster ohne Wert erhältst Du 1 Quantum D'auna, eine Art Erdnüsse, die leicht geröstet, schwach gelblich ... und aufgeknackt, mir stets fein geschmeckt haben. Beim Rösten einige Vorsicht, weil manche explodieren! Wir werfen sie in nicht zu heiße Asche auf kurze Zeit, vielleicht 2-3 Minuten; man kann sie aber auch in die Pfanne werfen und wie Kaffee rösten."
„Ein Pferd habe ich jetzt glücklich, mit dem ich zufrieden bin. Zum Wasser habe ich jetzt nicht mehr weit. Gestern fand ich in einer Entfernung von 70 mtr vom Hause in 7 mtr Tiefe reichlich Wasser. Die Freude darüber wird nur ein ganz trockener Südwestafrikaner verstehen können ..."

8. Januar 1913: Brief an die Schwester Feli: „Deine Geburtstagswünsche sind herzlich und sehr vielseitig, dabei so nett, daß man gar nicht glauben will, sie kämen von einer ‚schwergeprüften Schwester' ..."
„Neulich hatte meinen Schimmel eine Schlange gebissen, in die Bauchgegend; mit dem Okuliermesser wurde rasiert, Fell durchgeschnitten und Kaliumpermanganat eingestreut. Schimmel fühlt sich wieder wohl und läßt grüßen."
„Heute wird bei mir noch einmal Weihnachten gefeiert, was mich eine Ziege kostet, die die Leute – hungrig wie sie immer sind – heute abend noch verdrücken. Zu Weihnachten hatten sich 2 der Leute verlaufen, einer mußte sie suchen, macht 3 Stück, und da fing es an zu fehlen an Leuten, die Weihnachten bei mir feiern sollten. So große Heiden die Kerle sind, so feiern sie heute doch Weihnachten in der Absicht, sich zu versöhnen – vorher prügelten sie sich. Entschieden löblich, bloß das Dumme ist, daß ich die Rechnung in Gestalt einer Ziege bezahle. Hoffentlich haben sie morgen das Magendrücken. Dann behaupten sie gewöhnlich, das einzige Heilmittel dagegen sei Faulenzen. Indessen, letzteres pflege ich bald zu kurieren; ich 'blase' die Knöppe an, dabei merkt man bald, wer wirklich krank ist – also Diagnose – dann Calomel, Chinin ..."

Friedland, den 10. Januar 1913: Bedankt sich bei seinem Schwager und seiner Schwester für Brief und Weihnachtspaket. „Wenn man das alles sorgsam ausgebreitet vor sich liegen sieht, so denkt man wie im Märchen an einen großen Schatz, den eine (oder mehrere) gütige Fee mir bescherte ..."
„Angetan mit schwarzem Rock, hellen Hosen, bunter Weste, Zylinder auf dem Dache, habe ich zum Heiligen Abend B.s besucht. Es dauerte eine Weile bis sie sich vor Staunen klar über die neue Erscheinung wurden, und B.s Hunde hätten indessen dieses Ungetüm beinahe als ‚gemeingefährlich' aufgefressen, wenn ich nicht in Voraussicht der Entwicklung der Szene mit einem Knüppel vermieden hätte, Nackttänzer zu werden. Von der Eingeborenenwerft nur der Ton ‚aaahhh' ..."

„Eben war ‚Michel' – mein Schimmel – wieder da. Er wollte was Lekkeres haben. Er ist zwar faul, doch habe ich ihn gern und deshalb kriegt er etwas. Wenn man von seinen Schnelligkeitsleistungen absieht, so ist es ein Idealpferd. Völlig zahm, bleibt stets in der Nähe, auch bei schlechten Gras, säuft Wasser nur an meinem Hause, kann dabei stets kontrolliert werden, läßt sich beladen wie ein Esel und soll angeblich Sterbe überstanden haben. Neulich hat ihn eine Schlange gebissen; die Sache ist zwar erledigt, es hat ihn aber mitgenommen."
„Mit der Säerei habe ich dieses Jahr Pech gehabt. Mein neu angelegter Garten hat sich als ungeeignet erwiesen. An dieser Stelle nämlich fressen die Vögel alles Grün ab, sogar die Kartoffeln. Nächstes Jahr muß ich zum alten Garten zurückkehren, der 1/2 km abseits liegt ..."

Gobabis, den 26. April 1913: Dankt seinem Bruder Ernst für die Uhr, die er eingeschrieben aus Blasewitz erhielt – „ ein Lichtblick in meinem düsteren Dasein". Doch gibt er zu bedenken, daß in Südwest Uhren leicht versanden und die Reparatur jedesmal 5.- kostet, „deshalb bin ich schon seit Jahren völlig uhrenlos älter geworden".
„Meine Vermögensverhältnisse haben sich ein klein wenig gebessert und ich habe Außenstände von 300.-, mit deren Einzug ich mich lebhaft beschäftige. Das ist aber nicht leicht. Indessen, die Qualität der Kunden ist gut. Davon kann ich zur Not 50.- abgeben, die ich Dir schicken will ..."
„Die Zeiten sind immer noch schlecht, etwas besser aber scheint's zu werden durch größeren Fleischbedarf in Swakopmund. Vor einigen Tagen mußte ich einen alten Zugochsen erschießen, weil er die Zähne zum Teil verloren hatte und nicht mehr fett sondern magerer zu werden schien. Er hatte eine Darmeiterung. Die Zunge habe ich gegessen, sie schmeckte großartig."
„Ich arbeite jetzt täglich in einem Brunnen, den ich für sehr wasserreich und auch in anderer Beziehung für vorteilhaft halte. In einer Tiefe von 8 mtr. begann ein weiches rotes Gestein – wahrscheinlich Speckstein – das ich nun auf Meter 9 herausgearbeitet habe. Täglich 10-15 Centimeter; wenn ich 2-3 Stunden unten gewesen bin, habe ich genug. Die stärkste Wasserader ist mittelfingerstark und hat einigen Druck. Auf dieses Wasser möchte ich eine Baggerpumpe setzen, die

4,5 - 6,75 cbm [pro Tag] leistet; der hiesige Preis dafür ist 750 - 900 M."

„Der Regen fiel dieses Jahr sehr spät, statt Dezember im Februar, hat aber doch in meiner Gegend seinen Zweck in Bezug auf Weide erreicht. Auch für meine Kartoffeln kam er noch recht, wenn nicht Springhasen die Saat herausgegraben hätten. Der Gartenbau ist hingegen schlecht geraten, es fehlte die Luftfeuchtigkeit, die sich schwer, vielleicht gar nicht ersetzen läßt. Nachträglich habe ich nur Radieschen und Möhren. Die Tomaten werden wohl erfrieren. Wenn man bedenkt, daß nicht jedes Jahr so schlecht ist wie dieses, so würde die fragliche Baggerpumpe auch meinem Gemüse zugute kommen."

„Am 10. Mai habe ich einen Termin als Zeuge in Gr. Witvley – 60 km –, am 15. als Zeuge in Gobabis – 50 km von Witvley – aufzutreten.

In Gobabis soll ich aussagen über eine Sache, die B. betrifft. Sie liegt fast 4 Jahre zurück und ich kann mich nur unsicher erinnern. Ich verstehe nicht, wie sich jemand auf solche Zeugenschaft berufen kann, ohne sich zu vergewissern, ob der Mann noch was weiß ... Die Rechtsanwälte werden reich, das Land verarmt. Ich pfeife auf jede unsichere Forderung, um nicht klagen zu müssen, habe aber wohl dabei mehr gewonnen als verloren!"

Gobabis, den 2. Mai 1913: „Liebe Mutter, Heute habe ich einen 'selbstgebauten' Hahn gegessen und finde – was nicht alle Tage der Fall ist – meinen Magen leidlich ausmöbliert ..."

„Ich habe Möhren und Zwiebeln gesät. Zur Erstattung eines guten Futterzustandes pflege ich mir gewöhnlich einigen geräucherten Speck auf Lager zu halten, der nach meinen nun fast fünfjährigen Erfahrungen als Wild-West-Mann einen am besten über Wasser hält und vom wirtschaftlichen Standpunkte aus die geringsten Schwierigkeiten macht. Leider ist er nicht immer zu haben. So manches habe ich essen lernen müssen, nur nicht Mehlsuppe, die schmeckt mir immer noch nicht."

„Ernst schreibt mir jetzt dauernd ruppige Briefe, damit ich zahle. Er hat ja recht ... aber ich habe ja selbst oft nichts gehabt, vielfach auf Reisen nur Brot und Butter, in der Tasche einige Mark, kaum ausreichend für Notfälle. Gerettet hat mich der Credit, den ich auf mein ehrliches Gesicht mit einigem Galgenhumor erhielt. Nun aber muß ich mit den Lieferanten in Gobabis abrechnen, weil die ungemütlich geworden sind. Vielleicht kann ich's ermöglichen, daß ich den ganzen Bedarf in Windhuk decke."

„Nachdem es mir gelungen ist, meine Schulden in Kaukurus ganz, in Gobabis zum guten Teil abzustoßen, glaube ich auch eher daran, Euch gegenüber gerecht zu werden. Nur kommt's darauf an, daß Ihr nicht ganz die Geduld verliert."

„Vor einigen Wochen bin ich bei Brunnenarbeiten einige Meter abgestürzt, kam aber mit einigen ganz unbedeutenden Verletzungen davon. Mein Nachbar K. hatte mehr Pech, als er vorigen Monat in B.s Brunnen 10 Meter tief fiel. Er hat 4 Wochen gelegen und fängt jetzt erst wieder an zu gehen. Es scheint aber gut abzulaufen. Ich bin jetzt vorsichtig geworden mit der Brunnenarbeit und schlinge mir vor allem einen Ochsenriemen um die Brust"

„Bei mir fängt der Leutemangel an; ich habe nur noch 2 arbeitende, d.h. Leute, die tatsächlich arbeiten können; außerdem habe ich für Notfälle einige fast arbeitsfähige Buschleute, die eine ziemliche Anhänglichkeit bewiesen haben und mit denen man zur Not durchkommen kann."

Postkarte vom 29. Juni 1913 an Schwester Feli: „Zur Abwechslung habe ich mal wieder meine Kräfte der Allgemeinheit zur Verfügung gestellt und bin zur Zeit Ladenschwengel, Buchhalter, Buffetier, alles für die notleidende Menschheit, während 65 km entfernt auf Friedlands grünenden Auen meine Herden in Kaffernobhut friedlich grasen und auch – ohne mich – gedeihen."

Postkarte vom 29. Juni 1913 an die Mutter: „Ich bin fett geworden, wiege 134 Pfd und bin ziemlich gesund an Nerven ..."

„Seit Monatsfrist bin ich Detaillist [Einzelhändler] nach 14jähriger Pause. Es geht zwar früh los und hört nicht allzu früh auf, ist aber bei der vorzüglichen Pflege und angenehmem, gemütlichem Umgang eine gute Position."

Postkarte vom 27. Oktober 1913 an die Mutter: „N. sind wieder da und erzählen so mancherlei, unter anderem auch, daß es ihnen in Deutschland absolut nicht gefiel und daß sie froh waren, wie sie wieder zurückkehrten. Es muß wohl diesen Sommer viel geregnet haben?“

Brief an die Mutter, etwa am 27. November 1913: „Liebe Mutter, Von Hause nach Windhuk hatten wir zu leiden unter Wassermangel – d.h. unsere Ochsen. Wir mußten Umwege machen. Wir – mein Nachbar W. und ich – kamen trotzdem in guter Verfassung in Windhuk an. Unterwegs bemerkten wir ein glückliches junges Ehepaar – sie mit viel Moneten – und sahen mit angenehmem Erstaunen, daß es sich „mit“ auch ganz gut leben läßt. Schönes Haus, große Veranda, vornehme Einrichtung, Linoleum. Die junge Gnädige entwickelte in ihrer Eigenschaft als Jungvermählte eine starke Neigung zu Kuppelgeschäften. Angenehm hörte es sich an, als sie so ganz beiläufig erzählte, ihre junge Schwester käme nächstens zu Besuch – wahrscheinlich ebenso nett wie die Erzählerin. Eigentlich interessant für uns Junggesellen, indessen, wer die überlegen lächelnde Physiognomie etwas studierte, wird erkennen, daß wir zwei Unglücklichen gar nicht in Frage kommen. Die gnädige Frau hatte ihre Dispositionen bereits getroffen.“
„In Aris sahen wir die Eisenbahn. Ein Zug fuhr stolz in Richtung Rehoboth. Es ist ein schöner Anblick, ein erhabener, das Meisterwerk der Menschheit zu sehen, wo sich die Natur gefällt, uns ihre Schätze zu verbergen. Berge, Felsen, Schluchten, Geröll. Paviane und Kuduantilopen finden ihr Futter, aber der gewöhnliche Sterbliche sieht eine tote, schneelose Alpenwelt, der Bäume sind nur wenig, das Gras ist bald abgefressen. Die trotzigen Felszacken aber bleiben und wundern sich, was der Mensch sich abquält. Sie sehen die Träger der Vergangenheit auf wunderbaren Fußpfaden, den Ochsenwagen, den afrikanischen Reisegefährten, in seiner Plumpheit; auf tückischem Geröll zusammenbrechend, mit seinen Rädern. Auf leichten Sohlen kommt die Bahn gegangen. An den Bergen schlängelt sie sich hin, und wo die Höhe zu gigantisch war, da schlüpft sie behende in einen Tunnel. Sie hat's nicht so eilig wie ihre Schwestern in Deutschland. Sie fühlt sich wohl bei 20-30 km Stundengeschwindigkeit und läßt uns Zeit, die Ge-

gend genau anzusehen. Für längeren Aufenthalt hat sie einiges Verständnis – sie liebt eben die Gemütlichkeit.“
„Makule, unser Kaffernjüngling im hohen Alter von 7 Jahren, ist beheimatet in der Kalahari unter den großen Kameldornbäumen 19 km südlich Babi-Babi. Er ist zu harmlos, um jemandem etwas Schlechtes zuzutrauen. Wenn aber so ein ganzer Eisenbahnzug kommt, der, ohne Ochsen vorgespannt zu haben, mit der Geschwindigkeit einer galoppierenden Ziege herumläuft, da reißt sogar Makule aus – Makule, der sich vor keiner Schlange fürchtet, Makule aus der Kalahari!“
„Mein Reisegefährte hatte in Windhuk einige Besorgungen; nach einigen Tagen Abfahrt nach Wilhelmstal mit dem Schnellzug zu einem Bekannten. Wilhelmstal ist eine leidlich modern eingerichtete Farm. Angelehnt an Berge, größeres Areal, ca. 15.000 ha, gute Weide, nicht allzu viel Wasser, von der Bahn durchschnitten, Buschfeld, auch Bäume, meist harter Grund. Preis 20.000.-, evtl. auch billiger, mit Vieh etc. sofort verkäuflich. Einige Tage bleiben wir dort. Es lag auch kein triftiger Grund vor, gleich weiter zu reisen, denn erstens war es nett und interessant, zweitens schmiß man uns nicht raus. Im Gegenteil! In W. dagegen ist man schon mehr Europäer, alles hat eine Hast, die uns aus dem Hinterwäldlerland Gobabis glücklicherweise noch nicht ins Blut überging. Z.B. die Pferde: Führt mir der Farmer von Gobabis einen Gaul vor, so reicht er mir meist unaufgefordert einen Kirri, das ist eine Keule, wie sie die alten Germanen benutzten, wenn die Römer ihnen ihre Aufwartung machen wollten. Mit diesem Kirri pflegt man dem Gaul erst einmal einige Rippen einzutrommeln, damit er munter wird. Dann steigt man auf und redet gut zu. Es soll dort in Gobabis Leute geben, die sogar 1000 mtr zu Pferde zurücklegten!
Anders, ganz anders, in Wilhelmstal! Dort kauft man keinen Kirri, sondern gute Tiere. Als ich nun mit meinen Gobabiser Ansichten auf den Gaul kroch, da sauste dieser ohne jeden Kommentar ab. Wie findest Du das? Einfach empörend! Endlich fand er meine Dispositionen für richtig und benahm sich einigermaßen. Eilig aber hatte es der Gaul stets ...“
Wir reisen weiter. In Karibib umsteigen: Aus den breiten Wagen der ‘Kapspur’ (1,06 mtr) in die Sekundärbahn. Es fährt sich ebenso gut – besser schlecht – im einen wie im anderen. Das Gras wird spärlicher.

Berge rechts und links. Hinter Usakos beginnt die Vegetation aufzuhören, wenigstens für den Farmer. Es mag sich wohl noch was fürs Rindvieh finden, ich hätte aber Angst, es möchte zur Abwechslung mal verhungern. Dann kommen links mächtige Bergwände, kahl, mit herrlicher Färbung, dahinter ragt wie ein alter Riese ein hohes Bergmassiv mattblau hervor. Hochflächen mit hellem Sand leuchten herunter. Weiter geht's. Gras wird immer seltener, dafür Flächen mir Euphorbien. Endlich Wüste. Es fängt an kühler zu werden. Man kann so herrlich Atem holen. Wir sehen schwach den Nebel in Richtung zur Küste, dann wird's finster."
„Hotel ‚Deutsches Haus', einfach, gemütlich, gutes Essen, frische Luft, dicht an der See. Nach Süden zu schöner Sandstrand und hohe Dünen. Die Badeanstalt liegt am Orte selbst. Erholt habe ich mich gut. Gewicht 140 Pfd. Verbrannt bin ich mehr wie genug. Sogar dunkler als die Khakijacke bin ich geworden!"
„Gestern sind wir wieder von Swakopmund abgefahren, mußten in Usakos übernachten, weil der Eisenbahndamm hinter Usakos vom Regenwasser unterspült war. Wir fahren heute nachmittags noch mit dem Güterzug weiter."

1914

Gobabis, den 1. März 1914: „Liebe Mutter, Hab Dank für die Geburtstagswünsche. An sich ganz brauchbar, wenn sie nota bene die nötige Keimfähigkeit besäßen und in Wirklichkeit aufgingen."
Sein Chef in Gobabis, „mein Alter, läßt sich das langweiligste Zeug haargenau zehnmal hintereinander erzählen – und hört geduldig zu, trinkt ein Bier nach dem anderen und stellt immer wieder fest, daß auch bornierte Menschen eine Daseinsberechtigung haben. ... ja der arme Mann opfert sich so für das Geschäft auf! Früher wog er 140 Pfd, heute 190 Pfd.; ein grausames Schicksal!"

Gobabis, den 22. März 1914: Vorschlag, das zinsfreie Restkaufgeld in eine zu verzinsende Hypothek (6 %) umzuwandeln, bei 1,5 % Amortisation, was etwa 375.- Zahlung im Jahr macht und nicht 660.-, wie jetzt vorgesehen. Möchte sich dann noch 3-4000.- pumpen, so daß nun doch wieder 660.- an jährlicher Zahlung herauskäme – davon fast alles Zinsen, kaum Abzahlung – um dafür weitere Kühe zu kaufen, „um endlich in Ruhe auf der Farm bleiben und von ihr leben zu können."

Gegenwärtiger Viehbestand: 25 Kühe, 11 Färsen, 10 Kälber, 1 alter Ochse, 11 junge Ochsen, 1 Bulle, 160 Stück Kleinvieh.

„Eine gute Kuh kostet heute gegen 200.-. Die Chancen der heutigen Farmerei scheinen sich wesentlich zu verbessern; ich merke es daran, daß mir eine Menge Angebote mit 3 M/ha, also 18.000.- Kasse gemacht werden. In einer Entfernung von ca. 120 km von mir ist Kupfer in Mengen gefunden worden, und die Otavi-Gesellschaft hat dort auch gekauft. Wenn dort ein Markt erschlossen wird, so ist uns viel geholfen. Ferner soll jetzt die Bahn nach Gobabis wirklich gebaut werden und man hat bereits eine Trasse gefunden. Mein Nachbar behauptet, in einer Entfernung von ca. 8 km von mir aus Kohlen gefunden zu haben ..."

Windhuk, den 13. Mai 1914: An Schwester Else. „Auf der Farm ist alles in Ordnung; ich komme endlich auf den bewußten grünen Zweig. Nachdem ich Weizen und Ochsen verkauft habe, konnte ich die Farmspesen durch Verminderung des Personals so ermäßigen, daß ich sie von dem Gobabiser Lohn deckte und außerdem noch langsam alte Schulden bezahlte."

„Während ich früher Bullkälber verkaufen mußte, kann ich sie heute groß und damit rentabler werden lassen. Nächstes Jahr kann ich die ersten 3-5 Stück verkaufen, die dann nicht 60.- sondern 100.- pro Stück bringen. Kleinvieh gedeiht nicht gerade auffallend gut, ist aber rentabel. Die ganze Sache aber würde sich nicht so durchführen lassen, wenn ich nicht zuverlässige Leute hätte! Es ist einfach wunderbar, daß ein altes Kaffernweib, das in meiner Abwesenheit Mehl, Zucker, Tee, Tabak etc. auszugeben hat, damit sparsamer wirtschaftet als wie ich selbst! Dabei mausen die Kaffern wie die Raben. Gewiß, es kommt vor, daß Anna gesteht, sie hätte z.B. etwas Tabak genommen ..."

Gobabis, den 14. Juni 1914: An die Mutter. Pumpen beide außer Betrieb, vor allem „meine schöne Baggerpumpe". Kuh beim Kalben eingegangen (Steißgeburt). Wurmseuche unter den Schafen, was 15 % der Schafe eingehen ließ.
„Ich kam gerade noch zur rechten Zeit, sonst wäre der Verlust noch größer geworden."
„Ich baue jetzt einen dritten provisorischen Raum zum Aufbewahren von Handwerkszeug und eine Rumpelkammer, teils aus Wellblech, teils aus Luftziegeln, und meine alten Räume will ich renovieren."
„Von meinen Kühen sind nach Abzug der verkalbten Kuh und einer Quienfärse – eine die nicht tragen will –, die ich verkaufte, noch 30 Stück übrig und ferner 10 Färsen und Färskälber. Ochsen habe ich 3 Stück, die eingelernt sind, ferner 19 Stück Bullkälber und junge Ochsen. Außerdem ein Pinzgauer-Afrikaner Halbschlag Bullen. Die Schafe und Hammel sind zusammengeschrumpft auf 87 Stück, Ziegen und Kapater ca. 70 Stück – ich zähle morgen nach. Ferner 2 Schweine, 3 Hähne, 20 Hühner. Der Schweinebetrieb ist einigermaßen einträglich. Die Gegend ist geeignet. Preis zur Zeit 65-70 Pf. pro Pfund lebend. Die Farmpreise steigen erheblich ..."
„Ich war vor kurzem in Windhuk und habe mit dem Bankdirektor Fresenius über evtl. Beleihung meines Platzes durch die Bank gesprochen, die auch ausnahmsweise nichts dagegen haben wird, wenn ich nicht selbst dauernd auf der Farm bin. Ich habe eine Hypothek von 8-9000.- im Auge. Ich erwarte nunmehr Deinen Bescheid, ob Ihr damit einverstanden sein würdet, wenn die 2. Hypothek zu Deinen Gunsten M 10.000.-, ausbezahlt mit ca. 8000.-, entsprechend zurückgesetzt würde, da die Bank grundsätzlich nur an erster Stelle beleiht. Ich schrieb vor längerer Zeit an Dich einen ausführlichen Brief, dessen Antwort ich noch vermisse. Wenn es nicht angängig ist, dann bitte ich um prompte Nachricht, damit ich weiß, woran ich bin."

Gobabis, den 12. Juli 1914, an Feli. Seine wirtschaftliche Lage hat sich gebessert. Die Landwirtschaftsbank will ihm 3500.- netto pumpen.

***

Ob nach dem 12. Juli und bis zum Ausbruch des Krieges im August 1914 noch Briefe nach Deutschland geschrieben wurden, ist nicht sicher. Jedenfalls sind aus dieser Zeitspanne keine auffindbar.
Später, im Jahre 1917, gab es die Möglichkeit, Briefe über die Schweiz nach Deutschland zu schicken.
Über das, was sich von Kriegsausbruch an bis Mitte August 1915 in und um Gobabis ereignete, erfahren wir etwas aus einem Bericht des Farmers Paul Helm an die „War Losses Compensation Commission" vom Juni 1917, und was Kurt W. über diesen Zeitabschnitt berichtet.

Bericht des Farmers Paul Helm vom 10. Juni 1917 über die Zeit vom August 1914 bis zum August 1915.
„Ich war im August 1914 nicht eingezogen worden, da ich für den Militärdienst völlig untauglich bin, und habe im Februar 1915 die Verwaltung der Nachbarfarm Styria übernommen, als Ende März 1915 Herr Kurt W., der Besitzer der Farm Eilenriede, an mich herantrat und mich bat, auch seine Farm so gut wie möglich zu überwachen.
Da die Notizen, die über diesen Fall mit Herrn Bu. gemacht wurden, verloren gingen, muß ich diese Niederschrift so gut machen, wie ich mich heute noch daran erinnern kann.
Nachdem ich die nötigen Instruktionen erhalten hatte, brachte ich das Kleinvieh von Herrn W. nach Styria und ließ das Großvieh auf Eilenriede unter der Aufsicht der vertrauenswürdigsten Eingeborenen. Das Großvieh auch nach Styria zu überführen schien wegen der dort ungünstigen Wasserverhältnisse nicht ratsam.
Bis zu dem Zeitpunkt, als ich Eilenriede verließ – Anfang Mai 1915 – war dort nicht eingebrochen worden, und der Viehbestand war noch vollzählig. Dagegen fehlte von dem Kleinvieh auf Styria während der Zeit hie und da einmal ein Tier, was ich auf Diebstahl zurückführe.
Geerntet wurde ein Teil der Bohnen und derjenige Mais, der mit dem Stengel auf den Boden gefallen war. Die gesamte Ernte war m.E. nicht ausreichend, um Herrn W.s Leute vom Mai bis August zu ernähren.
Anfang Mai 1915 erhielt ich die polizeiliche Anordnung, die Plätze Eilenriede, Styria und Friedland sofort zu verlassen und mit dem Vieh in Richtung Witvley zu trecken. Von diesem Augenblick an fingen die Eingeborenen an, unruhig und aufsässig zu werden und ich hatte Mü-

he fortzukommen. Am darauffolgenden Tage weigerten sie sich, nach einem entlaufenen Ochsen zu suchen, trotz Prügel und guter Worte. Erst nach etwa acht Tagen erreichte ich mein vorläufiges Ziel, Margarethental – Klein Witvley, brachte alles in Ordnung und beruhigte die Leute. Und nach weiteren acht Tagen treckte ich über Kaukurus, Friedland, Breitenberg, Styria nach Eilenriede, um all die Sachen von dort zu holen, die zurückgeblieben waren. Mit der Ausnahme von Eilenriede war überall eingebrochen, aber offensichtlich nur wenig gestohlen und zerstört worden. Mit zwei Wagenladungen ging es nun wieder zurück nach Margarethental. Kurz darauf hörte ich von Großviehdiebstählen in Gonkauero, Kaukurus, Chab, Kaitsaub usw. Auch war das außerordentlich „vorsichtige" Verhalten der immer noch vorhandenen Truppen und der Polizei bemerkenswert. Meiner Meinung nach war es diesen Umständen zuzuschreiben, daß die fast beruhigten Eingeborenen wieder aufsässig wurden, viel Kleinvieh schlachteten und davonliefen.
Im Juni 1915 mußte ich nach Gobabis trecken, weil die Eingeborenen mir erklärten, sie würden mir sonst alle davonlaufen.
In Gobabis ließ ich mich auf der alten Josephs-Werft nieder. Die Weide um Gobabis war abgegrast und schlecht, und die Viehtreiber konnten nicht dazu gebracht werden, das Vieh rechtzeitig auf die Weide zu treiben, so daß es abmagerte, und nach einem schweren Regen verendeten an einem Tag sehr viele Stück Kleinvieh. Die Umstände aber erlaubten es nicht, das Vieh auch nachts hinauszulassen, so daß in Gobabis später noch etliche Stück Großvieh an Unterernährung eingingen.
Ich verdoppelte die Zahl der Hirten beim Großvieh; zum Kleinvieh von W. und Bu. zusammen meist 4 Mann, sobald sie entbehrt werden konnten.
Eines Tages wurden 150 bis 160 Stück Kleinvieh auf die Weide getrieben, von denen nach drei Tagen ein Rest von 110 bis 120 armseligen Tieren zurückkam. Die fetten Hammel, Kapater und Euen [weibliche Schafe oder Ziegen] fehlten. Vom Großvieh W./Bu. kamen einmal 40 bis 50 Tiere nicht mehr vom Veld zurück. Die Spuren der gestohlenen Tiere führten nach Chab/Kanabis, wo Buschleute vom gestohlenen Vieh lebten. Sogleich sandte ich meine zuverlässigsten Leu-

te aus und erhielt fast alle fehlenden Tiere zurück. Später schien es so, als hätte ich auch fremde Tiere zurückbekommen, die ich zuerst nicht mitgezählt hatte. Die immer noch fehlenden Tiere konnten nicht gefunden werden.
In der Zwischenzeit wuchs die Unverschämtheit der Leute bis zum Höhepunkt und in einem Fall mußte ich von meinem Revolver Gebrauch machen. Von den englischen Instanzen konnte man nur in Ausnahmefällen Unterstützung erhalten, bei einfachen Fällen. Häufig mußte ich Herrn W.s Angelegenheiten mit meinen Leuten regeln. Der Herero Hans und einige Weiber taten immer ihre Pflicht, dagegen waren teils permanent, teils gelegentlich am Streiken die Buschleute Correb und Kaisib, die Kaffern Mahub und Guridamab. Als Ersatz stellte ich dafür den Bastard Laris an. Da ich hoffte, meine Leute außerhalb von Gobabis besser in den Griff zu bekommen, beantragte ich, nach Hause trecken zu dürfen. Zunächst einmal erhielt ich nur die Erlaubnis, nach Welbsleben zu ziehen. Nach vielen Mühen erreichte ich, weiter nach Friedland ziehen zu dürfen, so daß ich Ende Juli 1915 wieder auf Friedland, Styria und Eilenriede eintraf, wo die Eingeborenen furchtbar gehaust hatten.
Von nun an konnte ich weiteren Schaden einigermaßen verhüten, da die Eingeborenen, mit Ausnahme der Buschleute, anfingen, vernünftig zu werden.
Mitte August 1915 übernahm wieder Herr W. die Führung seiner Farm.
Friedland, 10. Juni 1917, Paul Helm“

Bericht des Farmers Kurt W., Eilenriede.
„Der Unterzeichnete wurde am 1. August 1914 in Seeis zu den Truppen gerufen.
In völliger Unkenntnis der politischen Situation verließ ich meine Farm am 19. Juli 1914 mit meinem Ochsenwagen und traf lediglich solche Vorkehrungen, die ich für eine voraussichtliche Abwesenheit von 10 Wochen für notwendig hielt. Die Farm blieb inzwischen unter der Aufsicht meines Farmverwalters Max N., der als absolut zuverlässig galt.

Am 24. Juli 1914 kaufte ich dann noch in Hohewarte 46 Stück Großvieh, welches ich zur Farm schickte, und erreichte Windhuk am 29. Am gleichen Tag meldete ich mich beim Distrikt-Kommando Windhuk und bekam den Befehl, auf meine Abteilung, die erste Feldkompanie, zu warten, die sich noch in der Nähe von Windhuk im Manöver befand.
Am 1. August meldete ich mich dann bei der Kompanie.
Nach der Kriegserklärung hielt ich telephonisch die Verbindung mit dem Kaufmann Karl Quentin, Gobabis, aufrecht, so lange dies möglich war, und traf, die Farm betreffend, meine Anordnungen. Die Verlegung meiner Kompanie in den Süden am 6. September 1914 nahm mir jede Möglichkeit, mich weiter um die Farm zu sorgen. Mein Farmverwalter Nagora, der am 5. August 1914 von der Kriegserklärung hörte, bat den Farmer Otto Bu., Farm Styria, sich in Gobabis zu erkundigen, ob es ihm geraten sei, sich ebenfalls der Truppe anzuschließen. Es wurde ihm mitgeteilt, daß dies nicht der Fall sei. Doch am 6. Oktober erhielt er den Aufruf, sich am 20. Oktober zu melden.
Nun war aber mit meinem Nachbar Otto B. ausgemacht, daß er alles Vieh von mir auf seine Farm nehmen sollte, und zudem erklärte er sich bereit, meine Farm einige Mal in der Woche aufzusuchen. An einem dieser Besuche entdeckte er, daß mein Haus aufgebrochen war und daß Buschleute den Proviant gestohlen hatten. Nagora war inzwischen zum Reservezug Gobabis einberufen worden, erhielt aber am 5. Dezember 1914 die Erlaubnis für 8 Wochen Urlaub, um die Felder zu bestellen und dann möglicherweise auch abzuernten. Nagora säte etwa 14 ha Mais und 1 ha Bohnen; aber am 7. Februar 1915 war seine Beurlaubung zu Ende.
Mein Nachbar Bu. nahm sich nun wieder meines Viehs an, wie zuvor. Inzwischen hatte auch ich eine Beurlaubung von der 1. Feldkompanie erhalten und kam am 23. Februar in Gobabis an. Am 25./26. Februar nahm ich nun mein Vieh wieder zurück auf meine Farm. Ende März ging mein Urlaub zu Ende, ohne daß ich in der Lage war, auch nur einen Teil meiner Ernte einzubringen.

Nun war aber auch mein Nachbar B. eingezogen worden (24. Februar). Er hatte den Farmer Paul Helm mit der Beaufsichtigung seiner Farm betraut. Mit seiner Zustimmung erreichte ich, daß Herr Helm auch mein Vieh beaufsichtigen und auch so gut dies möglich war, die Ernte einbringen würde.
Außerdem hatte Hauptmann Sch. von Wittenau versprochen, dem Verwalter auf Graf D.s Farm Kanabis, Herrn F., Ernteurlaub zu gewähren, mit dem Hinweis, auch meine Felder zu besorgen. Die Ereignisse im Lande jedoch, und die Verlegung des Reservezugs aus Gobabis haben die Ausführung meiner Pläne verhindert. Als ich im September 1915 auf meine Farm zurückkehrte, war auf den Feldern nichts mehr übrig.
Die Buschleute hatten geerntet, wie aus den Haufen von Maiskolben zu ersehen war, die an Ort und Stelle entkernt worden waren.
Ein Teil war vom Wild, hauptsächlich Straußen, gefressen worden, welche den Zaun eingedrückt und an zwei Stellen zerstört hatten. Der Rest, der überreif war, war vom Wind niedergebrochen und dann von den weißen Ameisen zerstört worden.
Ich bin nicht in der Lage, über die anderen Geschehnisse auf der Farm Auskunft zu geben. Bei meiner Rückkehr fand ich meine beiden Häuser aufgebrochen und alles, was noch da war, zerschmettert. Das meiste aber war natürlich gestohlen ...“

1916

Gobabis, den 27. März 1916: „Liebe Mutter, Seit Deinem Brief vom September 1915 habe ich bis heute nichts von Dir erhalten. Mit Hilfe der diversen Friedensbüros könntest Du mir von Zeit zu Zeit etwas zukommen lassen, denn man freut sich auch in schlechten Zeiten gern einmal.“
„Wir haben hier eine große Teuerung in fast allen Sachen, nur Wein und Tabak ist noch preiswert. Wie es auf dem großen Kriegsschauplatz aussieht, verrät uns gelegentlich ‘Reuter Tel. Bureau’, dem wir nicht unbedingt Glauben zu schenken pflegen. Wir haben das Ver-

trauen, daß Deutschland seiner Aufgabe gewachsen ist und daß es damit gut steht, aber genaueres wissen wir nicht."
„Südwest hat ein einigermaßen klägliches Ende genommen, was einigen wenigen in die Schuhe geschoben wird – ich selbst war als Krüppel nicht dabei und will nicht urteilen."
„In einige Verlegenheit kommen wir dadurch, daß die engl. Regierung von unserem Papiergeld einen Abzug macht, früher 25 %, heute 33 1/3 %; angeblich soll deutsches Papiergeld sich von englischem Papiergeld durch Coursminderung um soviel unterscheiden. Glücklicherweise zeigen die Engländer beim Einzug von Forderungen einige Rücksicht und gewähren auf Ansuchen Stundung.
Seit 1. Januar habe ich wieder Arbeit bei Quentin & Co., was erstens gesundheitlich von Vorteil ist, zweitens meine Finanzen notdürftig über Wasser hält. Ich komme mit dem Vieh sogar noch etwas vorwärts; wenn ich nicht rückwärts komme, bin ich auch schon zufrieden. Die Räubereien der Buschleute – meiner ehemaliger Freunde – scheinen langsam aufzuhören. Auch die Hereros scheinen zahmer zu werden, seit die engl. Regierung mit Ovamboarbeitern geholfen hat. Wenn der Krieg zu Ende ist und die Viehpreise noch einigermaßen sind, werde ich 2 Kühe verkaufen und Dir mit Geld unter die Arme greifen. Ich habe nach einigem Abgang noch 36 Kühe, 25 Färsen und Färskälber, 26 junge Ochsen und Bullkälber, 1 Bullen. Den letzten Rest Kleinvieh, den mir die Buschleute etc. übrig gelassen haben, verkaufte ich. Ich habe über 100 Stück Kleinvieh verloren."
„Zu allem Unglück kommt noch hinzu, daß das nördliche und ein kleiner Teil des südöstlichen Gobabis so wenig Regen bekommen hat, daß die betr. Farmer wegen Wasser- und Weidemangel wegziehen müssen, nachdem sie zum Teil erhebliche Verluste erlitten hatten. Meine Farm hat gute Weide, doch ist das Wasser zurückgegangen; indessen habe ich immer noch reichlich und glaube nicht, in Verlegenheit zu kommen."

Gobabis, den 3. Juli 1916: „Liebe Mutter, Zu Deinem Geburtstag meine herzlichen Glückwünsche. Es wird der 61ste sein. Deinen letzten Brief empfing ich am Neujahrstage, zu Weihnachten war er eingegangen, im Oktober 1915 geschrieben!"

„Im Mai 16 bin ich wegen Mißhandlung, begangen an Buschleuten, bestraft worden, mit Geldstrafe. Ich habe den zweifelhaften Fall auf mich genommen, weil mir infolge der Mißhandlung die Buschleute keine Ochsen etc. mehr raubten. Sie hatten genug."
„Die Sicherheit im Lande hat sich in Bezug auf Leben und Eigentum in letzter Zeit wesentlich gebessert."
„Vor einem Jahr saßen wir Gobabiser Krüppel, Greise, Weiber und Kinder verlassen in der Tinte. Es ist wunderbar, daß wir relativ so gut davongekommen sind! Und wenn die Zeit auch interessant und aufregend war, ich möchte sie aus gesundheitlichen Gründen nicht wieder mitmachen. Im Monat, wo die Krisis überstanden war, brachen meine Nerven infolge Überanstrengung zusammen; ich lag ca. 14 Tage in Welbsleben bei Gobabis und habe mich heute zwar so ziemlich aber noch nicht ganz erholt; was ich merke, wenn ich bei Quentin arbeite. Ich bin zwar dick und fett wie früher, beim Arbeiten aber gehen mir bald die Kräfte aus. Hingegen macht die leichte Farmarbeit keine Schwierigkeiten, und ich bereite mich so langsam auf einen dauernden Farmaufenthalt vor. Zu diesem Zweck habe ich mir eine Kleinviehherde von ca. 120 Köpfen, hauptsächlich Ziegen, für 850.- gekauft – meine frühere Herde ging 1915 verloren. Ich verkaufte dafür mein Pferd, das den Nachteil hatte, dauernd auszureißen. Ferner habe ich ca. 2 ha Land gerodet und werde kommende Regenzeit Bohnen pflanzen. Mit Schweinemast mache ich gute Geschäfte. Im Februar verkaufte ich eins mit 166 Pfd. für 166.-. Drei Läufer habe ich zur Zeit und erhalte im August 3 Ferkel, die allerdings 29.- pro Nase kosten. Mehr als 6 Stück werde ich gegenwärtig, wo ich nichts anderes wie Milch habe, nicht mästen können. In 10-14 Monaten sind diese Schweine dann hier verkaufsreif, ca. 120-170 Pfd. schwer."
„Im Juli 1914 sandte ich von hier an Dich 50.- ab. Sind die angekommen?"
Er kommt nun zurück auf seinen Vorschlag vom Mai 1914, seine Restschuld in eine Hypothek umzuwandeln, die dann an erster Stelle stehen müßte, während die Hypothek der Mutter auf die 2. Stelle zurückgestuft würde, „...und möchte dies bei Friedensschluß tun."
„Noch sind die Zeiten teuer, nur der Schnaps ist billiger als früher."

„Ich fahre jetzt nach Friedland und will etwas bauen: Hühnerstall, Unterstand für Kleinvieh etc.“
„Nun leb wohl, geliebte Mutter, überwind allen Kummer der schweren Tage mit dem Bewußtsein, daß es sich nicht ändern läßt. Vielleicht ist die Freude groß, wenn alles überstanden ist.

1917

Gobabis, den 1. September 1917: „Mein lieber Onkel! Am 29. August erhielt ich Deinen Brief mit der Trauernachricht von dem Tod meiner lieben Mutter, was mich tief erschüttert hat. Es war mir also nicht beschieden, sie wiederzusehen. Ein Trost ist, daß sie dahinging, ohne viel zu leiden.“
„Farmwirtschaftlich bin ich 1917 nicht so gut vorwärtsgekommen, da die Viehvermehrung sehr zurückblieb. Die Teuerung war auch hier einschneidend. Glücklicherweise hatte ich eine gute Ernte, die mir zustatten kam. Zu Besorgnissen ist keine Veranlassung. Vermutlich leben wir hier besser als Ihr in der neutralen Schweiz. Ich stehe mich finanziell heute etwa so gut wie vor dem Krieg, vielleicht eine Kleinigkeit besser. Mit unseren Behörden komme ich immer noch gut aus. Dieses Jahr wurden in unserem Distrikt Heuschrecken gesichtet; es scheint ein böses Jahr zu kommen.“

Bisher hat sich die Chronik hauptsächlich an die Briefe gehalten, die Paul Helm an seine Angehörigen in Deutschland gerichtet hatte. Über die Reaktionen auf diese Briefe können wir nur Vermutungen anstellen, nämlich dann, wenn sie in einem seiner folgenden Briefe erwähnt werden.
Von 1915 an werden die Informationen aus dieser Quelle spärlicher, so daß es sich empfiehlt, nun auch die Nachrichten auszuwerten, welche die Angehörigen in Deutschland untereinander austauschten, besonders, wenn dabei von Paul Helm und Südwest die Rede ist.

An seinen Schwager Pastor Emil Keller: „Lieber Schwager! Der Influenza bin ich bis jetzt entronnen und habe mich vorgestern impfen lassen. Gesundheitlich geht's einigermaßen gut, da wir trotz Teuerung eigentlich selten in Verlegenheit gekommen sind. Solange man Milch, Butter, Fleisch, Eier und Mehl hat, geht's ja auch. Finanziell könnte es mir besser gehen, es ist aber leidlich geordnet. Der Friede scheint vor der Tür zu stehen – nun schreibt mir endlich auch mal, was bei Euch los ist. Erlaubt ist das seit dem 20.11.18.
Die Trauernachricht vom 27.12.16 empfing ich Ende August durch Onkel Rudolf. Wenn ich es irgendwie ermöglichen kann, komme ich baldmöglichst nach Deutschland, der Augen wegen. Mein linkes Auge, mit dem ich allerdings nie viel anfangen konnte, zeigt zeitweise Störungen, die wohl nicht nur nervöser Art sind; gefährlich wird's aber wohl nicht sein."
„Meine Arbeiten in Gobabis habe ich zum größten Teil aufgegeben; ich liquidiere nur noch die Firma K. Quentin & Co; im übrigen bleibe ich auf Friedland, wo ich mich so eingerichtet habe, daß sich ein Junggeselle wohlfühlen kann.
Der Krieg und seine Folgen hat manche Lücke unter meinen hiesigen Bekannten gerissen. Mein Nachbar B. erschoß sich Ende Juni 1917."

An Schwester Else am 24. Juni 1919: „Liebe Schwester Else! Ich schrieb Dir zwar vor kurzem einmal, aber nicht zartfühlend hinsichtlich Eurer Nahrungsbedürfnisse. Man nahm hier allgemein an, der knappe Zustand sei überwunden – und nachher pflegt man hier über vergangene Not zu lachen. Wie oft ist man hier nämlich am hochgehängten Brotkorb! Sei aber nicht böse. Es war nicht schlecht gemeint."
„Mir geht's wieder einmal besser. Meine Augen hatten große Schwäche gezeigt; gute Pflege läßt es wieder erträglich werden. Meine Nebenverdienste in Gobabis habe ich aufgegeben. Der Verdienst war schlecht, und auf der Farm ging in meiner Abwesenheit viel in die Brüche; die Zustände haben sich eben gegen früher geändert.

Ein bissel einsam ist es manchmal, und so wäre es besser, ich hätte eine Frau, denn die Hausarbeit ist reichlich; centrifugieren, buttern, kochen, braten – ich habe manches lernen müssen."
„Jetzt gehen die Beamten nach Hause, eine Menge mehr oder weniger zweifelhafte Elemente dito; um ca. 40 % wird Gobabis wohl leichter."
„Der Import und Export mit der Kapkolonie ist der Retter in der Not – es läßt sich leben ..."
„Trotz aller Schwierigkeiten und Verluste bin ich etwas vorwärtsgekommen. Größere Verluste hatte ich in 1918. Zur Zeit herrscht hier eine Rinderkrankheit, die zu mir noch nicht gekommen ist."

An Herrn R. Helm, Zürich: „Lieber Onkel! Liebe Tante! Das Brot ward teurer, der Wein, der Tabak sind hier billiger geworden als vordem. Mit Tabak habe ich mich nicht befreundet, aber Wein und Brandy ist ein Tröster in schweren Stunden; man braucht sich ja nicht gleich literweise trösten, sondern fängt löffelweise an."
„Neulich besuchte mich mein Lieferant aus Windhuk im Auto und sagte, unsere Gegend sei noch das Veld von Alt-Afrika: Windhuk dagegen sei inzwischen Großstadt. Und höre: Das Nest Windhuk dürfte etwa 2000 Weiße beherbergen!"
„Wie sich so die Ansichten ändern: Als ich hier ins Land kam, hatte ich mir einige Pfund Mais gekauft, zur Saat, denn ich konnte mich trotz Regenmangels nicht überzeugen, daß so etwas nicht gedeihen sollte. Die „alten" Farmer hatten mich ausgelacht – und heute bauen viele Mais, nicht etwa auf meine Anregung hin, sondern weil die nachfolgenden „neuen" Farmer grundsätzlich alles ausprobierten, was in Frage kam."
„Ich baue jetzt an einer Tränke für Groß- und Kleinvieh, hoffentlich bekomme ich sie im Juli fertig; die dazugehörige Pumpe habe ich mir für schweres Geld gekauft und schon aufgestellt."
„Die früher grassierende Arbeiternot hat die Regierung einigermaßen behoben durch Import von Ovamboleuten. Ich brauche diese letzteren nicht, weil ich mit den Einheimischen so gut stehe, daß ich noch nicht in Verlegenheit kam."

Farm Friedland, den 15. Juli 1919, an Schwester Else. „... nach hier kommen oft Anfragen, ob wir große Not zu leiden hätten. Die Frage ist liebevoll, aber ganz überflüssig. Denn wenn die Hälfte davon wahr ist, was man gelegentlich von Euch hört, so leben wir einfach glänzend: Uns fehlt sozusagen nichts, höchstens Absatz für unsere Schweine. Auch nicht schlimm. Ich habe mein Schwein vor kurzem geschlachtet, ein guter Nachbar hat mir geholfen – und pökeln und räuchern lernt man rasch. Ich denke, für ein viertel Jahr bin ich gut versorgt. Um auch fernerhin ohne Not zu sein, habe ich mir gleich zwei Ferkel bestellt, die heute ankamen. 10.- pro Stück. Ich pflege meinen Schweinen sonst nur Milch zu geben, aber gegenwärtig habe ich täglich nur 10-15 Liter; da fällt nicht viel für sie ab, denn meine Leute haben sie auch nötig."
„Jetzt ist die Zeit der Feldbrände ... auf der anderen Seite des Weißen Nossob rast ein mächtiges Flammenmeer; heute nachmittag erschien sogar die Sonne trübe, trotzdem der Brand m.E. noch eine Entfernung von 20 km hat. Kommt er näher, so heißt es arbeiten – das Löschen ist eine scheußliche Sache, strengt an, aber ich mach's gerne."
„Man lebt heute immer noch billig; ich habe jetzt den Durchschnitt der letzten 6 Monate berechnet: Danach brauche ich an Kost für mich und meine Leute an Handelswaren ca. 700.- und Mais für die Eingeborenen ca. 500.-, meine Alkoholrechnung für mich und Besuch ca. 100.-, Löhne im Durchschnitt 40.-, zur Zeit 2 Arbeiter mehr ca. 65.- pro Monat. Nun kommen dazu die Farmprodukte, es wird mal ein Hammel oder Kapater geschlachtet – übrigens haben die hiesigen Hammel nicht den Beigeschmack – dann legen die Hühner die beliebten Eier -; Butter, Milch, Gartenprodukte etc. Ferner sind die unvermeidlichen Reisen, im Gasthaus pro Tag 8.- und Getränke; ich komme mit 10.- bis 12.- aus. (Hier kostet 0,4 Liter Bier 1.-.)"

Zürich, den 9. September 1919. Rudolf an seine Nichte Else: „Liebe Else! Anbei sende ich Dir Briefe von Paul. Den Brief vom 1. September 17 erhielt ich erst jetzt mit den übrigen in einem Briefumschlag mit Schweizermarken. Wahrscheinlich ist er irgendwo, vielleicht im büro pro captivis (Bern), das jetzt aufgehört hat, liegen geblieben und bei der Liquidation gefunden worden."

„Wie Du aus Pauls Brief ersiehst, geht es ihm nicht schlecht; er scheint mit der englischen Verwaltung auf erträglichem Fuß zu stehen und demnach auch wirtschaftlich weiter erfolgreich arbeiten zu können. Sehr begreife ich Pauls Wunsch nach einer Hausfrau. Da habe ich mich hier nach einem weiblichen Wesen umgesehen und glaube, ein solches gefunden zu haben. Es ist ein junges Mädchen von 26 Jahren von vortrefflichem Charakter, erfahren in der Wirtschaft, arbeitsam, spricht 3 Sprachen und stammt aus einer guten bürgerlichen Familie. Ihre Mutter (Witwe) lebt hier in Zürich, ihr älterer Bruder (Elektriker) in Zug, und ihr jüngerer Bruder arbeitet in einem Architektenbüro und wird darauf seine theoretischen Studien auf einem Technikum vollenden. Wir kennen die Familie seit mehreren Jahren und haben selbst von ihr nur gutes erfahren."
„Das junge Mädchen wäre nicht abgeneigt, nach Afrika zu gehen, nur möchte sie ihren Zukünftigen gerne vorher kennen lernen. Ich habe vorläufig gegenseitige Photographien und Correspondenz vorgeschlagen und in diesem Sinne Paul geschrieben. Soviel ich Paul kenne, würden die beiden sehr gut zusammenpassen. Nun, was meinst Du dazu?"
„Weitere briefliche Vermittlung an Paul übernehme ich gerne; sie geht am besten über die Schweiz.
Nun lebt wohl und seid alle gegrüßt von
Onkel Rudolf und Tante Aennie"

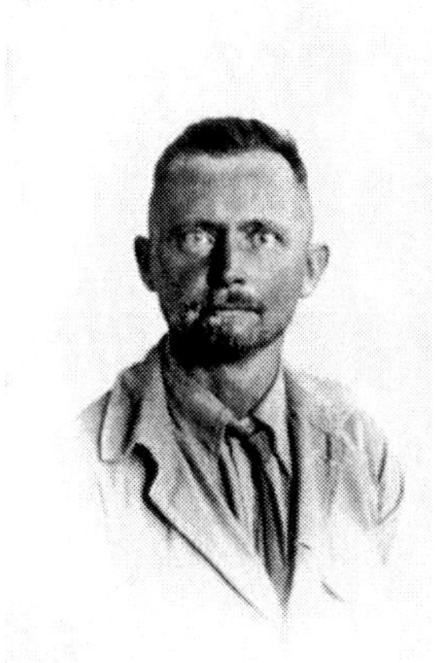
Der Bräutigam

Die Braut

Friedland, den 15. April 1920: An Schwester Else. „Eben keilte mich Ernst an, die Valuta sei schlecht; ich dachte, Deine Valuta wird nicht besser sein und sandte an Onkel £ 20.- Davon soll Ernst £ 10.- haben. Der Rest fiele an Euch und Heinz ..."
„Marianne muß Schuhsohlen haben; kaufe ihr davon doch ein paar. In natura läßt sich so etwas von hier aus kaum besorgen; vielleicht kann Onkel Euch behilflich sein. Ich bitte Dich, mir die Freude zu machen, daß ich Euch hin und wieder behilflich sein darf."
„Ich habe jetzt Lammzeit. Da gibt's viel zu zun. Heute wollte mich ein Klippkaffer um 4 Mutterschafe betrügen, die er vorgab ihm entlaufen zu sein. Er bezeichnete 4 Stück aus meinem Bestand als die seinigen und verließ sich darauf, daß ich nicht jedes Stück kenne. Er benahm sich aber verdächtig. Ich trieb daher die bezeichneten in meine Herde zurück und ließ ihn die seinen von neuem heraussuchen; und siehe da, er griff dieses und das, aber nicht die ersten vier. Eigentlich gehört der Kerl eingesperrt, aber er ist meiner lieben Nachbarin N. einziger Wächter."
„Es regnet heute tropfenweise – nicht Bindfäden – aber eigentlich immer. Bis auf eine kleine Augenentzündung geht es mir gut ..."

9. Juli 1920 an Else: „Dein schöner Brief vom 4. Juni war schon nach 5 Wochen in meinen Händen. Wir haben aber jetzt auch alle 14 Tage Autoverbindung mit Windhuk."
„Früher zahlte ich ca. 25.- Löhne pro Monat und konnte sorglos die Farm verlassen, heute 87 Schillinge und muß höllisch aufpassen, bei Reisen für Vertretung sorgen und finde, daß ich dabei anderen Farmern gegenüber mit den Leuten noch am besten stehe. Neulich hatte mir allerdings einmal ein Buschmann den linken Arm lahm geschlagen, unversehens, im Dunklen – er ist mit 1 Monat davongekommen. Es sind eigenartige Kerle, die Buschleute; 7 Jahre war dieser Alte bei mir, ruhig und zufrieden, bescheiden und faul, bis er auf einmal rebellierte. Ich habe ihn prompt entlassen – er kam aber wieder. Natürlich nahm ich ihn nicht. Und die Buschleute, die bisher gern zu mir kamen, sind nicht mehr zu gebrauchen."
„Ich habe letzte Woche einen Kalkofen gebaut. In den nächsten Tagen fange ich an ihn zu füllen. Ich brauche eine Lage Kalk zum Neu-

verputzen des Hauses, für Kalksandsteine und als Unterlage für den Cementfußboden ..."

Am 2. August 1920 schrieb Fritz Keller an seinen Bruder, den Schwager Emil: „Kürzlich las ich, daß alle Deutsche aus Afrika verwiesen werden; da wird wohl auch Dein Schwager Paul heimkehren müssen ..."

Friedland, den 21. November 1920: An die Oderwitzer. „Wenn's auch noch so belämmert ist – Ihr habt zu Weihnachten Euren Christbaum und singt die alten Weihnachtslieder und vergeßt einmal dabei die tolle Welt ringsum und daß immer noch kein Frieden auf Erden ist. Nun ist Weihnachten ein Fest der alten deutschen Heimat, seiner Kinder, ist schwer zu verpflanzen in ungleich geartete Gegenden, und seit 12 Jahren beneide ich Euch um Eure „Stille Nacht".
Dieses Jahr gedenkt meine Nachbarin, Frau B., zu Hause zu bleiben und wir werden uns mit noch einigen anderen zusammenfinden, um bei einem „Stille Nacht" uns in Gedenken nach Deutschland zu versetzen. Aber lieber wäre ich mal „drüben"! Es wird dabei nicht allzu froh hergehen, denn unsere Finanzen sind nicht hervorragend. Im Januar hoffe ich auf Besserung, d.h. auf Einnahmen, aber zur Zeit ist es so trostlos, daß ich gerade die Eingeborenenlöhne aufbringe, sonst hätte ich zu gerne an Euch gedacht."
„In Gobabis scheint's ein gutes Goldvorkommen zu geben. Die Johannesburger Prospektoren prophezeien besondere Erfolge. Das würde wirtschaftlich ein Vorteil sein – die Gobabiser Gemütlichkeit aber würde dann leider aufhören."
„Meine gute Nachbarin, Frau N., ist vor kurzem in Swakopmund an Wassersucht und Herzschlag gestorben. Sie war seit langem schon herzleidend. Schade, sie war mir eine liebe Nachbarin."

23. November 1920: „Jetzt wird feste gebaut, ein Maurer und zwei Eingeborene bauen die Verlängerung meiner Veranda und ein großes Zimmer. Dann habe ich noch einen Weißen, der mir mein Feld mit Draht einzäunt. Der Maurer ist magenkrank, auch mit den Eingeborenen ist bald was los, kurzum, es hängt alles an tausend Ketten und will

gar nicht vorwärts gehen. Dazwischen kommt mal Regen, der zwar sehr nötig ist, aber den Betrieb aufhält; doch damit werde ich fertig. Gestern bin ich naß geworden bis auf die Knochen."

Am 4. Dezember 1920 schrieb Ernst an Else: „Was hast Du zu Pauls Verlobung gesagt? Hast Du auch ein Bild bekommen? ... da kann man Paul nur gratulieren! Ich habe meine neue Schwägerin für Weihnachten eingeladen. Ob sie kommt, steht dahin. Sie könnte hier Heinz mit kennenlernen und Feli und noch einen Abstecher zu Euch machen. Freilich wird's Zeit, wenn sie schon im Februar reisen will ... Einiger Mut gehört dazu. Ich bezweifle, daß ich ihn aufgebracht hätte ... Mit Paul wird sie wohl gut fahren, wenn sie sich auch erst etwas an afrikanische Sitten und Verhältnisse wird gewöhnen müssen ..."

Die Buschleute

Eines schönen Tages im Jahr 1909 erschienen drei Buschleute bei meinem Vater auf der Farm am Weißen Nossob.
Er hatte sie kurz zuvor als Farm Nr. 60 a erworben und Friedland genannt. Im Einverständnis mit den deutschen Behörden, aber ohne sich Gedanken über die Bewohner zu machen, die hier seit wer weiß wie langer Zeit ihre Jagdgründe hatten: Die Buschleute.
Die waren zuvor schon von den Hottentotten und erst recht von den Herero als vernachlässigbare Größe angesehen worden und hatten Mühe, sich zwischen den Mächtigen eine Lebensnische zu sichern. Das war nicht leicht und oft verlustreich, aber nicht unmöglich. Doch als dann die Deutschen kamen und das Land systematisch besiedelten, da wurde der Spielraum für die kleinen braunen Männlein immer enger; und da Friedland für sie wohl seit jeher ein bevorzugter Ort war, da hieß es, sich beim neuen Besitzer beizeiten ein Bleiberecht zu sichern.
Die drei schnalzten nun, einer nach dem anderen, ihre Namen, doch mein Vater war außerstande, sie nachzusprechen und sie sich zu merken; auch nach mehrmaligem Wiederholen nicht.
Da entschied er: Du heißt Abraham, Du heißt Isak und Du Jakob. Das war, wie man heute sagen würde, ein Eingriff in ihr Persönlichkeitsrecht. Aber die drei waren's zufrieden, denn sie konnten nun dort bleiben, wo sie aus irgendwelchen Gründen am liebsten bleiben wollten, und genossen nun auch den Schutz der deutschen Behörden.

Abraham, „der treue Hüter" hatte sich 16 Jahre später in Abwesenheit des Buschmanns Gaikumms („Großer Bauch") mit dessen Frau eingelassen.
Nun kam es ja seit alters her bei den Buschleuten immer wieder einmal vor, daß einige der Männer für längere Zeit abwesend waren, z.B. wenn sie auf der Jagd nach Großwild weite Strecken zurücklegen mußten. Gerade bei den tüchtigsten war es oft der Fall, daß sie im Dienste der Gemeinschaft die Familie allein ließen. Wenn sich dann

die bequemeren, die zu Hause blieben, ungehindert an die einsamen Frauen heranmachen konnten, dann wäre das eine ungünstige Auslese für das Volk und ein schlechter Lohn für den Einzelnen und würde seine Bereitschaft, sich für die Gemeinschaft abzurackern, sehr vermindern.

Deshalb gab es – auch unter den bei uns lebenden Buschleuten – ein ungeschriebenes Gesetz, das es dem gehörnten Mann erlaubte, seine Frau totzuschlagen.

Als Gaikumms bei seiner Rückkehr vom Fehltritt seines Eheweibes erfuhr, da hat er sich wohl an dieses Buschmannsgesetz erinnert. Jedenfalls gab es ein großes Geschrei auf der Werft, das bis zum Farmhaus heruntertönte. Da kam das Küchenmädchen zu meiner Mutter gerannt – der Streitlärm war immer lauter geworden – und stammelte etwas von „Gaikumms", „Frau" und von „totschlagen".

Mein Vater war gerade auf Pad und meine Mutter verstand das wirre Gerede so, daß die Frau dabei sei, ihren Mann zu schlagen. Darum meinte sie, der Gaikumms könne sich doch nun wirklich selber verteidigen. Sie konnte gar nicht verstehen, warum das Mädchen so aufgeregt und angstvoll auf sie einredete.

Da hörte der Lärm auf einmal auf, und bald darauf kam das Mädchen wieder und sagte nur: „Tot".

Als meine Mutter bei den Buschmannpontoks ankam, sah sie die Frau am Boden liegen; der Mann stand unweit davon an einen Baum gelehnt. Sie fühlte, daß die Füße noch warm waren und wollte mit Wiederbelebungs-Maßnahmen beginnen, doch Gaikumms sagte ruhig: „Missi, wenn ich schlage, dann ist sie tot!" (Auch so eine Art Berufsehre!)

Das war ja entsetzlich! Aber wie hatte das nur passieren können?! Erst das nicht enden wollende Geschimpfe, so daß man annehmen konnte, „bellende Hunde beißen nicht", und dann war das Ende so rasch gekommen, ohne Lärm!

Der ganze Stimmaufwand sollte also gar nicht die furchtbare Tat ersetzen, sondern er sollte die Bereitschaft dazu allmählich erhöhen. Denn, Buschmannsgesetz hin und uralter Brauch her, der kleine Mann mußte zuerst eine beachtliche Hemmschwelle überwinden, ehe er sei-

ne Frau erschlug, die ihm ein guter Kamerad gewesen war, ehe sie den Schlichen des Abraham erlag.
Der Fall wurde unverzüglich dem Magistrat in Gobabis gemeldet und eine Pferdepatrouille – zwei weiße Polizisten und ein schwarzer, ebenfalls uniformierter Begleiter, dazu ein Maultier mit Gepäck – traf so rasch wie möglich am Ort des Geschehens ein.

Polizeipatrouille am Grab

Es waren aber inzwischen etliche Tage vergangen und die tote Frau war längst begraben. Gaikumms sah den uniformierten Ankömmlingen unbekümmert entgegen, sich im Schutze seines Gesetzes wähnend, und gab bereitwillig jede Auskunft, die man von ihm verlangte.
Die Vorschriften verlangten nun, daß die Erschlagene wieder ausgegraben werden mußte, damit der ebenfalls eingetroffene Regierungsarzt den Tod bestätigen und die Todesursache zu Protokoll bringen konnte.

Seine Beobachtungen – die er mit einem Taschentuch vor Mund und Nase gemacht hatte – deckten sich genau mit den Aussagen des Totschlägers, so daß die Beweisaufnahme bald abgeschlossen war und die bereits in Verwesung übergegangene Leiche in ihr Grab zurückgelegt werden konnte.
Gaikumms aber wurde zu seinem maßlosen Erstaunen festgenommen und sollte, da der Tag bereits weit fortgeschritten war, am folgenden Tag die Reise nach Gobabis antreten, wo er als Untersuchungsgefangener einsitzen sollte, bis sein Fall vor dem Obergericht in Windhuk verhandelt würde.

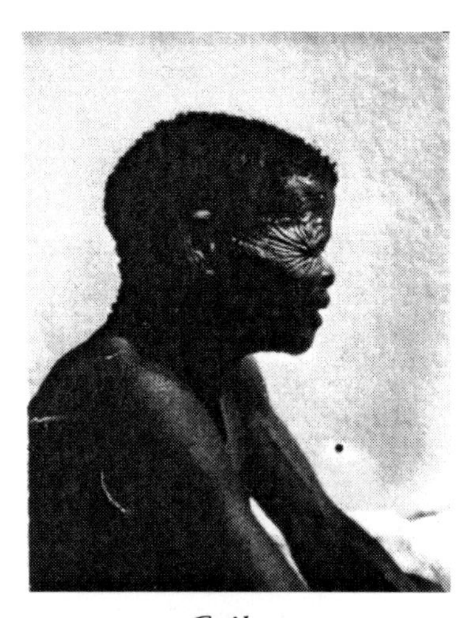

Gaikumms

Bis dahin saß er mit dem Rücken an einen Baum in unserem Hof gelehnt, die Arme nach rückwärts um den Baum geschlungen und die Hände mit Handschellen zusammengebunden. Stunde um Stunde saß er da, ohne eine Miene zu verziehen, ohne auf eine Anrede zu antworten, den Nachmittag und die ganze Nacht.
Am Morgen saß er immer noch so da, und ich sagte immer wieder zu meinem Vater: „Papa, mach doch den armen Gaikumms los!“
Nachdem die Polizei mit ihrem Gefangenen fort war, tauchte nach einer Weile auch Abraham wieder auf, der wohl annahm, daß der Rachsüchtige niemals wiederkehren würde.
Aber schon nach wenigen Tagen war Gaikumms wieder da, mit einem Kirri (Schlagwaffe) in der Hand, und rief: „Abraham totschlagen! Abraham totschlagen!“ Doch der hatte das Witterungsvermögen eines Wildtieres und war rechtzeitig verschwunden.
Gaikumms war, auf welche Weise auch immer, seinen Häschern entkommen. Doch nun war er vogelfrei und jeder seiner Bekannten und Freunde, der sich einen Judaslohn verdienen wollte, konnte ihn verraten. Doch auf Freunde und Bekannte war der Flüchtige von nun an

angewiesen. Die Umwelt, in der seine Vorfahren zu Hause waren, hatte sich inzwischen von der Natur so weit entfernt, daß er ohne fremde Hilfe nicht leben konnte.
Hielt er sich in der Nähe eines Grenzzaunes auf, dann konnte er es mit seinen berittenen Verfolgern aufnehmen: Er rannte, dichtes Dorngestrüpp und gefährliche Erdschweinlöcher ausnutzend, auf den Zaun los, und wenn der Reiter ihn fast eingeholt hatte, sauste er unter dem Draht durch, wie es die Oryx-Antilopen so meisterhaft verstehen. Der Reiter aber, wenn ihm die Dornbüsche noch nicht die Haut in Fetzen gerissen hatten, sein Pferd noch nicht in eines der zahlreichen Erdschweinlöcher gestürzt war, mußte nun eine Vollbremsung vollführen, um nicht in den Drahtzaun zu preschen. Dem Flüchtigen zu Fuß zu folgen, das verbot der gesunde Menschenverstand.
Mein Vater riß sich kein Bein aus bei der Suche nach dem Entflohenen, sondern handelte „streng nach Vorschrift".
Doch die versprochene Belohnung erfüllte ihren Zweck: Für eine Handvoll Tabak und ein Koppie Zucker verriet ihn sein „Freund" Adap. Derselbe Adap, gegen den der Berichterstatter Paul Helm etwa zwölf Jahre zuvor, in der unruhigen Übergangszeit, zur Waffe greifen mußte. (Siehe Bericht an die Kommission vom 10. Juni 1917 im ersten Teil dieses Buches.)
Gaikumms kam vor das Obergericht in Windhuk. Der Richter anerkannte, daß der Angeklagte im Einklang mit den Gesetzen seiner Vorfahren gehandelt und die neuen Gesetze wohl noch nicht eingehend genug studiert habe. Er sah daher von der Todesstrafe ab und verurteilte ihn zu 7 Jahren Zuchthaus, damit er sich hinfort merke, daß jetzt andere Gesetze im Lande herrschen.
Wie dieser an das Leben im Südwester Busch Gewöhnte diese Zeit überstanden hat, ist mir unbegreiflich. Nach 5 Jahren und drei Monaten tauchte er wieder in unserer Gegend auf, und Abraham tauchte wieder weg. Doch das war nun nicht mehr nötig, denn der da aus dem Gefängnis entlassen worden war, das war nicht mehr der Gaikumms von ehedem, sondern ein alter Mann, der gekommen war, um sich dort zum Sterben niederzulegen, wo er in glücklicheren Tagen gelebt hatte. Die Malaria-Epidemie des Regenjahres 1934 raffte ihn dahin, ohne Mühe.

Isak fiel nicht besonders auf, weder als Viehdieb und schon gar nicht bei der Arbeit. Oft saß er, anstatt im Garten zu arbeiten, unter einem der großen Kameldornbäume, die neben der Tränke standen, und rauchte seine Pfeife, mit dem Rücken an den Stamm gelehnt und vor Sicht geschützt.

Tränke unter dem Kameldornbaum

Genau das tat er auch eines nachmittags, als zwei kleine Kerlchen, von denen der eine gerade erst gehen konnte, vom Haus zu der etwa 100 Meter entfernten Tränke hinuntergetippelt kamen.

Sie interessierten sich sehr für die mit Wasser gefüllte Tränke und bemühten sich, die etwa 60 cm hohe Mauer hinaufzuhangeln, um dann nach Herzenslust im Wasser zu plantschen. Dabei fiel der kleinere, das war ich, kopfüber ins Wasser, worauf sich der andere sogleich auf den

Weg nach Hause machte, um dort zu berichten: „Mama, Buttie [Boetjie, afrikaans = Brüderchen] Wasser fallen!“

„Zwei kleine Kerlchen“

Meine Mutter schrie auf, denn sie konnte sich ausrechnen, wie lange es gedauert hatte, bis der Bote mit seinen kleinen Beinchen den weiten Weg zurückgelegt hatte. Zusammen mit meinem Vater stürzte sie aus dem Haus, um zu retten, was noch zu retten war.
Inzwischen aber hatte Isak, der, anstatt fünfzig Meter weit entfernt im Garten zu arbeiten, hier pflichtvergessen neben der Tränke im Schatten saß und die Pfeife rauchte, das verzweifelte Strampeln des Ertrinkenden gehört, war aufgesprungen und hatte mit einem Griff den Fisch an Land gezogen.
Mit einem triefenden Etwas an der Hand kam er meinen Eltern entgegen, und meine Mutter meinte später, sie hätte ihn am liebsten umarmt. Mein Vater gab ihm einen Beutel Tabak, was ihm lieber war. Zwar nicht gerade, damit er auch in Zukunft, anstatt im Garten zu arbeiten, unter dem Kameldornbaum etwas zu rauchen haben würde, aber immerhin.
Man hat ihm von da an nicht mehr allzu streng auf die Finger geschaut. Für ihn hatte sich der Tag gelohnt; für mich auch.

In dem mit Jakob bezeichneten Buschmann steckte noch der ungebrochene Drang, sein Leben so zu führen, wie es vor ihm seine Vorfahren getan hatten.
Immer wieder einmal zuckte es ihm in den Beinen, und dann kam es zum gleichen Ablauf wie bei seinen andern nur halb gezähmten Stammesbrüdern: Er schaute in die Ferne und gab vor, dort, weit, weit hinten irgend etwas holen zu müssen, ein entlaufenes Kalb, ein Bokkie, das nicht hergehörte, einen Donkie, der schon lange nicht mehr am Wasser gesehen worden war, oder sonst etwas. Jedenfalls verschwand er und ward wochenlang nicht mehr gesehen.

Daran gewöhnten wir uns – ohne ihn, wie es die Vorschrift forderte, bei der Polizei zu melden –, und wenn er eines Tages, ein wenig verlegen grinsend, wieder auftauchte, dann ging der Alltag so weiter, wie er vor einigen Wochen aufgehört hatte.
Nicht ganz so gelassen sahen es die Nachbarn, wenn bei ihnen eine junge Färse mit zahlreichen Assegai [Spieß]-Stichen zu Tode gekommen war; oder wenn bei ihnen immer genau die fettesten Hammel verschwanden usw.
Er hatte den Teufel im Leibe und mein Vater nannte ihn schon längst nicht mehr „Jakob“, sondern „Satan“.
Mit der Zeit verdichteten sich die Verdachtsmomente gegen ihn, geliefert von den Eingeborenenwächtern, deren Herden er heimgesucht hatte, und die ihren Herren für die entstandenen Verluste Rede und Antwort stehen mußten.
Es wurde immer seltener, daß die Polizei, die jeden Monat einmal bei den Farmern vorsprach, sich nicht nach dem Befinden des Jakob alias Satan erkundigte. Doch niemand wußte näheres, denn Jakob ging seit einiger Zeit keiner geregelten Arbeit mehr nach, und konnte es auch mit bestem Willen nicht mehr.
An einem für diese Jahreszeit so typischen drückend heißen Novemberabend gingen meine Mutter und meine Schwester wieder einmal zum Flußbett des Weißen Nossob hinunter. Dort gab es eine Stelle mit sauberem, kühlen Sand, an der wir uns abends manchmal auf einer Decke niederließen, um Schutz vor der allgegenwärtigen Hitze zu suchen.
Als sie dort eine Weile gelegen hatten, tauchten aus der Dunkelheit des Ufergebüschs zwei Gestalten auf, die wir zwar kannten, aber nicht willkommen geheißen hatten: Es waren der polizeilich gesuchte Jakob und sein Begleiter „Stumpi“, die eilig das Flußbett überqueren wollten.
Da rief meine Mutter: „Ja, was macht denn Ihr da?“
Es war als hätte man zwei Antilopen erschreckt, so stoben die beiden davon; und es war das letzte Lebenszeichen von Jakob.

Aber er hatte einen Sohn, Gaikap. Der Art nach war er dem Vater sehr ähnlich, war aber für einen Buschmann viel zu groß geraten, hatte

große Füße und auch große Hände, die er aber nur ungern zum arbeiten benutzte.
Eine Zeit lang war er bei uns beschäftigt, beim Vieh, und vor allem, wenn es galt, entlaufene Tiere wiederzufinden.
Doch irgendwann war er dann auf einmal nicht mehr da, d.h. bei der Arbeit; er ließ sich jedenfalls nicht mehr sehen. Dafür aber hörte man um so mehr von ihm, denn aus allen Richtungen kamen die Nachbarn zu uns, bei denen Vieh geschlachtet worden war, und baten um Aufklärung. Aber warum denn kamen sie gerade zu uns?
Weil wir als einzige von diesen Heimsuchungen verschont geblieben waren! Da war es naheliegend, daß sich der Täter bei uns aufhielt.
Eines Tages ließ sich unser Nachbar T., der Pächter auf Breitenberg war, bei uns sehen, mit zwei handfesten Klippkaffern und dem Viehwächter im Gefolge. Der hatte die Spur des Missetäters bis zu unserer Eingeborenenwerft verfolgt, und nun wollte der wutschnaubende Nachbar Gewißheit. Mein Vater gab die Erlaubnis, eine Pontokdurchsuchung vorzunehmen, aber Gaikap kam freiwillig heraus, um seinem „Gastgeber" Unannehmlichkeiten zu ersparen. Er trat ganz gelassen vor das Tribunal, so, als hätte er das reinste Gewissen. Und zwar erschien er ohne Kirri, denn er vertraute bei der gegebenen Lage der Dinge und der Anwesenheit der bärenstarken Häscher auf andere seiner Qualitäten als der, mit dem Kirri umgehen zu können.
Die Teilnehmer hatten sich alle auf unserem Hof versammelt und die Verhandlung begann damit, daß der Viehwächter den Buschmann auf das übelste beschimpfte – wir Kinder hörten den Lärm während des Unterrichts im Schulzimmer. Die Beweisaufnahme war bald abgeschlossen und da Gaikap nichts auf die Anschuldigungen erwiderte, befahl der Nachbar seinen Häschern, den Übeltäter zu ergreifen. Die näherten sich ihm von zwei Seiten, jeder mit einem Strick in der Hand, doch so zögernd, daß mein Vater sie zur Eile aufrief, denn er kannte seine Buschleute.
Schon hatten sie den ruhig dastehenden Buschmann erreicht und wollten gerade Hand an ihn legen, da machte er einen Satz und flog förmlich davon, kaum daß die Füße den Boden berührten; ein Pferd hätte gewiß Mühe gehabt, ihn einzuholen.

Gaikap blieb verschwunden und die Frage nach seinem Verbleib wurde zur Routinefrage der Polizeipatrouillen. Nur gelegentlich einmal berichtete das Küchenmädchen meiner Mutter: „Missi, da ist ein Mann bei uns gewesen, und alles was der hat, ist geklaut!“ Das war aber auch alles.
Nach einer eiskalten mondhellen Winternacht ging ich morgens wie üblich in den Dornbuschkraal, in dem die Schafe, vor Schakalen geschützt, die Nächte zubrachten. Wie jeden Morgen mußten einige Schafe, die krank waren, versorgt werden; die Lämmer, die keine Mutter hatten, wurden bei solchen Müttern angesetzt, die keine Lämmer hatten, weil diese geschlachtet worden waren. Auch der Schafwächter Sarob traf ein, blieb aber diesmal am Eingang stehen und schaute aufmerksam auf den Boden. Dann bewegte er sich, fortwährend nach unten schauend, langsam fort und verschwand schließlich hinter einem großen, etwa 100 Meter vom Kraal entfernten Busch. Nach einiger Zeit rief er und zeigte, als ich anlangte, auf eine Stelle am Boden. Aber mir fiel nichts auf, bis ich darauftrat und einsank. Der Magen eines Schafes war hier vergraben worden, und Sarob behauptete, es sei eines von unseren, das in der Nacht aus unserem Kraal geholt und hier geschlachtet worden sei. Nachdem er einer mir unsichtbaren Fährte gefolgt war, deutete er auf einige Blutspritzer an einer Grasnarbe, und bald darauf sah auch ich die Spuren: Eine große und kräftige und eine winzig kleine, wohl die eines kleinen Kindes.
Sarob hatte inzwischen den zur Arbeit anrückenden Leuten etwas auf Namaqua (Hottentottensprache) zugerufen, was deren Aktivität außerordentlich erhöhte.
Wir gingen in zügigem Tempo der Spur nach und fanden auch bald die Tatwaffe, ein Messer, das der Räuber wahrscheinlich in das geschlachtete Schaf hineingestoßen hatte, das aber nach einiger Zeit herausgefallen war. Ein empfindlicher Verlust für jemanden, der von geschlachtetem Vieh lebte!
Nach einigen Kilometern holte uns eine hechelnde Meute ein, bestehend aus dem Brunnenarbeiter Jack, einem total dem Alkohol verfallenen Engländer, der von dieser Hetzjagd begeistert war, die er als willkommene Abwechslung ansah. Mit ihm kamen noch zwei Damara,

die gut zu Fuß waren, denn diesmal wollte man den langgesuchten Missetäter bestimmt fangen.
Mit Jack aber kam auch eine für mich sehr betrübliche Nachricht: Ich sollte unverzüglich umkehren, denn ich müsse ja in die Schule, teilte mir Jack mit, sein Mitgefühl nicht verbergend. Zunächst versuchte ich, sein Kauderwelsch einfach nicht zu verstehen, und er hatte Verständnis für meine Abneigung, eine Jagd abzubrechen, die ihm so viel Vergnügen machte. Doch seine Begleiter waren des Deutschen so weit mächtig, daß sie mir die Anweisungen meines Vaters genau genug übermitteln konnten, so daß ich den davoneilenden Jägern nur noch traurig hinterherschauen konnte.
Am Nachmittag kam Jack mit einem der Damara von der Verfolgungsjagd zurück, ziemlich erschöpft. In ihrer Begleitung ein Buschmannsweib, das mit einem riesigen Packen beladen war – der gesamten Habe der Flüchtigen – und einem Säugling. Man wußte, daß es aussichtslos war, sie mit Handfesseln zu binden, denn ihre winzigen Hände würden aus jeder Handschelle herausschlüpfen. Also legte man ihr das eine Ende einer Kette um den Hals, schloß sie mit Bindedraht und befestigte das andere an einem Baum.
Die kleine Frau machte Einwände und sagte, sie würde ohne ihren Mann gewiß nicht davonlaufen. Aber sie hatte an diesem Tag genügend Proben ihrer Ausdauer geliefert, und so ging man auf Nummer Sicher. Essen verschmähte sie.
Die Verfolger hatten das Paar mit ihrer schweren Last um die Mittagszeit eingeholt und waren leise von hinten immer näher herangekommen; aber als Jack mit seinem Knüppel zuschlug, traf er nicht den Kopf des Gaikap sondern das tote Schaf, das dieser nach hinten fallen ließ und davoneilte. Die Frau mit dem riesigen Packen und dem Baby hingegen war eine leichte Beute. Keiner der Verfolger machte auch nur den geringsten Versuch, den Flüchtigen zu verfolgen, sondern man begnügte sich mit der Frau als Geisel, mit der Jack und einer der Damara sogleich zum Farmhaus zurückkehrten.
Sarob und der andere Damara aber trafen eine Entscheidung, die etwa so aussah: Er (Gaikap) weiß, daß er der schnellste und ausdauerndste Läufer in der Umgebung ist, und er weiß auch, daß wir das wissen. Also wird er annehmen, daß wir von dem vergeblichen Versuch abse-

hen, ihm weiter hinterher zu laufen. Also konnte er sich jetzt ein wenig ausruhen, denn er hatte ja die ganze Nacht nicht geschlafen und seit dem Morgen eine große Anstrengung vollbringen müssen.
Genau so dachte auch der Viehdieb und legte sich nach einer Weile nieder, um endlich zu schlafen und dann für die Nacht wieder frisch zu sein, wenn er sich auf die Suche nach seiner Frau machte.
Diese Ruhepause war folgenschwer für ihn, denn seine Verfolger blieben ihm auf den Fersen und überraschten ihn im Schlaf. Vor Einbruch der Dunkelheit zog man im Triumph zum Hoftor ein, mit dem Gefangenen, dem man einen dünnen Lederriemen – so fein wie ein Schnürsenkel – fest um eines seiner Handgelenke gebunden hatte und ihn dann führen konnte wie einen Stier an einem Nasenring. Mir war die Bereitwilligkeit, mit der der Wildling seinen Überwindern an dem dünnen Riemchen folgte, unerklärlich. Doch gab ich mich zufrieden, als man mir erklärte, diese Art des Abführens sei so erfolgreich, weil jede Widerspenstigkeit äußerst schmerzhaft sei. Jetzt aber meine ich, daß Gaikap die Frau und das Kind nicht im Stich lassen wollte und mit den beiden Häschern einen Handel abgeschlossen hatte, der ihn zu seiner Familie zurückbrachte und ihnen eine ansehnliche Fangprämie verschaffte.
Gaikap erhielt zwei Monate, die er im Gefängnis zu Gobabis absitzen mußte. Dann haben wir nichts mehr von ihm gehört. Ob er wohl einer geregelten Arbeit nachgegangen ist?
Wie dem auch sei: Seine kleine Frau wird ihm auf ihren winzigen Füßen gefolgt sein, wo immer es ihn auch hingetrieben haben mag.

November 1933

Als wir eines morgens Anfang November 1933 aufstanden und aus dem Fenster schauten, da regnete es, ganz sachte zwar, aber immerhin, es regnete. In der Nacht schon hatte es zu nieseln begonnen und dann bis in den Vormittag hinein immer wieder ein wenig getröpfelt. Der Himmel blieb bedeckt bis zum Mittag und es war angenehm kühl, eine Wohltat für Mensch und Natur in dem verbrannten Land.
Auf dem Wellblechdach konnten wir jeden Tropfen hören und sobald die Niederschläge stärker wurden, hielt die Familie den Atem an, um nur ja den Regen bei seinem bedeutsamen Vorhaben nicht zu stören. Meine Großmutter zeigte dann nach oben und sagte: „Gottes Segen!"
Es war diesmal ganz anders als sonst im November. Denn gewöhnlich begann in dieser Jahreszeit der Morgen klar und die Sonne zeigte ihre Kraft schon mit den ersten Strahlen, wenn sie sich dort, wo der alte Kraal stand, herausschob, völlig unbehelligt von Dunst und Gewölk. Erst um 11 Uhr etwa tauchten gewöhnlich im Nordosten kleine weiße Flöckchen auf, die sich scharf gegen den blauen Himmel abhoben und allmählich zu mächtigen Blöcken heranwuchsen. Sie bewegten sich in den Himmel hinein, als würden sie von hinten angeschoben. Eine grausame Hitze lastete auf dem Land und vertrieb alles Leben in den Schatten. Wenn wir Kinder einmal – barfuß – von einem Aufenthaltsort zum anderen gelangen wollten, dann mußte die Route zuvor sorgfältig geplant sein, mit genügend Plätzen zum Ausruhen unterwegs; schattigen Stellen, in denen man seine aufgeheizten Fußsohlen abkühlen konnte, oder auch ein trockenes Stück Holz, ein getrockneter Kuhfladen, oder ein Holzpfahl, an dem man ein Stück hinaufklettern konnte, um so dem unbarmherzigen Sand für eine Weile zu entkommen.
Schob sich einmal eine Wolke vor die Sonne, dann krachte das Wellblechdach, bis gleich darauf die Strahlung wieder ihre volle Stärke annahm. Damals war unser Haus noch nicht verschalt und die Hitze wurde vom Dach ungehindert in den Innenraum weitergegeben, an die Bewohner, die irgendwie damit fertig werden mußten.

Eine Erfrischung bot in dieser Zeit eigentlich nur das Wasser in der Tränke, das mit Hilfe einer Baggerpumpe aus einem etwa 12 m tiefen Brunnen heraufgepumpt wurde. Diese Tränke hatte zwei Aufgaben: Zum einen sollte sie Wasser für den Garten bereithalten, und zum anderen den Durst der Rinder löschen. Daher mußte sie einerseits groß genug sein, um die nötige Menge Wasser für die Bewässerung des Gartens fassen zu können, aber auch niedrig genug, damit die Rinder an das Wasser herankamen. Um beiden Forderungen gleichzeitig gerecht zu werden, mußte sie viel breiter sein, als es Rindertränken sonst sind, so daß die Tiere mühelos hineinsteigen und das Wasser verdrekken konnten. Sie stand neben vier großen Kameldornbäumen, an deren Schatten sie teilhatte, und ragte ein wenig in den Garten hinein. Der Zaun führte quer über sie hinweg, damit das Vieh nicht auf diesem Weg in den Garten eindringen konnte. Wenn sie voll war, konnte sich auch ein Erwachsener ins kühle Naß legen, die Arme ausbreiten und sogar Schwimmbewegungen andeuten.
Wenn aber die Rinder brüllend vor Durst herbeigestürzt kamen, dann wurden jedesmal die vorderen von hinzukommenden in die Tränke gestoßen, wo sie sich gern aufhielten, sich vollsoffen und dafür, um sich in ihrem Inneren ein wenig Platz zu schaffen, einige frische, kuhwarme Fladen in das saubere Wasser fallen ließen.
Um zwei Uhr kam meistens ein Wind auf, der stoßweise durch Büsche und Bäume fuhr und die Wolken vertrieb. Windhosen wirbelten den roten Sand hoch hinauf und waren weithin sichtbar. Strich eine an den Eingeborenen-Pontoks vorbei, dann nahm sie Stoffetzen, Blechstücke und was sonst noch alles da herumlag, mit sich fort und die Weiber kreischten, wenn sie ihnen die Kopftücher vom Kopfe riß. Manchmal donnerte es auch und einige große Tropfen fielen auf die trockene Erde und hinterließen ihre Spuren. Die Feuchtigkeit war im Nu verflogen, aber die Einschläge im Sand konnte man noch eine Weile erkennen. Fuhr einmal ein Blitz ganz unvermutet in unmittelbarer Nähe nieder, dann zuckten wir vor Schreck zusammen. Mein Vater lachte darüber und sagte: „Hast wohl schlechte Nerven?“ Da nahmen wir uns fest vor, beim nächsten Blitz nicht mit der Wimper zu zucken und dafür über die anderen zu lachen, deren Nerven offensichtlich nicht die besten waren.

Rasch hatte der Wind die Wolken vertrieben, und bald hörte man es nur noch ganz in der Ferne rumpeln, immer leiser werdend. In Richtung Kaukurus gingen einige dunkle Streifen zum Horizont hinunter; dort regnete es wohl und wir beneideten diese Farmer, so wie sie wohl zuvor uns beneidet hatten. Wenn aber tatsächlich einmal ein länger währender Schauer niederging und meinen Vater unterwegs überraschte, dann schritt er betont langsam durch den Regen: Damit er nur ja nicht vorzeitig aufhörte. Die Luft hatte dann einen besonderen Geruch, den nur der Regen in Südwest hervorzubringen vermag, wenn er auf die heiße ausgedörrte Erde fällt.
Doch wie anders war es an diesem Novembertag im Jahre 1933!
Der Himmel blieb bedeckt und die Erde feucht. Das Bemerkenswerteste aber war an diesem Tag, daß er sich wiederholte, daß sich also im November immer wieder ein Regentag einschob, ganz ohne Aufhebens, als müßte es eben so sein; daß die Trockenperiode nicht, wie schon so oft, alles wieder verbrannte, was sich an Grün zu vorwitzig herausgewagt hatte.
Zuerst hielt unsere Großmutter uns noch an, nicht auf die kleinen Pflänzchen zu treten, die hier und da aus dem Boden schauten, doch bald wurde das Grün immer dichter, die Vegetation begann den Boden zu festigen, und als im Dezember die mächtigen Gewitterregen niedergingen, da traf das Wasser nicht mehr auf völlig ungeschützte Erde.

Zeichen der Regenzeit

Da pfeift ein Vogel, und da noch einer. Das kann doch wohl nur ein Regenpfeifer sein, der den baldigen Regen ankündigt. Ein gutes Zeichen jedenfalls.
Ja, und die vielen Falter, die in letzter Zeit mit dem Winde dahinzogen. Das gibt Kommandowürmer, noch und noch. Die aber brauchen doch eine Menge Futter, wenn sie erst einmal so weit sind. Wo aber soll das herkommen, wenn es nicht zuvor geregnet hat? Es muß also regnen, denn die Natur weiß schon, was sie macht.
Dann kann man auch schon ab und zu einige kleine Dickpense sehen, die in den Startlöchern kauern und auf das Signal warten, den Einbruch des großen Regens nämlich, der unweigerlich kommen muß, den die Natur vorgesehen hat, damit sich die niedlichen kleinen Tierchen dick und groß fressen können.
Auch eine Heuschrecke trifft man dann und wann. Vereinzelt zwar noch, aber keine Sorge, die vermehren sich rasch, sobald das Veld nur erst wieder grünt. Und es wird grünen, denn die Natur überläßt nichts dem Zufall, was für Aussichten also!
Gerade stürzte ein Raubvogel mitten zwischen die Hühner und hieb eines zu Tode, konnte es aber nicht mitnehmen, denn es war ihm zu schwer. Es war ein Milan, ein Regenvogel, der sich für den baldigen Regen stärken wollte.
Und wem ist nicht aufgefallen, daß die Fliegen in letzter Zeit in großen Scharen auftreten, immer anhänglicher werden und einem in Nase und Ohren krabbeln? Auf jeden Fall ein untrügliches Zeichen, daß es bald regnet.
Im Schuppen haben die Termiten an nur einem Tag einen ganzen Ballen Luzerne aufgefressen. Sie sind zur Zeit nämlich in großer Eile, denn sie müssen sich auf den Regen vorbereiten, die umsichtigen Tierchen.
Solche und ähnliche Zeichen – wie z.B. Windhosen, die sich im Uhrzeigersinn drehen – gibt es gerade jetzt zuhauf; man muß sich nur die Mühe machen, sie zur Kenntnis zu nehmen und dann richtig deuten.
Also besteht nicht der geringste Grund, kleinmütig zu sein.

Paviane

Als Kind kam ich wiederholt mit Pavianen in Berührung, aber jedesmal so, daß die Begegnung in meiner Erinnerung Angst und Grauen hinterließ.
Am hellichten Tag, wenn sie in weiter Ferne in Gruppen durch das Veld zogen, oder wenn bei von K.s ein einzelner gefangener sich an einer Kette um einen Baum in seinem fest begrenzten Bereich bewegte, dann hing es von mir ab, ob ich mich ihm näherte.
Aber des Nachts, da erschienen sie ungerufen. Da glaubte ich, im Mondschein einen von ihnen im offenen Fenster sitzen zu sehen, als Silhouette, und ich schrie entsetzt auf und ließ mich auch nicht beruhigen, als Frau von K., die zusammen mit meiner Mutter hinzugeeilt war, versicherte, der Unhold sei fest an seiner Kette und könne unmöglich bis zum Fenster gelangen. Oder, wenn mir beim Schlafen der Arm über den Bettrand hinunterhing! Das war doch die beste Gelegenheit für den schwarzen Kerl, der unter dem Bett hockte und nur darauf wartete, bis er mich packen konnte – mit einem plötzlichen, furchtbaren Griff!
Und den hatte ich wirklich einmal gespürt, im Windhuker Zoo, als ich einem von ihnen eine Erdnuß durch das Gitter reichte und er dann die ganze Hand haben wollte.
Später begegnete ich ihnen dann unter anderen Voraussetzungen in „Poviansklip", einem kleinen „Cañon", den sich der Weiße Nossob auf der Farm „Eilenriede" gegraben hatte.
War man zu mehreren, dann hielten sich die Burschen zurück; war man aber allein, dann näherten sie sich, lautlos und unaufhörlich, bis zu einer Entfernung, die nicht von vornherein festlag, die aber um so kleiner wurde, je ängstlicher man sich zeigte. Zunächst sah man in einiger Entfernung, hoch droben über dem Flußbett, einen einzelnen Kopf auftauchen, zu dem sich nach und nach andere gesellten, bis die Gruppe vollzählig war. Dann verschwand der erste wieder, tauchte aber sehr bald etwas näher auf und die anderen folgten abermals. Das

ging so weiter, immer näher, und in einer Stille, die nur ab und zu von einem kurzen Schrei unterbrochen wurde.

Man fühlte sich umzingelt, kannte die Absichten dieser diszipliniert auftretenden Gesellen nicht, die mit keinem Zeichen andeuteten, daß sie einem nichts tun würden – in der Einsamkeit, wo man nicht auf eines der vielen überlegenen Mittel der Zivilisation zurückgreifen konnte.
„Wenn ihr den Hund nach Poviansklip mitnehmt, dann geht nie ohne Gewehr!“ mahnte Onkel Werner, und er sprach aus Erfahrung. „Denn der Hund ist scharf auf die Paviane und greift sie an. Die aber weichen zurück in das Gestein, klettern immer höher die Felsen hinauf und lassen den Hund folgen, bis er nicht mehr schnell genug zurück kann. Dann packen sie ihn, alle zugleich, und reißen ihn in Fetzen – wenn Ihr nicht rechtzeitig schießt.“
Einmal lief eine Horde Paviane von der einen Seite des Cañons durch das Flußbett zur anderen; der Große voran, die anderen hinterher.

Den Hund hatten wir am Halsband, aber er wäre wohl auch sonst nicht gegen diese Übermacht angegangen.
Da kam als Nachzügler eine Mutter mit ihrem Baby auf dem Rücken hinterher. Sie hatte sich wohl aus irgendeinem Grunde verspätet und wollte nun rasch zu ihrer Horde aufschließen.
Als er das einsame Wild sah, riß sich der Hund plötzlich los und stürzte sich auf die Pavianmutter. Was sich darauf im einzelnen zwischen den beiden Tieren abspielte, konnten wir aus der Entfernung nicht sehen, wohl aber das Ergebnis: Dem Hund fehlte auf dem Rücken ein handtellergroßes Stück Fell, das ihm die Pavianmutter mit einem einzigen Griff heruntergerissen haben mußte.
Wolf-Dieter B. hatte in der Nähe von Windhuk, bei Okeikeis, eine Farm, auf der er Milchkühe hielt. Als er eines Tages im Veld zu tun hatte, da belagerte eine Horde Paviane das Haus, bedrohte die Hausfrau, die kein Gewehr bei sich hatte, und verwüstete den Garten nebst allem, was ihnen zwischen die Finger kam. Rechtzeitig bevor Herr B. zurückkehrte, räumten die Eindringlinge den Platz wieder und versprachen, in ihrer Ausdrucksweise, nächstens wiederzukommen.
Geführt wurde die Horde von zwei ungewöhnlich großen Männchen, und der Farmer wußte, wo er den Gegner anpacken mußte: Er mußte die Gemeinschaft ihrer Führer berauben.
Bereits nach wenigen Tagen gelang es ihm, mit seinen Arbeitern und zwei mächtigen Hunden, nahe genug an die Horde heranzukommen.
Die machte sich, als sie die zahlreichen Feinde sah, sogleich auf und davon; nur eines der großen Männchen blieb auf einer Klippe sitzen und deckte den Rückzug, indem es die Aufmerksamkeit der Angreifer von der Horde weg auf sich lenkte.
So etwa hatte es sich der Farmer auch gedacht und wollte eben anlegen und den Führer abschießen; da stürzten sich seine beiden Hunde in die Schußlinie und auf den Pavian los, der ihnen gelassen entgegensah. Als sie nahe genug herangekommen waren, schlug er mit der Hand auf die Klippe und ein zweites Exemplar von seiner Gewichtsklasse tauchte hinter ihm auf und nahm sich einen der Hunde vor.
Der Kampf – wenn man überhaupt von einem Kampf sprechen konnte – war kurz und hätte mit dem sofortigen Tod der beiden An-

greifer geendet, wenn die sich nicht sofort wieder von ihren Gegnern gelöst und die Flucht ergriffen hätten.
Der Tierarzt in Windhuk hatte einiges zu tun, um die gefährlichen Verletzungen, die die beiden Hunde in dem sekundenlangen Kampf davongetragen hatten, zu behandeln. (Dem einen war durch einen Griff der Rückenmuskel vom Kreuz gelöst worden.)
Die Paviane hatten nach diesem Scharmützel nichts von ihrem Selbstvertrauen eingebüßt, im Gegenteil, sie wurden immer frecher. So geschah es, daß der Farmer sie bald wieder zu Gesicht bekam und diesmal liefen ihm die Hunde nicht wieder in die Schußbahn. Auf den Knall hin stob die Horde davon, nur der Führer blieb auf der Stelle, schwer getroffen. Im Affendialekt gab er seine letzten Anweisungen und erwartete in Ruhe seine Gegner, die sich ganz auf ihn fixierten, so daß die Horde ohne Verluste entkommen konnte.
Als seine Feinde nah genug herangekommen waren – die Hunde immer schön hinter ihrem Herrn – und sich die Gelegenheit zu einem Fangschuß bot, da glitt er von der Klippe herunter und schleppte sich – teilweise gelähmt – zu einem ausgedehnten Dorngebüsch.
Alles was er tat, geschah ruhig und „überlegt“, keine Hast, kein zweckloses Zähnefletschen und schon gar keine Furcht! Er postierte sich im unübersichtlichen Gestrüpp so geschickt, daß der Schütze aufs Geratewohl hätte schießen müssen. Allenfalls die Hunde wären imstand gewesen, ihn aufzustöbern; die aber wollten nicht. Dadurch hatte die Horde genügend Zeit, sich in Sicherheit zu bringen, bis der Fangschuß endlich gelang.

Wenn mein Bruder und ich einmal an einem freien Nachmittag die 6 Kilometer nach Schönborn-Haus zu Herrn T. gingen, um dort im großen Bassin zu baden, dann versäumten wir es nie, auch dem gefangenen Pavian unsere Aufwartung zu machen.
Der war mit einer etwa 4 m langen Kette an einem Baum festgebunden, und zwar so, daß er sich innerhalb eines Kreises um den Baum herum bewegen konnte. Seine Reichweite konnte man ohne Mühe an dem Rand erkennen, über den er, selbst mit größter Mühe, nicht hinaus konnte.

Nun lockte ihn einer von uns auf die eine Seite, indem er an einer Stelle kurzfristig die Grenze seines Hoheitsgebiets überschritt und ihn frech anbleckte. Doch nur für kurze Zeit, denn sofort stürzte der Pavian auf den Eindringling los und vertrieb ihn schreiend und zähnefletschend. Zwar zog sich der ungebetene Gast sogleich aus dem gefährlichen Bereich zurück, aber nur bis zum Rande und der Affe bemühte sich vergeblich, den Fuß zu packen, der da hart an der Grenze hielt und ihm unentwegt Sand in die Augen schnippte.
In der Zwischenzeit aber drang der andere von der anderen Seite her in sein Hoheitsgebiet ein, rannte bis zur Mitte und versetzte dem blechernen Freßnapf einen Fußtritt, daß es nur so schepperte. Wie rasend stürzte sich nun das Tier auf den anderen Frevler, wurde aber an der Kette von dem einen festgehalten. Das zerriß den armen Kerl fast: Sollte er heftiger an der Kette zerren und den Eindringling vertreiben, der so rüde mit seinem Heiligtum, dem Freßnapf, umgegangen war? Oder sollte er umkehren und den angreifen, der ihn an der Kette festhielt? Entscheidungen, die jedesmal durch einen weiteren Fußtritt gegen seinen geliebten Freßnapf erleichtert wurden. Aber jedesmal kam er zu spät und jedesmal war die Kette zu kurz.
Wir ließen einen hochgradig aufgeladenen Primaten zurück, als wir schließlich zum Baden gingen.

Kaukurus hatte sehr unter Pavianen zu leiden, die in regelmäßigen Abständen die Maisfelder heimsuchten und manchmal an einem einzigen Tag die gesamte Ernte verwüsteten.
Man konnte fast meinen, sie täten das aus reiner Bosheit, denn zum eigenen Nutzen hätten sie doch soviel nehmen können, wie sie gerade fressen konnten. Dann würden sie auch beim nächsten Mal noch etwas vorfinden.
Der Südwester erklärte sich dieses Verhalten folgendermaßen: Der Pavian reißt mit der einen Hand einen Maiskolben herunter und steckt ihn, um die Hand für den nächsten freizubekommen, unter den anderen Arm. Auch der nächste wird dann unter diese Achselhöhle gesteckt, während der vorherige auf den Boden fällt. So geht es von Maisstaude zu Maisstaude, bis das ganze Feld abgeerntet ist und jeder Pavian es mit genau zwei Maiskolben verläßt.

Manchmal versteckte sich der Farmer mit dem Schrotgewehr und einer gehörigen Portion Patronen im Maisfeld und wartete auf die Räuber. Aber die kamen nicht, denn irgendeiner der schweigsamen Späher hatte ihn hineingehen sehen, sah ihn auch nach einiger Zeit wieder hinausgehen und gab der Horde das Zeichen für ein fröhliches Treiben.

Wenn die Südwester auch nicht immer gleich das richtige Mittel gegen das Pavianunwesen fanden, so waren sie doch nie um eine passende Geschichte verlegen: Da gingen vier mit Gewehren bewaffnete Männer in ein Maisfeld und wurden von den Spähern zur Kenntnis genommen. Nach einer Weile verließen drei von ihnen wieder das Feld, und da Paviane nur bis drei zählen können, gab der Späher Entwarnung. Sogleich stürzte sich die Schar ins Maisfeld und wurde von Schrotschüssen furchtbar zugerichtet. Beobachter erzählten, wie menschenähnlich sich das Jammern der Verwundeten anhört, wie rührend die Angehörigen ihnen beistehen, sie trösten und wie sie versuchen, die heraushängenden Därme wieder in die Höhlung zu stopfen!
Aber nicht die Farmer um Kaukurus sind der Pavianplage schließlich Herr geworden, sondern die Natur, die anhaltende Dürre der Jahre 1932, 1933. Da mußten die Paviane einen Ort verlassen, von dem sie wußten, daß sie hier verhungern würden und einen anderen aufsuchen, von dem sie nicht wußten, ob sie dort überleben konnten.
Es hieß daher, allen möglichen Ballast abzuwerfen: Alte, Kranke, aber auch Neugeborene zurücklassen, wie sehr sich wohl auch manche Mutter dagegen gewehrt haben mag.

Kaukurus hatte eine Schweinezucht von schätzungsweise 15 bis 20 Stück; speckfett, denn die Kringelschwänze brauchten sich ihre Nahrung ja nicht im kahlen Veld zu suchen; sie wurde ihnen in den Stall getragen, von Menschen serviert, als Vorschuß für die Gegenleistung in Form von Schinken und Speckseiten.
Eines Morgens lugte hinter einem großen runden Schweinerücken ein kleiner Kopf hervor, ganz vorsichtig, so daß die Augen gerade das Gelände übersehen konnten: Ein kleines Äffchen, das von einer vorbeiziehenden Horde abgestoßen worden war.

Sobald ein Mensch kam, verkroch es sich zwischen die Schweineleiber und wartete, bis die Luft wieder rein war. Die winzigen Bissen, die es gelegentlich nahm, merkten die Fettwänste gar nicht; aber sie genügten, um das halbverhungerte kleine Wesen zu Kräften kommen zu lassen.

Nach einigen Tagen hatte es herausgefunden, daß die Menschen ihm nichts taten und bewegte sich schon ein wenig freier in seiner neuen Umwelt bei seinen neuen Gefährten. Man sah „Knorke" – so wurde das Tierchen genannt – dann oft auf dem Rücken eines umherlaufenden Schweines sitzen und an einem Maiskolben knabbern, den es einer Rüsselschnute weggenommen hatte. Ziemlich souverän schon! Ja, und es dauerte gar nicht mehr lange, da gab sich Knorke keine Mühe, den Primaten in sich, das Herrentier unter andern Tieren, zu verleugnen. Es holte sich die besten Bissen aus dem Angebot, und wenn ein Besucher ihm einen besonders saftigen Maiskolben zuwarf, dann stürzte es sich nicht voller Gier darauf, sondern langte lässig danach, so wie jemand, der weiß, daß das vorzüglichste nur für ihn gedacht sein kann.

Einmal schnappte ihm ein Schwein diesen Leckerbissen weg. Macht nichts! Nur keine Aufregung. Dann eben das nächste Mal! Doch wieder war eine Speckschwarte gieriger und rascher als Knorke. Das nahm der kleine Kerl schon nicht mehr so leicht. Als ihm aber zum dritten Mal – Paviane können bekanntlich bis drei zählen – ein grunzendes Stück Unrat zuvorkam, da sprang er ihm voll Zorn auf den Rücken, drehte ihm die Ohren um und biß ihn in den Kringelschwanz und jagte den Unbotmäßigen im ganzen Stall herum. Den hatte er auf die Rangunterschiede aufmerksam gemacht!

Als wir später wieder einmal nach Kaukurus kamen, war Knorke nicht mehr da. Eine Gewohnheit war ihm zum Verhängnis geworden. Zwar hat er es auch später immer vermieden, den Menschen allzu nahe zu kommen, doch wenn sie wieder vom Stall fortgingen, dann folgte er ihnen oft ein Stück des Weges, immer eine gewisse Distanz einhaltend.

Eines Nachmittags war er etwas zu weit mitgelaufen und als der große Schäferhund ihn bemerkte, da war es zu spät, den Stall noch zu erreichen. Also schwang er sich auf einen großen Holzstoß und hoffte, der

Hund würde die vergebliche Bemühung, ihn herunterzuholen, bald aufgeben. Der aber legte sich vor den Holzstoß, und zwar auf den Weg zum Schweinestall – und wartete. Als es anfing zu dämmern, wurde Knorke unruhig, denn er wollte unbedingt vor Einbruch der Dunkelheit „zu Hause" sein. Da riskierte er den Durchbruch, doch der Schäferhund hatte auch sein Spezialgebiet, war wachsam, reagierte sofort und schnappte den Ausreißer, kurz bevor er seinen Zufluchtsort erreicht hatte. Ein Biß, und das kleine Leben war ausgehaucht.

Pfadfinder in Südwest (1931 - 1939)

Wenn ich an die vielen Einflußnahmen denke, die vor über 60 Jahren unsere Entwicklung mitbestimmt haben, dann steht neben der Deutschen Oberrealschule und dem Deutschen Turnverein die Pfadfinderschaft im Vordergrund.
Erst nachträglich, nachdem so manche unwesentliche Begebenheit aus der Erinnerung ausgeschieden ist und die Übersicht nicht mehr behindert, kommt mir die erstaunliche Lebenskraft der Pfadfinderei zum Bewußtsein, ihre Dauerhaftigkeit, ohne die ja eine andauernde Beeinflussung der Jugend gar nicht möglich gewesen wäre.
Was aber hat denn diese Bewegung damals so lebensfähig gemacht, so daß sie bis zum Schluß weitgehend das bleiben konnte, was sie von Anfang an hatte sein sollen: Nämlich, im Heranwachsenden solche Anlagen zu fördern und diejenigen Eigenschaften zur Entfaltung zu bringen, die sowohl seiner Persönlichkeit als auch seinem Gemeinschaftssinn zugute kamen?
Was war es, das den größten Teil der jungen Deutschen bewog, in die Pfadfinderschaft einzutreten und ihr dann bis zu ihrem Ende treu zu bleiben?
Welchen günstigen Umständen ist es zu danken, daß die Pfadfinderei; als sie anfing, etwas zu bedeuten, nicht der Eitelkeit einzelner Wichtigtuer zum Opfer fiel, sondern bis zuletzt ihrer Bestimmung gerecht werden konnte?
Wo kamen denn die vielen uneigennützigen Helfer her, die den Pfadfindern Tag für Tag ihre Freizeit opferten, und zwar ohne Aussicht auf Anerkennung?
Ohne diese vielen ungenannten, unbekannten Helfer hätte die Pfadfinderei niemals das werden können, was sie damals war, was man aber erst bemerkte, als es sie nicht mehr gab: Eine Lebensschule für Heranwachsende, die dort ansetzte, wo der offizielle Schulapparat überfordert war; und es war erstaunlich, wie im Großen und Ganzen diese unprofessionellen Helfer aus einem naturgegebenen Gefühl her-

aus den richtigen Ton anstimmten, auf den sich die Jugendlichen dann eben so natürlich einstimmten.
Heute ist gar nicht mehr abzuschätzen, wie groß das Verdienst war, das sich diese Namenlosen damals um die Entwicklung der Heranwachsendenden erworben haben. Man sollte ihnen ein Denkmal setzen!
Nur wer nachher genau beobachtete, konnte wenig später, als die Pfadfinderei behördlicherseits verboten war, am nunmehrigen Verhalten der Jugendlichen feststellen, wie segensreich ihr Einfluß zuvor gewesen war.

Einige Antworten zu den vorliegenden Fragen:
Damals steckte die Freizeitindustrie noch in ihren Kinderschuhen und beherrschte die Freizeit der Jugendlichen noch nicht in dem Maße mit ihren Verlockungen, wie dies heute der Fall ist, so daß die Pfadfinderei durchaus in der Lage war, mit ihren Angeboten eine Lücke zu füllen und die Aufmerksamkeit vieler junger Menschen auf sich zu lenken. Sobald sich dann erst einmal eine größere Anzahl darin engagiert hatte, zögerten bald auch viele andere nicht mehr, ebenfalls mitzumachen.

Vor dem Tintenpalast

Daß der persönliche Ehrgeiz eines Einzelnen durchaus in der Lage ist, selbst eine gesunde Bewegung zu ruinieren, das trat zutage, als 1934 Kamerad Erich von L., Abgesandter aus Übersee, in das Gehege der Pfadfinderei einbrach wie eine Wildsau in ein frisch bestelltes Gärtchen. Sein eitles Treiben hat der Bewegung außerordentlichen Schaden zugefügt, und es hat lange gedauert, bis sie sich wieder von diesem Schlag erholt hatte.
Gewiß hat auch das wachsame Auge der Administration, die dem Wirken der Pfadfinderschaft feste Grenzen setzte, dazu beigetragen, daß sich viele politische Möchtegerne doch lieber ein anderes Feld für ihr Geltungsbedürfnis aussuchten und die Pfadfinder in Ruhe ließen.
Ich persönlich meine, daß damals in der Pfadfinderei viel vom spezifisch Südwesterischen zur Geltung kam, eine Haltung, die den Südwester Farmer kennzeichnete; und die hatten in ihrer Mehrheit für Phrasen und Wichtigtuerei nicht viel übrig.
Mehr noch als bei den Heranwachsenden hat sich damals die unterentwickelte Freizeitgestaltung auf das Verhalten vieler Erwachsener ausgewirkt, so daß mancher von denen, die für eine positive Beeinflussung der Jugendlichen in Frage kamen, ein wenig Freizeit übrig hatte und auch bereit war, sie zur Verfügung zu stellen. Das Potential an geeigneten freiwilligen Helfern war also bedeutend größer als heute.
Das mag dazu beigetragen haben, daß sich bald an den maßgeblichen Stellen Persönlichkeiten befanden, die sich vornehmlich der Sache verpflichtet fühlten und ihren persönlichen Ehrgeiz zurückstellten. Solange sie die Szene beherrschten, fanden Akteure wie L., denen es hauptsächlich darauf ankam, Geschichte zu machen, keinen Spielraum.
Doch manche dieser „alten Pfadfinder“ verließen gegen Ende der 30er Jahre Südwest, um in Deutschland ihren Wehrdienst abzuleisten, während von dort Gestalten zu uns hinüberwechselten, die, was ihnen an Persönlichkeit fehlte, durch forsches Auftreten und radikales Gehabe zu ersetzen versuchten.

Es folgen nun einige persönliche Beobachtungen, die man als zufällige Momentaufnahmen auffassen kann.

Gegen Ende des Jahres 1931 war es auf einmal, als ob ein Windhauch durch die Stuben des Schülerheims der Deutschen Oberrealschule zu Windhuk wehte und Bewegung in den Alltagstrott brachte. Jedenfalls, eines Nachmittags bewegte sich alles, was von uns Kleinen auf zwei Beinen gehen konnte, vom Schülerheim an der Gartenstraße zum Ausspannplatz. Dort stand bereits eine große Anzahl von Pfadfindern in Uniform und mit dem charakteristischen Schutztruppenhut. Darunter auch einige große Kerle, die mir damals alle riesig vorkamen. Als ich mich, barfuß und mit großer Vorsicht, über den dornigen Ausspannplatz bewegte, da packte mich einer der Hünen, hob mich auf die Schulter und brachte mich zu einer der Gruppen, die auf dem großen Platz Aufstellung genommen hatten. Dort erfuhr ich, daß ich in Zukunft „Wölfling" bei der „Gruppe Strunck" sei.
Wir lernten an Ort und Stelle den Text und die Melodie des Liedes „In der Naukluft auf den Bergen ..." und kehrten sodann erhobenen Hauptes in das Schülerheim zurück.
Von einem Augenblick zum anderen hatte sich etwas geändert: Wir gehörten jetzt einer Gemeinschaft an, die sich um uns kümmern würde, die aber auch von uns einen Beitrag erwartete.
Im „Horst Windhuk" gab es damals mindestens vier Gruppen: Die Gruppe Strunck, die Gruppe Bütow, die Gruppe Seifart u.a.
Alle hatten das gleiche Ziel: Aus den jungen Mitgliedern tüchtige Pfadfinder und gute Kameraden zu machen, in einer Gemeinschaft, in der sich jeder selbstlos für den anderen einsetzte.
Die Unterteilung in verschiedene Gruppen war diesem gemeinsamen Ziel durchaus förderlich, denn sie spornte die einzelnen Gruppen an, sich durch besondere Leistung hervorzutun und sich im Wettbewerb zu steigern. Schon nach kurzer Zeit hatte sich unter den Mitgliedern einer Gruppe ein Zusammengehörigkeitsgefühl entwickelt, das dann noch durch den eigenen Wimpel und manchmal auch durch kleinere Verschiedenheiten bei der Uniform seinen äußeren Ausdruck fand und sich dann durch Erfolge bei verschiedenen Wettkämpfen festigte.
Nun galt es, sich die vorgeschriebene Uniform anzuschaffen: Einen schwarz-weiß-roten Schlips, dazu eine Spange aus Schlangenhaut, die den Schlips zusammenhalten mußte, eine rot-weiße Kordel, eine Khakihose, ein Hemd aus festem grün-grauem Stoff mit Kronknöpfen.

Pfadfinder mit Schutztruppenhut

Am linken oberen Teil des Ärmels war ein rotes Dreieck aus Stoff aufgenäht (oder eingestickt, wenn man eine geschickte Schwester hatte), in dem sich das Pfadfinderzeichen, ein schwarzer Kameldorn auf weißem Grund, befand. Als Kopfbedeckung diente der Schutztruppenhut mit Kokarde. Alles zu haben bei Wecke & Voigts, zu annehmbaren Preisen, die aber dennoch damals von vielen nicht bezahlt werden konnten. Doch die Pfadfinderschaft hatte Geduld und so kam es, daß die meisten Wölflinge sich nur durch ihre Khakihose als Pfadfinder ausweisen konnten.

Betreut wurden wir Wölflinge von Herbert H. (Obersekunda) und Fritz M. (Untersekunda). Wir marschierten mit ihnen hinaus „aus grauer Städte Mauern“, zur Gammamsbrücke oder einem anderen Ort außerhalb des Häusergewirrs, wo man sich frei bewegen konnte, ohne jemandem durch sein Kriegsgeschrei auf die Nerven zu fallen.

Gelegentlich führten sie uns zum Austragungsort eines Wettkampfes, wenn unsere Gruppe gegen eine andere Fußball spielte und „heimisches Publikum“ benötigte. Bei einer Art „Heerschau“ auf dem Ausstellungsplatz wollten die Oberen einmal sehen, ob wir uns schon ein ganz klein wenig von einer Hühnerschar unterschieden, und unsere Betreuer hofften inständig, daß ihre Schützlinge nicht gar zu dumm auffielen. Dabei fiel mir ein

Photo für den Pfadfinderausweis

freundlich auf uns herabblickender Herr hoch zu Roß auf, von dem man sagte, das sei der Herr Sch., der Oberste aller Pfadfinder im Lande.
Das war im Jahr 1931. Dann folgten 4 Jahre Farmschule und erst im Jahr 1936 kam ich wieder mit der Pfadfinderei in Berührung.
Der Einfluß der Eltern auf die Erziehung ihrer Kinder beschränkte sich nun auf die Ferienzeit, auf gelegentliche Besuche und auf den Briefwechsel. An die Stelle der elterlichen Fürsorge trat nun die der Heimleitung und nur gelegentlich die der Lehrer in und um den Unterricht.
Das alles aber ersetzte bei weitem nicht die elterliche Betreuung und so blieb denn auch für die Pfadfinderei noch ein Stück Erziehungsarbeit übrig; zunächst bei den Heimschülern, die dann aber bald die Städter mitzogen.
War es dabei wirklich ausschlaggebend, daß wir auf das Kommando „Links schwenkt marsch“ gleichzeitig reagieren konnten? Daß wir das Morsealphabet so recht und schlecht beherrschten? Oder daß wir während der Boxabende genötigt waren, jegliche Wehleidigkeit abzulegen? Daß wir bei den nächtlichen Geländespielen Eigeninitiative, Einfallsreichtum und Entschlossenheit unter Beweis stellen mußten und über Beulen und Schrammen nicht jammerten? Daß bei gemeinschaftlichen Ausflügen und Fahrten die Kameradschaft zur Richtschnur wurde, ohne daß dieses Wort je ausgesprochen werden mußte?
Doch vielleicht gibt der Heimabend eher einen Einblick in das Wesen der Pfadfinderschaft? Den jede Gruppe an einem bestimmten Tag der Woche abhielt und bei dem man dann jedesmal auch diejenigen Kameraden seiner Gruppe treffen konnte, die eine andere Schule besuchten oder schon berufstätig waren.
Unsere Gruppe, die „Gruppe Balmung“, traf sich an jedem Sonnabend pünktlich um 8 Uhr abends im Pfadfinderheim Kaiserstraße Ecke Curt v. Francois-Straße.
Was sich an so einem Heimabend alles tat, darüber gibt ein Protokoll Auskunft, das einer der Kameraden verfassen und am folgenden Heimabend vorlesen mußte. An den Heimabenden wurden jedesmal

einige Lieder gesungen, oft altbekannte, aber immer wieder einmal auch ein ganz neues aus Deutschland.
Es gibt gewiß noch eine ganze Reihe weiterer Beispiele, die geeignet wären, das Wesen des Pfadfindertums zu ergründen, und den Einfluß, den es damals auf die Südwester Jugend ausübte. Da wäre z.B. noch der Trommler-und-Pfeifer-Chor zu nennen, der bei den englischen Krönungsfeierlichkeiten im Mai 1937 eine imponierende Vorstellung gab.
Seit ihren Anfängen hatten sich die Pfadfinder bemüht, dem Vorbild der Deutschen Schutztruppe nachzueifern, durch Marschleistungen, Geländeübungen, Nachtmärsche mit Anschleichen, Morsen, Übernachten im Freien unter widrigen Bedingungen usw., und auf diesem Gebiet mußten sich die einzelnen Gruppen bewähren und konnten miteinander in Wettbewerb treten.
Trotz gelegentlicher Abweichungen von diesem Ziel wird sich der kritische Beobachter immer wieder fragen müssen: Welches waren denn nun eigentlich die Tugenden, die – meist unausgesprochen – bei den Pfadfindern an erster Stelle standen? Was machte das Wesen der Pfadfinderei aus?
Das ist nur indirekt festzustellen, und zwar indem man das Verhalten der Jugendlichen während der Pfadfinderzeit mit dem vergleicht, als es die Pfadfinderei nicht mehr gab.
Wenn man sich die Gesichter der Pfadfinder auf den vielen überlieferten Photographien ansieht und dann feststellen muß, wie sich die gleichen Gesichter oder gleichen jungen Menschen in ihrem Ausdruck sogleich geändert hatten, als die Pfadfinderei verboten worden war, dann kann man einfach nicht anders, als zuzugeben, daß diese Bewegung einen enormen Einfluß auf die Heranwachsenden ausgeübt haben muß. Auch wenn man sich nicht erklären kann, wie diese Auswirkung zustande kam. Sicher ist jedenfalls, daß nach dem September 1939 sich die Zahl der jungen Burschen ständig vergrößerte, die in den Kneipen herumlümmelten, sich besoffen und ihre Männlichkeit am Grad der Besoffenheit maßen; die in den Straßen und überall, wo sie auffielen, schwadronierten und wohl bald noch ausfallender geworden wären, wenn nicht die Behörden und die Gefahr

des Interniertwerdens ihnen eine gewisse Zurückhaltung auferlegt hätten.
Dabei fehlte ihnen die Pfadfinderei nicht so sehr als eine die Freizeit ausfüllende Institution, sondern vielmehr als eine moralische Instanz.
Durch die Pfadfinderschaft nämlich hatten einige Idealisten aus der deutschen Gemeinschaft die Möglichkeit erhalten, Verhaltensnormen aufzuzeigen, an denen sich jedermann orientieren konnte, Maßstäbe zu setzen, mit denen sich jeder messen konnte.
Da brauchte nun niemand mehr mit erhobenem Zeigefinger herumzulaufen, denn es war jedem selbst überlassen, sich den Spiegel vorzuhalten.
Später aber fehlte diese Instanz und die Hohlköpfe und Angeber brauchten nicht mehr zu befürchten, bei den Heimabenden gewogen und für zu leicht befunden zu werden. Sie liefen nicht mehr Gefahr, sich vor den Kameraden zu blamieren, und vor allem, es gab keinen Spiegel mehr, der einen auf die eigenen Defizite aufmerksam machte.
Die Pfadfinderschaft war also zu einem Sammelbecken für Persönlichkeiten geworden, die an Rechtschaffenheit und Anstand höhere Anforderungen stellten, als dies in einem Alltag der Fall war, in dem der Konkurrenzkampf um materielle Gewinne den Ton angab. Diesem grauen Alltag und seiner Ellenbogenmentalität wollte der Pfadfinderbund eine Alternative gegenüberstellen.
Nicht die einzelnen Unternehmungen und Veranstaltungen an sich, welche die Pfadfinder durchführten, waren somit ausschlaggebend, sondern, daß bei diesem Beisammensein den Vorbildern die Gelegenheit gegeben wurde, auf die Jugend einzuwirken.
Damals lag das alles noch keineswegs offen zutage; erst im nachhinein zeigte es sich, wie segensreich das Wirken des Pfadfinderbundes war – als es ihn nicht mehr gab.

Das Kriegspiel in der Teufelsschlucht

An einem Sonntag morgen im November des Jahres 1931 befand sich der gesamte Horst Windhuk auf dem Kriegspfad.

Je zwei der vier Gruppen wurden zu einer Partei zusammengefaßt, bei der die eine angreifen, die andere verteidigen sollte. Das große strategische Ziel, das die angreifende Partei erreichen, die verteidigende aber verhindern sollte, das habe ich nie erfahren, ja, ich wußte noch nicht einmal, ob wir angreifen oder verteidigen sollten, denn wir kleinen eingeschüchterten Wölflinge waren immer nur auf der Flucht.
Jeder von uns hatte um das linke Handgelenk einen Wollfaden gewikkelt; das war sozusagen sein Lebensfaden, und wer ihn verlor, der verlor sein Leben und schied aus.
Das vordergründige Ziel der Kämpfenden war es nun, dem Gegner das Band vom Handgelenk abzureißen und es als „Trophäe" aufzubewahren. Dann hatte nämlich der Gegner einen Punkt verloren, die eigene Partei einen gewonnen. Am Schluß der Kampfhandlungen, bei der Endabrechnung, wurden diese Trophäen zusammengezählt, aber natürlich nur, wenn der Trophäenjäger dann selbst noch am Leben war und den eigenen Lebensfaden am linken Handgelenk vorzeigen konnte.
Als Ort der Kampfhandlungen hatte man die Teufelsschlucht im Erosgebirge, nordöstlich von Windhuk, ausersehen. Als wir Wölflinge endlich den Kampfplatz erreichten – wir hatten einige Zeit benötigt, um von Windhuk bis zum Ort des Geschehens zu laufen –, da war die Schlacht schon im vollen Gange; und was wir nun wahrnahmen, das hob unseren Kampfesmut in keiner Weise: Das allgemeine Kriegsgebrüll – vielleicht wollten sich einige damit selbst ein wenig Mut machen – aber vor allem die gelegentlichen Wut- und Schmerzensschreie mobilisierten in uns wehrlosen Wölflingen nur solche Instinkte, die etwas mit Flucht zu tun hatten.
Aber die Vorsehung hatte es nicht gut mit uns gemeint: Wir durften ein bestimmtes, zuvor festgelegtes Gebiet nicht verlassen. Das wäre Fahnenflucht gewesen und darauf stand der Tod.
Außerhalb des Geheges winkte also die Schande, innerhalb aber lauerte die Mißhandlung, denn beim Kampf um die Wollfäden ging es rüde zu. Traf nämlich einen der Kombattanten ein Faustschlag, dann geizte auch er hinfort nicht mehr mit Grobheiten, so daß das Handgemenge immer wüster wurde. Fielen einmal mehrere über einen

einzelnen Feind her, dann hatte der nur eine geringe Überlebenschance; denn sobald er einen seiner Gegner packte, riß ihm der andere das Band ab, und nun halfen ihm alle seine Kräfte nichts mehr. Eigentlich blieb ihm in so einem Fall nur die „Flucht vor dem Feind“; doch es widerstrebte den meisten großen und starken Burschen, vor einer Meute zweitrangiger Kämpfer davonzulaufen.
Was aber konnten wir 8- bis 10jährigen Wölflinge gegen diese Wüteriche tun? Waren wir doch in diesem Geschehen nichts als Punktelieferanten, und wenn ein großer Rüpel einen von uns zu fassen bekam, dann machte er nicht viel Federlesens mit seinem Opfer, denn die Zeit war knapp und es konnte jederzeit ein Großer aus den Reihen des Gegners auftauchen. Also warf man den zur Beute erkorenen erst einmal kräftig auf den Boden, daß ihm Hören und Sehen verging, und nahm ihm sodann ohne Zeitverlust das Band ab. Dieses Verfahren war bei uns Kleinen gefürchtet und wir liefen um unser Leben, sobald wir einen übermächtigen Kämpfer kommen sahen, ganz egal, ob Freund oder Feind. Die aber waren den Wölflingen auch im Laufen überlegen und nach kurzer Hatz verkündete ein Schmerzensschrei, daß die Jagd erfolgreich war.
Um dem zu begegnen, hatte man uns ca. 12 Wölflinge der Obhut eines ebenso kräftigen wie umsichtigen Mannes übergeben. Der balancierte mit uns haarscharf am Rande des Kampfgebietes entlang, ließ uns über eine freie Fläche bis zur nächsten Deckung rennen – und wir rannten, als sei der Teufel hinter uns her – befahl plötzlich, leise aber vernehmlich, „Hinlegen!“ – und wir warfen uns auf den Boden, ohne Rücksicht auf Steine und Dornen – und blieben da totenstill liegen, bis der Meister kommandierte „Sprung auf, marsch, marsch!“, dann hetzten wir bedingungslos und halb besinnungslos in die angegebene Richtung.
Ja, es war ein Wunder, denn obgleich rechts und links vor und hinter uns, die Entfesselten mit Wutgebrüll aufeinander losgingen – wir entkamen ihren Fängen jedesmal durch irgendeine Lücke, die der Meister immer rechtzeitig entdeckt hatte.
Als dann das Halali ertönte, da übergab er uns vollständig dem Schiedsgericht. Fritz M., unser Untergruppenführer, war außer sich vor Freude: „Wie habt ihr das bloß gemacht?!“ lobte er uns, die wir,

zu Tode erschöpft und völlig unfähig, uns zu freuen, da herumlagen, wo wir gerade hingefallen waren.
Doch Fritz M. wußte, wovon er sprach, wußte, was für Gefahren wir ausgesetzt gewesen sein mußten, denn er hatte ja selbst unter den Wölflingen der Gegenpartei gewütet und etliche Trophäen erbeutet. Allerdings nur so lange, bis ihn sein Klassenkamerad Ferdinand B. erspähte und nun beschloß, ihm die Beute wieder abzujagen. Fritz M. war sich darüber im Klaren, daß er diesem Gegner nicht gewachsen war, und da er keinen Helfer in der Nähe ausmachen konnte, versuchte er, seinen Gewinn durch die Flucht zu retten. Doch sein Gegner war ebenfalls gut zu Fuß und trieb ihn gegen eine Steilwand und dort dann immer höher hinauf, so lange, bis eine glatte, steile Felswand jedes Weiterkommen unmöglich machte. Schon die letzten vier Meter hatten an die alpinistischen Fähigkeiten des Flüchtigen hohe Anforderungen gestellt und er hoffte inständig, daß sein Verfolger vielleicht nicht ganz schwindelfrei sein und von einer weiteren Verfolgung Abstand nehmen würde.
Doch der gab nicht nach und kam langsam näher und näher, bis er den Sims berührte, auf dem sein Opfer stand. Da versetzte ihm der in die Enge getriebene einen kräftigen Stoß, und zwar gerade dann, als er zum letzten Klimmzug ansetzen wollte. Ein Wunder, daß sich Ferdinand B. bei diesem Sturz nicht sämtliche Knochen brach, aber in diesem Zustand der äußersten Anspannung werden möglicherweise Kräfte frei, über die man im geruhsamen Alltag nicht verfügt.
„Ja, bist du denn wahnsinnig, mich da einfach hinunterzustoßen?" lautete der Vorwurf hinterher. „Hättest ja nicht hinaufzukommen brauchen!" war die lakonische Antwort.
Ja, so ein ganz klein wenig vom Kriegerischen hatte das Geschehen damals schon an sich!
Doch wie war es mir ergangen?
Auf die Schmerzen hatte ich nicht geachtet, die fanden im Bewußtsein einfach keinen Platz bei all dem Gedränge, das dort herrschte. Die vielen Schürfwunden habe ich erst hinterher entdeckt, die Dornen zu entfernen war meistens weder Zeit noch Gelegenheit. Auch die Anstrengung beim fortwährenden Rennen in der Hitze wurde von der das ganze Gefühlsleben beherrschenden Angst überdeckt.

Anders war es mit dem Durst, der sich immer heftiger regte, je länger wir in der prallen Sonne ohne Kopfbedeckung bei extrem trokkener Luft durch die staubige Wildnis hetzten.
Da liefen wir, als das Schlußsignal ertönte, an einer kleinen Mulde vorbei, die sich im Laufe der Zeit in einem Felsbrocken gebildet hatte. Die war zur Hälfte mit einer braunen Flüssigkeit gefüllt, von der es hieß, das sei Regenwasser, in das die Paviane gepinkelt hätten, um kundzutun, daß dies ihr, und nur ihr, Eigentum sei.
Ich habe davon getrunken, kann aber nicht mehr sagen, wie das Zeug geschmeckt hat. Nur eins ist mir im Gedächtnis geblieben: Ich habe damals zum ersten Mal das Wort „Typhus" gehört.

Heimabend-Berichte

Die Niederschriften im Heimabend-Buch verraten zwar dem Namen nach einiges von dem, was geschah, aber nicht allzuviel, wie es geschah; von der Stimmung, in der die jungen Pfadfinder damals die Heimabende erlebten; wie ihnen zumute war, ob der Spaß vorherrschte, so wie ihn die Teenager heute in der Disko empfinden – oder ob es so eine Art Dienst war, den man mit Pflichtbewußtsein verrichtete.
Nun, der Heimabend war keinesfalls als „Spaß" gedacht, er war Dienst und bot reichlich Gelegenheit für Selbstüberwindung.
Man bedenke doch, daß es der Sonnabend war; nach sechs Schultagen endlich ein freier Abend, auf den man sich die ganze Woche gefreut hat, an dem man sich entspannen und seinen Neigungen nachgehen konnte! Und genau da schiebt sich der Heimabend vor das Vergnügen und stellte einen vor alle möglichen Herausforderungen, mit ungewissem Ausgang; wie z.B. bei einem Kriegspiel, oder beim Boxen, wo einen nicht nur körperliche Unannehmlichkeiten erwarteten, sondern auch eine Blamage; also lauter Gelegenheiten, bei denen man sich bewähren mußte, wenn man nicht ins Abseits geraten woll-

te. Das alles hört man nicht in den dürftigen Ausführungen des Protokollführers, der sich meistens mit routinemäßigen Aufzählungen der einzelnen Vorkommnisse begnügte, und aus denen weniger das Mitteilungsbedürfnis eines Chronisten spricht, als vielmehr die Resignation: „Protokolle müssen nun halt einmal sein!"
Was aber wiederum Anlaß zur Frage gibt: Was mag diese lebensfrohen jungen Burschen nur dazu veranlaßt haben, die Pflicht vor das Vergnügen zu stellen und trotz zahlreicher Ausweichmöglichkeiten immer wieder auf den bequemen Weg zu verzichten?

Heimabend, Sonnabend, den 27. Februar 1937
Beteiligung: 20 von 23 Mann
Es fehlten entschuldigt: ..., unentschuldigt: ...
Der Heimabend wurde mit einigen Liedern eröffnet. Kurz wurden etliche Sachen bekannt gegeben und danach begaben wir uns auf den Ausstellungsplatz, um unsere Neulinge einzuweihen und zu prüfen. Leider konnten nur fünf von neun Mann die Prüfung bestehen.

Heimabend, Sonnabend, den 6. März 1937
Beteiligung: 22 von 24 Mann
Es fehlten entschuldigt: ..., unentschuldigt: ...
Der Heimabend wurde mit einigen altbekannten Liedern eröffnet. Danach wurde G. St., H. B., W. Helm, R. Helm und H. S. die Kordel verliehen und diese wurden somit in die Gruppe aufgenommen. Kurz wurde noch das Morsealphabet durchgeübt und danach wurde der Heimabend mit Boxen beendet.

Heimabend, Sonnabend, den 13. März 1937
Beteiligung: 22 von 24 Mann
Es fehlten: ...

An diesem Heimabend wurde endlich unser langgeplantes Kriegspiel gemacht. Schnell wurden einige Sachen bekanntgegeben und das Morsealphabet abgehört und danach wurde mit dem Kriegspiel begonnen, das unentschieden blieb.

Hier weichen wir vom „trockenen" Protokoll ab und geben eine ausführliche Schilderung dieses Kriegsspiels:

Bei unseren bisherigen Kriegspielen nahmen zwei Parteien am Kampfgeschehen teil, geführt von je einem Führer. Jeder Teilnehmer wußte, wo, mit wem und gegen wen er kämpfen mußte, und den Anordnungen welchen Führers er Folge zu leisten hatte; auch, welche Ziele er anzugreifen, welche Positionen er zu verteidigen hatte.
Diesmal aber kam etwas Neues hinzu: Die beiden Parteien waren zwar auch von einigen Nichtteilnehmern zuvor aufgestellt, die Führer bestimmt und die Kriegsziele festgelegt worden; doch das alles wußten die Teilnehmer zu Beginn des Unternehmens noch nicht. Jeder bekam zu Beginn einen gefalteten Zettel, den er erst öffnen durfte, wenn der Startpfiff ertönte. Darauf stand der Name des Führers und ein zweiteiliges Kennwort, mit dessen Hilfe er herausfinden konnte, ob ein Mitspieler, der ihm gerade in den Weg lief, ein „Freund" oder ein „Feind" war. Hieß sein Losungswort z.B. Lampen-Schirm, so rief er seinem Gegenüber zu: „Parole" und wenn der dann mit „Lampen" antwortete, dann rief selbst „Schirm" und wußte nun, daß sie jetzt zu zweien waren. Rief der andere aber „Sattel" und erwartete die Antwort „Tasche", dann gab es zwei Möglichkeiten: War der Gegner schwächer, dann stürzte er sich plötzlich auf ihn und versuchte, ihm den Lebensfaden abzureißen und ihm den Zettel abzunehmen, um das vollständige feindliche Losungswort und den Namen des Führers zu erfahren.
Diejenige Partei, deren Mitglieder am raschesten einen Kern von Streitern zusammenbrachte, konnte nun durch ihre Überzahl ein Häuflein des Gegners nach dem anderen niedermachen und ihr Ziel erreichen.
Bei diesem Spiel hatte ich, in einem Gebüsch versteckt, das vollständige Losungswort des Feindes erfahren, als nämlich zwei der Gegen-

partei aufeinandertrafen und sich zu erkennen gaben. Als ich dann einmal auf eine größere Abteilung stieß, rief ich sogleich „Parole" und bekam den ersten Teil des gegnerischen Losungsworts zu hören. Darauf aber konnte ich ohne gesundheitsschädliche Folgen antworten und mich der Abteilung anschließen. Von fern hörten wir das Kriegsgeschrei, das Werner L. jedesmal anstimmte, wenn es dunkel und er allein war. Ich war dabei, als eine Unterabteilung dieses inzwischen recht ansehnlich gewordenen Haufens Heinz R. stellte, der sich nicht ordnungsgemäß ausweisen konnte – er war also auf meiner Seite – und von der Überzahl zur Strecke gebracht werden sollte. Diese Überzahl aber war um zwei Einheiten weniger mächtig als es die Angreifer vermuteten, denn in der Finsternis und dem Getümmel wechselte ich rasch die Seite und anstatt mich der hechelnden Meute anzuschließen und dem wie ein Rasender um sich schlagenden die Beine wegzuziehen, packte ich meuchlings einen der Kämpfenden und riß ihm den Lebensfaden ab. Heinz R. war inzwischen, nachdem er einige Gegner niedergestreckt und sich den Weg ins ungewisse Dunkel freigeschlagen hatte, wie eine Antilope durch das Gebüsch gestürmt, der heimtückischen Dornen nicht achtend. Da sah auch ich an Ort und Stelle keinen Handlungsbedarf mehr und rannte hinterher, so rasch ich eben konnte. Jedoch nicht rasch genug, denn der Flüchtige war ein ausgezeichneter Läufer. Des weiteren aber hatte er noch andere Finessen im Gepäck: Er hielt ein Auto an, das gerade den Jan-Jonker-Weg entlangfuhr, stieg ein und begab sich aus der Gefahrenzone.
Ich aber stürzte mich wieder ins Gewühl, das, wie das Protokoll angab, „unentschieden blieb".

Heimabend, Sonnabend, den 18. April 1937
Beteiligung: 25 von 27 Mann
Es fehlten entschuldigt: ...
Am heutigen Abend hielt Joachim von M. einen Vortrag über die entrissenen Gebiete Deutschlands. Danach wurde noch kurz etwas exerziert und um zehn vor zehn wurde der Heimabend geschlossen.

Boxabend am 25. Oktober 1937
Sämtliche Jungen unserer Gruppe, die etwas boxen konnten, waren erschienen, und wir rechneten stark mit einer Niederlage unsererseits; aber erfreulicherweise haben unsere Jungen sich sehr gut gehalten, und haben sehr gut, sogar noch mit Pluspunkten, abgeschnitten. Durch unseren Erfolg sehr befriedigt gingen wir nach Hause.

Wir werden wieder ausführlich:

Es handelte sich um den Boxwettkampf der Gruppe Klippspringer gegen die Gruppe Balmung. Unsere Gegner waren im Durchschnitt um einige Jahre älter als wir und etliche von ihnen standen schon im Berufsleben. Wir hatten niemanden, der es mit Erwin A. und den drei Brüdern Karli, Erni und Reinhold R. aufnehmen konnte, und auch Klaus M. war, mit uns verglichen, einsame Spitze.
Doch da gab es ja, gottlob, die Berücksichtigung des Körpergewichts, die es verhinderte, daß Kämpfer von gar zu unterschiedlicher Entwicklungsstufe aufeinander trafen. Doch das war nicht immer zu verhindern, und da für mich kein anderer Partner gefunden werden konnte, geriet ich an Hansi R., der mich an Größe, Breite und Gewicht bei weitem übertraf.
So sehr jedenfalls, daß sogar von der Gegenseite Erwin A. Bedenken anmeldete: „Das ist ja, als ob ein Ochse gegen einen Hammel kämpft!“ meinte er schmeichelhaft und fragte mich direkt: „Willst Du diesen Kampf wirklich aufnehmen?“ Ich wollte, unterlief meinen Gegner und prügelte an seinen längeren Armen vorbei erbarmungslos auf ihn ein.

Rückblick auf das Jahr 1937
Wie bisher jedes Jahr, so kann auch heute unsere Gruppe mit Stolz auf das zurückblicken, was im Vorjahr geleistet wurde. Wir haben geschafft und geworben, gearbeitet und uns keine Ruhe gelassen, bis unsere Gruppe wieder das war, was sie in ihrer besten Glanzzeit bot.

Auch der Führerwechsel im Vorjahr hat wohl kaum einige Merkmale hinterlassen; denn alles geht seine alte Bahn, genau wie zuvor.
Auch hatten wir am Anfang des Jahres wieder viele Neulinge hinzubekommen, zogen sie heran und haben aus ihnen das gemacht, was auch die Älteren der Gruppe in ihrem Alter waren.
Mögen wir im kommenden Jahr auch unser Ziel erreichen!

Heimabend, Sonnabend, den 26. Februar 1938
Beteiligung: 28 von 31 Mann.
Es fehlten entschuldigt: ...
Zu Beginn wurden einige Lieder gesungen. Danach wurde den Größeren der Marschkompaß erklärt, während die anderen winkten. Danach gingen wir Größeren zum Blinken und den Schluß des Abends bildeten einige sehr interessante Boxpaare.

Heimabend, Sonnabend, den 4. Juni 1938
Beteiligung: 28 von 31 Mann
Es fehlten entschuldigt: ...
Nachdem wir gesungen und gewunken hatten, wurde uns von der Schlacht am Annaberg 1921 vorgelesen. Auch G. Z. stattete uns an jenem Abend einen Besuch ab. Einige interessante Boxkämpfe bildeten den Schluß des Abends.

Zur Erläuterung:
Gerd Z. war bis zu dem Zeitpunkt Horstführer von Windhuk, an dem sich die älteren Pfadfinder auf Drängen der südafrikanischen Administration zurückzogen. Kurt Albrecht, der gerade aus Deutschland zurückgekehrt war, übernahm dann das Amt. Gerd Z. fuhr nach Deutschland, nahm am Krieg teil und kehrte schwer verwundet nach dem Krieg nach Südwest zurück.

Auf dem Weg zur Maifeier

Heimabend, Sonnabend, den 6. Mai 1939
Beteiligung: 28 von 34 Mann
Nachdem wir ein Lied gesungen hatten, wurden die Bedingungen zum Wettbewerb (Zeichnen, Photographieren usw.) vorgelesen. Darauf folgte ein Vortrag von W. v. M. über „Was ist arisch?“, der, mit vielen Beispielen und schwungvollen Handbewegungen gehalten, auch den Kleinen ein Bild gab.
Horstführer Albrecht trat ein und verkündete uns, daß unsere Gruppe in Jungenschaften und Rotten eingeteilt werden sollte.
Nach einigen Liedern begann das Winken. Während sich einige dabei sehr gut beteiligten, hielten sich einige auch sehr im Hintergrund.
Ein Lied bildete um 10 Uhr den Abschluß des Heimabends.

Heimabend, Sonnabend, den 24. Juni 1939
Beteiligung: 29 von 35 Mann
Es war der letzte Heimabend vor den Ferien. W. v. M. hielt einen Vortrag über die Entstehung der Jugendbewegung. Der Heimabend verlief sonst ganz wie gewöhnlich, nur daß ein „Jakob wo bist du“-Spiel eingeschoben war. Nach dem Heimabend kam jedoch eine große

Überraschung: Wir sollten einen Überfall auf die Gruppe von Erckert machen, die einen Ausflug nach Regenstein gemacht hatte (siehe „Der Überfall“).

Heimabend, Sonnabend, den 26. August 1939
Ein von Walter H. eingeübtes Lied wurde zur Eröffnung gesungen. S. H. hielt einen Vortrag über die augenblickliche politische Lage. Der Vortrag gefiel uns sehr, da er in schlichter Weise gehalten und von allen verstanden wurde.
Die Rotten traten an und die Rottenführer meldeten die Stärke ihrer Rotte. Darauf fand ein Wettspiel der beiden Jungenschaften statt. Zwei vorgeschlagene Lieder schlossen den Heimabend um 10 Uhr.

Heimabend, Sonnabend, den 2. September 1939
Beteiligung: 35 von 37 Mann
Leider liegen über den Verlauf diese letzten Heimabend keine Einzelheiten vor. Der Heimabend ist zwar gehalten, die Notizen vom Schriftführer gemacht, das Protokoll dann aber nicht mehr angefertigt worden, denn am 3.9.39, d.h. am folgenden Tag, erfolgte die Kriegserklärung Englands an Deutschland, die am 4.9.39 die Kriegserklärung Südafrikas im Gefolge hatte; mit zu dem Zeitpunkt noch nicht vorhersehbaren Folgen für uns Pfadfinder in Südwest.

Der Aukaikas-Ausflug am 25. Oktober 1937

Wie gewöhnlich, so machte auch dieses Jahr unsere Gruppe einen Ausflug nach der kleinen Aukaikas-Quelle. Es ist ein alter Platz der deutschen Schutztruppe.
Alle Kameraden der Gruppe Balmung versammelten sich am 25. Oktober 1937 bei Gerd L. vor der Wohnung. Unsere Rucksäcke wurden in das Auto von Gerd L. gepackt, der unser Gepäck rausfuhr. Da unser Abmarsch um die Mittagszeit war, war es nicht gerade kühl, trotz des bewölkten Himmels. Wir kamen nach nicht zu langem Marsch in Wittersheim an und von da ging es die Pad entlang bis zur Abzwei-

gung zur Quelle. Hier warteten wir auf das Auto, das nach nicht allzulanger Wartezeit eintraf. Wir bepackten uns mit Rucksäcken und Proviantkisten und marschierten so zum Lager. Wir hatten reichlich Proviant mit und konnten so immer gut essen und satt werden.
Eines Tages kam nun auch die Einweihung unserer Neulinge dran. Sie hatten in einer Höhle 3 Minuten in gerade nicht warmem Wasser zu bleiben. Am vorletzten Abend vor unserem Abmarsch wurde beschlossen, noch Sonnabend und Sonntag dazubleiben, da wir noch genügend Proviant hatten.
Der Ausflug war unter Geckojagd und Baden schnell vergangen. Heinz R. erschlug bei seinen Erkundungs- und Jagdtouren zwei Zebraschlangen.

Die Geckos wurden mit dem Katapult (Ketty) erlegt, und für jedes Beutestück wurde eine Kerbe in die Gabel der Jagdwaffe geschnitten. Wir haben fürchterlich unter diesen harmlosen Tierchen gehaust, die nützlich sind, da sie eine Rolle im Gleichgewicht der Natur spielen. Doch zu dem ungezwungenen Leben an der frischen Luft, bei reichlichem Essen, kam dann noch der Jagdtrieb hinzu, und das Bestreben, eine meßbare Leistung zu vollbringen.
Am Ende ging uns dann die Kondensmilch aus, und so machten Heinz R. und ich uns mit einem leeren Kochgeschirr auf den Weg und hielten Ausschau nach melkbaren Bokkies (Ziegen). Er als „Städter“ hielt die Ziege an den Hörnern fest und ich als „Farmer“ melkte sie. Die Ausbeute war ausreichend.

Die Lüderitzbuchtfahrt

Zu Ostern 1939 sollte in Lüderitzbucht das 11. Gauturnfest in Südwestafrika abgehalten werden. Die meisten Teilnehmer reisten mit dem Schiff von Walvis Bay an den Austragungsort, nur einige wenige mit dem Privatauto.
Zur gleichen Zeit hatte unsere Pfadfindergruppe, die Gruppe Balmung, eine Fahrt geplant, die an der Naukluft vorbei durch den Süden des Landes ebenfalls nach Lüderitzbucht führen sollte. Die

Wettkämpfer aus unseren Reihen hatten somit die Möglichkeit, sowohl am Wettkampf in Lüderitzbucht als auch an der Safari teilzunehmen. Da entschloß sich die Gruppe von Erckert, ebenfalls an der Fahrt teilzunehmen
Die Firma Zimmer stellte zwei Fahrzeuge zur Verfügung, einen 5-Tonner GMC, auf dem unsere Gruppe untergebracht war, zusammen mit dem Benzin, den Essensvorräten für beide Gruppen, den Kochkesseln usw. Das 2. Fahrzeug war ein 3,5-Tonner Chevrolet, das die Gruppe von Erckert transportierte.

Gruppe Balmung auf dem 5-Tonner

Die Farm Isabis erreichten wir ohne nennenswerte Vorkommnisse und steuerten von da aus nach Süden, an der Naukluft vorbei und gedachten die „Bullspoorter Fläche“ zu durchqueren. Dieser Weg sei der kürzeste, hieß es, so daß wir Zeit und Benzin sparen würden.

Rast auf Farm Isabis

Als wir nachmittags am Eingang dieser Fläche anlangten, ging dort gerade ein schweres Gewitter nieder. Was uns aber nicht weiter anfocht, im Gegenteil: Sonst hätte nämlich eine mehrere Kilometer lange trockene Staubpiste auf uns gewartet; auf der die Räder feinsten Lehmstaub in dichten Wolken aufwirbelten, der einen fast erstickte und Mensch und Maschine mit einer dicken Schicht überzog. Dem hatte der Regen also abgeholfen.
Dafür aber wartete eine andere Über-

raschung auf uns. Als nämlich der große Wagen gerade einmal 100 Meter in die nasse Lehmpiste hineingefahren war, da saß er auch schon bis an die Achsen im Brei. Jubel bei uns, denn nun hieß es nichts wie runter und den Wagen wieder flott gemacht, was auch mit ein wenig „Hau-Ruck“ ganz gut gelang.

„Hau-Ruck“

Bald jedoch mußten wir einsehen, daß es sich bei dieser Verzögerung keineswegs um einen Ausnahmefall handelte, sondern um einen Dauerzustand: Alle 30 Meter sank entweder das eine oder das andere Auto in den abgrundtiefen Lehm, und die Hinterräder feuerten alles, was man vor sie als Unterlage einschob, mit Vehemenz nach hinten heraus, sei es ein Kloben Holz oder eine Wellblechplatte. Alles, was es in der Umgebung an Büschen und Zweigen gab, wurde herbeigeschafft, aber von den Rädern sogleich in den Schlamm gedrückt.

Darüber verging der Nachmittag, es wurde dunkel und zudem fing es wieder zu regnen an, mal mehr mal weniger. Eine Zeltplane konnte, je nach Bedarf, über das Auto gezogen werden und hielt Decken und Unterlage trocken.

Büsche und Zweige

Was sollten wir inzwischen tun? Von oben bis unten voller Lehm, naß und erschöpft! So weit das Auge reichte, kein trockenes Fleckchen Erde, nur Schlamm und Pfützen! Also hinauf aufs Auto, mit all dem Dreck, der an einem haftete und den der Regen nicht wegspülte. Fing es an zu regnen, zog man die Zeltplane über das Auto und verharrte darunter – im Mief. Ließ der Regen nach, dann schob man sie weg, so daß sie schließlich vom Auto hinabglitt und in Schlamm und Pfützen zu liegen kam. Bis zum nächsten Regenguß, dann holten ein paar Unentwegte sie wieder aus dem Dreck.

„Was sollen wir tun?“

Gegen Morgen stiegen etliche vom Auto herab und standen frierend als einsames Häuflein in der nassen Wildnis, die ersten Sonnenstrahlen erwartend.

Rückblick

Mit den ersten Sonnenstrahlen zeigten sich aber auch die ersten Hoffnungsschimmer. Von Meter zu Meter wurde der Boden fester, und die Abstände, die ein Auto fahren konnte, bis es wieder festsaß, wurden immer größer.

Natürlich durften die Fahrzeuge jetzt so lange nicht anhalten, bis sie ganz sicheren Boden unter den Rädern hatten; denn sonst hätte vielleicht die ganze mühselige Plackerei wieder von vorne begonnen. Wirklich festen Boden aber gab es erst nach etwa 2 Kilometer, an ei-

nem fließenden Gewässer, wo die Fahrzeuge mit allem beweglichen Inventar erst einmal gründlich gesäubert wurden.
Am fließenden Omuramba wuschen wir uns und reinigten auch gleich das wenige, das wir in den vergangenen Stunden angehabt hatten – und waren wie neugeboren!

Panne

Doch schon bald machten sich die Folgen dieser ungewohnten Anstrengungen bemerkbar: Die Teilnehmer an den Wettkämpfen kamen beim 100-m-Lauf nicht recht von der Stelle, beim Hochsprung knickten ihnen die Beine ein und die Kugel war auch viel schwerer als sonst. Ich war froh, daß ich gerade noch genügend Punkte für eine Urkunde zusammenbrachte. Etliche von uns mußten den Wettkampf abbrechen und legten sich mit Fieber ins Bett – nicht gerade zur Freude des Turnvereins – zusammen mit vielen anderen Kameraden. Viele litten an fiebriger Erkältung und an Durchfall.
Die Zeit in Lüderitzbucht wurde uns nicht lang. Da waren einmal die Wettkämpfe, an denen etliche von uns selbst teilnahmen, dann besuchten wir dort die Langustenfabrik und erhielten jeder eine Dose als Geschenk. Zudem begab es sich, daß gerade das Woermannschiff „Ubena" angelegt hatte, auf das uns – die nicht krank im Bett lagen –, eine Barkasse

Zu Fuß

brachte, das wir besichtigten und auf dem wir mit einer Semmel und einem Würstchen bewirtet wurden.
Auf der Heimfahrt zeigte sich dann, daß die Bullspoorter Fläche nicht nur von den Wettkämpfern ihren Tribut gefordert hatte, sondern auch von unserem 5-Tonner Lastwagen. Während sich die jungen Burschen bald erholt hatten, fing nun er an zu kränkeln. Die Gruppe Balmung mußte daher weite Strecken zu Fuß zurücklegen, in der wunderbaren Nauklufter Gegend, in einer vom Regen aufgeweckten Landschaft.

Panne

Der Überfall

An einem Tag im Juni 1939 – es war Winter mit durchweg frostigen Nächten, in denen die Temperatur durchaus auf -15°C fallen konnte – machte sich eine Pfadfindergruppe auf den Weg zu dem bei allen Pfadfindern beliebten Ausflugsziel „Regenstein“ Sie hatte zuvor im Stile eines Hadschi Halef Omar laut und vernehmlich ihren alleinigen Anspruch auf diesen Platz angekündigt und warnte jedermann davor, in diese ihre Jagdgründe einzudringen. Da beschlossen wir von der Gruppe Balmung, im Anschluß an unseren Heimabend den Großsprechern einmal einen Besuch abzustatten, und zwar sofort. Ein Lastwagen wurde gemietet, sofort, denn es gab damals auch bei den

Spediteuren keine Anlaufschwierigkeiten – denn ein Auftrag war immer ein Auftrag, um den man froh sein mußte.
Also begaben wir uns etwa um 11 Uhr nachts bei eisiger Kälte an Bord eines 2,5-Tonners. Mich aber wollten sie nicht mitnehmen, wegen meiner dauernden Hustenanfälle. Das würde ein lautloses Anschleichen unmöglich machen und die Wachtposten vorzeitig alarmieren.
Ich versprach hoch und heilig, ganz gewiß nicht zu husten. „Ja, warum hörst du dann während der Nacht niemals auf zu husten und störst die Nachtruhe der ganzen Nachbarschaft? Sag an?"
Doch schließlich hatte die Führung Erbarmen und ich durfte mit.
Etwa drei Kilometer vom Ausflugsplatz entfernt, in einem öden und steinigen Gelände, hielten wir an. Es war eine sternklare Nacht und wir machten uns, bei grimmigem Frost und alle in kurzen Hosen, auf den Weg, während das Auto nach Windhuk zurückfuhr. Eine Taschenlampe hätte uns verraten können, und so mußten wir mit dem Sternenlicht vorliebnehmen. Äußerste Vorsicht war geboten und je näher wir dem Ziel kamen, desto mehr mußte jedes Geräusch vermieden werden. Erstaunlicherweise aber war kein Lagerfeuer zu sehen, und die drei vorausgehenden Kundschafter meldeten, auch keine Wachen bemerkt zu haben. Das veranlaßte uns zu noch größerer Behutsamkeit. Die Vorausabteilung teilte uns dann mit, daß tatsächlich kein Lagerfeuer und keine Wachtposten, ja, überhaupt kein Lager festzustellen sei, lediglich eine aus luftgetrockneten Lehmziegeln gebaute Hütte mit nur einer Tür und einem kleinen Fenster. Beide Öffnungen seien verrammelt.
Erst als wir direkt vor dem Fenster standen, übersahen wir die Situation: Keine Wachtposten, kein Lagerfeuer! Die ganze Gruppe befand sich dichtgedrängt im Lehmziegelkäfig, bei geschlossenem Fenster und festverrammelter Tür! Das war neu für Südwester Pfadfinder. Wir hätten uns also die ganze Geheimnistuerei und Anpirscherei sparen können.
Als alle unsere Mannen gefechtsklar waren, brachen wir die Wellblechtür auf und stürzten zum Fenster und zur Tür hinein. „Alarm! Alarm!" brüllte der Anführer, fünf Minuten zu spät. Die überraschten Schläfer leisteten keinen nennenswerten Widerstand und wer es tat, wurde zur

Tür oder zum Fenster hinausgeworfen, wo viele hilfreiche Hände sich seiner annahmen.
Dann gab von unserer Seite Gerd L. das Zeichen zur Beendigung der Feindseligkeiten – viel zu früh, denn es gab da noch einiges zu erledigen. Die Schlipse (Skalpe) wurden ihnen abgenommen, und zudem sollten sie für uns Tee kochen. Doch diese Salon-Pfadfinder waren noch nicht einmal in der Lage, in angemessener Zeit ein Feuer zu machen und mußten sich von uns etliche Ratschläge anhören.
Wir hatten also einmal mit einer anderen Sorte Pfadfinder Bekanntschaft machen können, was recht lehrreich war. Für mich persönlich war es auch eine neue Erfahrung, daß man, wenn man vom andauernden Reizhusten geplagt wird, davon geheilt werden kann, indem man in kurzen Hosen bei Eiseskälte das Südwester Hochland (ca. 1700 m) durchstreift. Ich hatte nicht ein einziges Mal gehustet.

Ausfahrt und baldige Einkehr

Auch im nun folgenden Bericht habe ich so manche Einzelheit erwähnt, die auf den ersten Blick überflüssig erscheinen mag, da sie für den Ablauf der Geschehnisse nicht eigentlich zwingend notwendig ist. Doch ich habe hier als Chronist gehandelt und nicht als Verfasser unterhaltsamer Geschichten.
Ich möchte nämlich aus dem Zeitabschnitt, der nun endgültig zu Ende geht, möglichst viele Einzelheiten dem gemeinschaftlichen Bewußtsein noch eine Weile erhalten; sie für solche aufbewahren, die sich später einmal für die Vergangenheit Südwests interessieren. Später, wenn sie zu spät bemerken, daß diejenigen, die sie über diese Epoche hätten ausfragen können, nicht mehr sind.

Schließlich hatte sich auch das Jahr 1943 eingefunden und zu den anderen gesellt; zu den bereits vergangenen Ausnahme-Jahren. Ausnahmen nämlich, was die Behandlung eines Teils der Bevölkerung betraf. Sonderbehandlungen für Tausende in Internierungslagern! Begründet durch den Kriegszustand, in dem sich Südafrika seit 1939 mit dem Deutschen Reich befand, und in den hinein sie eine kleine aber sehr energische und einflußreiche Gruppe getrieben hatte.
Ausnahmen aber auch im Alltagsleben der anderen: Benzinknappheit – also hin zum Kohlegasmotor oder gar zurück zur guten alten Donkeykarre! Keine Produkte mehr aus Übersee – also dann versucht es halt einmal mit denen aus Südafrika! usw. In Südwest zeigte sich der Krieg als ein Zustand der indirekten Wirkungen, als Krieg vom Hörensagen und mit allmählich aber unerbittlich zu Tage tretenden Veränderungen.
Ein beachtlicher Teil unserer Bekannten und älteren Freunde befand sich bereits seit Jahren hinter Stacheldraht, und noch immer fuhr das offizielle Fahrzeug, die „grüne Minna“, dann und wann einmal hinaus auf eine Farm oder vor ein Haus in der Stadt und nahm einen der bisher verschont gebliebenen deutschen Einwohner in Gewahrsam.

Zuerst war das ja noch alles recht unterhaltsam gewesen, bis 1940, nach Beendigung des Frankreich-Feldzuges. Eine Abwechslung vom Alltagseinerlei, und zwar eine kurzzeitige, denn das Ende des Krieges würde nun wohl nicht mehr lange auf sich warten lassen. Man konnte also die Tage leicht abschätzen, bis dieses ereignisreiche Zwischenspiel zu Ende sein würde und man, als ein Mitstreiter und Mitsieger, zurück in die Heimat konnte. Was für ein Hallo das geben würde! Die vielen Geschichten und Anekdoten, die sich dann erzählen ließen – und die Südwester konnten erzählen – die genußreiche und sehr ausführliche Aufbereitung der vergangenen, großen Epoche, an der natürlich nur die teilnehmen durften, die „dabei" waren; die anderen mußten, zusammen mit den Frauen und Kindern, andächtig zuhören oder es bei gelegentlichen Fragen bewenden lassen.
Ja, und da geriet dann schon bald so mancher ein wenig in Sorge, ob wohl bis zum Kriegsende noch genügend Zeit sein würde für eine Wandlung vom gutbürgerlichen Mitbewohner zum kampferprobten Mitstreiter. Jemand, der auch „abgeholt" worden war, weil ihn der Feind für wichtig und gefährlich genug hielt!
Je öfter also das bewußte offizielle Fahrzeug am eigenen Haus vorbeifuhr und einen Nachbarn abholte, desto heftiger regte sich der Zweifel an der eigenen Bedeutung. Nach was für Gesichtspunkten verhafteten die denn? Das waren doch alles ganz harmlose Leute, die man da einsperrte! Mußte man denn die Behörden wirklich erst von der eigenen Gefährlichkeit überzeugen? Das geschah dann bisweilen, indem so ein verkannter Zeitgenosse vor dem Magistratsgebäude – um Mitternacht und stockbesoffen – das Horst-Wessel-Lied anstimmte. Was die Behörden dann auch meistens überzeugte; die „grüne Minna" hielt nun endlich auch vor dem Haus, an dem sie so lange und so achtlos vorbeigefahren war.
In der Zeit 1940/41 ließen die Ereignisse in Europa uns Schülern der Abschlußklasse noch genügend Raum für die Vermutung, der Krieg könnte vielleicht vor dem Matrikexamen im November 1941 zu Ende sein und uns vor diesem Ereignis mit unsicherem Ausgang bewahren. So daß es eigentlich voreilig war, gar zu viel Energie in die Prüfungsvorbereitungen zu investieren.

Wir jungen Burschen waren alle schon einmal von irgendeinem Gedankeninspektor verhört worden, der genau wissen wollte, ob wir Adolf Hitler als unseren Führer ansehen – was alle Verhörten behaupteten, mit „Ja" beantwortet zu haben –, und ob wir wünschten, daß Deutschland den Krieg gewinnt. Für die Erwachsenen mögen diese Verhöre ein Problem gewesen sein, denn entweder erregten sie den Unwillen der Inquisitoren oder sie gerieten in Gefahr, ihren Bekanntenkreis wechseln zu müssen! Wir Heranwachsenden dagegen, die wir ohne Verpflichtungen für eine Familie waren, antworteten ohne Scheu frisch von der Leber weg.

An einem Sonntag vormittag wurden einmal bis zu 20 Schüler und Halbstarke auf der Straße von der Polizei angehalten und zum Verhör geschleppt. Ein aufwendiges Unternehmen, das einer Verschwörung auf die Spur kommen sollte! Denn alle diese festgenommenen Jugendlichen trugen weiße Hemden, weiße Socken und schwarze Schuhe, gehörten also offensichtlich ein und demselben Geheimbund an. Waren möglicherweise jugendliche Wehrwölfe, die den ‚Tintenpalast' mit all seinen unersetzlichen Akten in die Luft sprengen oder den kostbaren Rasen des Bowling-Platzes stehlen wollten. Schließlich stellte sich heraus, daß die meisten deutschen Schüler seit eh und je am Sonntag ein weißes Hemd und etliche zudem auch noch weiße Socken trugen. Daß einige von ihnen dann auch noch als einziges Paar Schuhe nur schwarze besaßen – weil sie sich ein zweites nicht leisten konnten – das machte das Maß voll, ließ das behördliche Begriffsvermögen überlaufen.

Die Inquisitoren taten inzwischen recht von oben herab und hatten seit 1940 beträchtlich an Haltung gewonnen. Sie genossen sich und ihre überhebliche Nachsicht, mit der sie uns als sichere Verlierer behandelten. Wir jedoch, die es noch nicht gelernt hatten, aus dem Möglichen das Machbare auszusondern und sich ihm bedingungslos zu unterwerfen, wir glaubten noch an die Gleichberechtigung aller Möglichkeiten, und darunter war uns die Möglichkeit eines deutschen Endsieges am liebsten.

Dann und wann diskutierten wir, wie der Endsieg denn wohl verwirklicht werden könnte, und wann eventuell. Dabei störte uns vor allem der Umstand, daß die Ereignisse wohl ohne unser Zutun ihren Lauf

nehmen würden. Was aber könnte man tun, um dabei zu sein? Wenn jeder unserer Schritte überwacht wurde, von einem ganzen Heer von Zuträgern, die bemüht waren, sich das Wohlwollen der Behörden durch gelegentliche Spitzeldienste zu erkaufen! Es gab eigentlich nur die Möglichkeit, auf portugiesisches Gebiet zu gelangen – nach Angola oder nach Mozambique – und von diesem neutralen Boden aus das nächste U-Boot nach Deutschland zu nehmen. Ja, das war der gerade Weg, das war einleuchtend und darüber waren wir uns einig. Über die Durchführung jedoch und vor allem über die vielen lästigen Einzelheiten, da gingen die Meinungen oft weit auseinander.
Den Anstoß zu detaillierteren Betrachtungen gab dann die Ernüchterung nach einem Saufgelage, als uns unsere ganze Nutzlosigkeit erst so richtig bewußt wurde. Da endlich fingen wir an, uns wenigstens gedanklich einige Schritte auf die Verwirklichung eines solchen Unternehmens hin zu bewegen. Als ich meine Gesprächspartner jedoch am folgenden Tag an unser Vorhaben erinnerte und sagte: „So, und nun machen wir das, was wir gestern besprochen haben“, da fielen sie wie aus allen Wolken. Vor allem, als ich die Geldfrage anschnitt und zu rechnen begann, wieviel das Abenteuer denn wohl, überschlagsmäßig, kosten könnte, da merkten sie endgültig, daß es ernst wurde und wollten Reißaus nehmen. Der eine gab jetzt zu bedenken, daß er es mit dem Herzen habe – so, so, aber saufen! – ja, und dann die armen Eltern! Vor allem die Mutter! Der würde es das Herz brechen. Schließlich konnte ich sie nur bei der Stange halten, indem ich ihnen versicherte, daß ich das Unternehmen, wenn es denn sein mußte, auch allein durchführen würde. Nur müßten sie mir bei den Vorbereitungen helfen. Dazu waren sie gerne bereit
Der Plan sah vor, mit der Eisenbahn gutbürgerlich durch das kriegführende Südafrika hindurch bis an die Grenze von Portugiesisch-Ostafrika (Mozambique) zu fahren, dort irgendwie die Grenzhindernisse zu überwinden und sich dann den portugiesischen Behörden zu stellen. Wenn man in Mozambique nämlich den Behörden ein Stück Papier vorzeigen konnte, das einen als Deutschen auswies, dann genoß man dort Asyl und wurde der deutschen Vertretung übergeben, die einen mit einer gewissen Summe Geldes auslöste und über diesen Aderlaß nicht eben frohlockte. Hatte man die nötigen Papiere jedoch

nicht, wurde man ohne Erbarmen nach Südafrika zurückbefördert, in die Hände der südafrikanischen Polizei.
So weit, so gut. Aber wie sollte man unangefochten nach Komatipoort kommen, dem kleinen Ort an der Grenze zu Mozambique? Dazwischen lagen über tausend Kilometer durch das feindliche Südafrika. Einer meiner Mitverschwörer verschaffte mir ein bereits 2 Jahre altes Kursbuch, in dem alle Fahrpläne der Südwester und der Südafrikanischen Eisenbahnen aufgeführt waren. Mit dessen Hilfe wurde die Reiseroute festgelegt: Windhoek – Keetmannshoop – Upington – De Aar; etwa 2 bis 3 Tage. Dann von De Aar über Kimberley nach Johannesburg. Zwischen Johannesburg und der Hauptstadt Pretoria verkehrten die Züge im 30-Minuten-Abstand; von denen mußte ich einen erwischen, um dann von Pretoria über Middelburg, Kaapmuiden nach Komatipoort zu gelangen. Hier würde ich mich von der südafrikanischen Eisenbahn verabschieden und meinen Weg auf andere, noch nicht geklärte Weise fortsetzen. Wir stellten uns vor, daß es ein leichtes sein würde, in Komatipoort ein Hotel zu finden, dort abzusteigen und zu warten, bis es dunkelte. Mein Mitverschworener, Johannes Sch., hatte nur ein wenig Bedenken wegen meines „Akzents" – so umschrieb er meine nahezu völlige Unfähigkeit, mich in Afrikaans oder Englisch verständlich zu machen – und er riet mir, mich nicht in längere Konversationen einzulassen. Beizeiten sollte ich am Grenzort die notwendigsten Habseligkeiten vom Koffer in meinen Rucksack packen – meinen Ausweis ja nicht vergessen – und dann im Schutze der Dunkelheit durch den Komati-River (auch Crocodile-River genannt) waten, zu Fuß bis Resano Garcia, der ersten Eisenbahnstation nach der Grenze, wo ich mich den portugiesischen Behörden stellen würde.
Hier endete der detaillierte Plan; das Weitere verlor sich in verschwommenen Vorstellungen. Doch schon auf diesem bisher skizzierten einfachen Weg tauchten immer wieder Hindernisse auf. Z.B.: In Südwest, als einem von vielen feindlichen Ausländern (Deutschen) bewohnten Land, erhielt man eine Fahrkarte nur für Entfernungen bis zu 100 Meilen (etwa 160 km). Für Reisen über eine größere Strecke mußte ein Antrag gestellt werden. Überhaupt diese Einzelheiten, diese unwesentlichen und doch so sperrigen! Ihnen hatte ich es zu verdan-

ken, daß sich der Reisebeginn, der für den 4. August vorgesehen war, immer wieder hinauszögerte.
Ich benötigte mindestens 5 Tage, um mit der Bahn bis in neutrales Gebiet zu gelangen – wenn alles gut ging. Da war es natürlich vorteilhaft, wenn die Polizei während dieser Zeit nicht nach mir Ausschau hielt. Blieb ich aber von der Arbeit weg oder löste ich das Arbeitsverhältnis, dann mußte die Firma die Polizei unverzüglich von dieser Veränderung in Kenntnis setzen; sonst bekam sie Schwierigkeiten. 1943 aber hatten sich die Dinge in einer Weise entwickelt, daß kein Deutscher es wagte, bei den Behörden unangenehm aufzufallen. Also war es vorteilhaft, meine Reise an einem Sonnabend zu beginnen; das verschaffte mir bis zum Montag einige kostbare Stunden.
Das aber war Sonnabend, der 4. September. Früh morgens rief jemand – mit starkem Akzent – bei T&C an und verlangte mich zu sprechen. Da war die Rede von Munition für ein Gewehr, mit der ich in Verbindung gebracht worden sei; eine Angelegenheit, bei der es noch einiges zu klären gäbe, meinte der englisch sprechende Anrufer. Kurz, ich müsse am Montag zu einer Verhandlung beim Magistrat in Gobabis erscheinen.
Ich erstattete meinem Chef Bescheid und gab zu bedenken, daß sich die Angelegenheit möglicherweise ein bis zwei Tage hinziehen könnte. „Ja, ja, gehen Sie nur! Viel Glück, und hoffentlich geht alles gut!"
Nun hielt sich aber genau an dem Tag, an dem ich aller Wahrscheinlichkeit nach in Johannesburg ankommen würde, dort unser zweiter Chef auf. Den hatten die Behörden als „unbedenklich" eingestuft, so daß er reisen konnte, wohin und wann er wollte. Indem ich nun die Windhoeker Verhältnisse auf Johannesburg übertrug, malte ich mir aus, wie leicht ich dem über den Weg laufen konnte. Das verlangte Vorkehrungen, und zwar wirkungsvolle! Abends, kurz vor der Abfahrt, färbte ich mir mit einem Haarfärbemittel die Haare schwarz, kämmte mir den Scheitel auf der anderen Seite und vervollständigte die Tarnung durch eine Brille mit bläulichem Gestell und Gläsern aus Fensterglas. Dazu kam ein Hut, unter dem man den Deutschen schon auf hundert Schritt erkennen konnte. Und doch hatte diese Vermummung einen Sinn: Fremde hätten niemals einen vernünftigen Men-

schen in dieser Aufmachung vermutet, und meine Bekannten wären vor lauter Lachen gar nicht zum Reden gekommen.
Ja, und dann war es endlich soweit. Den Koffer in der Hand eilte ich durch das Halbdunkel, die Straßenlaternen vermeidend, dem Bahnhof zu. Meine beiden Helfer 30 Schritte hinter mir, jederzeit bereit, mich zu verleugnen. Jetzt begann eine Entwicklung, die nicht mehr rückgängig gemacht werden konnte, wie auch immer die Sache ausgehen mochte. Jetzt wurde ein Dasein hergegeben, das zwar für einen jungen Menschen nicht immer ausfüllend, aber doch ein Stück des bisherigen Lebens war: Die Vorgesetzten und älteren Mitarbeiter mit all ihren Marotten, an die man sich gewöhnt, mit denen man sich zusammengelebt hatte; die netten gleichaltrigen Kameraden, mit denen zusammenzuarbeiten ein Freude war; die Arbeit, bei der sich nach manchen Anfangsschwierigkeiten nun die ersten Erfolge zeigten und in die man hineinzuwachsen anfing; die fröhliche Tafelrunde in der Pension Werner; ein freundliches Zimmer und ein guter Zimmerkamerad; die Freizeit, die sich zu kultivieren begann; eine etwas planvollere Beschäftigung mit der Literatur und der Musik – kurz, eine Existenz, die an den verschiedensten Stellen Wurzeln geschlagen hatte, wurde nun von einem Tag zum anderen aus dem Boden gerissen! Und zwar freiwillig!
Natürlich war mir in den Wochen der Vorbereitung oft genug des nachts das Vorhaben in ganz anderem Licht erschienen, hatten sich Überlegungen eingeschlichen, die haarklein bewiesen, was für einen Blödsinn zu begehen ich gerade im Begriff war. Und diese Argumente konnten nicht widerlegt, sondern nur aus dem Bewußtsein vertrieben werden! Nicht die vielen Stimmen, die der bisherigen Geborgenheit nachtrauerten, machten dem Willen zu schaffen, auch die Annehmlichkeiten nicht, die einem jetzt, kurz vor deren Verlust, erst so richtig bewußt wurden; auch nicht die Stimmen, die vor möglichen Gefahren warnten, sondern das Gefühl, daß nun etwas organisch Gewachsenes, ein hoffnungsvolles Pflänzchen, abgetötet werden sollte. Und wozu? Da zeigte es sich, daß die vielen patriotischen, idealistischen Vorstellungen, die zu gewissen Zeiten vom ganzen Menschen Besitz ergriffen und keinen Platz ließen für andere Argumente, daß diese Regungen in den Zeiten der Anfechtung stumm blieben und einen allein ließen mit all den kleinlichen Zweifeln.

Und so kam es denn, daß nach all den Wochen der Selbstprüfung kein begeisterter Idealist seinem Ziel entgegeneilte, sondern ein bedrückter aber entschlossener junger Mensch seinen Weg ging, auf dem ihn nichts anderes vorwärtstrieb, als das zu tun, was er sich vorgenommen hatte.
Der Beamte am Schalter des Bahnhofs zu Windhoek händigte mir, Herrn Richard Zwicky – einem Schweizer übrigens – das Ticket nach De Aar aus, ohne Fragen zu stellen. Der Abschied von meinen beiden Begleitern war kurz und ein wenig hastig und vollzog sich im Schatten. Der Wagen nach De Aar war so gut wie leer, und ich suchte mir ein Dreier-Coupé, um möglichst wenig Reisebekanntschaft zu haben. In den Gängen lärmten einige angetrunkene Soldaten, deren Kampfeswert wahrscheinlich nicht allzu hoch zu veranschlagen war, die aber damals keine Gelegenheit ausließen, ihr Mütchen an einem deutschen Zivilisten zu kühlen; was sie auch ungefährdet tun konnten, denn die Deutschen, die jetzt noch nicht interniert waren, verhielten sich meist lammfromm und steckten lieber eine Demütigung ein, als daß sie „unangenehm auffielen".
Dem Guard drückte ich ein Trinkgeld in die Hand – das hatte mir mein Berater aus Südafrika empfohlen – damit er mich in meinem Abteil vor Reisenden bewahrte; was ihm auch mühelos gelang, denn inzwischen war ich der einzige Reisende im ganzen Wagen.
In den etwa 60 Stunden bis De Aar aß ich nichts als eine halbe Büchse Corned Beef und spürte dennoch nicht den geringsten Hunger. In De Aar kamen wir am Dienstag frühmorgens an. Hier endete der Südwester Zug und hier mußte man nicht nur umsteigen, nein, hier mußte man aus der Südwester Provinz aus- und in die Zivilisation einsteigen. Das war aber leichter gesagt als getan, denn der Schalterbeamte verlangte zuerst eine „Fahrgenehmigung", ehe er mir ein Ticket nach Johannesburg aushändigen wollte. Der Zug von Kapstadt rollte bereits ein und sollte nach einer halben Stunde nach Johannesburg weiterfahren. Kurz vor der Abfahrt gab mir der Fahrdienstleiter dann doch noch die Fahrerlaubnis für diesen Zug und nun hieß es die Fahrkarte kaufen. Vorher hob ich meinen Koffer bereits in den Wagen, denn mit dem Koffer in der Hand auf einen fahrenden Zug aufspringen, dazu gehörte schon einige Übung. Und tatsächlich konnte ich den fah-

renden Zug nur mit dem Ticket zwischen den Zähnen gerade noch einholen.
Mir war ein Platz in einem Sechser-Coupé zugeteilt und ich saß zwischen Afrikaans sprechenden Zivilisten und Englisch sprechenden Soldaten, die mich teils gleichgültig, teils spöttisch musterten. Mir gegenüber saß ein Bur – Afrikaaner nannten sie sich damals – der mich unaufhörlich beobachtete; nicht verstohlenerweise, um dann rasch wegzuschauen, wenn ich ihn ansah, sondern ganz ungeniert und indiskret. Er hatte mächtige Pratzen, doch wohl weniger von harter körperlicher Arbeit sondern von der Vererbung her. Ich las angestrengt in einem Roman von Mary Johnston, als er mich direkt fragte: „Wo kommst du eigentlich her? Englisch kannst du nicht, dein Afrikaans ist miserabel! Was bist Du denn?" „Schweizer", antwortete ich so gleichgültig wie möglich. „So, so, ein Schweizer! Von denen gibt es in letzter Zeit auffallend viele! Lauter Schweizer! Wo die nur auf einmal alle herkommen?" spann er das Gespräch fort, an dem ich mich, in meine Lektüre vertieft, nicht weiter beteiligen wollte. Doch er war einer von den Typen, die Unsicherheit und Schwäche bei ihren Mitmenschen sogleich wittern und deren Verlegenheit weidlich auskosten.
Als der Zug in Kimberley hielt und die Mitreisenden ausstiegen, um sich ein wenig die Beine zu vertreten, setzte ich mich in die Ecke des Abteils, mit dem Rücken zum Fenster, damit mich nur ja kein etwa vorbeigehender Südwester erkennen konnte!
Da griff ganz plötzlich eine Hand von hinten an meinen Arm und jemand fragte: „Was nun?" Es war der Bur, der sich krumm lachen wollte über mein entgeistertes Gesicht. Ob er wohl schon telefoniert und die Polizei benachrichtigt hatte? Doch von nun an ließ er mich in Ruhe.
Am nächsten Morgen erreichten wir Johannesburg, und die Reisegesellschaft löste sich lautlos auf, zerfiel in ihre Bestandteile, indem jeder seinem vorgestellten Ziel zuhastete. Wir waren hier offensichtlich in ein Kraftfeld geraten, in dem jedermann betriebsam zu werden schien, ganz gleich, welches sonst seine Art war. Ich versuchte angestrengt, irgendwie aus dem allgemeinen Gedränge herauszukommen. Endlich war ich an einen Fahrkartenschalter gekommen und hatte mir ein Ticket nach Pretoria gekauft, und schließlich stand

ich auch auf einem Bahnsteig, von dem gerade ein Zug abfahren wollte. Ich stieg ein und es war reiner Zufall, daß es gerade ein Zug nach Pretoria war. Er fuhr bemerkenswert flott, und bald schon erreichten wir Pretoria.
Hier wollte ich mich erst einmal von der Reise säubern und nach vielen Tagen wieder eine Mahlzeit einnehmen. Ich kaufte sogleich eine Fahrkarte nach Kaapmuiden, das etwa 30 Meilen (48 km) von der Grenze nach Mozambique entfernt ist, und belegte einen Platz auf den Namen Zwicky.
Jetzt galt es, ein geeignetes Hotel zu finden, und dorthin sollte mich ein Taxi bringen. Glücklicherweise stand gerade eines vor dem Bahnhof, dem ich mich anvertraute und dessen Fahrer ich bat, mich zu einem Hotel zu fahren. „Polleys?" fragte er, aber ich verstand „Police" und winkte entsetzt ab, was ihn zu amüsieren schien. Jedenfalls grinste er und nickte vielsagend mit dem Kopf. Es hatte wirklich den Anschein, als hätte alle Welt mich durchschaut und übte nur noch ein wenig Nachsicht, da meine Entlarvung ja ohnehin nur noch eine Frage der Zeit war.
Wenig später hielt er vor „Polleys Hotel", in das ich eintrat und bis zum Abend ein Zimmer bestellte. Man war freundlich, fragte nicht nach meinen Papieren, nahm keinen Anstoß an meinem Englisch und ließ mir Gelegenheit, mich endlich wieder einmal gründlich zu waschen und über eine Stunde fest zu schlafen.
Zum Mittagessen begab ich mich in einen geräumigen Speisesaal und wurde von einem schwarzen Kellner an einen Tisch geleitet, an dem ich einem alten Engländer gegenüber Platz nahm.
Als ich am Abend an den Wagen des Zuges nach Middelburg entlangging und nach dem Namen „Zwicky" suchte, fand ich ihn schließlich an einem vollbesetzten Sechser-Coupé. Zunächst war erst ein Passagier anwesend, ein breitschultriger, blonder Afrikaaner von etwa 35 Jahren, der mich aufmerksam musterte. Schließlich stand er auf, ging auf mich zu und, indem er mir offen ins Gesicht sah, sagte er: „Mein Name ist K." und reichte mir die Hand. Daß ich nach Kaapmuiden wollte, schien er erwartet zu haben, denn er sagte: „Dort lebt Johannes van der W. Das ist ein guter Mann. Wohlgemerkt, Johannes, nicht Willem! Der nicht!" Nun, nachträglich, weiß

ich, daß mein Verhalten diesem redlichen Mann gegenüber die Entscheidung brachte. Nicht nur in Bezug auf mein geplantes Unternehmen, sondern auch für einen bedeutenden Abschnitt meines weiteren Lebens. Wir waren zu zweit in dem Abteil und ich hätte ihn um weitere Einzelheiten fragen können. Doch ich kapselte mich ab und verschanzte mich hinter meiner Lektüre.
Als wir am nächsten Morgen Kaapmuiden erreichten, kam mir der Weg von 30 Meilen zu Fuß bis zur Grenze doch ein wenig weit vor, und weil bisher alles geklappt hatte, gedachte ich auch die noch verbleibende Strecke bis Komatipoort mit der Bahn zurückzulegen. Denn je schneller ich die Sache hinter mich brachte, desto besser. Wahrscheinlich hatte man in Südwest mein Verschwinden schon bemerkt und sämtliche Grenzstationen alarmiert. Ich eilte also zum Fahrkartenschalter und besorgte mir rasch ein Ticket bis Komatipoort, dem Endpunkt der südafrikanischen Eisenbahn. Nun hatte ich keine Wahl mehr, jetzt rollten die Würfel.
In Komatipoort angelangt machte ich mich sogleich auf die Suche nach einem Hotel. Dort hatte ich vor, bis zum Abend zu warten, dann die notwendigen Habseligkeiten in meinen Tornister zu pakken, den ich vorsorglich in meinem Koffer mitgenommen hatte, um mich dann im Schutze der Dunkelheit auf einem Schleichpfad zum Komati-River und von da hindurch ins portugiesische Gebiet zu schleichen.
Als ein Polizist mich von schräg hinten fragte, was ich suche, da glaubte ich für einen Augenblick, er wolle mir behilflich sein und antwortete ganz beiläufig, daß ich auf der Suche nach einem Hotel sei, und wollte weitergehen. Doch er hakte nach: Ob ich denn im Besitz eines „Permits" sei? Eines Erlaubnisscheins? Nun klärte er mich darüber auf, daß das Gebiet bis zu 10 Meilen vor der portugiesischen Grenze zum Sperrgebiet erklärt worden sei und daß man eine Einreisegenehmigung beim Innenministerium beantragen müsse, ehe man dieses Sperrgebiet betreten dürfe. Das hatte ich allerdings nicht getan! Begreiflicherweise. Ja, was mich denn gerade hierher in dieses fieberverseuchte Nest treibe? Ich solle doch lieber einmal in den Kantoor (Büro) kommen, da sitze es sich bequemer und plaudere sich besser. Mein Onkel wolle mich abholen und mich mit auf die

Farm nehmen. Wie die Farm denn heiße? Das wüßte ich nicht, brauche es ja auch gar nicht zu wissen, da ich ja abgeholt würde. Eigentlich ganz plausibel, aber wo ich denn herkäme? Aus Johannesburg. Genauer, wo ich dort gewohnt habe? Bei meinem Onkel – schon wieder so ein Onkel – Kaspar Zwicky, Kensington, Essexstreet 3. Hat der gute Mann vielleicht zufällig ein Telefon, damit wir ihn gleich einmal anrufen könnten? Jetzt galt es! Hier durfte nicht gezögert werden, denn wenn man einige Zeit in einer Wohnung gelebt hat, dann sollte man eigentlich schon wissen, ob da so hin und wieder einmal ein Telefon läutet oder nicht. Ich antwortete auf gut Glück mit „ja", und der Beamte griff sich wortlos ein Buch heraus, in dem alle Telefonanschlüsse von ganz Südafrika aufgeführt waren. Ein Anschluß unter dem Namen Zwicky aber war nicht darunter. Wie ich mir das erkläre? Nun ja, mein Onkel wohne in Untermiete und der Anschluß würde unter dem Namen des Besitzers geführt. Und wie heißt der? Keine Ahnung! Man könne ja schließlich nicht alle Hausbesitzer von Johannesburg kennen!
Der Beamte wurde nun ärgerlich und fing an mich anzuschreien: Sie hätten da noch ganz andere Mittel zur Verfügung, um mich zum Reden zu bringen! Ob ich damit vielleicht einmal Bekanntschaft machen möchte? Der Jüngling sah zwar nicht danach aus, daß mich diese Drohung allzusehr beeindruckt hätte, aber jetzt war die Sache restlos verpatzt. Und dabei war doch bisher alles so gut gegangen! Einmal, für einen kurzen Moment, hatte es den Anschein, als ob meine Erklärungen dem Beamten einleuchten würden, aber irgend etwas in den darauffolgenden Erläuterungen mußte dann sein Mißtrauen wieder wachgerufen haben. Er war ein junger, vielleicht 25jähriger Polizist, der danach strebte, sich seine Sporen zu verdienen und einen Fang zu machen.
Bei dem nun folgenden ziemlich konfusen Hin und Her mußte ich dann bei einer neuerlichen Frage feststellen, daß mich nun die einzig mögliche Antwort in Widerspruch zu einer meiner zahlreichen vorigen Aussagen bringen würde. Aber ich hatte keine Wahl und behauptete dreist, die vorige Aussage nicht gemacht zu haben. Das brachte ihn um den Rest seiner Fassung.

Da erschien der Meister, ein harter, braungebrannter „Konstabel". Ich kannte diese Sorte von Jugend auf. Einmal des Monats tauchten sie bei uns auf der Farm auf, früher auf Kamelen, später auf Pferden. Sie waren dort gern gesehen, denn sie gaben den Farmern jedesmal etwas von ihrer Autorität ab, und für eine alleinstehende Farmersfrau bedeuteten sie oft die einzige Stütze. „Enige klagtes?" fragten sie und nun brauchte der Finger nur auf einen notorischen Störenfried zu zeigen, um ihn in ein armseliges Häuflein Reue und Bußfertigkeit zu verwandeln. Ohne daß offene Gewalt zur Anwendung kam.
Der alte Haudegen hörte sich den Bericht des Anfängers an, musterte mich kurz und sagte dann nur: „Koffer auf!" Da tat ich das, was ein Schachspieler in so einer Situation längst getan hätte: Ich gab auf und erklärte mich bereit, gültige Aussagen zu machen. Im Koffer befand sich ja mein Ausweis, von den Windhoeker Behörden ausgestellt und mich als den feindlichen Ausländer Richard Helm ausweisend. Nun ging alles Schlag auf Schlag, und der junge aufstrebende „speurder" mußte feststellen, daß eigentlich alles stimmte, was er vermutet hatte; daß er es zuvor eben nur nicht hatte beweisen können.
Inzwischen war es Essenszeit geworden und wir gingen in ein Restaurant; ich zwischen den beiden jungen Polizisten, der alte Haudegen einige Schritte hinter uns. Dort speisten wir zu viert – auf Staatskosten.
Nach den Anstrengungen des Tages und dem reichlichen Mittagsmahl hätte ich ein wenig Ruhe verdient, meinten meine Begleiter fürsorglich und brachten mich in eine Zelle des Polizeigefängnisses. Auch nachdem sich die schwere Eisentür hinter mir geschlossen hatte, war ich durchaus noch nicht davon überzeugt, daß das Unternehmen endgültig gescheitert sei und daß die Ereignisse nun wohl für eine Weile einen Verlauf nehmen würden, bei dem ich nicht mehr mitzureden hatte. Ich sah mich sogleich nach etwaigen Schwachstellen um, die es mir ermöglichten, zu entkommen. Kindisch!
Nun schlief ich ein. Ein Geräusch weckte mich; es war die Tür, die sich öffnete, und herein trat ein kleiner drahtiger Mann, etwa 30 Jahre alt, in kurzer Tennishose, einem offenen Polohemd und Sandalen. Er schien die Gefahr, die ihm durch mich drohte, sehr zu unterschätzen, denn er setzte sich zu mir auf die Pritsche und sagte: „Hallo Richard! How are you?" und dann „I am Jack Bester. But just call me Jack!"

Und dann machte er mir einen Vorschlag: Er sei so allein da oben in seinem Zimmer, und allein schmecke ihm das Abendessen nicht. Ob ich nicht lieber mit ihm zusammen speisen möchte, als hier in der Zelle? Ich müßte ihm allerdings mein „word of honour“ geben, in dieser Zeit keinen Fluchtversuch zu machen. Auf das Ehrenwort eines Deutschen könne man sich ja verlassen. Das ging mir glatt hinunter, und seine zuvorkommende, Sympathie bekundende Art fegten mir alle halbherzigen Fluchtgedanken aus dem Sinn. Ich hatte das Gefühl, daß die unverhohlene Wertschätzung, die er mir gegenüber zu erkennen gab, sich darauf gründete, daß ich mich genau so verhalten würde, wie er es von mir erwartete: Vernünftig, ihm keinen Ärger bereitend! Und da ich bereits herausgefunden hatte, wie aussichtslos es war, aus diesem Bau herauszukommen, so sagte ich zu.
Sergeant Bester, das erfuhr ich nun, war bei der berittenen Polizei. Zwar sei er ein wenig klein – er war schätzungsweise 1,65 m – im Vergleich zu den großen „Dutchmen“, meinte er, aber das mache er alles durch Flinkheit und Draufgängertum wieder wett. Wir redeten über alles und jedes; über die gegenwärtige politische und militärische Lage in Europa aber ging er schonend hinweg. Dafür aber wußte ich bald, daß es in ganz Komatipoort nur sieben Frauen gab, wegen des ungesunden Klimas, und daß es daher immer einem Urlaub gleichkäme, wenn man einmal dienstlich irgendwohin abkommandiert wurde.
Mich fragte er dann nach meinen politischen Ansichten, über Hitler und den Nationalsozialismus, und nahm sie kommentarlos zur Kenntnis. Nur in einem Punkt bezog er sogleich Stellung: Er erwarte von jedermann, daß er sich rückhaltlos für sein Land einsetze!
Um Mitternacht brachte er mich zurück in meine Zelle, und wir verabredeten, für den folgenden Tag das Abkommen zu erneuern.
Der Mann besaß – das muß ich nachträglich feststellen – ein erstaunliches Einfühlungsvermögen. Mich jedenfalls hatte er in meinem damaligen Zustand völlig richtig eingeschätzt und danach behandelt. Es waren gewiß nicht Einzelerkenntnisse, die er sich im Laufe des Gesprächs gesammelt hatte; einzelne, isolierte Merkmale von mir, die man mit Hilfe eines psychologischen Instrumentariums heraustrennen mußte, sondern er ging wohl auf den ganzen, undefinierten Menschen ein, reagierte auf den ganzen Menschen und beeinflußte ihn dann auch

als Ganzes. So wie es eben jeder von der Psychoanalyse noch nicht verdorbene Mensch ganz von selbst tut. Nach dem gemeinsamen Frühstück in seinem Zimmer gingen wir ins Büro, wo die beiden jungen Polizisten von gestern große Augen machten, als sie mich so frei herumspazieren sahen. Jack Bester nahm Einsicht in das Aktenmaterial, das der Anklage gegen mich zugrunde gelegt werden sollte. Zunächst warf er einmal die Anklage wegen Führung eines falschen Namens in den Papierkorb, und auch alles andere, was auf eine Täuschung der Behörden hinauslief. Übrig blieb die Tatsache, daß ich mich ohne das vorgeschriebene ‚Permit' in einem Sperrgebiet aufgehalten hatte; ein Vergehen, das allein durch den Krieg bedingt war und in normalen Zeiten gar nicht hätte begangen werden können.
Die Verhandlung sollte am nächsten Tag, am 11. September 1943, einem Sonnabend, in Baberton stattfinden; und Sergeant Bester war mit der Aufgabe betraut worden, mich dorthin zu bringen. Das versetzte ihn in eine gehobene Stimmung, und er teilte mir mit, daß es in Baberton überdurchschnittlich viele und überdurchschnittlich hübsche Frauen gäbe.
Am späten Nachmittag ging es per Bahn zuerst zurück zum Knotenpunkt Kaapmuiden. Ich saß am Fenster und malte mir aus, wie es wohl wäre, wenn ich hier aus dem fahrenden Zug spränge. Dabei störten mich allerdings die dann und wann aus dem Boden herausragenden scharfkantigen Eisenschwellen. Kam dann einmal eine günstige Stelle, dann war ich zu unentschlossen und sagte mir jedesmal, daß ein neues Hindernis gewiß zur Stelle sein würde, wenn ich gerade mitten im Sprung wäre. Jack Bester saß mir gegenüber, in voller Uniform und mit umgeschnalltem Revolver. Mein „word of honour" hatte er mir diesmal nicht abverlangt. Gewiß hatte er meine Unruhe bemerkt, denn er beobachtete mich unablässig, während er leichthin plauderte oder leise vor sich hin sang.
Als wir Kaapmuiden erreichten, dunkelte es bereits, und jetzt wäre doch wohl eine Gelegenheit für einen Fluchtversuch gegeben gewesen; insbesondere für einen leichtfüßigen, sportlichen Jüngling. Wir stiegen aus und begaben uns zum Bahnsteig, auf dem der Zug nach Baberton abfahren sollte. Noch befanden wir uns außerhalb des Bahnhofsgebäudes, als sich ein Güterzug langsam an uns vorbeibe-

wegte, in Richtung Komatipoort. Ich hätte ihn ohne weiteres einholen und dann aufspringen können, alles im Halbdunkel. Aber ich redete mir ein, daß er möglicherweise nur rangierte um dann auf einem anderen Gleis rückwärts wieder in den Bahnhof einzurollen. Zusammen mit mir! Man stelle sich nur diese Blamage vor!

Jack Bester, dessen Ehrgeiz es war, einen politischen Gefangenen möglichst ohne Handfesseln an seinen Bestimmungsort zu bringen – „it's the way you treat him" – hatte mich in der Zwischenzeit wohl zur Genüge kennengelernt, um meine möglichen Aktionen voraussehen zu können

Der Schaffner des Zuges nach Baberton war ein Engländer – ein Bekannter meines Begleiters. Jack hatte ihn ausführlich über die Bedeutung seiner Mission unterrichtet, die ihn nach Baberton führte und dort – dienstlich – wohl noch eine Weile festhalten würde. Der Schaffner aber rechnete ihm, augenzwinkernd, genau so ausführlich vor, daß es ohne weiteres möglich für Jack sei, gleich am nächsten Morgen wieder nach Komatipoort zurückzufahren, wo man ihn wahrscheinlich dringend benötige. Das aber war gar nicht im Sinne unseres kleinen Casanova, der vielmehr nachweisen wollte, daß die Interessen des Landes ein möglichst langes Verbleiben in Baberton verlangten. So ging es eine Weile lustig hin und her, und ich hörte mit an, wie man ein wenig anspruchsvolles Thema dazu benutzen kann, sich auf kultivierte und witzige Weise die Zeit zu vertreiben.

In Baberton wurde ich den dort für meine Aufbewahrung verantwortlichen Beamten übergeben. Die waren recht kurz angebunden und beförderten mich ziemlich barsch in eine Zelle.

Der nächste Morgen fand mich schon frühzeitig im Gerichtssaal des Örtchens. Jack Bester begleitete mich schonungsvoll zur Anklagebank, auf der ich Platz nehmen mußte. Er unterhielt sich mittlerweile mit Father Charles, einem etwas schwammigen Sechziger, der als mein Dolmetscher fungieren sollte.

Auf einmal gab es ein Getöse, alles sprang auf, stand stramm und Sergeant Bester vergewisserte sich, daß ich es ebenfalls tat.

Der Richter, ein alter weißhaariger Mann, trat ein, eröffnete das Verfahren und ließ uns wieder Platz nehmen. Jack Bester hatte mich zuvor eindringlich ermahnt, mich „schuldig" zu bekennen. War ich denn

nicht ohne ‚Permit' in die Sperrzone eingereist? Na also! Das war ja die ganze Anklage, und etwas anderes brauchte ich ja auch gar nicht zuzugeben. Ich wüßte nämlich gar nicht, was das für ein Unfug sei, dieses „nicht schuldig"! Bringt nur Ärger und Mühe, jedoch keine Vorteile! Mir leuchtete das alles durchaus ein, und der Eifer, den er da an den Tag legte, war gewiß nicht nötig.
Der Richter warf einen Blick auf mich, und auf einen Wink und eine kurze, hingeworfene Bemerkung wurde ich aus der Anklagebank hinausgeführt, zurück in den Bereich der Unbescholtenen. Jack Bester tat es sichtlich gern und nickte mir anerkennend zu.
Zu Beginn der Verhandlung sagte der Richter einiges, stellte dann an Jack einige Fragen und erhielt die gebührenden Antworten. Dann richtete er eine Frage an mich, und Father Charles übersetzte, ob ich mich „schuldig" bekenne. Ich tat es, was allerseits Erleichterung hervorrief, und nun begann der Richter auch schon mit dem Plädoyer der Anklage. Er fungierte hier als Ankläger und Richter zugleich; aber auch als mein Verteidiger, das muß ich anerkennen. Er führte weitläufig aus, daß die Einschränkung der Reisefreiheit kriegsbedingt sei und den Zweck hätte, den Nachrichtenfluß vom kriegführenden Südafrika zum neutralen Mozambique zu unterbinden. Es bestünde nämlich die Gefahr, daß deutsche U-Boote wichtige Informationen über das Ein- und Auslaufen von alliierten Schiffen erhielten und so die Möglichkeit hätten, sie zu torpedieren. Auf ein Verstoß gegen diese für die Alliierten lebenswichtige Verordnung stünden mindestens 11 Monate Gefängnis oder £ 200. In Anbetracht meiner Jugend und Unerfahrenheit aber, sowie der Tatsache, daß ich nicht vorbestraft sei, wolle er die Strafe auf 3 Monate oder £ 25 reduzieren. Father Charles übersetzte, aber während ich dem Richter einigermaßen folgen konnte, verstand ich von des Paters Deutsch kaum ein Wort.
Ob ich noch etwas zu all dem zu sagen hätte? Ich verneinte. Darauf wieder das Getöse wie am Anfang; alles erhob sich, stand stramm und der Richter verließ den Saal.
Während ich noch mit dem Pater, Jack und einem rothaarigen Polizisten aus Baberton zusammenstand, kam der Richter, ein Engländer wie aus dem Bilderbuch, durch einen Hinterausgang wieder herein, ging auf mich zu und versicherte, daß es ihm leid täte, mich verurteilt

zu haben; aber unter den gegenwärtigen Umständen wäre ein anderes Urteil nicht möglich gewesen. Und er wünsche mir noch alles Gute für die Zukunft.
Father Charles riet mir, die £ 25 zu bezahlen und „zurück zur Mutter" zu fahren; zurück in die Geborgenheit Südwests. £ 25? Dafür müßte ich vier Monate bei Taeuber und Corssen arbeiten. Hier erhielt ich sie für drei Monate eines Lebens, von dem ich bereits zwei Tage genossen hatte. Und das ließ sich ertragen: Gutes Essen, höfliche Behandlung und vor allem viele neue interessante Eindrücke. Das waren die Argumente, die ich vorbrachte, doch Jack Bester schaute mich zweifelnd an und auch er riet mir, lieber die Strafe zu bezahlen. Da mischte sich der rothaarige Bur ein und gab zu bedenken, daß ich sogleich nach Absitzen oder Bezahlen der Strafe ins Internierungslager käme. „Also, wenn du bezahlst, dann sitzt du eben dafür drei Monate eher im ‚Camp'!"
Das gab den Ausschlag und ich erklärte mich bereit, meine Strafe abzusitzen. „Nun gut", sagte Jack Bester, „du mußt wissen, was du tust. Jedenfalls, wenn du herauskommst, bist du kein ‚Kid' mehr. Dann bist Du ein Mann!" Und verabschiedete sich.
Einer vom Typ jener Polizeibeamten, die ich von Südwest her kannte, die mit wenig Aufwand und noch weniger Worten in der Lage waren, Personen genau dorthin zu befördern, wohin sie ihrer Meinung nach gehörten, der übernahm meine Überführung ins Gefängnis. Er drückte mir, nicht unfreundlich, den Umschlag mit allen meinen Papieren und allem Geld in die Hand; gab es mir sozusagen in Verwahrung, bis das Gefängnispersonal darüber befinden würde. Es kam ihm offensichtlich nicht der Gedanke, ich könnte mit diesen für eine Flucht unentbehrlichen Unterlagen das Weite suchen. Unterwegs frug er mich, wieviel ich bekommen hätte. Wird bald vorüber sein, meinte er dann, und hupte vor dem großen Tor eines ummauerten Anwesens. Ein kleines Fenster hinter Gittern öffnete sich und zwischen den dicken Eisenstäben hindurch ließ sich eine barsche Frage vernehmen. Sie wurde beantwortet und das große Tor öffnete sich dem Wagen. Nun begann für mich ein Dasein in einer neuen ungewohnten Atmosphäre. Zunächst einmal stand ich ziemlich unschlüssig herum, während sich der Fahrer wohl meine Ablieferung quittieren ließ. Mit dem Koffer in

der Hand und dem Hut auf dem Kopf. Da kam in halb gebückter Haltung, wie zum Sprung geduckt, ein junger Uniformierter auf mich zu. Ganz unvermutet, ja geradezu überfallartig schrie er mich an: „Willst du wohl deinen Hut abnehmen, du Lümmel!" Und als ich, empört und ein wenig trotzig, noch zögerte, zischte er zwischen den Zähnen hervor: „Mit dir werden wir schon noch fertig werden. Was glaubst du wohl, wer du bist? Wir haben schon ganz andere Leute klein gekriegt! So klein!" und er zeigte mir, wie ich ihm dann zwischen Daumen und Zeigefinger passen würde. Das hatte ich mir so nicht vorgestellt. „Ausziehen!" Alles, was ich bei mir hatte, wurde mir genommen: Papiere, Geld, Uhr, der Koffer und auch Kleider und Schuhe. Das beschlagnahmte Gut wurde notiert, quittiert, die Quittung mir aber nicht ausgehändigt, sondern ebenfalls in Verwahrung genommen. Auf einen Wink kam ein weißer Häftling eilfertig dahergelaufen und erhielt den Auftrag, mir die Haare zu scheren.
In unserer Nähe stand ein wildblickender Zulu, an dem die Spuren der ersten Zähmungsversuche zu erkennen waren. Immer noch war er voller Trotz und Selbstbewußtsein, aber die Prozedur hatte ja auch erst begonnen; eine längst erprobte, todsichere Prozedur.
Das Haar wurde mir bis auf die Kopfhaut abgeschnitten.
Ich erhielt nun die übliche Sträflingskleidung: Eine mehrfach geflickte Hose aus grünlichem Khaki, ein Zwischending aus Jacke und Hemd, vom gleichen Stoff, alles ohne Taschen, bis auf eine rechts oben an der Jacke, wo die Sträflingskarte aufbewahrt wurde. Sie schaute zu einem Teil heraus und mußte sofort vorgezeigt werden, wenn sich jemand vom Gefängnispersonal über Einzelheiten des Sträflings informieren wollte. Außerdem gab es ein Paar Halbschuhe und ein Paar Socken, einen zweiteiligen Schlafanzug mit kurzer Hose. Das Eßgeschirr bestand aus einer Emailleschüssel (Dixie), einem Blechbecher (Koppie) und einem Eßlöffel.

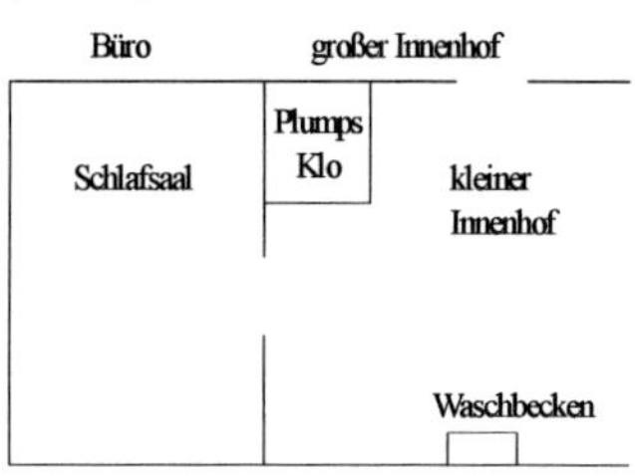

Der Schlafraum maß etwa 4x5 Meter und war ohne Mobiliar. Auf dem blank polierten Fußboden befanden sich, entlang der einen Wand, die aufgerollten Decken, auf denen man liegen und mit denen man sich zudecken konnte. An den Schlafraum schloß sich ein etwa 5 Meter breiter und 10 Meter langer Innenhof an, in dem sich das Plumps-Klo und ein Waschbecken mit Wasserhahn befanden.

Wir waren zu viert, drei Buren und ich. Der älteste, etwa 40 Jahre alt, hieß Isaak van W. und war ein heruntergekommenes Individuum, der einsaß, weil er „goeie wyn aan 'n slegte Hotnot verkoop het". Zu deutsch, also ohne Beschönigung: Er wird wahrscheinlich billigen Wein im Bottle Store eingekauft und dann zum vielfachen Preis an einen Hottentotten verkauft haben, der sich das Gesöff nicht selbst im Geschäft besorgen konnte, da es untersagt war, Alkohol in irgendeiner Form an Farbige zu verkaufen. Dem van W. gab der Aufpreis die Möglichkeit, sich selbst mit Fusel vollaufen zu lassen, der Hottentott aber war „schlecht", denn er hatte wohl, als man ihn mit dem Wein erwischte, sich nicht vierteilen lassen, sondern sogleich gesagt, von wem er ihn hatte.
Cornelius van W. (27) – nicht mit dem Suffkopp verwandt – hatte den Werbern zu widerstehen versucht, die ihn in Rhodesien in die Armee hatten locken wollen. So jedenfalls erklärte er sich seine Anwesenheit hier in Baberton. Sein Bruder Andries (22) saß wegen des gleichen Deliktes.
Als ich vom Aufseher in den kleinen Innenhof geführt wurde, standen die drei van W. nebeneinander, uns den Rücken zukehrend, und schnippselten jeder eifrig an einer Sisalmatte herum. Sie schauten nicht auf, drehten sich nicht um, denn das hätte den Eindruck erweckt, als seien sie nicht mit Leib und Seele bei der Arbeit. Ich gesellte mich zu ihnen, erhielt ebenfalls eine Sisalmatte und eine Schere, deren Enden abgerundet waren. Es galt offensichtlich, die hervorstehenden Sisalfäden abzuschneiden, um der Matte ein ordentliches Aussehen zu geben. Auch als der Aufseher schon eine ganze Weile fort war, blieben die drei stumm und werkelten verbissen vor sich hin. Erst nach etwa fünf Minuten drehte sich der eine ganz vorsichtig um, dann die anderen und schon hatten alle ihre Matten auf den Fußboden geworfen, umringten mich und bestürmten mich mit Fragen.
Daß ich aus Südwest kam, war ja interessant.

Ich begutachtete sogleich die etwa vier Meter hohe Mauer des Hofes; sie war glatt und ohne jeden Griff, oben mit Glasscherben bestückt. Wie konnte man hier die Decken oder vielleicht auch die Matten benutzen, um eine Vorrichtung zur Ersteigung der Mauer zusammenzuknüpfen? Die anderen lachten; das sei zu Anfang immer so, das gäbe sich aber, wenn man die Nutzlosigkeit erst einmal eingesehen habe. Ohne Hilfe von Außen ginge da gar nichts, denn jenseits der Mauer begännen ja erst die Schwierigkeiten.
Gegen elf Uhr mußten wir antreten, nachdem der Schlafraum nochmals von jedem Staubkorn und die Arbeitsstätte von jeder Fussel befreit und alles tadellos aufgeräumt war. Heute nämlich, am Ende der Woche, kam der Superintendent, der Oberaufseher über alles, was mit den Gefängnissen der Umgebung zu tun hatte, höchstpersönlich zu uns. Wir mußten stramm stehen und gerade vor uns hinblicken. „Enige klagtes? Any complaints?“ fragte er und schaute drohend drein. Natürlich nicht! Wäre ja noch schöner! Dann trat er auf mich zu und sagte: „Warum bezahlst du deine Strafe nicht? Du hast doch das Geld!“ Und ohne eine Antwort abzuwarten: „Du mußt sie bezahlen! Verstanden!“ Ich fand nicht, daß ich das mußte. „Wenn der Magistrat es so will, dann wirst du es tun! Hast du gehört!“ und ging wieder.
Das Mittagessen war reichlich; es gab Welschkorn mit Curry-Fleisch, und meine drei Genossen stürzten sich mit Heißhunger darauf. Ich brachte keinen Bissen herunter. Sonnabend nachmittags war arbeitsfrei, und im Nachbarhof begannen die gefangenen Eingeborenen zu singen. Es waren meistens alte Burenlieder, wehmütige Weisen. Bei uns war es ziemlich still; man hing seinen Gedanken nach. Mit der Zeit hörte ich einiges aus dem Leben der Gestrauchelten. Die Politik war kein Thema mehr, nachdem ich die These aufgestellt hatte, daß Deutschland unbedingt den Krieg gewinnen müsse. Die anderen widersprachen nicht, denn sie hatten keine Antipathie gegen Hitler, weil sie keine Antipathie gegen die Deutschen hatten, die sie mit Hitler identifizierten – und von denen sie annahmen, daß sie hinter ihm stünden. Erst recht hatten sie keine Sympathie für seine Gegner.
Das Nachtlager war hart, die Luft zum Schneiden, hauptsächlich als Folge eines ständigen und beträchtlichen Gasablassens. Zu deutsch: Man furzte aus Leibeskräften. (Später hörte ich die Version, die Ge-

fängnisküche füge dem Essen, vor allem dem Brot, etwas Kupfersulfat bei, das eine beruhigende Wirkung auf die Gefangenen ausüben, sie für die Maßnahmen der Gefängnisleitung aufnahmebereiter machen solle.) Jedenfalls war ich froh, als das Signal zum Aufstehen ertönte. Zunächst hieß es, den Schlafsaal für die morgendliche Inspektion herzurichten, insbesondere den Fußboden so zu polieren, daß sich der Direktor darin rasieren könnte. Dazu standen eine Anzahl Lappen und genügend Fußbodenwachs zur Verfügung. Das Wachs durfte erst aufgetragen werden, wenn das letzte Staubkörnchen entfernt war. Nur in Socken konnte man dann noch arbeiten, denn die bloßen Füße gaben häßliche Flecken auf dem Boden. Von der gegenüberliegenden Wand aus arbeitete man sich polierend rückwärts auf die Tür zu. Die Decken lagen bereits sauber geordnet an ihren Plätzen, und alles, was man benötigte, mußte man zuvor an sich nehmen; doch das war nicht viel.

Zum Frühstück gab es eine Schüssel Maisbrei, eine Tasse kaffeeähnlicher Flüssigkeit, etwas Zucker, den man über den Maisbrei streuen oder in die Flüssigkeit schütten konnte.

Der Gefängnisdirektor, nachdem er die Parade abgenommen und alles begutachtet hatte, forderte mich nochmals auf, die Strafe zu bezahlen. Wenn es der Magistrat so wünscht, fügte er dann noch hinzu. Ich beschloß, die Wünsche des Magistrats abzuwarten.

Am nächsten Tag wurde uns mitgeteilt, daß gegen Abend ein Gefangenentransport nach Pretoria abgehen solle. Drei von uns Weißen seien auch darunter. Wer es war, das merkten die, die aufgefordert wurden, ihr Besteck und das Geschirr abzugeben und die bei der Verwaltung hinterlegten Habseligkeiten in Empfang zu nehmen. Allerdings nicht das Geld und die Papiere! Andries van W., der jüngere der Brüder, war nicht dabei. Vielleicht wollte man ihn dem Einfluß des älteren Bruders entziehen. Jedenfalls weinte er, als wir Abschied nahmen.

Mit Handschellen aneinandergekettet bestiegen wir mit unserem Gepäck einen offenen Lastwagen. Oben wurden wir auch noch mit den Füßen aneinandergefesselt. Dazu kamen dann auch noch etwa 20 Schwarze. Die Bewachung bestand aus drei weißen Aufsehern, die Revolver und Karabiner trugen, und etwa einem halben Dutzend mit Speeren bewaffneter schwarzer Begleiter.

Im Zug nach Kaapmuiden hatte zufällig der selbe leutselige alte Herr Dienst, mit dem ich drei Tage zuvor – eine Ewigkeit – zur Verhandlung gefahren war. Er zog die Brauen hoch, als er mich in meinem jetzigen Zustand sah.
In Kaapmuiden mußten wir auf den Zug nach Pretoria warten und verbrachten den Aufenthalt auf dem Bahnsteig, von dem aus der erwartete Zug abfahren sollte; auf einer Bank sitzend und mit Händen und Füßen aneinandergefesselt. Auch auf der Fahrt nach Pretoria saßen wir zusammengeschlossen nebeneinander, die ganze Nacht. Wenn einer von uns austreten mußte, wurde er aus dem Verband herausgelöst und an einen Aufseher gekettet, der ihn an den Ort brachte, den man gewöhnlich alleine aufsucht. Die anderen wurden sogleich wieder zusammengeschlossen. Als wir Pretoria erreichten, stand die Sonne bereits am Himmel. Die Fußfesseln wurden uns nun abgenommen, und wir marschierten in Dreier-Reihen, vorn die Schwarzen, vom Bahnhof aus durch die Straßen Pretorias. Ich hatte meinen Koffer und ein Bündel zu tragen; den Gefängnishut tief ins Gesicht gezogen, damit mich nur ja niemand in diesem Aufzug und in dieser Begleitung erkennen konnte. Was hätte das in Windhoek für ein Hallo gegeben! Doch Pretoria war nicht Windhoek, denn hier gingen die Passanten gleichgültig ihres Weges. Wir schritten zügig voran, keiner durfte einen Laut von sich geben. An der Seite die schwarzen Aufseher mit ihren Assegais, hinter uns die weißen mit ihren Karabinern in den Händen und den Revolvern in den Haltern.
Endlich langten wir im Central-Prison an. Die beiden van W. wurden abgesondert und winkten mir noch rasch einmal zu, und noch ehe ich begriffen hatte, daß dies ein Abschied war, stand ich allein in der großen Halle. Vom Central ging es dann weiter zum Local-Prison in der Potgieterstraße. Dort fand ich mich in einem Aufnahmebüro, ungefesselt, auf einem Platz, den man mir genau bezeichnet hatte, neben meinen Sachen stehend.
Mir am nächsten saß ein etwa 30jähriger Bur, der früher gewiß ein tüchtiger Sportler gewesen sein mochte; Rugbyspieler, Boxer oder Leichtathlet, der aber wohl inzwischen herausgefunden hatte, daß es sich auch ohne Anstrengung recht angenehm leben läßt; der seinem Betätigungsdrang inzwischen andere Türen geöffnet hatte. Er fingerte

an einigen Akten herum und wies sich durch sein ganzes Verhalten als ein Mann aus, der voll ausgelastet war und dem man unmöglich noch etwas zusätzlich aufbürden konnte. Ein Sträfling, es war ein Mischling, der die Tracht der Lebenslänglichen trug, kroch unter dem Tisch herum und putzte und wienerte ihm die Schuhe. Das war aber nicht die einzige Aufgabe des kahlgeschorenen, katzenhaften Burschen. Als ein gefangener Schwarzer hereingeführt wurde und vernommen werden sollte, da fungierte der Leibdiener als Übersetzer. Der Bur, lässig in seinen Stuhl zurückgelehnt, stellte halblaut die Fragen, der Gehilfe übersetzte sie und wartete dann auf die Antwort, die er eilfertig zurückübersetzte. Das ging alles ganz ruhig und friedlich vor sich, doch irgendwann einmal mußte sich der Gefangene in Widerspruch zu seinen vorigen Aussagen gebracht haben, sich vielleicht auch nur unklar ausgedrückt haben. Jedenfalls runzelte der Beamte am Schreibtisch ein wenig ärgerlich die Stirn. Da flog auch schon der Mischling wie von einer Feder geschnellt durch die Luft auf den Angeklagten zu, mit ausgebreiteten Armen. Noch in der Luft schlug er beide Hände mit aller Kraft zusammen, das Gesicht des Gefangenen genau dazwischen. Die Wildheit, die sich in diesem plötzlichen Sprung zeigte, die Gewaltsamkeit, der fürchterliche Schlag, das alles erschütterte den gewiß sonst starken Mann derart, daß er leise zu wimmern begann. Der Beamte hinter dem Schreibtisch machte eine Bewegung, die wohl sagen sollte: „Laß nun; ist genug!“ und setzte das Verhör fort, in geduldiger und nachsichtiger Weise.

Dieser Vorgang ging auch an mir nicht vorüber, ohne Eindruck zu machen, und sollte wohl auch seine Spuren hinterlassen. So nämlich entstand eine Atmosphäre von Gewalt und Einschüchterung. Doch um mich machte der Lauernde einen Bogen, wußte er doch, daß er sich an einem Weißen nicht vergreifen durfte.

Nachdem mein Name und alle Einzelheiten eingetragen waren, erhielt ich eine Identifikationskarte, auf der man alle Daten vermerkt hatte, die einen Aufseher an einem Gefangenen interessierten: Name, Alter, Rasse, Nationalität, Vorstrafen, Grund des Einsitzens, Dauer des Aufenthalts, Tag der Einlieferung und Tag der Entlassung.

Man übergab mich einem kräftigen, untersetzten Aufseher mit Namen van V., der mich an meinen künftigen Aufenthaltsort geleiten sollte.

Als wir eine Weile gegangen waren, sagte er: „So, du bist Deutscher. Nun, ich habe da zwei gute Freunde für dich“, und brachte mich zu zwei etwa 25jährigen Burschen, die man heute Bombenleger, Attentäter oder Terroristen nennen würde. Sie hießen K. und W. und gehörten der radikalen Organisation „Ossewa Brandwag“ an. Diese Leute wehrten sich dagegen, daß Südafrika gegen ein Land Krieg führte, das ihm nichts getan, ja, sich ihm gegenüber immer als ein Freund erwiesen hatte. Ihren Unmut äußerten die jungen Rebellen in Form von Sprengungen und anderen Sabotageakten. Bei so einer Aktion waren die beiden erwischt und zu einer mehrjährigen Freiheitsstrafe verurteilt worden. Im Gefängnis aber, das war leicht zu erkennen, wurden sie nicht wie Kriminelle behandelt und genossen eine Vorzugstellung. Sie arbeiteten nicht wie die anderen Sträflinge in der Schneiderei oder der Schusterei, sondern hatten irgend etwas mit der Essensausgabe zu tun.

Schließlich wurde ich in eine Zelle geführt, die sich im Erdgeschoß befand. Sie war eigentlich für drei Insassen gedacht, doch nun standen fünf Bettgestelle darin, mit je einer Matratze, einem Laken, einer Dekke, einem zweiteiligen Schlafanzug. Ich erhielt eine andere Garnitur Sträflingskleidung, dabei ein Paar Schuhe, die ursprünglich einmal mit Gummiplatten besohlt waren, die man aus einem ausgedienten Autoreifen herausgeschnitten hatte. Bei meinen Schuhen aber ragten nur noch die Nägel heraus, wie bei den Nagelschuhen eines Sprinters. Auf weichem Untergrund hatte man damit keine Probleme, wohl aber bei den spiegelblank polierten Zementfußböden.

Ich hatte schon eine ganze Weile auf der mir zugewiesenen Bettstelle gesessen, als eine Sirene ertönte, und kurz darauf stürmten die anderen Mitbewohner in den Raum. Ohne Notiz von mir zu nehmen eilten sie zu einem Holzgestell, ergriffen jeder eine der darauf abgestellten Schüsseln und verschwanden wieder. Nach kurzer Zeit kamen sie mit Trinkwasser zurück, das sie sich in der Toilette geholt hatten, und da war auch schon die Essensausgabe. Jeder bekam einen Teller mit etwas Reis, einer Karotte und einem kleinen Stück gekochten Fleisch. Ich bekam als einziger einen Teller mit einer wäßrigen Suppe.

Einer der Mitbewohner, ein Engländer, wurde „Ginger“ genannt und sah auch danach aus. Es war ein knochiger, rücksichtsloser Flegel, der keinen Satz aussprechen konnte, ohne eine ganze Kette von Obszönitäten daranzuhängen. Die anderen – alle nicht älter als 25 Jahre – waren zwar nicht englischer Abstammung, hatten aber wohl doch den größten Teil des Lebens, den sie außerhalb der verschiedenen Erziehungsanstalten zugebracht hatten, unter Engländern gelebt, d.h. unter englischen Gangstern. (Wie ich später von meinem Mitarbeiter in der Schneiderei erfuhr, saßen sie alle wegen Raubes und anderer Gewaltverbrechen)

Zwei Stunden dauerte die Mittagspause, dann ertönte abermals die Sirene und die Sträflinge begaben sich zu ihren Arbeitsplätzen. Ich wurde der Schneiderei zugeteilt. In einem Saal von etwa 20 x 10 m befanden sich 50 Nähmaschinen, ordentlich in Reih und Glied, an denen je ein Sträfling saß und rote, ärmellose Hemden für die gefangenen Eingeborenen nähte. Ohne allzugroßen Aufwand: Zwei Löcher für die Arme, eins für den Hals; die Öffnungen weiß gesäumt. Von diesen einfachen aber auffällig gefärbten Kleidungsstücken schien es gar nicht genug geben zu können.

Da ich voraussichtlich nach noch nicht einmal drei Monaten wieder entlassen werden sollte, lohnte es sich nicht, mich für die Arbeit an einer Nähmaschine anzulernen. Meine Aufgabe war es daher, bei den abgelieferten Kleidungsstücken die überhängenden Fäden abzuschneiden und an die Jacken die passenden Knöpfe anzunähen. Außerdem mußte ich eine Strichliste führen, aus der genau zu ersehen war, wie viele Stücke jede Nähmaschine an diesem Tage angefertigt hatte. Mein Mitarbeiter überließ mir diese Kontrolle. Er hätte Vertrauen zu meiner Gewissenhaftigkeit, sagte er, und ich merkte auch bald, warum. Schon nach kurzer Zeit kamen einige, die recht getrödelt hatten, und behaupteten, sie hätten mehr Hemden abgeliefert. Was mir eigentlich einfiele, ihnen die shirts abzuziehen und sie dafür meinen Freunden zuzuschanzen? Was ich denn von denen bekäme? Das sollte ich ja nicht noch einmal machen!

Natürlich mußte so eine Konversation in Raten geführt werden; bei jeder Ablieferung ein Wörterfetzen, zwischen den Zähnen herausgezischt, denn jede hörbare Unterhaltung war untersagt. Darüber wachte der Aufsichtsbeamte, der etwas erhöht an der einen Stirnseite des Saales saß.

Mein Mitarbeiter, der sich Mocki nennen ließ, war ein in Unehren entlassener Polizeioffizier. Die Zusammenarbeit mit ihm nahm dem Dasein etwas von seinem tristen Charakter. Er schien ein Mann zu sein, der dem Leben bisher nur die angenehmen Seiten abgewonnen und sich wohl meistens in hedonistischen Kreisen aufgehalten hatte; unter Menschen also, deren Hauptbeschäftigung es war, sich und ihren Kumpanen das Leben so genußreich wie möglich zu gestalten.
In den dreißiger Jahren sei er auch in Windhoek stationiert gewesen; für einige Zeit, und tatsächlich wußte er alles über die besseren Kreise von damals zu berichten, kannte die intimsten Einzelheiten von jeder im Umlauf befindlichen Klatschgeschichte.
Er zeigte mir, wie man überstehende Fusseln abschnitt, die Knöpfe annähte, dabei den Faden zuerst durch ein Stück Bienenwachs zog. Zudem versorgte er mich mit allem Wissenswerten über die Mithäftlinge – sich selbst ausgenommen – aber auch die Wärter und wie man ihre Eigenheiten vorteilhaft nutzte. Eine selbständige politische Meinung hatte er nicht, sondern er reflektierte eigentlich nur das, was man von sich geben mußte, um sich bei den „stärkeren Bataillonen" aufhalten zu dürfen.
Zweimal in der Woche wurde etwas für unsere körperliche Ertüchtigung getan, „Drill" genannt. Die jungen wurden Montags und Donnerstags dem A-Drill unterzogen; die älteren oder die mit einem Herzfehler behafteten am Dienstag und am Freitag dem B-Drill. Alle Übungen, die von den älteren und Behinderten im Schrittempo durchgeführt wurden, mußten die jungen Sträflinge im Laufschritt vollziehen. Das hing weitgehend vom Charakter und von der Tageslaune des aufsichtsführenden Beamten ab.
Wir zogen dazu unsere Jacken und Hemden aus und rannten einem besonders athletischen Vorturner hinterdrein, so gut wir konnten. Immer wieder einmal schrie der um unser körperliches Wohl besorgte Beamte: „Hinlegen!" – gerade wenn wir im vollen Lauf waren – und dann: „Aufstehen!" – gerade wenn wir uns an die unsanfte Berührung mit dem harten Boden gewöhnt hatten. Wer sich zu schnell hinwarf, riß sich die Hände und Knie blutig, denn die Unterlage bestand aus scharfem Schotter auf hartem Untergrund. Wenn sich aber jemand zu langsam niederließ, dann entwickelte sich der Vorgang wie folgt: „Der

Sträfling X hat immer noch nicht begriffen, daß er sich in einer Gemeinschaft befindet. Ihr müßt ihm helfen, damit er es lernt. Also noch drei Runden, wie bisher!" Und bei jeder Übung konnte irgend so ein armer Teufel nicht mithalten und verurteilte die Gesamtheit dazu, die ganze Tortur noch einmal über sich ergehen zu lassen. Wohl gemerkt: Die Sträflinge selbst bestimmten das Maß der Schinderei, dieser oder jener unter ihnen, und nicht der auf- und abstolzierende Wärter.
Bei den ersten Malen fühlte ich mich so richtig wohl nach so einer Strapaze, geradezu durchgelüftet. Nach Beendigung der Schleiferei stürzte ich mich unter die Dusche und war, noch ehe der Wärter bei unserer Zelle anlangte, bereits wieder an Ort und Stelle. Doch bald setzte mir die Verpflegung zu: Morgens einen Klecks Maisbrei und einen „Katkopp" (ein etwa faustgroßes Stück Brot), dazu eine schwarze, wäßrige Flüssigkeit und einen Teelöffel Zucker. Mittags Suppe und einen Katkopp, abends das gleiche. Einmal war die Suppe klarer und schmeckte nach Karotten, ein andermal trüber, als hätte man alle Speisereste hineingerührt. Fett und Fleisch war nie darin. Dafür durfte man Wasser trinken, so viel man wollte.
Ein an Entbehrungen gewöhnter Mensch würde mit dieser Zuteilung wahrscheinlich ausgekommen sein; ich jedoch begann, fürchterlich an Hunger zu leiden. Meinen Zellengenossen ging es besser, denn sie verbüßten längere Strafen und genossen daher eine bessere Verpflegung, B-diet, während Häftlinge mit höchstens drei Monaten sich mit A-diet begnügen mußten. Wahrscheinlich hatte irgendwann einmal ein pedantischer Gefängnismediziner ausgetüftelt, wie lange ein Häftling vom „Mitgebrachten" zehren konnte, ehe er der Verwaltung infolge von Mangelerscheinungen zur Last fiel. Mochte er richtig kalkuliert haben, der sparsame Physiologe! Doch Tag für Tag nur Suppe?
Eines Tages wurde ich zu Beginn der Mittagspause aufgefordert, für die Zellengemeinschaft Trinkwasser zu holen. Aber schnell, denn der Wärter, der die lange Reihe der Zellentüren abschloß, näherte sich bereits. Als ich atemlos zurückkam, war mein Brot verschwunden. Wo war es nur? Achselzucken. Der eine schaute unter die Betten, ein anderer in den Toilettenkübel. Nichts da! Oder ob ich vielleicht glaubte, daß einer von ihnen ...? Nein, das glaubte ich natürlich nicht und löffelte meine wäßrige Brühe herunter.

So kam es denn, daß mir bald auch der „Drill" keinen rechten Spaß mehr machte. Mocki riet mir, mich mit meinen Sorgen dem Direktor anzuvertrauen; dann nämlich, wenn er das nächste Mal, um 11 Uhr morgens, bei seinem Kontrollgang durch unsere Halle schritt. Ich solle dann einfach aufstehen und sagen, ich sei ein junger Mensch, noch im Wachsen, und brauche eine reichhaltigere Kost.
Die feine Hintergründigkeit in seinem Mienenspiel aber konnte niemand übersehen, der auch nur kurze Zeit mit ihm zusammengearbeitet hatte. Zudem hatte mich der Spitzbube ja in aller Ausführlichkeit darin unterwiesen, welche genau vorgeschriebene Bewegungen allein erlaubt waren, wenn die Inspektion durch die Räume schritt. Man dürfe den Direktor gar nicht von Angesicht kennen, denn das würde offenbaren, daß man neugierig und undiszipliniert aufgeschaut hatte, anstatt seine ganze Aufmerksamkeit auf die Arbeit zu richten. Er unterbreitete mir eine ganze Liste von allen möglichen Beispielen unerlaubten Verhaltens während so eines fast schon sakralen Aktes und fügte auch gleich die entsprechenden Strafmaßnahmen hinzu. Unter denen kein einziges Mal der Essensentzug fehlte! Wenn ich z.B. nicht genügend gewachste Fäden für meine Knöpfe vorrätig hätte und deshalb während des Rundgangs nach dem Wachs greifen müsse um die Fäden zu präparieren, dann bedeute das drei Tage ohne Abendessen! Sagte es und schaute mich prüfend an.
Und doch war einmal ein junger, schlaksiger Engländer, einer von den desertierten Matrosen, aus seiner Reihe getreten und hatte seine Beschwerde vorgetragen. Nicht dem Direktor, nein, dem Superintendent sogar! Der Höchste, der höchstpersönlich an jedem Sonnabend vormittags die Strafanstalten inspizierte und auch bei uns erschien. Als Kern eines Kometen, dessen Schweif ein Schwarm betriebsamer Unterwürflinge bildete. So etwa um 11 Uhr trat er vor die im Hofe genau nach Vorschrift aufgestellten Häftlinge und stieß unheilverkündend „Any complaints! Enige klagtes!" hervor, um sich dann aber auch sogleich wieder abzuwenden. Diese Aufforderung nämlich, Beschwerden vorzutragen, war natürlich reine Formsache und geschah wohl auch nur den Johannesburger Liberalen zuliebe, die dringend ein Erfolgserlebnis brauchten, und die, wie in aller Welt, für die eigene Si-

cherheit andere sorgen ließen, sich dafür aber um so mehr um die Sorgen derer kümmerten, die genau diese Sicherheit in Frage stellten.
Wie erstaunt war man daher in hohen und höchsten Kreisen der Gefängnisverwaltung, als da so ein rothaariger Rüpel die Aufforderung ernst nahm und den Versammelten laut mitteilte, in seinem Maisbrei habe sich ein Zehnagel befunden. „Ein Zehnagel?“ kam es vom Höchsten, und „Ein Zehnagel?“, „Ein Zehennagel?“ pflanzte es sich im Kometenschweif fort, lauter oder leiser, je nach Wichtigkeit. „Lächerlich! Wie kann ein Zehnagel in den Maisbrei kommen!“ Der vorwitzige Lümmel wußte es natürlich auch nicht, aber er war der Ansicht, daß er da nicht hineingehörte. „Notieren Sie den Kerl!“ beendete der Superintendent, zum Direktor gewandt, die Angelegenheit. „Wer beaufsichtigt ihn?“ Ein Zweibeiner, dem der aufrechte Gang heute sichtlich Mühe machte, wand sich aus der Anonymität und stand schuldbewußt vor dem Höchsten. „Ist Ihnen an ihm nichts aufgefallen?“ mag der ihn gefragt haben; und „Nein, eigentlich nichts besonderes“ kam dann wohl die Antwort, „das heißt, bisher nicht.“ Was soviel heißen mochte, daß ihm in Zukunft gewiß so manches auffallen würde, damit er ja nicht noch einmal mit leeren Händen dastehen müßte.
Das südafrikanische Gefängnis, so wie ich es damals kennenlernte, war ein Ort, der beachtliche Anforderungen an seine Einwohner stellte. Auch Anforderungen körperlicher Art, und es war von Vorteil, gesund und widerstandsfähig zu sein. Man mußte stets im Gleichgewicht bleiben, durfte sich keine Nachlässigkeit erlauben.
Nach dem „Drill“, sobald die Trillerpfeife das Signal zum Wegtreten gab, stürmte ich jedesmal als einer der ersten in den Duschraum, mich rücksichtslos vordrängend, über Gestürzte hinwegtretend, um mir den klebrigen Schweiß und den Staub herunterzuspülen.
Einmal jedoch war ich ein wenig saumselig. Schon der Start war halbherzig und hatte mich vor der Eingangstür nicht in die optimale Position gebracht, in der man von hinten gestoßen und geschoben wird, sondern in eine, bei der man die Flinkeren anschieben mußte und selbst zurückblieb. Beim Sprint auf dem Gang war ich dann auch noch zimperlich und zu rücksichtsvoll gegenüber denen, die auf dem glatten Fußboden ausgerutscht waren und nun am Boden liegend den Weg

versperrten. Alles in allem: Ich hatte die kurze Zeit bis zum Abschließen der Zellen nicht nutzen können und hockte schließlich verschwitzt und verstaubt in dem ungelüfteten stickig heißen Raum. Das war dann auch schon der Anfang einer handfesten Erkältung.
Am nächsten Morgen fühlte ich mich elend und meldete mich krank. Vor dem morgendlichen Rundgang wurde ich herausgerufen und auf den Weg zum Gefängnishospital geleitet, in dem ich mich ausgiebig zu kurieren gedachte.
Der Abstecher endete aber schon bald vor einer Räumlichkeit, die einem Kiosk ähnelte – wenn man von den unvermeidlichen Eisenstangen absah. An der Theke wurde ich barsch aufgefordert, meine Beschwerden zu äußern, und noch ehe ich recht begonnen hatte, standen auch schon zwei Schnapsgläser mit Flüssigkeit vor mir, eine weiß, die andere schwarz. Das schwarze Zeug schmeckte gallebitter, das weiße nach sonst was, und damit war die Behandlung auch schon zu Ende. Ich war geheilt.
Während der nächsten Tage ging es mir sehr schlecht, und ich konnte mich kaum auf den Beinen halten, als wir das nächste Mal zum „Drill“ antreten mußten. Ich war entschlossen, mich nach der ersten Runde fallen zu lassen und liegen zu bleiben. Sollen sie mich doch wegtragen; und zwar ins Hospital! Doch ich war wohl immer noch nicht so elend, mich einfach auf diese mitleidlose Unterlage fallen zu lassen, auf den scharfkantigen Schotter, der einem erbarmungslos Arme und Beine aufriß. Lieber wollte ich noch eine Runde laufen. Bis ich vor lauter Schwäche selbst hinfiel. Aber auch die nächste Runde fand mich noch auf den Beinen, und auch die folgende. Es ging sogar von Mal zu Mal besser, und als der Schlußpfiff ertönte, war ich unter den ersten, die sich durch den Eingang rempelten und die Dusche erreichten.
Ein junger Afrikaaner, dessen kurzgeschorenes blondes Haar wie die Stacheln eines Igels auseinanderstarrten, und der mich schon einige Mal angefeindet hatte, weil er meinte, ich hätte ihn mit meiner Strichliste übervorteilt, der hörte einmal mein Gejammer über das unzureichende Essen. Ich solle mich nicht so anstellen, meinte er verächtlich; sie alle müßten sich einschränken. Da machte ich ihn darauf aufmerksam, wie leicht jemand daherreden könne, der eine so üppige Verpflegung wie B-diet genoß – er hatte 10 Monate. „Und gerade heute mit-

tag bekommt Ihr Scotch Pie." Das war das Paradeessen der ganzen Woche: Zwei Brotkanten und dazwischen gebackenes Hackfleisch, als Gemüse einige Scheiben rote Beete. „Komm in unsere Zelle und hol's dir ab!" Das war ein Wort. Seine Zelle befand sich im 3. Stock, meine im Erdgeschoß. Es galt also, mit den genagelten Schuhen die Treppen hinauf zu hasten, von aufsichtsführenden Wärtern unbemerkt die gesuchte Zelle zu finden und dann mit der Beute wieder zurück. Er hätte mich garstig auflaufen lassen können, denn er brauchte sich nur etwas zurückzuhalten, meine Suche ein wenig zu verlängern, bis mich ein Wärter erwischte. In irgend einem Winkel meines Bewußtseins werden diese Überlegungen wohl auch vor sich gegangen sein, aber die Aussicht auf Scotch Pie ließen keinen anderen Gedanken aufkommen als nur, diese Beute zu holen.

„Unbemerkt" hieß, sich immer dann bewegen, wenn der für das Stockwerk zuständige Wärter gerade wieder die Insassen einer Zelle kontrollierte, ehe er sie einschloß. Doch es gelang, denn die Not schärft die Sinne und weckt den Instinkt. Er stand schon in der Tür seiner Zelle, mit dem Kleinod in der Hand, das ich sogleich unters Hemd schob. In meine Zelle gelangte ich auch noch, kurz bevor der Wärter sie abschloß.

Später, als ich bereits einen Monat ohne Beanstandung in dieser Aufbewahrungsanstalt zugebracht hatte, durfte ich ein „G" an meiner Jakke tragen, das soviel hieß wie „goeie gedrag" (gute Führung) und die Erlaubnis in sich barg, morgens und abends, wenn unsere Gemeinschaft auf dem Gefängnishof ihre Runden drehte, während des Gehens zu rauchen. Außerdem durfte ich monatlich einmal Besuche empfangen – am Mittwoch oder am Sonnabend nachmittag – und bei dieser Gelegenheit Zigaretten entgegennehmen. So eine Schachtel Zigaretten barg in sich eine ganze Menge Zahlungsmittel, wirkte wie eine heimliche Währung. Jeder einzelne Glimmstengel ließ sich gegen Essen eintauschen, bei solchen, die zwar auch Hunger hatten, bei denen aber das Verlangen nach dem blauen Dunst noch größer war.

Doch, wie gesagt, so weit war es noch nicht; noch lange nicht, denn einstweilen befand ich mich noch in einem Raum mit den Gewalttätern. Das aber war keine angenehme Gesellschaft. Es waren gefühllose, kalte und rücksichtslose Gesellen, die mich in ihrem Kreis für einen Außenseiter hielten. Sie waren ganz offensichtlich bestrebt, mich mit so wenig Aufwand wie möglich so nachhaltig wie möglich zu schikanieren. Wenigstens drei von ihnen. In der ersten Nacht z.B., die ich in dieser Gesellschaft zubringen mußte, da hatte mein Nachbar besonders schwere Träume und schlug einige Mal kräftig aus, und zwar genau zu mir hin. Dabei traf er dann mit aller Gewalt den eisernen Bettpfosten und schlug sich die Faust blutig. Was zu seiner Beruhigung beitrug.

Der vierte hielt sich bei den Anpöbeleien zurück, saß daneben, beobachtete und tat doch so, als gäbe es gar nichts, das sich lohne, beobachtet zu werden. Überhaupt war das ein Merkmal dieser Typen: Nur ja nicht zu erkennen geben, daß man sich für irgend etwas engagiere, sich für etwas interessiere, irgend etwas auf der Welt wichtig nähme. Als ich ihn, den ich für zugänglicher hielt, einmal anredete, da sah er durch mich hindurch, als wäre ich gar nicht anwesend. Und das, ohne sich bemühen zu müssen, genau die Haltung anzunehmen, die er ohne meine Anwesenheit angenommen hätte. Das war deprimierend, und als die anderen allmählich aufhörten, mir zuzusetzen, da fing er an. Einmal begegnete ich ihm auf dem Gang und wich ein wenig zur Seite, aber nicht weit genug. Da war mir, als sei ich gegen einen Betonpfeiler gelaufen, und da mir meine genagelten Schuhe keinen Halt gaben, stürzte ich zu Boden. Er aber ging weiter, so, als sei da nichts gewesen, das ihn veranlassen könnte, auch nur die kleinste Bewegung anders zu machen als ohne meine Gegenwart.

Da wir unser Eßgeschirr im Waschraum, der zugleich Abort war, waschen mußten, in dem es bestialisch stank, hatte ich das Gefühl, alles, was man in diese Nähe brachte, würde sogleich mit Bakterien angereichert. Deshalb war ich froh, eine Eßschüssel ohne abgesprungene Emaille gefunden zu haben. Denn gerade an solchen schadhaften Stellen konnten sich die Krankheitskeime ja festsetzen. Ich pflegte meine Schüssel besonders sorgfältig und bewahrte sie ein wenig abseits von den anderen auf.

Eines Tages griff er sie sich, obwohl noch andere zur Verfügung standen. „Das ist mein Dixie“, protestierte ich. „Deins? Wieviel hast du dafür bezahlt?“ „Nun ja, aber ich habe es immer besonders sauber gehalten.“ „Genau deswegen nehme ich es ja.“ Ich griff danach und es schien, als wolle er nun doch nachgeben, denn ich konnte die Schüssel mühelos an mich nehmen. Doch da sprühte ein Feuerwerk vor meinen Augen und der Schlag beförderte mich bis zur Wand, gegen die ich mit dem Kopf traf. Zwar hatte ich während meiner Schülerheimzeit über sechs Jahre Gelegenheit gehabt, mich mit Gegnern zu messen; doch nicht mit solch brutalen Schlägern. Dem nächsten Schlag entkam ich dadurch, daß ich ihn gegen alle Regeln der Boxkunst unterlief, den Gegner an den Armen festhielt und schließlich in den Schwitzkasten nahm. Später erfuhr ich, daß er sich bei den letzten Boxkämpfen, die im Gefängnis jedes Jahr zu Weihnachten veranstaltet wurden, die Meisterschaft in seiner Gewichtsklasse geholt hatte. Einen Schlagabtausch hätte ich also nur wenige Sekunden überstanden. Beim Ringen hingegen konnte er seine boxerischen Fähigkeiten zwar nicht voll entfalten, doch während ich beide Hände für den Haltegriff benötigte, hatte er die Fäuste frei und hieb unaufhörlich auf mich ein; lauter Kopftreffer. Obwohl er eisenharte Knöchel hatte, war es nicht so sehr der Schmerz, der mich irritierte – ich merkte eigentlich gar nichts als nur die fortwährenden Erschütterungen – sondern das unbestimmte und sehr ungute Gefühl, daß hier etwas schiefging, daß ich irgend etwas falsch angefangen hatte und nun einer Katastrophe zusteuerte. Also ließ ich einen Augenblick los, aber da hatte er mich schon gepackt und beförderte mich mit einem Hüftwurf durch die Luft. Dabei schlug ich zuerst mit dem Rücken auf die eiserne Bettkante und landete dann mit dem Kopf voran auf dem Fußboden; den Mund voller Blut und Splitter. Da mußten einige Zähne zu Bruch gegangen sein, und jetzt war schon alles egal.

Wie es genau weiterging, kann ich jetzt nicht mehr sagen. Doch schließlich hat auch der härteste Schläger seine weichen Stellen, man muß nur emsig genug sein, sie zu finden, und ich ließ keinen Schlag in die Nieren oder den Unterleib aus, wenn sich die Gelegenheit ergab – während ein standesbewußter Boxer gewohnt ist, seine Siege innerhalb der Vorschriften zu erringen. Jedenfalls befand ich mich irgendwann einmal in einer Stellung, die wir beim Ringen eine „Bank“ nannten – d.h. auf Knien und Händen – und er über mir. Jedoch mit der Einschränkung, daß ich seine beiden Hände fest im Griff hatte. Während er sich bemühte, sie loszubekommen, erhob ich mich von den Knien,

stellte mich auf die Füße, wobei ich seine Hände weiterhin am Boden hielt, ihn mir auf den Rücken lud und so von den Füßen hob. Aus dieser Position heraus machte ich einen Purzelbaum, bei dem ich sozusagen die „Innenkurve" hatte und nicht auf den Zementfußboden, sondern auf ihn fiel. Er wiederum hätte wohl gerne die Hände zum Abfangen des Sturzes benutzt, doch die standen ihm gerade nicht zur Verfügung. Und so muß er denn, weil er sich wohl gegen den Ablauf der Bewegung sträubte, mit dem Kopf voran und dem ganzen Gewicht hinterdrein auf den Fußboden aufgeschlagen sein. So hörte es sich jedenfalls an, und er gab zunächst kein Lebenszeichen von sich. Zunächst! Doch das konnte sich rasch ändern, und ich wollte ihn, ehe er wieder zu sich kam, rasch in einen der Griffe nehmen, mit denen man ohne großen Aufwand große Wirkungen erzielen kann. Wenn sich die Freistilringer „aus aller Welt" in Windhoek ein Stelldichein gaben, wurde hie und da der sog. „Kreuzbrecher" angedeutet. Dabei lag das Opfer bäuchlings am Boden, der Gegner stand über ihm, die Beine des Opfers an sich gedrückt, und versuchte nun, ihm das Kreuz durchzubrechen, indem er sich mit dem ganzen Gewicht auf den Rükken des Liegenden fallen ließ, ohne die Beine loszulassen. Die Zuschauer waren zuvor eingehend von der Tödlichkeit dieser Technik unterrichtet worden, und sobald ein Ringer diesen Griff auch nur ansatzweise probierte, ging ein Aufschrei durch das Publikum. Doch jedesmal kam der Schiedsrichter dazwischen und verhinderte, daß ein Mann aus Kanada oder Neuseeland in Windhoeker Erde ruhen mußte.
Als ich nun Anstalten traf, dieses Verfahren hier einmal zu erproben, da griffen die anderen ein. Diese Kriminellen, die doch sonst eigentlich nichts anderes anerkannten als sich selbst und ihre Bande und ihren Erfolg, die hatten sich irgendwo in einem verborgenen Bereich ihres Inneren vielleicht doch noch etwas bewahrt, das man Sportlichkeit nennen könnte. Sie hätten es gewiß weit von sich gewiesen, wenn man dieses für sie untypische Verhalten mit irgendeiner Form von Idealismus in Verbindung gebracht hätte. Ein Verhalten, das in krassem Widerspruch zu ihrem betont zur Schau gestellten Materialismus stand. Jedenfalls griffen sie nicht ein, als sich die Angelegenheit für ihren

Kumpan zum Nachteil entwickelte, sondern trachteten nur danach, von dem Getümmel nicht in Mitleidenschaft gezogen zu werden.
Wenn ich es mir auch nicht anmerken ließ, so machten mir die Folgen dieser Auseinandersetzung noch eine ganze Weile zu schaffen. Dort, wo ich auf die eiserne Bettkante aufgeschlagen war, links am oberen Kreuzbein, bildete sich eine Schwellung, die dann – und das bis zum heutigen Tag – zum Überbein wurde; ohne nachteilige Folgen. Die Verletzung am rechten Daumengelenk zeitigte eine bleibende Verdikkung. Die Splitter im Mund rührten vom Zahnstein her, der mir auf diese Weise und ohne Honorar entfernt worden war. Blieben noch die Beulen am Kopf, die so gleichmäßig verteilt waren, daß ich des Nachts nicht wußte, wie ich schmerzfrei liegen sollte. Ihm erging es nicht besser; eine Zeit lang ging er ein wenig gekrümmt und urinierte blutig. Und die Wärter? Sie grinsten und taten im übrigen, als hätten sie nichts bemerkt.
Eines Tages wurden die Gewaltverbrecher in eine andere Zelle verlegt und herein kamen dafür einige Taschendiebe und Trickbetrüger, so daß ich auch von dieser Branche Interessantes aus erster Hand zu hören bekam. A propos Taschendiebe! Ich konnte in dieser Gesellschaft mein Brot oder meine Zigaretten offen liegen lassen, ohne daß mir jemals etwas abhanden gekommen wäre!
In der Zelle zu rauchen war riskant, denn den Rauch konnte man nicht so schnell verschwinden lassen wie die Spielkarten, wenn der Aufseher einmal unvermutet kontrollieren kam. Also stellten sich die Süchtlinge aufs Bett und bliesen den Rauch durch die Gitterstäbe des Fensters hinaus, das, da wir uns halb im Keller befanden, sich gerade über dem Boden des Hofes befand.
Vorwiegend aber war es die Zeit, in der die Vergangenheit aufbereitet wurde, in der man seine jetzige Umwelt an seinen bisherigen Erlebnissen teilhaben ließ.
Die „Einmal-und-nie-wieder-Täter“ erzählten von ihrer Familie, von ihrer Arbeit, von einem bürgerlichen Leben, an dem sie hingen und nach dem sie sich sehnten, nach einem Leben der Ordnung – auch wenn sie es bisweilen mit den Gesetzen nicht so genau genommen hatten. Doch nun, das hier, das war ihnen eine Lehre, ein für allemal!

Diese Diebe und Betrüger, die ich damals in der recht kurzen Zeit getroffen habe, waren eigentlich gar keine Gestrauchelten. Sie hatten sich einfach, aus welchen Gründen auch immer, aus der Gesellschaft derer entfernt, die sich eigenmächtig für anständig halten und waren eigene Wege gegangen, ohne ihre Schritte langatmig zu begründen. Sie hatten aufgehört, die Gesetze der Gesellschaft bedingungslos zu respektieren, sondern beachteten sie nur noch unter dem Gesichtspunkt, sie zu umgehen oder zu brechen, wenn sie sich nicht vorteilhaft nutzen ließen. Sie waren zu Parasiten an der Gemeinschaft geworden, die aber nicht mehr ihre Gemeinschaft war, und sie wußten, daß die Gesellschaft der Anständigen sie nun auch als solche behandeln würde. In der ganzen Zeit, bei allen Gesprächen, habe ich niemals die verlogene Wehleidigkeit angetroffen, die unsere bundesdeutschen Aussteiger so widerlich macht. Daß der Staat und die Gesellschaft, deren Gesetze sie mit Füßen traten, sie nun nicht sanft anfassen würde, schien ihnen selbstverständlich. Ärgerlich waren nur die „dummen Zufälle“, die sich gelegentlich ereigneten.
Nach einigen Wochen verlegte man sie in andere Zellen, so daß Platz wurde für Neuankömmlinge einer besonderen Art: Desertierte Soldaten der südafrikanischen Armee, die in Nordafrika unter dem General Klopper gegen Rommel angetreten waren und dort etliche Federn hatten lassen müssen. Es waren ruhige, in sich gekehrte Buren darunter, die sich von den „Werbern“ hatten übertölpeln lassen – so jedenfalls schilderten sie ihren Fall. Die es aber bald heim zog, zu ihren Maisfeldern und Rindern, zu ihrer Arbeit, die sie für sinnvoller hielten, als für die Briten Kastanien aus dem Feuer zu holen.
Allerdings gab es unter den Teilnehmern am Nordafrikafeldzug auch einige, die wahre Wunder an Tapferkeit vollbracht und ganze Kompanien deutscher Soldaten außer Gefecht gesetzt hatten. Wo denn die vielen deutschen Gefangenen geblieben seien? Sie hätten keine Gefangenen gemacht; nicht bei so einem Gegner. Womit sich diese englischsprechenden Südafrikaner als Abkömmlinge jenes Volkes vorstellten, das sich noch nie an Kriegsregeln gehalten hat. Bei den heimgekehrten Buren stießen diese Aufschneider auf Ablehnung und hatten sich bald völlig isoliert. Während Deserteure im allgemeinen nur drei Wochen abzusitzen hatten und dann heim durften zu ihrer Familie,

blieben diese Renommiersoldaten meistens bedeutend länger. Es mußte also noch irgend etwas Besonderes vorgefallen sein, das sie nun durch einen besonderen rhetorischen Einsatz wettmachen wollten.
Neben Mocki, für den der jetzige Aufenthalt eine radikale Wende in seinem bisherigen Leben bedeutete, die ihn völlig aus dem Gleichgewicht geworfen haben mußte, war da noch jemand, der es sich wohl nie hätte träumen lassen, jemals in so eine Situation zu geraten. Es war ein etwa 60- bis 70jähriger, weißhaariger Mann, der wie ein Missionar aussah und es im kleinen Kreis wohl auch war. Morgens, mittags und abends Beten und Bibel hatten ihn so werden lassen, und er sah aus wie wir die frommen Einwanderer von den Bildern her kennen, die seinerzeit in Amerika an Land gingen und dieses unter Anrufung des Herrn in ihre Obhut nahmen. Wie sie sah auch der alte Mann aus, der vielleicht aus Herrmannsburg kam, ein Deutscher. Fleißig, gewissenhaft und gottesfürchtig; gewaltlos, aber in seiner Einstellung zum Glauben ebenso sanft wie unbeugsam.
Und der war jetzt hier. „Ich bin schuldig geworden, habe meine Strafe verdient und nehme sie auf mich." Die Familie hielt weiterhin zu ihm, trotz der Schande, die er über sie und die gesamte Umgebung gebracht hatte. Aber was war es denn nur, das ihn hatte straucheln lassen? Er sagte es nicht; in all den Gesprächen nicht, wenn er sich an einem der freien Nachmittagen zu mir setzte, auf den Boden des Gefängnishofes, wenn wir alle mit dem Rücken zur Mauer in der Sonne saßen. Dann zog er meist seine kleine Bibel hervor und zeigte mir darin eine Stelle, die für mich gewiß von Bedeutung sei. Von sich aber sagte er nur: „Ich habe mich vergangen, aber Gott hat mir verziehen." (Was ich auch glaube.)
Ich habe ihn niemals gefragt und wollte es auch gar nicht wissen, doch ich erhielt solche Informationen immer unbestellt aus ergiebiger Quelle, von Mocki. Der teilte mir mit, der fromme Mann habe sich mit einem jungen Kaffernmädchen, wahrscheinlich einer Hausangestellten, eingelassen. In einem unbewachten Augenblick war irgend eine verborgene Regung, die sich durch fromme Bibelsprüche nicht hatte zähmen lassen, zum Vorschein gekommen, und einer der nebenstehenden Buren kommentierte: „Die son moes warm geskyn het, dat die ou man so lus geword het." Das war dann auch eigentlich schon alles;

aber es hätte genügt, eine Existenz zum Einsturz zu bringen, wenn sie nicht so fest gegründet war wie die des alten frommen Mannes.
Er bekam an jedem Morgen etwa 14 Gramm Talg, für die Verdauung, weil er sonst wohl in seinem Alter die fettfreie Gefängniskost nicht überlebt und sich seiner Strafe durch den Tod entzogen hätte. Ein abscheuliches Zeug, im Gefängnis aber eine Kostbarkeit. Und davon gab er mir immer wieder einmal eine Portion, die er selbst viel nötiger brauchte als ich, die ich aber ohne Skrupel und Gewissen nahm und sie in meinen Millipapp rührte. Er hatte nämlich festgestellt, daß meine Haare in all den Wochen so gut wie überhaupt nicht gewachsen seien. Das aber läge an dem akuten Fettmangel, der auf die Dauer körperliche Schäden zur Folge habe, die nicht mehr wieder gut gemacht werden könnten. Wirklich, ein unaufdringlich guter Mensch! Und dabei so fromm!
Aber warum saß eigentlich Mocki? Gottfried Freiherr von M.? Hier war er schweigsam, der sonst so mitteilsame. Es handelte sich um ein für Südafrika so wie alle Länder mit englischen Gewohnheiten typisches Delikt. Vom Ursprung der Kunde, durch die vielen weit offenen Ohren, die aufbereitende Phantasie und das Mitteilungsvermögen der zahlreichen betriebsamen Geheimnisträger war die Geschichte schließlich in folgender Aufmachung zu mir gelangt:
Er hatte mit der bekannten Sängerin Cecilia W. über längere Zeit ein Verhältnis gehabt, in dessen Verlauf sie ihn wiederholt aufgefordert hatte, sich von seiner Frau scheiden zu lassen und sie zu heiraten. Mokki hatte dieses Ansinnen zwar nicht rundweg abgelehnt, die Angelegenheit aber doch ungebührlich lange hinausgezögert; viel zu lange für die eitle Künstlerin. Als sie dann feststellen mußte, daß sie ihm nicht einmal so viel bedeutete, sich von seiner Frau zu trennen, da ließ sie ihn „auflaufen“. Nach einer der folgenden, in der üblichen Weise vollzogenen Zusammenkünfte mit ihm erklärte sie sich für vergewaltigt und legte die Angelegenheit in die Hände des Staatsanwalts. Mocki wurde für schuldig befunden, unehrenhaft aus der Polizei entlassen, bei der er es immerhin bis zum Major gebracht hatte – jedenfalls bis zu einer Position, bei der er die Ereignisse von einer höheren Warte aus den anderen überlassen konnte – und mußte für zwei Jahre ins Gefängnis. Dort wurde er auf seinen Nennwert reduziert, brach geistig

und körperlich zusammen, verlor nicht nur sein Übergewicht, sondern auch sein Selbstvertrauen. Daß ihm das passieren konnte! Bei seinen Beziehungen! Wo die nur alle geblieben waren! Die vielen sonst immer hilfreichen Freunde! Jetzt, da man sie brauchte. Sie, die so manches krumme Ding wieder gerade gebogen hatten und mit denen es sich so vortrefflich feiern ließ!
Während des ersten halben Jahres in den Gefängnismauern der Potgieterstraße verstrich keine Gelegenheit, bei der er nicht eine Eingabe losgeschickt hatte, und obgleich ein beachtlicher Teil seiner Bemühungen im Sand des bürokratischen Getriebes versickerte, so erreichte er doch immerhin, daß seine Strafe auf zwanzig Monate reduziert wurde. Nun aber war nichts mehr herauszuholen, und diese Gewißheit gab ihm seine Fassung wieder. Er fügte sich in sein Schicksal und machte von nun an das Beste aus dem Unerträglichen, wobei auch wieder etwas von seinem Humor zum Vorschein kam. So lernte ich ihn kennen.
Der 18. November, der Tag meiner Entlassung, rückte immer näher. Die Zellentür ließ gerade so viele Bolzen an der Innenseite herausschauen, wie ich noch Tage abzusitzen hatte. Daher ritzte ich an jedem Abend in einen Bolzen ein Zeichen mit einem abgebrochenen Löffel und zählte dann die übrigen.
Mittwoch- und Sonnabendnachmittag war arbeitsfrei – Sonntags sowieso – und die Gefangenen durften sich frei im Hof bewegen. Diese Bewegungsfreiheit war dann aber beträchtlich eingeengt, wenn die Fußballspieler in Aktion traten und jeden Fleck mit ihren Gewaltschüssen unsicher machten. Doch an der Wand zu den Zellen blieb immer noch ein wenig Platz, sich hinzuhocken und die Sonne zu genießen. Vor allem diejenigen Gefangenen, die eine Karzerstrafe abgesessen hatten, versuchten nun wieder zu etwas Farbe zu kommen.
Gelegentlich halfen mir K. und W. dabei, wenn ich einen Brief nach Hause schreiben wollte. Das durfte ich einmal im Monat, sie mußten aber in Afrikaans oder Englisch verfaßt sein. Und trotz bestandenem Matrik war mein Afrikaans – vom Englisch ganz zu schweigen – zunächst noch so, daß ich es zwar selbst verstand, höchst wahrscheinlich aber nicht die Zensoren, die ihn in den Papierkorb geworfen hätten.

Daher nahm ich die Hilfe der beiden gern in Anspruch, die mir auch das Briefpapier zur Verfügung stellten.
Einmal im Monat konnten die Gefangenen an einem der freien Nachmittage Besuch empfangen, vorausgesetzt sie waren nicht unangenehm aufgefallen. Zuerst kam Tante Gladys aus Johannesburg. Das Entsetzen stand ihr auf dem Gesicht geschrieben, als sie, etwa drei Meter von mir entfernt, auf einem Stuhl saß. „Warum hast du das nur getan?" Vor etwa dreizehn Jahren hatte sie mich zuletzt als siebenjährigen Farmerjungen gesehen; jetzt als 20jährigen Sträfling mit kahlgeschorenem Kopf. Später erzählte sie mir, daß sich ihr die im Gefängnis herrschende Atmosphäre von Gewalt derart auf das Gemüt gelegt hatte, daß sie danach einige Zeit brauchte, um diesen Eindruck wieder loszuwerden.
Da die Zellen überbelegt waren und fünf statt drei Betten enthielten, war zwischen den einzelnen Betten kein Spalt mehr frei. Und gerade unter den Betten war ja der Ort, an dem sich der Direktor besonders gern rasierte. Dort mußte der Fußboden also auch besonders spiegeln. Natürlich kroch kein Aufseher unter die Betten und prüfte dort im Schein einer Taschenlampe die Qualität der Politur. Im Gegenteil, man gab sich sogar recht großzügig, bis die Häftlinge sorglos wurden und anfingen, die alltäglichen Prozeduren ganz sachte aus dem Mittelpunkt ihres Daseins zu verdrängen – damit aber auch das aufsichtsführende Personal! Das blieb so lange ohne Folge und wiegte die Häftlinge in Sicherheit, bis einer einmal unangenehm auffiel. Dann allerdings konnte es geschehen, daß eines vormittags, wenn alle bei der Arbeit waren, die Gangreiniger und ein Wärter in eine Zelle traten, die Betten auf den Gang hinaustrugen und auch die Winkel bloßlegten, in die man bisher nicht einsehen konnte. In der leeren Zelle fand sich dann mühelos, was man zu finden beabsichtigte und was den Insassen das „G" kostete: Kein Besuch, keine Zigaretten! Und das alles nur, weil sich da so ein Querulant mit einem der Halbgötter angelegt hatte!
Eine der wichtigsten Aufgaben des Personals war es, dem Gefangenen das Gefühl zu vermitteln, daß er eigentlich gar kein Mensch sei, sondern ein Stück Dreck. Fiel der Blick eines der Wachhabenden fixierend auf einen vorbeigehenden Gefangenen, so blieb der wahrscheinlich sofort stehen und griff mechanisch zu seiner Identifikationskarte,

um sie auf Geheiß sogleich vorzeigen zu können. „Habe ich dir gesagt, daß du stehenbleiben sollst?" brüllt dann der Allgewaltige. Wenn der Sträfling aber den fixierenden Blick ignorierte und weiterging, kam der Anpfiff von der anderen Seite, und zwar bedeutend gefährlicher. Denn im ersten Fall hatte der Häftling dem Schikanierer die Möglichkeit gegeben, ihn zu schikanieren, seine Macht über ihn zu zeigen. Im zweiten Fall hatte er versucht, ihm diese Möglichkeit vorzuenthalten. Im ersten Fall wurde der Häftling gedemütigt und konnte dann weitergehen; im zweiten Fall war er „unangenehm aufgefallen" und er hörte dann wahrscheinlich: „Du hast es offenbar immer noch nicht gelernt, wie man sich hier benimmt! Wie lange hast du noch? Aha! Nur noch elf Monate! D.h. wenn du die 25 % Ermäßigung wegen guter Führung bekommst. Das ist aber gar nicht so sicher. Jedenfalls sollten wir dir ein wenig mehr Aufmerksamkeit schenken!"
Manchmal rief ein Wärter einen der Sträflinge, an deren Verhalten er glaubte noch ein wenig feilen zu müssen, zu sich und ließ ihn stramm stehen, während er sich ruhig mit seinem Kollegen weiter unterhielt. Wenn sich die beiden Aufseher dann auch noch, erzählend und gestikulierend, langsam entfernten, dann glaubte der Strammsteher natürlich seine Schuldigkeit getan zu haben und löste sich vom Fleck. Das hätte er nicht tun sollen! „Habe ich dir gesagt, du kannst gehen?" „Nein, aber ich dachte ..." „Wenn du schon glaubst denken zu müssen, du Schwachkopf!" usw. Geschlagen werden durften die Gefangenen nicht, leider, ohne daß der Exekution eine umständliche Prozedur vorangegangen war. Doch dafür gelang es ja hin und wieder, Situationen herbeizuführen, in denen ein Gefangener von seinen Mitgefangenen tüchtig verprügelt wurde und somit genau die Behandlung erhielt, auf die die Aufseher schweren Herzens verzichten mußten.
Wenn wir morgens nach dem Frühstück im Gefängnishof im Gegenuhrzeigersinn unsere Runden drehten, wobei die G-Träger rauchen durften, dann tauchte jedesmal ein kleines Häuflein heruntergekommener, bleicher aber trotziger Gestalten auf, die innerhalb unseres Kreises ihre kleineren Runden drehten, und zwar im Uhrzeigersinn.
Das waren Sträflinge, die innerhalb der Gefängnismauern noch zusätzlich straffällig geworden waren und nun einer Sonderbehandlung unterzogen wurden; denen nun nicht mehr allzuviel genommen wer-

den konnte. Wenn jemand in der Zelle geraucht hatte, dann war das eine Kleinigkeit, die höchstens ein oder zwei Tage in der Arrestzelle einbrachte, bei halber Essensration. Viel schwerer wog, wenn einer aufsässig gewesen war, denn, wie schon gesagt, auch hier huldigte man wie in allen auf Gewalt gegründeten Systemen dem Grundsatz: „Wehret den Anfängen!" Die meisten Karzerbewohner aber hatten „Dagga" geraucht, ein Rauschgift wie Haschisch, das sie wer weiß woher bekommen hatten. (Vielleicht sogar von einem Wärter!)

Mancher saß hier, weil er sich mit Rohdiamanten eingelassen, also das Monopol des Herrn Oppenheimer nicht respektiert hatte. Das war ein Delikt, das besonders hart bestraft wurde, obwohl es nicht so sehr die Allgemeinheit schädigte, wohl aber die Profite einer privaten Gesellschaft schmälerte und das Preisdiktat für Diamanten in Frage stellte. Einer privaten Gesellschaft, die sich um das Allgemeinwohl den Teufel scherte, die aber die öffentlichen Mittel in Anspruch nahm, um ihre privaten Interessen zu verfolgen. Die Polizei z.B., die Tausende von Stunden damit verbrachte, herauszufinden, ob sich wohl jemand erlaubte, die Regeln zu übertreten, die Herr Oppenheimer der Allgemeinheit aufzwang (z.B. daß kein gewöhnlicher Sterblicher einen ungeschliffenen Diamanten in seinem Besitz haben durfte). Und die Gerichte, die die Übertreter dann zu hohen Gefängnisstrafen verurteilen mußten. Alles, ohne daß es den Nutznießer auch nur einen Penny kostete! Wie er das wohl in die Wege geleitet haben mag?!

Sonntag morgens war Gottesdienst, abgehalten in der Schneiderei oder in der Schusterei, je nach Bekenntnis. Die Buren versäumten ihn nie. Die Deutschen, so hohes Ansehen sie auch sonst bei ihnen genossen, standen im Ruf, gottlos zu sein. Das war dann wohl auch der Grund, warum meine beiden Freunde mich jedesmal vor Beginn aufsuchten, mich in ihre Mitte nahmen und zu einem Platz führten, wo wir jedes Wort des Pfarrers gut hören konnten. Ich weiß nicht mehr, worüber er sprach, konnte aber feststellen, daß er offenen Ohren predigte.

Endlich ging ein kurzes aber eindringliches Kapitel zu Ende, bei dem ich einiges Gewicht verloren, dafür aber so manche Erfahrung gewonnen hatte. Früher meinte ich immer, man könne beim Abmagern nur sein überflüssiges Fett loswerden; nun aber mußte ich feststellen, daß ich auch meine Muskeln verloren hatte. Nur Sehnen, Haut und Knochen waren geblieben; das in Baberton abgeschnittene Haar war nicht nachgewachsen. Aber auch Gefühle wie Mitleid waren wie abgestorben: Ich bemitleidete niemanden mehr, am wenigsten mich selbst. In den ersten Wochen tauchte dann und wann so etwas wie Heimweh auf. Nicht ein auf ein bestimmtes Ziel gerichtetes Verlangen nach seinen Angehörigen oder Freunden, oder nach der gewohnten Umgebung, sondern es war wohl eher eine unerklärliche Traurigkeit, heimlich und nagend. Das ging diesmal schnell vorüber und kam niemals wieder.

Am Morgen des 17. November meldete ich mich bei der Apotheke und ließ mir die für „Kranke" übliche Ration „black and white" aushändigen, die den Magen und die Därme radikal durchputzen würde. Gegessen wurde nichts mehr, nur Wasser getrunken. Meine Zellengenossen stürzten sich auf meine Ration. Es war ein Mittwoch, und am Nachmittag konnte ich mich von all denen verabschieden, die ich inzwischen kennengelernt hatte.

Auch am nächsten Morgen verzichtete ich mühelos auf das Essen, spürte keinen Hunger sondern fühlte mich leicht, so als ob ich schwebte. Noch ehe ich zur üblichen Morgenrunde gehen konnte, rief man mich heraus und führte mich einen der endlosen Korridore entlang. Manchmal hielt ein Gitter uns auf, das den einen Korridor sperrte, dem dazu senkrecht verlaufenden freien Durchgang gewährte. Eine Gruppe schwarzer Gefangener kreuzte unseren Weg. Damit das möglichst rasch vor sich ging, spornten die mit dem Hin- und Hertrieb beauftragten Aufseher sie weidlich an. An solchen Stellen nämlich, so hieß es, sollte hie und da einmal ein Päckchen Dagga seinen Besitzer gewechselt haben, und natürlich auch der Gegenwert. Wie, das ist mir unverständlich. Aber auf was für Ideen kommt man nicht, wenn man Jahre und nicht nur Monate gewöhnt ist, auf engstem Raum alle Möglichkeiten auszuschöpfen.

Schließlich betraten wir die Schreibstube, wo mich mein Begleiter ablieferte und sich die Übergabe ordnungsgemäß quittieren ließ.

Es war die gleiche Stelle, an der ich seinerzeit – vor einer Ewigkeit – ankam. Die gleichen Beamten, die wie damals den Eindruck erweckten, unabkömmlich zu sein ohne viel zu tun. Sie betätigten sich, ohne

von mir Notiz zu nehmen, ohne aufzusehen. Ich stand da, genau wo man mich hingestellt hatte und rührte mich nicht; so wie ich es inzwischen gelernt hatte.
Da schlug die Uhr acht und wie auf ein Zeichen erhoben sich die zuvor so Unnahbaren von ihrer Arbeit, traten auf mich zu, reichten mir die Hand und sagten: „Goeie more, meneer Hellom!" Ich war wieder ein Mensch, und sie hatten es mir mitgeteilt! Einer brachte mir meine Kleidung, ein Kaffer schleppte den Koffer herbei und da stand auch schon eine Tasse Kaffee mit Zucker und Milch. In einem Nebenraum konnte ich mich umziehen und staunte, wie sich diese Wäsche anfühlte. Und wie leicht man da hineinkam! Meine Uhr, meine Papiere und mein Geld wurde mir ausgehändigt, gegen Unterschrift, allerdings nicht mein Ausweis.
Dann kam der letzte Auftritt an diesem Ort: Der Direktor ließ es sich niemals nehmen, sich persönlich von seinen Gästen zu verabschieden. Ein eisenharter Mann – gewiß früher einmal Meister in seiner Gewichtsklasse – der mir sehr freundlich sagte, er wünsche mich hier nie wieder zu sehen. Es dauerte dann noch etwa bis um 11 Uhr, als ich in einen Vorhof hineingeführt wurde, in dem eine große Limousine stand. Drei kräftige Herren in Zivil begrüßten mich zuvorkommend und luden mich ein, auf dem Rücksitz Platz zu nehmen. Das große Tor öffnete sich und gab den Weg frei zu neuen Erlebnissen, von denen ich nicht die geringste Vorstellung hatte.

Eine weitere Zwischenstation (18.11.1943 - 25.5.1946)

Vorbemerkung

Der nachfolgende Bericht handelt von lauter Nebensächlichkeiten.
Er berichtet von einem Leben, in dem nur Nebensächlichkeiten erlaubt waren; einem Leben, das die Erfinder der Konzentrationslager in wohlerwogene Grenzen gezwängt haben; Grenzen, die den Gefangenen einen optimalen Freiraum überlassen; optimal aber nur für die Bewacher.
Eng genug, daß die Überwachung überschaubar und die Kosten dafür in Grenzen blieben; und doch auch wieder so weit, daß eine hinreichend große Zahl der Gefangenen bereit sein würde, sich in diesem reduzierten Leben einzurichten und dadurch einen Teil der sonst nötigen Zwangsmaßnahmen überflüssig machte.
Eine Mehrheit nämlich, die sich bald so angepaßt haben würde, daß sie den Bewachern einen Teil ihrer Arbeit abnahm, indem sie sich gegen jeden ihrer Leidensgefährten mobilisieren ließ, der sich nicht fügen wollte.
Eine eigens dafür ausgebildete Mannschaft wachte nach eigens dafür ersonnenen Regeln darüber, daß niemand im Gehege etwas anderes tun konnte, als nur Nebensächlichkeiten!
Es steckt schon eine gehörige Portion Philosophie in diesem raffinierten System von variablen Einschränkungen, von großzügigem Entgegenkommen und hinterhältigen Schikanen.
Jede Geste von Menschlichkeit und Fürsorge hatte den einzigen Zweck, bei jeder Gelegenheit vorenthalten werden zu können, um so den Internierten immer wieder vor Augen zu führen, um wieviel unangenehmer das Leben für sie würde, wenn sie sich nicht entschließen, mit einem Leben aus lauter Nebensächlichkeiten vorlieb zu nehmen.
Auch bewährte Tradition ist dabei, und der Kommandant scheint sich ihr verpflichtet gefühlt zu haben; ihr und der Berufsehre, die ein standesbewußter britischer KZ-Aufseher nun einmal haben muß, wenn er

seine Tätigkeit auf die Dauer und ohne eigenen Schaden ausüben möchte.
Der nachfolgende Bericht nun gibt einen kleinen Ausschnitt aus diesem reduzierten Leben wieder, in dem gezeigt wird, wie die aufgezwungene Beschränkung von den Betroffenen schließlich an Lebens Statt angenommen und gemeistert wurde.

Das große Tor des „Local Prison" in der Potgieterstraat in Pretoria hatte sich geöffnet und uns hinausgelassen. Flott und fast geräuschlos fuhr die große Limousine dahin – ohne daß ich feststellen konnte, wohin. Das sollte ich wohl auch gar nicht, denn meine freundlichen Begleiter verwickelten mich sogleich in ein Gespräch, das meine ganze Aufmerksamkeit in Anspruch nahm: Die militärische Lage in Europa! Sie wollten unbedingt wissen, was ich, ausgerechnet ich, der ich doch die letzte Zeit von allem normalen Leben abgeschieden zugebracht hatte, von den militärischen Aussichten Deutschlands halte.
Irgendwann rollten wir irgendwo ein, stiegen aus, und man brachte mich zu einer Stelle, die meine Begleiter fanden, ohne danach fragen zu müssen. Ich wurde berufenen Händen übergeben, meine Ablieferung quittiert und die drei freundlichen Herren verabschiedeten sich.
Der Umgangston war nicht unfreundlich, eher geschäftsmäßig und für die Beamten kräfteschonend. Ich jedenfalls genoß den Unterschied zur Behandlung, der ich zuvor ausgesetzt war.
Geld und Papiere wurden in Verwahrung genommen, Unterschriften für wer weiß was alles geleistet, Zeilen und Spalten mußten ausgefüllt werden.
Nachdem der Bürokratie Genüge getan war, begleitete mich ein älterer Soldat, der seine Heldenzeit längst hinter sich hatte, zu einem etwa 5 m breiten und 4 m hohen Tor aus Eisen und Stacheldraht, das aber in sich selbst noch eine Tür enthielt. Die war so groß, daß selbst ein hochgewachsener Mann hindurchtreten konnte, ohne sich bücken zu müssen.

Der Posten, der davor stand, verfiel in Zuckungen, und später erfuhr ich auch, weshalb: Mein Begleiter hatte nämlich einen „Winkel" am Ärmel, er jedoch nicht, mußte also salutieren.
Rasch gelangten wir zu einem kleinen Rundbau, in dem der Lagerführer seine Amtsgeschäfte ausübte. Er hieß Major B. und war körperlich behindert. (Man nannte ihn ganz allgemein „Amigo", vielleicht, weil er sich zeitweise in Südamerika aufgehalten hatte.)
Mein Kommen mußte seine Schatten vorausgeworfen haben, denn es brauchte nichts improvisiert zu werden. Alles war vorbereitet, auch der Stubenälteste der Stube, in der ich untergebracht werden sollte, war schon zur Stelle. „Sie kommen zur Hitlerjugend!" lautete die Zuweisung und nach Absondern einiger Belanglosigkeiten übergab „Amigo" mich der Obhut des „dicken J.". Dieser, der dagesessen und sich die Entwicklung der Dinge schweigend angehört hatte, sollte nun dafür sorgen, daß ich mich in das Getriebe einordnete, ohne unnötige Reibungen zu verursachen.
Wir machten uns also auf den Weg, holten uns „Dixie", „Koppie" und auch den Löffel ab, den es hier in gleicher Qualität gab wie im Gefängnis, dazu aber noch einen flachen Teller, Messer und Gabel. Die von der Regierung gestellte sog. „Jannie-Kleidung" bestand aus Hemd, Hose, Schuhen, Socken, einem Schlafanzug, Unterwäsche – die ich aber als geborener Südwester ignorierte – und einem leichten Mantel für kalte Tage. Nach bestimmten Zeitabschnitten wurden die Sachen erneuert, und, wie ich später feststellen mußte, zu Recht, denn sie waren nicht von der dauerhaften Sorte.
Inzwischen war es Zeit für das Mittagessen geworden und man hatte bereits eine Lücke für mich gefunden, durch die ich mich an den Futtertrog drängen konnte; fürs erste, bis ein Dauerplatz für mich frei wurde.
Mit meiner Schüssel und dem Löffel ausgerüstet fand ich in der großen Eßhalle an einem etwa 1 m breiten und 6 m langen Holztisch Platz. Die Sitzgelegenheit bestand aus zwei Bänken ohne Lehne, die zu beiden Seiten des Tisches aufgestellt waren und auf denen bis zu 16 Internierte sitzen konnten. Einer von ihnen, der gerade Tischdienst („Backschaft") hatte, schaffte das Essen in Gefäßen mit flachem, ovalem Boden, den sog. „Barkassen" heran, die 20 bis 30 Liter faßten, mit

einem Henkel versehen waren und an der Essensausgabe zum Abholen bereitstanden. Der Tischdienst hatte für die ordnungsgemäße Verteilung des Essens am Tisch zu sorgen, mußte möglicherweise auch einmal „nachfassen", brachte die Gefäße nach der Mahlzeit zurück und säuberte den Tisch für die nächste der insgesamt drei Schichten.
Jeder der Teilnehmer an einem Tisch mußte einmal für eine Woche Tischdienst machen, es sei denn einer erklärte sich bereit, diese Arbeit auf Dauer zu übernehmen, gegen ein gewisses Entgelt.
An diesem Tag gab es Eintopf: Kohl, gekochtes Fleisch, Kartoffeln und noch so manches andere, das den aufdringlicheren Bestandteilen gegenüber nicht so recht zur Geltung kam.
Ich aß, ruhig und zielstrebig, eine Portion nach der anderen, aber das Gefühl, satt zu sein, wollte und wollte sich nicht einstellen; ebenso, wie ich jegliches Hungergefühl verloren hatte. Nach einiger Zeit, als man bereits anfing, mich besorgt zu mustern, hörte ich freiwillig auf und begab mich, dem Strome folgend, zu den großen Holztrögen hinter der Eßhalle, die mit heißem Seifenwasser gefüllt waren, und in denen man sein Geschirr abwaschen konnte, um es danach unter einem der vielen nebeneinander angebrachten Wasserhähne abzuspülen.
Auf der Stube – Lager II, Baracke 6, Bude c – lernte ich dann ganz ohne Etikette meine Kameraden kennen, mit denen ich während der nächsten Zeit zusammenleben sollte. Sie waren gerade dabei, mit Wurfpfeilen ein Ziel zu treffen und äußerten sich in allen möglichen Dialekten.
Der Stubenälteste war bereits dreißig Jahre alt und gehörte eigentlich in die vorige Generation. Seine Stellung war in keiner Weise mit Autorität ausgestattet, versetzte ihn daher auch nicht in die Lage, irgendeinem der „Kameraden" – so nannte man sich gegenseitig, ab und zu nicht ohne einen Anflug von Ironie – zu irgendeiner für die Allgemeinheit notwendigen Handlung zwingen zu können; denn die äußere Begrenzung und die dadurch eingeschränkte Bewegungsfreiheit hatte die Abneigung der jungen Burschen gegen jegliche Art von Bevormundung ebenso verstärkt, wie es der Umstand tat, daß einem jeden der Lebensunterhalt ja garantiert war und er sich darum nicht zu sorgen brauchte. Vor „Jannie" (Smuts) waren sie alle gleich, erhielten die gleiche Verköstigung, die gleiche Bekleidung, die gleiche Behandlung

und die gleichen, beschränkten Möglichkeiten, sich die Freizeit zu gestalten.
Wie immer zwischen Menschen, die auf engstem Raum zusammenhausen müssen, gab es auch in der 6c genügend Reibungsflächen, und unser Zusammenleben wäre zur Hölle geworden, wenn nicht die meisten der Mitbewohner eine durch und durch positive Einstellung, einen guten Humor und frohen Mut gehabt hätten, eine saubere Gesinnung und ein Gefühl für Recht und Anstand. Werner J. hatte also wenig Mühe, den individuellen Spielraum der einzelnen in solchen Grenzen zu halten, daß das Allgemeinwohl dabei nicht zu kurz kam. Was an seiner Aufgabe übertragbar war, das überließ er dem zweitältesten, Paul L., einem 24jährigen rothaarigen Bad Segeberger. Ein durch und durch rechtschaffener, gutmütiger Tolpatsch, dessen intellektuelle Ausstattung zwar manchen dazu verleitete, ihn zu unterschätzen, die es aber andererseits, im Verein mit seiner Arglosigkeit, verhinderte, daß irgend jemand seine Anweisungen als die Befehle eines Vorgesetzten empfand.
Die Voraussetzungen für ein gedeihliches Zusammenleben waren also gegeben, und ich genoß den offensichtlichen Unterschied zum Dasein in meiner vorigen Unterkunft: Die Fenster waren nicht vergittert, die Stube wurde, wenn abends um 10 Uhr das Licht ausging, nicht abgeschlossen und von Posten bewacht. Von einer Gewaltausübung durch die Wachmannschaft spürte man so gut wie nichts – vielmehr schien alle Gewalt von dem vermaledeiten Stacheldraht auszugehen – außer wenn einmal in der Woche die Baracken gründlich inspiziert wurden, und wenn wir zum Zählen antreten mußten; vormittags nach dem Frühstück und nachmittags, nachdem der ‚Auslauf' geschlossen war. Dazu stellten wir uns lagerweise in Blöcken zu je 20 Reihen zu je 5 Personen auf und überließen die Arbeit den Wachtposten, die für die genaue Aufstellung verantwortlich waren, und dem leitenden Offizier, der das Zählen selbst vornahm. Stimmten am Schluß Soll und Haben miteinander überein, dann durften wir wieder abtreten und uns den eigenen Anliegen widmen.
Das Essen war reichlich, nachmittags gab es auch noch „Kaffee". Im „Kameradschaftsheim" – einem auf privatwirtschaftlicher Basis von Internierten betriebenen Lokal – konnte man sich Steak mit Spiegelei

und Bratkartoffeln für 1sh 6d kaufen, wobei allerdings zu bemerken ist, daß die angebotenen Eier noch von Hühnern stammten, die längst an Altersschwäche eingegangen sein mußten.
Im Auslauf-Café gab es echten Kaffee für 3d die Tasse und eine reiche Auswahl an Kuchen, die ebenfalls von Privatunternehmern gebacken und vertrieben wurden.
Alles in allem war das ein reiches Angebot, so daß ich mich in den ersten Tagen im Schlaraffenland wähnte.
Der ‚Auslauf' war ein besonderer Teil des gesamten umzäunten Geländes, der erst nach der ersten Zählung – etwa um 9 Uhr – betreten werden durfte und am Nachmittag vor der zweiten Zählung – etwa um 16 Uhr – wieder verlassen werden mußte.
Wenn nachmittags ein bestimmtes Trompetensignal ertönte, bewegten sich die Internierten, die sich bis dahin im Auslauf aufgehalten hatten, auf das Tor zum Hauptlager zu. Eine Abteilung der Wachmannschaft half den Nachzüglern zu einer rascheren Gangart und untersuchte das Gelände routinemäßig, ob sich da nicht vielleicht ein Ausreißwilliger versteckt hatte; denn die Wachtposten, die tagsüber am Außenzaun des Auslaufgeländes gestanden hatten, die zogen nach der zweiten Zählung ab und bewachten nun den Innenzaun, der das Hauptlager vom Auslauf trennte. Der Außenzaun war dann unbewacht!
Für alle, die sich ein wenig aus dem Gedränge zurückziehen wollten, war der Auslauf ein Ort der Erholung. Man konnte sich dort in einem Lehnstuhl unter einen Baum setzen – von den Wachtposten beneidet – und lesen oder auch still vor sich hindösen. Manche hatten sich einen kleinen Garten angelegt, den sie mit der Flüssigkeit aus dem „Porridge-Bach" bewässerten.
Dieses Gewässer kam vom Osten in das Altlager (Lager I) hinein und war zunächst mit Betonplatten abgedeckt. Dann und wann einmal wurde er abgezweigt und lief durch eine von den Internierten entworfene und gebaute Filteranlage ins Schwimmbad. Für gewöhnlich nahm er seinen Lauf in einem mit Betonplatten ausgelegten Kanal von etwa 80 cm Tiefe und 60 cm Breite, der durch den Zaun vom Lager I in den Auslauf führte, oberhalb der Tribüne neben dem Fußballfeld entlang lief und dann, nachdem er gründlich durch die Abwässer aus der Küche verunreinigt war, den Gärtnern zur Verfügung stand.

Sowohl bei seinem Eintritt ins Altlager als auch bei seinem Wechsel in den Auslauf war der Kanal durch eiserne Stäbe von 1 cm Stärke gegen Ausbruch gesichert. Beim Übertritt in den Auslauf waren zusätzlich noch zwei Eisenbahnschienenstücke so einbetoniert, daß nur noch das Wasser an ihnen vorbeikonnte. Die Gitterstäbe zum Auslauf waren am unteren Ende durchgesägt und am oberen so angesägt, daß man sie rasch und mühelos zur Seite biegen konnte.
Bei seinem Eintritt in das Lager enthielt das Wasser ein wenig Sand und Erde, und auch nachdem es den Filter durchlaufen hatte und das Schwimmbad füllte, war es immer noch so trübe, daß man beim Tauchen nur wenige Schritte weit sehen konnte.
Das aber änderte sich, sobald die Abwässer aus Küche, Kantine und den Baderäumen hinzukamen. Die Neigung, unter diesen Bedingungen einen Garten anzulegen, mußte schon recht ausgeprägt sein, wenn man es auf sich nahm, seine Pflanzen mit dieser Brühe zu begießen.
Auf dem Auslaufgelände befanden sich zwei Tennisplätze und ein Ringtennisplatz, ein Fußballfeld, zwei Korbballplätze und ein Faustballplatz. Die 400 m-Bahn verlief um das Fußballfeld und die Korbballplätze, die 100 m-Bahn zwischen Fußballfeld und Grünanlage. Dort gab es die Sandgrube für Hochsprung, Weitsprung, Dreisprung und Stabhochsprung, neben der Anlage für das Kugelstoßen. Für die Wurfübungen – Hockeyball- und Schleuderballweitwurf an Stelle von Speer- und Diskuswerfen – mußte das Fußballfeld herhalten.
Auch Geräteturnen, Boxen, Ringen und Jiu-Jitsu wurden angeboten, und zwar im Hauptlager, so daß man auch nach 16 Uhr die Möglichkeit zum Trainieren hatte. Dort befanden sich noch zwei Tennisplätze, mehrere Ringtennisplätze und das Schwimmbad (20 m x 10 m) mit einem 1,5 m-Brett, so daß man sich auf die Prüfung für den Grund- und Leistungsschein der Deutschen Lebensrettungsgesellschaft vorbereiten, an Wasserball- oder Schwimmwettkämpfen teilnehmen oder sich im Kunstspringen üben konnte. Nicht nur für den Leistungssportler, sondern auch für Senioren, die ihren Kreislauf intakt halten wollten, war also gesorgt.
Reichten diese Anlagen aber für 1600 Internierte?
Ja, denn sie waren „organisch" entstanden, d.h. aus dem jeweiligen Bedürfnis heraus. Jedesmal, wenn sich eine Nachfrage einstellte, dann

entwickelte sich so nach und nach auch ein entsprechendes Angebot. Weil es eben eine beachtliche Anzahl tatkräftiger Menschen dort gab, es waren ja schließlich nicht die unfähigsten interniert worden.
Ich machte sogleich den selben Fehler, den viele Studenten im ersten Semester auch machen: Ich nahm mir zuviel aus dem Angebot heraus: Geräteturnen, Hockey, Korbball, Ringen, Jiu-Jitsu, Wasserball, Kunstspringen, Leichtathletik und gelegentlich auch noch Tennis und Ringtennis.
In der Leichtathletik war gerade Sommerpause – was die Wettkämpfe anbelangt –, aber das hinderte ja niemanden am Üben, und die benötigten Geräte konnte man sich jederzeit bei den freiwilligen Helfern ausleihen, die unter dem Kommando von Artur P. die Anlagen in Schuß hielten.
Zweifellos war es in erster Linie der Tätigkeitsdrang eines jeden einzelnen, der ihn vom Müßiggang abhielt; einem Laster, das unter den hier gegebenen Umständen zum Verfall führen mußte. Aber man sollte dennoch die Betriebsamkeit der verschiedenen unermüdlichen „KdF“-Funktionäre nicht unterschätzen, die, mehr oder weniger im Verborgenen, dafür sorgten, daß sich dieses Streben auch verwirklichen konnte.
Schach- und Skatturniere wurden organisiert; im Schach zudem Ranglistenwettkämpfe ausgetragen. Es gab ein Blasorchester, das eigentlich jeden mitspielen ließ, wenn er sich in seinen Grenzen hielt, und in dem die Trompeten, Flügel- und Tenorhörner jederzeit in der Lage waren, jeden Mißton plattzuwalzen. Dann ein Streichorchester, ein kleines Kammerorchester und ein Jazzorchester, das sich „Die Wellblechsymphoniker“ nannte.
Den jüngeren Internierten – vor allem den Seeleuten – wurde die Gelegenheit geboten, innerhalb von zwei Jahren das Einjährige und dann, nach nochmals zwei Jahren, das Abitur zu machen. Auch Hochschulkurse fanden statt, über deren Niveau sich allerdings streiten läßt.
In den ersten Tagen meines Aufenthalts in Baviaanspoort sagte mein Vetter Werner Horn zu mir: „Laß Dir keines der Theaterstücke entgehen! Die haben wirklich Niveau.“
Die große Wellblechhalle war bis zum letzten Platz gefüllt, als die Theatergruppe das Lustspiel „Der wahre Jakob“ aufführte. Ein

Schwank, in dem die Sachsen wieder einmal das Nachsehen hatten. Ein witziger Einfall folgte dem anderen; keinerlei Leerlauf, die Handlung war auch für den unvorbereiteten Zuschauer übersichtlich und führte ohne Schnörkel zum Ziel.
Doch leider währte, was so gut geriet, auch besonders lang, so daß man fast ein Jahr lang warten mußte, bis das nächste Stück auf die Bühne kam: „Pension Schöller", „Der eingebildete Kranke" und „Die spanische Fliege".
Es muß sich bei der Spielleitung um Fachleute gehandelt haben, denn die Aufführungen konnten sich durchaus mit denen messen, die ich später in München sah. Das Fehlen von weiblichen Darstellern wurde durch geeignete Kosmetik wettgemacht.
Im Lager gab es etliche, die sich emsig mit der Musik beschäftigten und sich dann redlich bemühten, den Mitgefangenen auch etwas von dem abzugeben, was sie sich mit viel Fleiß erarbeitet hatten.
Ein Internierter z.B. komponierte eigens ein Streichquartett und lud die Öffentlichkeit ein, es sich kostenlos anzuhören. Ich wollte eigentlich nicht hingehen, aber Werner Horn meinte: „Das mußt Du Dir unbedingt anhören, denn diese Aufführung wird wohl die einzige bleiben." Eine Rarität also, wie der Fehldruck bei einer Briefmarke.
Doch zwischen dem, was im allgemeinen angeboten wurde und dem, was so mancher anspruchsvolle Konsument hören wollte, klaffte nur allzuoft eine unüberhörbare Lücke. Und in genau diese Lücke schoben sich ganz unaufdringlich die Schallplattenkonzerte. Hier bot man den Hörern das, was von einem einmaligen Kunstwerk noch übrigbleibt, wenn man es in einer Schallplatte konserviert: Z.B. Tschaikowskis 5. und 6. Symphonie, ein Cembalokonzert von Händel, ein Klavierkonzert von Mozart und so manche andere Kostbarkeit.
Das Konzert wurde rechtzeitig am Schwarzen Brett angekündigt, und die Internierten verteilten sich zur gegebenen Zeit mit ihren Stühlen im halbverdunkelten Raum und ließen die alltägliche Wirklichkeit hinter sich.
Bei der Bibliothek brauchte man sich nur zur gegebenen Zeit am richtigen Schalter einzufinden und schriftlich seinen Wunsch zu äußern, und schon wurde einem auf recht unbürokratische Weise ein Buch ausgehändigt.

Die Voraussetzungen, seine Zeit nützlich zu verbringen und das beste aus dieser ungewünschten Situation zu machen, waren also durchaus gegeben.
Auf dem Gelände des Hauptlagers befand sich zunächst das sog. Altlager (Lager I) mit dem Kameradschaftsheim (Kantine und Laden); dann einem Gebäude, in dem die Schreiner ihre Vorstellungen verwirklichen konnten, in dem aber auch die Freistilringer ihre destruktive Tätigkeit betrieben; einem Rundbau, in dem die Schuster den „Jannie-Schuhen" zu einem verlängerten Leben verhalfen, einem Rundbau, in dem die Schneider damit beschäftigt waren, Badehosen zu nähen und Schäden auszubessern. Gleich daneben hatte Artur P. einen Raum, in dem die Geräte für die Instandhaltung der Sportanlagen aufbewahrt wurden.
Eine große Wellblechhalle mit Bühne und Räumlichkeiten, in denen die Schauspieler sich vorbereiten und das Zubehör für die Aufführungen aufbewahren konnten. Im Zuschauerraum dieser Halle fanden für gewöhnlich die Orchesterproben aber auch das Training für die Turner statt.
Ein Rundbau diente dem Lagerführer als Zentrum, von dem aus er seinen Einfluß bis in die hintersten Ecken des Lagers ausbreitete.
Ein wenig getrennt vom Altlager begann Lager II mit den Baracken 1 bis 4 und 5 bis 8, 13 und 14. Neben der Reihe 1 bis 4 standen, parallel zum Zaun, zwei große Baracken aus Heraklit, in deren einer teils die Maler ihr Atelier hatten, teils die Bibliothek untergebracht war. In der anderen hatten sich im einen Teil die Boxer eingerichtet, ihren Ring und ihre Geräte aufgebaut und erprobten dann und wann einmal ihre Schlagkräftigkeit; der andere Teil war für Schallplattenkonzerte, Vorträge und allerlei Vorführungen bestimmt.
An die Baracken anschließend standen vier kleine quadratische Bauten, in denen der Lagerführer und die Schiffskapitäne wohnten.
Die Baracken 1 bis 8 vom Lager II und 9 bis 12 von Lager III waren aus Klinkersteinen gemauert. Jede bestand aus 4 Stuben. Davor verlief eine durchgehende Veranda, etwa 40 cm über der Erde, auf denen einige Holztische und Bänke standen. Das Dach wurde von Pfosten aus Eisenrohr getragen.

In der Verlängerung der Baracken 5 bis 8 stand die große Eßhalle, dahinter die Vorratsräume, die Küche und der Heizkessel, in dem die Hitze für die Dampfkochtöpfe erzeugt wurde.
In den Baracken 13 und 14 waren Fremdenlegionäre untergebracht. Die im Lager III auf 9 bis 12 folgenden Baracken 15, 16 und 17 waren für das Küchenpersonal und für die Alten und Gebrechlichen vorgesehen. Es folgten nach Westen zu noch die Lager IV und V, deren Unterkünfte mit möglichst wenig Aufwand angefertigt worden waren. Im Winter pfiff der kalte Wind durch die Ritzen und verleidete den Wanzen das Dasein. Zu erwähnen wäre noch im Lager III das Hospital.
Schon am ersten Tag erhielt ich eine Vorstellung davon, wie die Menschen in den einzelnen Gauen Deutschlands dachten und redeten; wie sie auftraten und an die Probleme herangingen. Denn die jungen Burschen, die als Seeleute zum Teil schon mit 16 oder 17 Jahren in Gefangenschaft geraten waren, die hatten bisher wenig Gelegenheit gehabt, sich mit den Sitten und Gebräuchen fremder Länder vertraut zu machen, so daß sie ihre eigenen hätten darüber vernachlässigen können. (Wie dies mit vielen Deutschen in Südafrika aber auch Südwest dann der Fall war, wenn sie mit englischen Familien in engeren Kontakt kamen und schon bald ihre Jugendfreunde nicht mehr kannten.) Meine neuen Stubenkameraden aus Übersee aber stellten sich mir so vor, als kämen sie geradewegs von zu Hause.
Der erste Nachmittag verlief mit der Besichtigung des gebotenen Freiraums; der kam mir zunächst beachtlich vor.
Mehr noch als ich hatten die Stubenkameraden zu fragen; denn ich kam ja von „auswärts“. Werner Bley aus Werdau in Sachsen unterzog mich einem regelrechten Verhör: Warum ich denn nicht lange zuvor schon interniert worden sei? Na? Ob denn mein Herz nicht kräftig genug für Deutschland geschlagen habe, so daß „der Feind“ ein Auge auf mich hätte werfen müssen?
„Wie hältst Du es mit dem deutschen Vaterland?“ – Das war eine Frage, von der ich bisher nie geglaubt hatte, daß ein anständiger Mensch sie nicht sogleich und ohne Wenn und Aber beantworten könne.
Hier aber spaltete die Antwort das Lager in zwei Teile: In die „anständigen Deutschen“ – die auf die Beifügung „anständig“ verzichten

konnten, weil es offenkundig war, daß sie es waren – und in die „Freien Deutschen".
Wie aber unterschieden sich die Menschen in den beiden Gruppen voneinander? Redeten sie denn nicht in derselben Sprache und waren sie denn nicht beide als Deutsche aufgezogen worden? Hockten sie denn nicht beide im gleichen Internierungslager? Was war das also für eine „rechte Gesinnung", die der eine hatte, der andere aber nicht?
Die „Gesinnung" war also der Streitpunkt, und die Bezeichnung „Freie Deutsche" rührte von der Organisation „Nationalkomitee Freies Deutschland" her, die unter sowjetischem Patronat von kommunistischen Emigranten (Pieck, Ulbricht u.a.) und deutschen Überläufern wie General Walther von Seydlitz nach der Katastrophe von Stalingrad gegründet worden war. Von lauter Leuten, denen es an der „rechten Gesinnung" fehlte.
Die Internierten mußten sich am 8. September 1942 entscheiden, ob sie grundsätzlich bereit waren, nach Deutschland „repatriiert" zu werden, wenn sich eine Gelegenheit dazu bieten sollte; oder ob sie dazu nicht bereit waren.
Die einen unterschrieben auf der Kommandantur vor einem Beamten ein Dokument, das den Behörden freie Hand ließ, den betreffenden jederzeit auf die Reise nach Deutschland zu schicken, wann immer es ihnen vorteilhaft erscheinen sollte.
Die anderen aber unterschrieben nicht, wollten also wohl lieber in der Obhut des Feindes bleiben, ja, und womöglich sogar in seine Dienste treten, so wie es ihnen die Offiziere vom „Nationalkomitee Freies Deutschland" vorgemacht hatten! „Freie Deutsche" also!
Von den einen nahm man an, daß sie auf jeden Fall nach Deutschland wollten, um ihren Landsleuten dort im Kampfe beizustehen und zu jedem Opfer bereit waren. Den anderen aber fehlte offensichtlich dieses Pflichtgefühl.
Nun gab es aber außer der Gesinnung noch eine Vielzahl anderer Beweggründe, warum ein Internierter „unterschrieb", und auch etliche, warum er es nicht tat.
Die Seeleute und die Passagiere hatten ihre Angehörigen in Deutschland, die auf sie warteten: Dort waren sie zu Hause, Südafrika dagegen war für sie feindliches Ausland. Was also sollte sie dazu bewegen,

nicht zu unterschreiben und möglicherweise hierzubleiben? Wieviel blieb da noch für die Gesinnung übrig?
Die Südafrikaner aber waren hier zu Hause, hatten hier ihre Existenz aufgebaut und lebten hier mit ihrer Familie, ihren Freunden und Bekannten. Was also sollten sie in Deutschland, das sie ja durch ihre Tüchtigkeit auch im Ausland vertreten konnten?
Diese Frage stellten sich etliche von ihnen und unterschrieben nicht. War das nun ein Mangel an Gesinnung?
Manch einer von ihnen wiederum sah seine Existenz durch den Krieg und durch gewaltsame Maßnahmen der Behörden im feindlichen Ausland in Frage gestellt und unterschrieb – zu einem Zeitpunkt, als sich die Niederlage Deutschlands noch nicht jedermann zu erkennen gab. Das gleiche taten auch junge, abenteuerlustige Unverheiratete und auch die Idealisten, die, komme was wolle, Deutschland bei seinen Kriegsanstrengungen unterstützen wollten.
Unterschreiben oder nicht unterschreiben als Merkmal für die Gesinnungskontrolle heranzuziehen war also ein untaugliches Mittel.
Was die „Freien Deutschen" anbelangte, so gab es sogar so etwas wie eine Etikette: Mit solchen Leuten verkehrt ein anständiger Deutscher nicht, ja, er redet noch nicht einmal mit ihnen. Tat man es dennoch, dann nahm einen jemand, „der es gut mit Dir meint", diskret beiseite und „klärte einen auf". Zum Schluß hieß es dann etwa: „Du mußt Dich nun entscheiden, ob Du mit solchen Leuten verkehren willst, oder mit uns."
Meine Entgegnung lautete dann ungefähr so: „Deine Gesellschaft ist mir bedeutend mehr wert als die seine; am meisten aber ist mir die Freiheit wert, zu verkehren mit wem ich will."
Das habe ich konsequent durchgehalten und mich auch nie von dem „üblen Ruf" eines Mitinternierten beeindrucken lassen. „Laßt mich mit dem Geschwätz zufrieden! Ich beurteile den Mann so, wie er sich mir gegenüber benimmt."
Am Eßtisch saß zu meiner Linken ein etwa 30jähriger Mann, Konrad Koch, ein Idealist, strebsam und immer beschäftigt. Zu meiner Rechten und mir gegenüber saßen drei „Freie Deutsche", die es mir leicht machten, diesen Typ nicht allzu sympathisch zu finden. An allem hatten sie etwas zu mäkeln, stocherten so lange darin herum, bis sie etwas

Negatives gefunden hatten, über das sie dann ausschließlich redeten. Man hatte den Eindruck, als ob erkennen bei ihnen gleichbedeutend sei mit „das Negative an einer Sache finden“. Kein Wunder, daß sie dann nur noch geringschätzig über ihre Umgebung und über das, womit sich ihre Mitmenschen befaßten, urteilen konnten.

Konrad K. hingegen sah in allem hauptsächlich das Positive – nur nicht bei diesen drei Tischgenossen.

Er saß Tag für Tag nach den Mahlzeiten an einem Tisch in der Eßhalle, einen Stapel Bücher vor sich, die er sich in der Bücherei ausgeliehen hatte, und las und schrieb. Offensichtlich hatte er sich meistens mehr vorgenommen, als er täglich schaffen konnte, denn er befand sich ständig in Zeitnot, so daß er die Aufmerksamkeit derer erregte, die sich stets die nötige Zeit nehmen und sie dazu benutzen, ihre Mitmenschen zu kritisieren, hämische Bemerkungen zu machen und Gerüchte über sie in Umlauf zu bringen. Vor allem wenn es jemand war, der unbekümmert seiner Wege ging, ohne sie zu beachten.

Da behauptete so einer, gehört zu haben, wie Konrad Koch, als er gerade auf dem Abort saß, ungeduldig ausrief: „Scheiße komm! Scheiße komm! Ich habe keine Zeit!“, um ihn sodann, im Unterschied zu anderen Kochs, als „Scheiße-komm-Koch“ zu kennzeichnen.

Nach einigen Wochen Leben bei normalen Rationen, unter vermindertem Druck und unter rechtschaffenen Menschen hatte ich mich weitgehend „gehäutet“; die Haare begannen wieder zu wachsen, die Muskulatur entwickelte sich wieder und auch der Gesamteindruck mußte sich zum besseren gewandelt haben, denn ein Sportskamerad meinte: „Jetzt siehst Du wieder aus wie ein normaler Mensch; nicht mehr wie ein Schläger!“

Wenn 18 oder mehr lebendige und eigenwillige Menschen in einer Stube zusammenleben müssen, dann wird an die gegenseitige Rücksichtnahme hohe Anforderungen gestellt. Ein jeder hat ja schließlich seine Eigenheiten, die ihm selbst nicht auffallen, die einem anderen aber mit der Zeit ganz schön auf den Wecker gehen können.

Unter normalen Umständen geht man sich in so einem Fall halt aus dem Weg, und zwar so weit, bis eine Distanz erreicht ist, bei der die störenden Faktoren hinreichend klein geworden sind. Sodann sucht

man sich die Berührungspunkte an geeigneter Stelle, so daß ein Zusammenleben erträglich wird.
In der Gefangenschaft jedoch sind solche Ausweichmöglichkeiten nicht gegeben, und da kann man sich nicht immer die Schokoladenseite seiner Mitgefangenen heraussuchen. Im Gegenteil, manche Internierte schienen nur aus Kehrseiten zu bestehen, so daß die aufgestaute Abneigung sich irgendwann einmal entladen muß.
In der 6c herrschten in dieser Hinsicht recht günstige Bedingungen. Am Vormittag waren die meisten Bewohner mit der Mittleren Reife beschäftigt und kamen zu ihrer Lagerstätte nur, um sich kurz zu entspannen und die Erlebnisse des Unterrichts geistig aufzubereiten und nachzuwürzen. Nachmittags nahmen etliche am Training im Schwimmen oder in der Leichtathletik teil.
Während der Mittagsruhe, wenn sich die Internierten teils in der Sonne räkelten, ihren Mittagsschlaf hielten oder im Auslauf unter einem Baum im Lehnstuhl lagen, kam es bisweilen vor, daß eine kräftige Gestalt mit seitwärts ausgestreckten Armen, in jeder Hand ein mit Wasser gefüllter 30 kg schwerer Eimer, durch die leeren Gassen des Lagers schritt. Ruhig und bestimmt wie ein Mensch, der sich über den Sinn seines Handelns im klaren ist.
Es war Bruno St. Doch so einleuchtend ihm selber die Gründe seines jeweiligen Tuns auch waren, es gelang ihm nie, seine Mitinternierten an seinen komplizierten Gedankengängen teilhaben zu lassen. „Dat is sou!“ begann er jedesmal seine Lektion und es folgte in einwandfreiem Hamburger Platt eine Fülle von Gedanken, denen niemand folgen konnte.
So kam es, daß er immer allein war. Nicht, weil er die Anwesenheit anderer mied, sondern weil niemand mit ihm und seinen vielen festen Vorstellungen übereinstimmen konnte.
In der Stube hatte er sein Bett in einer Ecke und somit ein Minimum an Nachbarn. Den Holzfußboden darunter hatte er mehrfach mit Maschinenöl getränkt, so daß dort ein dunkles Rechteck zu sehen war. Die Gründe lagen auf der Hand, und Bruno war durchaus bereit, sie jedermann ausführlich darzulegen, aber niemand konnte ihm folgen.

Bisweilen nahm Kommandant McPherson persönlich an der wöchentlichen Inspektion der Baracken teil, rüffelte seine Untergebenen, schnauzte die Internierten an und sorgte für möglichst viel Reibung. Die Internierten brachten seine Launen mit den Phasen des Mondes in Zusammenhang und nannten ihn McLunatic oder McLoony.
Einer von ihnen, der zwar Gärtner hieß, aber Friseur war und eine scharfe Zunge hatte, der brachte etliche der über McLoony kursierenden Spöttereien zu Briefpapier und schickte sie an seinen Bekannten in Südafrika, wohl wissend, daß alle Briefe der Internierten vom „Feind" geöffnet und sorgfältig gelesen würden.
McLoony merkte sogleich, an wen diese Unverschämtheiten in Wirklichkeit adressiert waren und bestätigte den Empfang, indem er das Lästermaul auf die Kommandantur kommen ließ. Dort stellte er ihn vor die Wahl: Entweder 20 Tage Einzelhaft bei Wasser und Brot oder ein vom Kommandanten festgelegtes Äquivalent an sauer verdientem Internierungsgeld – sozusagen als Schmerzensgeld für die zugefügte innere Verletzung.
Der Friseur war auch im Rechnen flink und hatte gleich heraus, daß er, wenn er die Strafe zahlte, sich das verlorene Geld unter erheblich besseren Bedingungen, als sie in der Zelle herrschten, in 20 Tagen wieder verdienen konnte. Also zahlte er und McLoony machte sich mit dem Schmerzensgeld ein vergnügtes Wochenende.
Als der Kommandant den ölgetränkten Abschnitt auf dem Fußboden bemerkte, verlor er völlig die Fassung und setzte zu einem Rundumschlag an. „Wer war das?!" brüllte er und die Hofschranzen stoben entsetzt schnatternd auseinander, emsig bemüht, so rasch wie möglich jemanden zu finden, auf den sich das Gewitter entladen konnte.
Da schob sich, ruhig aber unaufhaltbar, Bruno S. in den engeren Kreis des Geschehens. Respektvoll, ohne Hast und ohne jeden Anflug von Aufsässigkeit; bereit, jede gewünschte Auskunft zu geben.
Doch dem allgewaltigen Kommandanten blieb der Zorn im Halse stekken, als er den ungeschlachten Kerl so ruhig und sachlich vor sich stehen sah. Ein Blick genügte ihm, um zu erkennen, daß hier nicht eine disziplinarische, sondern eine psychiatrische Behandlung am Platze war.

So kam es denn, daß Bruno ihm nicht einen einzigen der vielen guten Gründe für die Notwendigkeit des Öls auf dem Fußboden auseinandersetzen konnte. „Die Sache is nämlich sou ...“
Jeder Neuankömmling mußte, ehe er das Lager betrat, sein gesamtes Geld abgeben, es der Kommandantur sozusagen als zinsloses Darlehen zur Verfügung stellen. Es war verboten, im Lager südafrikanische Währung zu besitzen.
Als Ersatz gab es eine lagereigene Währung, aus Kunststoff gepreßte Geldstücke, die innerhalb des Lagers gut zu gebrauchen, außerhalb aber wertlos waren. Ich erinnere mich noch an den rhombisch geformten „Tickey“ (3-pence = 3d), den Sixpence (6d), den Schilling (1/-), doch gewiß gab es auch „Pennies“ (1-pence = 1d), denn im Lager war damals, Ende 1943, die Währung im Vergleich zum freien Teil Südafrikas ausgesprochen „hart“, und man konnte etliches mit wenig Geld erwerben. Die 10-shilling Stücke und auch die 20-shilling Stücke waren aus rotem Material angefertigt und wurden „rote Blutkörperchen“ genannt.
Wie aber konnte der Internierte zu diesem Geld kommen? Alle dreißig Tage einmal ordneten sich die Internierten in der Reihenfolge ihrer Internierungsnummer vor der Eßhalle zur Entgegennahme ihres Monatsgeldes an. Jeder Internierte erhielt ein großes und ein kleines rotes Blutkörperchen, insgesamt also 30/- „Jannie-Geld“ für 30 Tage Jannie-Dasein. Das war, so erklärte sich das der einfache Mann, der Lohn dafür, daß man sich täglich zählen ließ. Und wer damit nicht auskam, der mußte sich überlegen, wie er etwas dazuverdienen konnte.
Da waren zunächst die freien Unternehmer: Sie kochten, z.B. Milchkakao oder Milchkaffee und schickten ihre Burschen des Abends durch die Buden, die aus großen Metallkannen ihre Flüssigkeit ausschenkten, zwei große Koppies für 3d. Natürlich mußte dabei genügend für den Unternehmer abfallen, sonst ließ er die Firma eingehen, so daß für die Läufer nicht allzuviel übrig blieb; vielleicht am Abend einen Tickey für all das Hin und Her. Aber sie kamen unter die Leute, erfuhren Neuigkeiten und beförderten sie zusammen mit ihrem Getränk in die nächsten Buden.
Erich N. sammelte einmal in der Woche von seinen Kunden die schmutzige Wäsche ein – das Bündel legte man abends an das Fußen-

de des Bettes, und morgens um 4 Uhr holte er es, ganz leise, ab – wusch und bügelte sie, um sie dann fein säuberlich auf das Bett zu legen, von dem er sie abgeholt hatte. Für ein Entgelt, das vernachlässigbar war, von dem auf die Dauer niemand leben konnte, wenn er damit Kost und Unterhalt hätte bezahlen müssen. So aber war es ein beachtliches Aufgeld, das er von Leuten – wie auch mir – erhielt, die ihre Zeit nützlicher verwenden konnten, als sich mit den Tücken des Waschens und Bügelns herumzuärgern. Bei Erich N. aber saß jeder Griff; er benutzte die Anlagen des „Feindes", bügelte in dessen Räumen, heizte mit dessen Material und trug dazu bei, daß man für wenig Geld gute Leistungen erhielt, daß die Währung also stabil war. Dazu war es eine Beschäftigung, die ihn ausfüllte, bei der er seine Qualitäten optimal einsetzen konnte und auf die er stolz war, da er sie mustergültig verrichtete.
Natürlich ergaben sich dabei auch einige Verpflichtungen; man mußte als „Wäschereiunternehmer" in guter Beziehung stehen zu Leuten, die die Aufsicht über die Wasch- und Bügelräume führten, mit den Heizern, die immer für heißes Wasser zu sorgen hatten und dafür bezahlt wurden. Das gute Einvernehmen stellte sich nach und nach von selbst ein, eine Hand wusch die andere und niemandem fiel es ein, seine Stellung für erpresserische Forderungen zu mißbrauchen.
Indem sie die Einrichtungen der Küche benutzten, backten auf privater Basis gelernte Konditoren Kuchen und Torten und verkauften sie nach dem Mittagessen. Ich glaube nicht, daß sie dabei einen großen Gewinn machten; es ging ihnen wohl hauptsächlich darum, sich in ihrem Fach zu betätigen. Jedenfalls stand die Nachfrage nicht hinter dem Angebot zurück.
Andries R., ein ruhiger aber bestimmt auftretender Ostpreuße, verkaufte halbliterweise Milch, die er sich in großen Kannen irgendwoher verschafft hatte. Der Verdienst hielt sich wohl auch in Grenzen, und die Tatsache, daß niemand ihm diese Tätigkeit streitig zu machen versuchte, spricht dafür, daß nicht so viel dabei heraussprang.
Eine einträglichere Verdienstmöglichkeit gab es in der Küche. Um den Internierten das Essen ein wenig abwechslungsreicher zu machen, wechselten die Küchenmannschaften alle drei Monate und mit ihnen die Art der Speisezubereitung; es war nämlich ein Unterschied, ob der

Küchenchef aus dem hohen Norden des Reiches kam, oder aus der Ostmark oder aus Südafrika. Die Kommandantur stellte die Rohstoffe: Mehl, Butter, Fett, Fleisch, Milchpulver, Maismehl, Maisschrot, Welschkorn, Haferflocken, Zucker, Marmelade in großen Kübeln, Salz, Gewürze, Eier, einiges Obst und Gemüse; dazu Kaffee-Ersatz und Tee. Dazu kam ein fester Geldbetrag, mit dem die Küchenmannschaft entlohnt werden sollte.

Hätten die Behörden das Essen für 1600 Gefangene selbst, in eigenen Küchen, zubereiten und dann ins Lager transportieren müssen, wäre es ihnen wahrscheinlich erheblich teurer gekommen als jetzt. Den Differenzbetrag wird sich der Kommandant höchstwahrscheinlich in die eigene Tasche gesteckt haben.

Dem Chef wurde ein bestimmter Betrag zur Entlohnung der Mannschaft zur Verfügung gestellt, und es blieb ihm überlassen, auf wie viele Mithelfer er ihn verteilen wollte. Es lag allerdings im Interesse dieser Arbeitsgemeinschaft, daß die Zahl der Mitarbeiter nicht gar zu groß, sondern durch Einsatzfreudigkeit und Zuverlässigkeit eingeschränkt wurde. Werner J. kochte für das Frühstück riesige Mengen Haferbrei; andere waren bei den Brötchen, dem „Kaffee“ und der Marmelade beschäftigt, teilten jedem Tisch die gehörige Menge Zucker, Marmelade und Butter zu, indem sie die numerierten Tragbretter damit bestückten, die dann von den Backschaftern abgeholt wurden.

Meine spezielle Aufgabe war es, den einzelnen Tischen die ihnen zustehende Ration Butter zuzuteilen. Jedem Internierten stand täglich eine Unze (ca. 28,35 gr) Butter zu.

Von den Behörden wurde sie in Stücken zu 16 Unzen geliefert, und wenn an einem Tisch 16 Internierte saßen, dann war die Zuteilung einfach: Ich brauchte ein ganzes Stück nur zu halbieren und konnte es dem Backschafter überlassen, wie er es aufteilte. Doch an den Tischen saßen meistens nur 14, 13, 12 oder noch weniger Esser – wenn z.B. einige krank waren und im Hospital verköstigt wurden –, so daß ich mich im Bruchrechnen üben konnte.

Auch der Küchenmannschaft stand ihre Ration Butter zu, die wir uns aus der Gesamtmenge herausnehmen durften. Darauf aber verzichteten wir zunächst, so daß am Ende einige Stück Butter übrig bleiben mußten, für die dann unsere Köche eine besondere Verwendung hat-

ten: Sie bereiteten der Mannschaft immer wieder einmal einen Leckerbissen.
Dagegen wäre eigentlich nichts einzuwenden gewesen, denn „dem Ochsen, der da drischt, soll man das Maul nicht verbinden“. Doch die „Ochsen“ wollten nicht tagelang warten, bis der Butterüberschuß endlich zutage trat. Was also tun?
Nun, da taten wir genau das, was Banker und Spekulanten schon immer getan haben; d.h. lauter Leute, die an Schlüsselpositionen sitzen und durch deren Hände ein großer Teil des Volksvermögens fließt: Man zweigt vom Gesamtstrom einen „angemessenen“ Teil in dafür vorgesehene Kanäle ab! „Angemessen“ bedeutet dabei, daß der veruntreute Teil so klein ist, daß es die Geschröpften gerade nicht merken, aber doch groß genug, daß sich die Vereinnahmung lohnt.
Ebenso richteten wir uns in unserer „Schlüsselposition“ ein und zweigten einen „angemessenen“ Teil der uns anvertrauten Butter in eine dafür vorgesehene Schüssel ab. Dieses Verfahren wurde „Sperrholzschneiden“ genannt und ging so vor sich: Von einem 16-Unzen-Stück wurde gleich zu Anfang eine ganz feine Scheibe abgeschnitten und in die dafür vorgesehene Schüssel gestrichen. Die Scheibe mußte so fein sein, daß der 32. Teil des Restes sich von einer halben Unze so wenig unterschied, daß es der Empfänger gerade nicht merkte. (Statt 14,175 gr nur 14 gr.) Bei 1600 Internierten machte das mehr als ein Stück Butter aus, das wir aus dem Strom der Allgemeinnützlichkeit abgezweigt, „privatisiert“ hatten.
Wenn man dann noch die Ungenauigkeit in Rechnung stellt, die beim Aufteilen in Einzelrationen durch den Backschafter unvermeidlich war, dann war es für den einzelnen Gerupften unmöglich, seinen privatisierten Teil zu bemerken.
Das war also die Philosophie, und ich war dazu auserkoren, ihr zur Verwirklichung zu verhelfen, als ausführendes Organ, versehen mit einem sehr scharfen Messer, das ich immer wieder einmal in eine Kanne mit heißem Wasser tauchte.
Die Mitglieder unserer Mannschaft kamen aus verschiedenen Teilen des Lagers und bewohnten eine eigene Baracke ganz in der Nähe der Küche. Morgens um 4 Uhr hieß es aufstehen – die Gemüseputzer und die Heizer waren schon um 3 Uhr aus ihren Betten gekrochen – und

es galt nun zunächst einmal das Frühstück auf den Tisch zu bringen, den Haferbrei mit einem 1,50 m langen armdicken Rührholz umzurühren, wenn er in dem 250 Liter fassenden Dampfkochtopf brodelte. Am anstrengendsten aber war die Arbeit von 8 bis 12 Uhr: Gulasch in riesigen Pfannen auf dem Kohleherd zuerst anbraten, die Flüssigkeit abgießen und als Soße in den großen Kesseln rühren. Man packte hier an, langte dorthin, hob schnell ein Gefäß auf den Tisch, half überall aus, wo es nottat, denn so manche Teilarbeit mußte zuvor erledigt sein, bevor die nächste beginnen konnte.
Kurz, man schuftete und wühlte, daß einem bei der Hitze und dem Dunst der Schweiß in Strömen herunterlief. Und genau da kam doch einmal der Kommandant höchst persönlich mit seinem Gefolge mitten in diesen Rummel hinein, ging naserümpfend durch das Getümmel, sichtlich bemüht, sich die gewienerten Stiefel nicht schmutzig zu machen. Beim Hinausgehen bemerkte er: „Man sagt, in einer deutschen Küche könne man selbst vom Fußboden essen. Hier aber möchte ich noch nicht einmal vom Tisch essen.“ Sprach's, schlug sich mit seinem Stöckchen leicht aufs Knie und entfernte sich wieder mit seinem Anhang, die Erklärungsversuche des Küchenchefs mit einer verachtungsvollen Geste abbrechend. Ein Brite vom Scheitel bis zur Sohle!
Nach dem Mittagessen hatten wir für eine kurze Zeit frei, bis der „Kaffee“ vorbereitet und einige Marmeladenbrötchen gestrichen werden mußten. Da wäre es ratsam gewesen, ein wenig an die frische Luft zu gehen, einen Dauerlauf zu machen und sich wieder einmal der Sonne auszusetzen oder ins Schwimmbecken zu springen. In den ersten Tagen und Wochen aber warf mich die Müdigkeit auf das Bett, so daß ich diese wertvolle Gelegenheit verschlief.
Wir Hilfskräfte verdienten £ 3.10.- im Monat; die Gemüseputzer bedeutend weniger; die aber waren meistens schon um 10 Uhr, also nach 7 Stunden Arbeit, fertig und konnten dann den Tag nach Belieben gestalten. Ich hingegen ließ außer ein wenig Schach alle meine sonstigen Tätigkeiten ruhen und mußte mich bei 16 Stunden täglicher Arbeit mit einigen zusätzlichen roten Blutkörperchen zufrieden geben.

Der ausgesprochen unbekümmerte Umgangston, den wir jungen Burschen den manchmal doppelt so alten Mitinternierten gegenüber anschlugen, rührte wohl hauptsächlich daher, daß im Lager bei sehr vielen Situationen die körperliche Verfassung den Ausschlag gab. Nicht nur bei der Überwindung von Krankheiten oder bei der Beseitigung von Hindernissen, sondern auch deshalb, weil bei den meisten Konflikten nicht eigens ein Schiedsgericht angerufen werden konnte – schon gar nicht der Kommandant –, so daß der Streit intern ausgetragen werden mußte, wobei jeder die Möglichkeiten ausnutzte, die ihm zur Verfügung standen. Wenn dann ein inzwischen 22 Jahre alter „Lehrling" dem inzwischen 60 Jahre alten Generaldirektor gegenüberstand, von dessen Allgewalt im Betrieb der Junge nichts zu spüren bekommen hatte, dann stand der alte Mann so gut wie mit leeren Händen da. („Ihr seid durch die Internierung verdorben", sagte Dr. S. wiederholt zu uns Jungen, „Ihr wißt ja gar nicht, auf was für Qualitäten es im normalen Leben ankommt!")
Im Augenblick aber hatten wir ein Gefühl der Überlegenheit, auch wenn wir unseren Vorteil nicht konsequent ausnutzten, sondern nur gelegentlich, wenn es z.B. im Laden ein begrenztes Angebot gab und es darauf ankam, gleich nach dem Zählen als erster am Verkaufstisch zu sein; dann sprangen wir über sämtliche Hindernisse und ließen den Alten das Nachsehen. Kein schöner Zug, sage ich heute, wo ich selbst zu den Alten gehöre. Diese teilweise Überlegenheit war nicht unser Verdienst, sondern wir hatten sie allein den besonderen Umständen des Gefangenendaseins zu verdanken. Unser eigener Verdienst bestand nur darin, daß wir diese Situation nicht übermäßig ausnutzten.
Etliche der angebotenen Kurse hatten durchaus Niveau und boten den Erwerb von Kenntnissen umsonst an, wofür man im Alltagsleben hätte bezahlen müssen. Oft waren die Kursleiter geradezu froh, wenn sie ihr sonst brach liegendes Können weitervermitteln konnten. Sie wirkten wie die Kondensationskerne in einem Nebel und sammelten die ziellos umherschwirrenden Einzelwesen in bestimmten Punkten und gaben ihnen eine Aufgabe und ein Ziel.
Auf diese Weise wurden viele der jungen Seeleute noch einmal auf die Schulbank gelockt, die sie seinerzeit allzu früh und allzu gerne verlassen hatten, um sich eine abenteuerlichere Beschäftigung zu suchen. Es

spricht für die Lehrer und die Schüler, daß diese ungebundenen Gesellen freiwillig diese Einschränkung ihrer Bewegungsfreiheit in Kauf nahmen, täglich mehrere Stunden auf der Schulbank zubrachten, sich den Übungen und Prüfungen unterzogen und sich der für jede Unterweisung unerläßlichen Disziplin unterwarfen.
Am Ende stand dann das „Einjährige", die „Mittlere Reife".
Daran sollte sich nun das Abitur anschließen und ein beachtlicher Teil der Absolventen schrieb sich auch sogleich für den nächsthöheren Kurs ein.
Doch während man zuvor beim Einjährigen-Kurs die Teilnehmer geradezu umworben hatte, da machten sich nun auf einmal Widerstände gegen eine uneingeschränkte Teilnahme bemerkbar. Unversehens wuchsen Hindernisse wie Schlingpflanzen in den Weg. Keine „offiziellen" natürlich, denn die eben bestandene Prüfung berechtigte ausdrücklich zur Teilnahme am Abiturkurs. Auf dem zweiten Teil ihres Bildungsweges hatten es die Bildungshungrigen nämlich – darunter etliche Seeleute und andere Amateure des geistigen Schaffens – hauptsächlich mit Gymnasiallehrern zu tun, von denen einige ihre Aufgabe nicht nur darin sahen, die Schüler zu unterrichten, sie nach bestem Vermögen zu fördern, ihre Stärken zu entwickeln und ihre Schwächen zu beheben, sondern die sich gleichzeitig auch noch darum bemühten, daß sich keine Ungeeigneten, Unberufenen in den Kreis der Berufenen einschlichen. Sie hatten im Verlaufe ihres Lehrerdaseins ein Gespür dafür entwickelt, wer als Kandidat für die höheren Weihen in Frage kam und wer nicht; ein Gespür, das sich keineswegs erst an den Leistungen des Kandidaten zu orientieren brauchte, sondern das schon vor jeglicher Erfahrung, sozusagen a priori, da war und durch Prüfungsergebnisse allenfalls bestätigt werden konnte.
Dadurch aber kam es zu einem inneren Widerstreit in so einer Lehrerseele, da sein Beruf ihn ja einerseits verpflichtete, das beste für jeden seiner Schüler zu tun und auch die letzte für ihn günstige Möglichkeit auszuschöpfen, während er andererseits glaubte, es dem akademischen Stand schuldig zu sein, jeden unberufenen Eindringling draußen vor zu lassen und ihn daran zu hindern, sich in Kurse hineinzudrängeln, in denen er nichts verloren hatte.

In „Andalusia“, dem zweiten großen Internierungslager in Südafrika, in dem hauptsächlich Südwester interniert waren, hatte man Hochschulkurse eingerichtet, in denen Vorlesungen auf Hochschulniveau abgehalten wurden. Dort waren nämlich Wissenschaftler interniert, die auf diesem Niveau unterrichten konnten, ausgezeichnete Leute. Da durfte Baviaanspoort natürlich nicht zurückstehen!
Es wurde „Nationalökonomie und Staatswissenschaft“ angeboten – ich vermute, das war der Titel eines Buches, aus dem sich trefflich vorlesen ließ – und auch Philosophie. Diesen Kurs belegte ich. Das aber hätte ich nicht tun sollen, denn der Vorlesende schrieb sich vor jeder Vorlesung ein Kapitel aus einem Buch in sein Manuskript und „las“ dann aus der Abschrift. Hätten die Hörer zu dem, was er selbst nicht verstand – sonst hätte er es nicht in so einer unsinnigen Weise dargeboten – auch nur eine einzige Frage zu formulieren versucht, er hätte sogleich seinen Hut nehmen müssen. Jedenfalls flohen sie und er blieb zurück als einsame Größe in die Wolke seines Geschwafels gehüllt.
Doch dann kam die Repatriierung und beendete diesen untauglichen Versuch.
Als ich in Baviaanspoort ankam, bestand das Lager bereits vier Jahre, und die Internierten hatten inzwischen für eine leistungsfähige Sportanlage gesorgt, so daß jeder, der sich an der frischen Luft körperlich betätigen wollte, reichlich Gelegenheit dazu hatte. Damit aber nicht jeder einsam vor sich hin krümelte, waren, insbesondere in der Leichtathletik, Veranstaltungen organisiert, darunter permanente Ranglistenwettkämpfe, in denen jeder seine persönlichen Leistungen offiziell verbessern und in der Rangliste aufsteigen konnte. Daneben wurden Prüfungen für Sport- und Leistungsabzeichen abgehalten.
Ein Höhepunkt im leichtathletischen Geschehen war in jedem Jahr der Neunkampf: Kugelstoßen, Hochsprung, Weitsprung, 100 m-Lauf und 400 m-Lauf am Sonnabend, und am Sonntag vormittag dann Stabhochsprung, Schleuderballweitwurf (statt Diskus), Hockeyballweitwurf (statt Speerwerfen) und ganz zum Schluß noch der 1500 m-Lauf, der nicht selten zum Martyrium der schnellkräftigen Favoriten wurde.

Den ersten Platz hatte sich ein für alle Mal der allseitige Dionys von J. reserviert, den zweiten der stoßgewaltige Gerd K. Um die übrigen Plätze durfte sich das gewöhnliche Volk raufen.
Am ersten Tag, dem Sonnabend nachmittag, mußte ich dem Geschehen eher von weitem zusehen, denn es gab gar zu viele, die weiter stießen, höher sprangen und schneller liefen; chancenlos war ich auch noch zu Beginn des 2. Tages, wenn ich mich mit Hilfe einer Metallstange über die 3 m-Marke quälte. Doch dann zeigte sich die Sonne auch mir einmal, bei den Wurfübungen, vor allem aber ganz zum Schluß beim 1500 m-Lauf, wenn den Sprintern und Springern die Luft ausging, wenn der Atem bei 1400m Höhe zu rasseln anfing und sie mit einem Ausdruck von Resignation über die Ziellinie taumelten. Dann gehörte der dritte Platz mir.
Im August 1945 wurde das Lager Andalusia aufgelöst und ein Teil seiner Insassen kam nach Baviaanspoort, und zwar vorwiegend die Jüngeren, sportlicheren. Das war eine Herausforderung in vieler Hinsicht, für die Eingesessenen und für die Neuankömmlinge.
In der Leichtathletik blieb fast alles beim alten; kaum ein Lagerrekord wurde verbessert. Beim Boxen konnte niemand von den neuen den Lokalmatadoren das Wasser reichen.
Im Griechisch-Römischen dagegen tauchte ein neuer Stern auf, der ohne brutale Kraft, dafür aber mit geschickter Ausnutzung der Regeln diesem Sport zu Ansehen verhalf. Vor allem aber im Schwimmen brach ein neues Zeitalter an, purzelten die Rekorde, entstand eine neue Atmosphäre, die von den Eingesessenen freudig begrüßt wurde. Es ergab sich eine neue Hierarchie mit neuen Autoritäten und neuen Angebern. Ja, und erst beim Wasserball! Da schaute so mancher alteingesessene Star ziemlich alt aus.
Das Fußballspiel zwischen den Spitzenspielern beider Lager wurde propagandistisch zu einem Länderspiel aufgebaut. Die Neuen waren, nach ihren bisherigen Kostproben zu urteilen, krasse Außenseiter. Aber wie so oft tat auch hier die Favoritenrolle den Hausherren gar nicht gut. Sie spielten auf eigenem Platz, stürmten pausenlos das gegnerische Tor, aber pfuschten beim Abschluß derart, daß das heimische Publikum sie nicht wiedererkannte. Es kam, wie es in so einem Fall immer kommen muß, wenn nämlich eine Mannschaft trotz drücken-

der Überlegenheit kein Tor erzielt: Ein Konter brachte das 1:0 für die Gäste! Ein verdienter Sieg, weil gerade im Sport ja nicht nur das körperlich-sportliche Können gemessen wird, sondern auch die charakterlichen Voraussetzungen.

Aus der Stube 5c, uns gegenüber, ertönten hin und wieder kurze, verhaltene Töne, die offensichtlich von einer Klarinette herrührten. Bremer, ein etwa 60jähriger Klarinettist, fertigte seine Blätter an und probierte sie aus. Während des Krieges war es für einen Internierten unmöglich, in Südafrika Klarinettenblätter zu bekommen, also besorgte sich Bremer, der ehemals Schiffsmusiker auf der „Watussi" war, ein ganzes Schilfrohr und schnitzte sich seine Blätter selber.
Eines Tages ging ich zu ihm und fragte ihn, ob er bereit sei, mir Klarinettenunterricht zu geben. Er überlegte nicht lange, sondern kam gleich zur Sache: Für 10/- im Monat einige kleine Unterweisungen täglich – außer sonntags –, was ihm möglich war, da ihm einer der Übungsräume täglich eine Stunde zur Verfügung stand. 10/- war zwar ein Drittel meines monatlichen Einkommens, des sog. „Jannie-Geldes", und doch war es ein gutes Angebot, auf das ich sogleich einging, denn im Preis inbegriffen waren auch die Klarinettenblätter, die der erfahrene Klarinettist mir zuzuschneiden versprach.
Mein Ton entwickelte sich, je nach Blatt, bald recht anhörbar, aber mit der Fingerfertigkeit haperte es. Dafür wußte der Meister zwei Mittel: Die kleinen Fingerübungen in der Klarinett-Schule von Carl Baermann, und Tonleitern und nochmals Tonleitern. Der alte Mann blies sie mit einem Atemzug zweimal hinauf und hinunter, während mir schon auf halbem Weg der Atem ausging. „Ja, beim Laufen sind Sie mir über", meinte er schmunzelnd, „hier aber bin ich vorne."
Seiner Autorität war es zu danken, daß ich unverzüglich einen Platz als dritter Klarinettist im Blasorchester bekam. Dort sah ich dann beim „alla breve" die viertel und achtel Noten an mir vorüberrasen, daß mir Hören und Sehen verging. Während ich noch verzweifelt in der Mitte des Notenblattes nach der Stelle suchte, an der die hechelnde Meute wohl inzwischen angekommen sein mußte, da war man bereits am Ende, was ich daran merkte, daß die aufdringlichen Trompeten auf einmal schwiegen und es so merkwürdig still um mich wurde. Doch

schon hob Karl Baden wieder den Taktstock, die Trompeten, Flügel- und Tenorhörner hoben sich und auch die 1. und 2. Klarinettisten führten ihre Instrumente bereits wieder zum Munde, während ich mir noch keineswegs darüber im klaren war, was für einen Rhythmus wir wohl diesmal spielen würden, und vor allem, was denn all die vielen Kreuze eigentlich von mir wollten. Bremer, der am 1. Pult spielte – wenn er mitspielte –, nahm mich anschließend beiseite, erläuterte das eine oder andere, spielte mir auch wohl einige Passagen vor, kam aber sogleich wieder auf die Tonübungen zurück; und auf die Tonleitern.
Doch diese intensive Lehrzeit endete leider schon nach wenigen Wochen, als Herr Bremer zusammen mit noch einigen hundert Internierten im Juni 1944 repatriiert wurde. „Schade", sagte er zum Abschied, „wir hätten noch viel dazulernen können". Und ich lernte sogleich hinzu, was ein Klarinettist ohne geeignete Blätter ist und ein Lehrling ohne seinen Meister. Es ging von jetzt an nicht nur nicht mehr vorwärts, sondern langsam aber unaufhaltsam immer weiter rückwärts. Denn ich hatte mir nicht gemerkt, was der erfahrene Mann mir alles geraten hatte und nicht lange genug in seinem Sinn geübt, daß mir seine Methode in Fleisch und Blut übergegangen wäre.

Große Ereignisse, heißt es, werfen ihre Schatten voraus. Ebenso wie sich der Ausbruch eines Vulkans durch ein Grollen aus dem Erdinneren ankündigt, so kündigte sich im Mai 1944 die kommende Repatriierung durch eine Verdichtung der Gerüchte an, „Latrinen" genannt. Für den Uneingeweihten wird es immer unverständlich bleiben, wie diese völlig von der Umwelt abgeschnittenen Menschen nur zu so einer Fülle von Informationen mit allen möglichen Details kommen konnten! Das aber lag daran, daß sich die Internierten nicht mit bloßen Fakten begnügten, sondern daß sie die einzelnen Nachrichten miteinander kombinierten und daraus eine überaus große Zahl von Schlußfolgerungen zogen, die, einmal im Umlauf, sich sogleich zu neuen Fakten auswuchsen, mit eigenem, kräftigem Leben usw. Wie oft überraschte uns die Nachricht, die „Listen" seien da; die Listen nämlich, in denen alle für die unmittelbar bevorstehende Repatriierung ausgesuchten Internierten aufgeführt seien. Was sich aber immer wieder als „Latrine" erwies und ein Spötter meinte, unser Englisch rade-

brechender Lagerführer hätte den Kommandanten wieder einmal falsch verstanden; der recht kurz angebunden mit ihm umging und seine Befehle jedesmal mit einem „Listen here!“ („Hör zu, Du Tropf!“) ankündigte.
Aber endlich geschah es dann doch, was man durch all die vielen Gerüchte herbeizureden gehofft hatte, und an das man im Grunde genommen schon gar nicht mehr so recht glauben wollte. Eines nachmittags wurden die „Listen“ am Schwarzen Brett angeschlagen und sogleich von einem Menschenknäuel umlagert. Man hörte vereinzelte Jubelrufe, hie und da auch einen unterdrückten Aufschrei, und sah eine ganze Anzahl betretener Gesichter: Von einigen, deren Namen nicht auf der Liste standen, aber auch von solchen, die auf der Liste standen.
Von den Mannschaften der Woermann-Linien-Schiffe und deren Passagieren, die der Krieg auf hoher See überrascht hatte, war kaum einer, der nicht in die Heimat und zu seinen Angehörigen zurückwollte. Auch unter den Südafrikanern, Ostafrikanern und Rhodesianern gab es etliche, die selbst unter den 1944 dort herrschenden Bedingungen nach Deutschland wollten, und auch bei so manchem Unverheirateten hieß es unumwunden: „Nur raus hier!“
Viele von ihnen jedoch hatten sich vor Jahren für eine Repatriierung entschieden, hatten „unterschrieben“, als die Dinge in Europa noch günstiger standen als im Juni 1944.
So kam es, daß manche sich gegenseitig beneideten: Weil der eine fahren mußte und der andere hierbleiben durfte, oder weil er hierbleiben mußte und der andere fahren durfte.
Für die Zurückbleibenden war der Weggang eines so großen Teils der Kameraden, insgesamt gesehen, ein Verlust. Viele Kurse konnten nicht mehr gehalten werden. Im Sport fehlten nun die besten Lehrer und Trainer; die Orchester waren nur noch ein Bruchstück.
Dann fuhren sie über Portugal direkt in die Invasion hinein. Ich wäre gern dabeigewesen.

Als sich das große Tor wieder geschlossen hatte und der letzte der Abreisenden aus unserem Blickfeld verschwunden war, kam es im Lager zum großen Kassensturz, auch in der Musik. Ein großer Teil der Mu-

siker, die das Geschehen bisher bestimmt hatte, war nun fort und hinterließ eine Lücke, die nicht mehr zu schließen war.
Zurückgeblieben war ein bunter Haufen von Instrumenten: Trompeten, Flügelhörner, Posaunen, Tenorhörner, eine Baßtuba und Schlagzeug, lauter Instrumente, die dem Lager von einer deutschen Gesellschaft in Südafrika gestiftet worden waren.
Was tun damit?
Ehe man es sich aber versah, waren sie von einer Schar junger Burschen umringt, von denen jeder eines in die Hand nahm und versuchte, einen Ton hervorzubringen. Während all der Jahre hatten sie diese blitzenden Dinger nur von weitem gesehen und ehrfürchtig bestaunt; nun konnten sie selbst eines davon in die Hand nehmen und an den Klappen herumfingern. Nach noch nicht einmal einer Woche hatte jedes herrenlose Instrument einen Besitzer, der Tag für Tag darauf übte, von den noch dagebliebenen Musikern nachsichtig lächelnd unterstützt. Als sich dann das Rumpforchester wieder zusammenfand, da saß neben jedem Musiker mindestens ein Neuling und blies aus Leibeskräften die Töne in den Raum, die er mittlerweile zwischen den Klappen und Ventilen aufgestöbert hatte. Karl Baden, der Dirigent dieser Ansammlung von Bläsern, legte eine für einen Musiker geradezu unerlaubte Großzügigkeit an den Tag, und doch forderten die ersten Proben mit diesen Wildlingen von ihm die letzten Reserven. Es ging ja längst nicht mehr darum, aus einem Schwall von Tönen einen vereinzelten falschen herauszuhören, die Ursache zu finden und zu korrigieren. Nein, hier galt es, in dem allgemeinen Lärm einen möglicherweise richtigen Ton zu orten und den Verursacher zu loben.
Daher dauerte es dann auch noch eine ganze Weile, bis das verjüngte Orchester einen Marsch blasen konnte, der auch von Außenstehenden als solcher erkannt wurde.
Aus dem Schatten, den zuvor die Koryphäen geworfen hatten, trat auch ein kleines „Kammerorchester“ heraus, mit Fred H. als Pianist, einem leidlichen Streichquartett und mit Ludwig B. als Flötisten.
An einem Tag im August 1945 jedoch änderte sich über Nacht das ganze Musikleben von Grund auf: Die „Andalusianer“ kamen, und mit ihnen Mathias S. und Willy F. Unsere Koryphäen, lauter Einäugige im Lande der Blinden, aber stürzten reihenweise von ihren Sockeln.

Um von vornherein keinen Zweifel darüber aufkommen zu lassen, daß er jetzt da sei, was er von sich hielt und was andere von ihm halten sollten, gab Willy F. gleich nach seinem Einzug einige Klavierdarbietungen.
Beim ersten Konzert entstand zu Anfang eine kleine Verzögerung: Es gelang ihm nämlich nicht, das Notenpult am Klavier zu entfernen, das aber unbedingt weg mußte, damit auch der letzte im Saal sehen konnte, daß Willy auswendig spielte. Und wie er spielte! So daß man gern über seine Mätzchen hinwegsah.
Willy F. krempelte alles um, doch es geschah so sachlich und so sachgerecht, daß niemand dieser ungebetenen und unerhörten Einmischung widersprechen konnte; halblaut und wie selbstverständlich nicht im entferntesten mit einem Widerspruch rechnend. Er „schleifte" das Orchester erbarmungslos und warf jeden aus dem Orchester, wenn er den jetzt bedeutend höheren Anforderungen nicht genügte.
Bereits nach kurzer Zeit gab er ein Konzert, eine Vorführung, wie sie Baviaanspoort bis dahin noch nicht erlebt hatte. Die Freunde jubelten, die Feinde konnten dieser Leistung ihre Anerkennung nicht versagen.
Unter den Musikern aus Andalusia, die das musikalische Geschehen in Baviaanspoort wogen und für zu leicht befanden, war auch Mathias S. aus Zankenhausen in Bayern. Er hatte an der landwirtschaftlichen Hochschule in Weihenstephan studiert und promoviert, war dann in Südwest vom Krieg überrascht worden und landete im Internierungslager Andalusia.
Wie immer er sich dort seine Zeit vertrieben haben mag, in Baviaanspoort jedenfalls erschien er bei allen möglichen musikalischen Proben oder Darbietungen unvermutet, unangemeldet, uneingeladen und blickte – durch seine Brille ein wenig an Trotzki erinnernd – wortlos und doch vielsagend auf die Bemühungen der Dilettanten und ließ sie dann mit einem unguten Gefühl zurück.
Irgendwann einmal zeigte sich seine untersetzte Gestalt am Dirigentenpult des Blasorchesters. Die Bewegung seines Taktstockes ließ uns beginnen, aber sogleich auch wieder aufhören: „Das 2. Tenorhorn im 3. Takt bitte ‚des' spielen!" Der schaute verwundert drein: „Nanu, woher will der denn wissen, daß ich ..." Also nochmals von vorne, doch

abermals „Halt". „De es"! Nicht „d"! Noch größere Verwunderung. („Is des des des wo Sie moana?")
Aber er hörte nicht nur unweigerlich, ob sich ein falscher Ton einschlich, sondern er merkte auch sogleich, wenn man heimlich einen richtigen unterschlug. „Wie wäre es, wenn auch die Posaune im x. Takt einsetzt? ... Ja, richtig, genau da!" usw. usf.
Nach einer Stunde intensivsten Übens hatten wir gerade einen Marsch zur Hälfte durch, aber die Spieler waren begeistert, denn das Ganze hörte sich auf einmal wie Musik an. Und sie konnten sagen, sie seien dabei gewesen!
Um es auf den Punkt zu bringen: Ein neues Zeitalter im Musikleben des Lagers war angebrochen! Schon nach den ersten Takten hatte „Hiasl" – die Norddeutschen nannten ihn „Hierrsell" – heraus, was man diesem zusammengewürfelten Haufen zumuten konnte, ohne die Teilnehmer zu überfordern und schließlich zu entmutigen, und wie man ihnen auf die Sprünge helfen konnte. Bei allen seinen Erwägungen waren die Mitglieder des Blasorchesters eine vorgegebene Größe, von der man ausgehen und mit jedem einzelnen von ihnen man zu rechnen hatte.
Die Stücke wurden also so ausgesucht und die Stimmen dem Können des einzelnen so angepaßt, daß jeder mitmachen konnte, ohne der Gemeinschaft allzugroßen Schaden zuzufügen.
Was die Teilnehmer disziplinierte, das war diese Art von Fürsorge und die musikalische Kompetenz des promovierten Ökonomen, nicht autoritäre Anweisungen oder gar Befehle.
Je seltener die falschen Töne wurden, desto mehr fielen sie auf und desto unangenehmer waren sie für den Urheber, der dann schuldbewußt zum Dirigenten schielte; verstohlen, doch der hatte ihn längst ausgespäht, und es bedurfte dann nicht jedesmal eines mündlichen Hinweises oder gar einer Unterbrechung, sondern es genügte bereits ein leicht ironisches Zwinkern durch die Brillengläser.
War das Blasorchester der Ort, an dem so ziemlich jeder seine musikalischen Klimmzüge machen durfte und niemand zurückgewiesen wurde, so forderten im Symphonieorchester die dort vorgesehenen Stücke eine bestimmte Besetzung, so daß aus einer inneren Notwendigkeit

heraus die ungestümen Wildlinge mit ihren Blechinstrumenten draußen bleiben und nicht eigens abgewiesen werden mußten.
Dennoch gab es genügend Konfliktstoff: Wer sollte ans erste Pult? Ein Neuankömmling oder ein Alteingesessener?
Bei den ersten Geigen waren die Ankömmlinge vorne, denn Otto von W. und sein Schüler Richard E. bildeten eine Klasse für sich. Bei den Trompeten und Flügelhörnern konnte keiner von den Zugereisten dem Fritz N. und dem Emil Z. das Wasser reichen. Bei den Waldhörnern waren alle gleich schlecht, und jeder hätte gerne dem anderen den Vortritt gelassen, wenn nach 40 Takten Pause ein einsamer, getragener Waldhornton das übrige Orchester ablösen sollte.
Da gab es manchmal vom Komponisten nicht vorgesehene Einlagen; Mißtöne, die selbst den unmusikalischsten Zuhörer vom Sitz hochrissen. Doch während der Dirigent diese Entgleisungen eher milde beurteilte, war das Publikum sehr viel unduldsamer ...
Gleich nach der Kapitulation hatte es in Baviaanspoort unter den Orchestermitgliedern eine heftige Diskussion darüber gegeben, ob es jetzt noch zeitgemäß sei, zum Abschluß eines Konzerts das Deutschlandlied – und womöglich auch das Horst-Wessel-Lied – zu spielen.
Auf einmal regte sich vielerorts der Widerwille selbst gegen die Nationalhymne, eine Abneigung, die die betreffenden in all den Jahren zuvor geschickt zu verbergen gewußt hatten.
Zwar hatte die Kommandantur das Abspielen der Nationalhymne nicht ausdrücklich untersagt, bis jetzt noch nicht, aber man hätte dort gewiß gerne gesehen, wenn die bisher recht aufmümpfigen Internierten sich nun mit der Rolle der Unterworfenen abfinden und freiwillig auf dieses Zeichen ihrer bisherigen Identität verzichten würden, ohne erst einen Befehl abzuwarten. Hier ergab sich also für manchen aus unseren Reihen die Gelegenheit, den Ereignissen ein wenig vorauszueilen und sich beizeiten in einer Entwicklung einzurichten, die ohnehin nicht aufzuhalten war. Gewiß, bisher war man lustig mitmarschiert und hatte kräftig in die Heil-Rufe mit eingestimmt. Doch die Zeiten waren ja jetzt vorüber, und jetzt war es vorteilhaft, so wenig wie möglich mit denen zu tun zu haben, die den Krieg verloren hatten.
Und zwar genau jetzt, wo wir Internierten nach all den Jahren des untätigen Zusehens auch einmal etwas für unser Land hätten tun kön-

nen: Nämlich, indem wir Haltung bewahrten und dem Sieger nicht sogleich einen jeden Wunsch von den Augen ablesen!
Als dann die Andalusianer kamen, machten wir uns erneut auf eine Auseinandersetzung gefaßt, denn die galten als etwas „liberaler", und zwar im Sinne des Arthur Moeller van den Bruck: „Der Liberalismus ist die Freiheit, keine Gesinnung zu haben und gleichwohl zu behaupten, daß eben dies Gesinnung sei."
Mathias S. aber ignorierte das Problem und ließ zum Abschluß des Konzerts das Deutschlandlied spielen, wie eh und je. Das Horst-Wessel-Lied ließ er weg. Damit hatte er nicht nur die Baviaanspoorter auf seine Seite gezogen, sondern er hatte auch den über die Niederlage untröstlichen einen Wink gegeben, daß das Leben ja weitergeht.
Es war der bestmögliche Ausklang dieses traurigen Jahres.

Das folgende Beispiel einer physischen Auseinandersetzung kann man eigentlich nicht als Rauferei bezeichnen, sondern wohl eher als wohlerwogene Ordnungsmaßnahme.
Henry J., ein Südwester, hatte es nicht verstanden, sich die Sympathien des Lagerführers Amigo zu erwerben. Er war grob, respektlos und kümmerte sich herzlich wenig um dessen Anordnungen, so wie er jegliche Form von Autorität ablehnte.
Amigo rächte sich, indem er den Aufsässigen aus dem Kreise seiner Freunde heraus und in eine andere Baracke versetzen ließ. Eine Anordnung vom Kommandanten!
Henry J. schrieb einen Brief an den Kommandanten, der den Instanzenweg über Amigo gehen mußte; er fragte nach den Gründen der Maßnahme und beantragte, sie rückgängig zu machen. Keine Antwort. Wiederholte Anfragen, auf demselben Weg über Amigo, aber niemals eine Reaktion von außen, über Amigo.
Eines nachmittags zeigte sich die mächtige Gestalt des Südwesters vor dem Rundbau des Lagerführers und wartete, bis Amigo seine Amtsgeschäfte aufnehmen würde. In der Hand hatte er einen Schambok (Reitpeitsche) und im Herzen jede Menge Wut. Was nun folgte, war eine Züchtigung von der Art, wie sie Wilhelm Busch unübertroffen in „Plisch und Plum" illustriert hat. Amigo eilte, arg mitgenommen, hinaus zum Kommandanten, der sogleich einen Trupp Soldaten ins Lager

schickte, die den Unbotmäßigen abführten. Der hatte schon alles vorbereitet und verließ das Lager in Richtung Andalusia. Dort traf er genau zu dem Zeitpunkt ein, als sein Bruder Alex bei einem Ausbruchsversuch unter den Kugeln der Wachsoldaten starb.
Von meinem Aufenthalt in Baberton und Pretoria her erinnerte ich mich, wie groß der Wunsch eines Gefangenen sein kann, den gegenwärtigen Zustand mit einem glücklicheren zu vertauschen. Damals hatte ich genügend Grund, mich nach einer Änderung zu sehnen, zu einer Verwirklichung irgendeines Fluchtplanes aber kam es nicht, ja, nicht einmal zum Entwurf; denn die Zeit, die ich im Gefängnis abzusitzen hatte, stand in keinem Verhältnis zum Risiko und der Tatsache, daß ich als entflohener Häftling dauernd auf der Flucht sein würde.
Im Internierungslager war es anders; der Krieg konnte noch sehr lange dauern; andererseits war dort das Leben, verglichen mit dem Dasein im Gefängnis, nicht gar so unerträglich. Ich z.B. hatte die einmalige Gelegenheit, sehr viel von dem nachzuholen, was ich in der Abgeschiedenheit in Südwest und dem verhinderten Studium versäumt hatte: Kenntnisse und Fertigkeiten aller Art, die von den vielen internierten Fachleuten vermittelt wurden; dazu allgemeine Lebenserfahrungen und den Umgang mit Menschen, die weit über den Horizont Südwests hinausgeblickt hatten; Einblick in die Sitten und Gebräuche der verschiedenen deutschen Gaue.
Dennoch kam das Gespräch immer wieder einmal auf das Thema „Flucht“. Versuche hatte es früher wiederholt gegeben, gelungene und mißlungene.
Die Wände unserer Baracke standen auf einem Fundament aus Beton, auf das die Fußbodenbretter so gelegt waren, daß sich zwischen ihnen und dem Erdboden ein etwa 60 cm hoher Freiraum befand.
Beim ersten größeren Unternehmen startete man den Tunnel von einer Baracke in Lager IV aus, die dem Zaun so nahe wie möglich war. Es wurden kurzerhand einige Fußbodenbretter herausgenommen und schon begann unter dem Fußboden ein munteres Graben, vor neugierigen Blicken geschützt. Die ausgehobene Erde wurde im Freiraum verteilt, der Tunnel konnte also recht geräumig angelegt werden. Er führte unter dem Zaun hindurch und endete außerhalb des Lagers an

einer Stelle, an der man ungesehen wie aus einem Fuchsbau hinauskriechen konnte.
In einer Nacht machte sich dann ein ganzer Trupp auf den Weg und wurde von ortskundigen geführt und bei Südafrika-Deutschen untergebracht, die nun ihrerseits riskierten, selbst interniert zu werden.
Während sich einige, meist Südafrikaner, still verhielten, unter einem anderen Namen untertauchten und sich eine Arbeit suchten, sahen andere, meist Seeleute, die gewonnene Freiheit als Fortsetzung des Interniertendaseins unter angenehmeren Bedingungen an. Sie taten nichts, was notwendig war, die erlangte Freiheit auch zu behalten, sondern schwadronierten und gingen Risiken ein, für die dann andere einstehen mußten; bis sie schließlich als heimkehrende Helden wieder im Lager einzogen.
Doch dort war es nun nicht mehr so wie vordem, denn der Kommandant hatte das Unternehmen nicht als Spaß aufgefaßt und Maßnahmen ergriffen: Der ‚Auslauf' mit den Sportplätzen wurde gesperrt, die Kantine geschlossen; keine Besuche, keine Briefe, kurz, man tat seitens der Obrigkeit alles, den Daheimgebliebenen vor Augen zu führen, wie sehr die Mehrheit darunter zu leiden habe, nur weil einige wenige sich ein paar vergnügte Tage machen.
Hatte man im Lager das Unternehmen zunächst noch bejubelt, so zeigten die Maßnahmen der Kommandantur doch bald ihre Wirkung, und als die meisten der „Helden" schließlich heimkehrten und sogleich für 30 Tage in Einzelhaft kamen, da hielt sich der Beifall in Grenzen. Inzwischen hatten die Behörden in jeder Bude und in jedem Saal zwei Luken in den Fußboden schneiden lassen und mit einem Deckel versehen, der jederzeit abgehoben werden konnte. Einmal in der Woche – der Tag wurde nicht bekannt gegeben – war „Bungalow-Inspection". Die Räume mußten vollständig ausgeräumt werden, dann kamen zwei Soldaten, rissen jeder eine Luke auf und leuchteten mit Taschenlampen den Raum unter dem Fußboden ab. Jedes noch so kleine Erdhäufchen, jede Fußspur wäre sofort aufgefallen, so daß einer, der jetzt ausbrechen wollte, mit zusätzlichen Schwierigkeiten rechnen mußte. Dazu auch noch die Abneigung der Mehrheit gegen solche Unternehmen, bei denen sie nicht mitmachen konnte und sich

wohl auch nicht traute, dafür aber handfeste Nachteile in Kauf nehmen mußte.

Eines Tages kam Alfred H., ein Südafrikadeutscher, zu mir und fragte mich, ob ich bei einem Ausbruchsversuch mitmachen wollte. Ohne die entscheidende Frage zu stellen, wer denn sonst noch alles dabei sei, sagte ich zu.

Wieder war es ein Tunnel, der ins Freie führen sollte. Einer, der so eng sein würde, daß ein erwachsener Mann sich gerade hineinzwängen konnte; wegen der Erde nämlich, die man ja nicht nur ausgraben, sondern auch noch irgendwo unterbringen mußte, und zwar so unauffällig wie möglich.

Gestartet wurde unter dem Atelier der Künstler in Baracke, in der Otto Sch. und sein Schüler Jörg F. ihre Leinwand aufgespannt hatten und täglich mehrere Stunden arbeiteten. Ziel war eine Baracke jenseits des Zauns, in der die Wachsoldaten wer weiß was aufbewahrten.

Sobald beide Künstler einmal den Raum verließen, mußte man unbemerkt hineinschlüpfen, den Lukendeckel aufmachen, sich in den Zwischenraum fallen lassen und den Deckel von unten wieder schließen.

Es war eine Tortur, sich in der engen Röhre bei stickiger Luft und schweißtreibender Schwüle millimeterweise voranzuarbeiten, die losgeschabte Erde dann in einen leeren Apfelsinensack zu stopfen und am Körper vorbei nach hinten zu schieben, wo der Partner sie einem abnahm und sogleich mit einem leeren Sack vertauschte. Ein weiterer Mitverschworener saß derweil auf einer Bank neben dem Tennisplatz und schaute zu, was da geboten wurde. Sobald sich ein Grabgeräusch hören ließ, schlug er mit einem kleinen Metallstück gegen das Fundament und warnte seine Genossen.

Zur Tunnelröhre, die waagrecht unter dem Tennisplatz hindurchführen sollte, gelangte man durch einen etwas geräumigeren senkrecht nach unten führenden Schacht, der zum Schluß mit einer Steinplatte abgedeckt wurde. Den Staub unter dem Fußboden häufte man an einer Stelle an, verteilte die ausgegrabene Erde sodann gleichmäßig und bedeckte sie schließlich wieder mit dem gesammelten Staub. Es konnte ja jederzeit die routinemäßige Inspektion durchgeführt werden. Dann hieß es warten, bis beide Künstler den Raum verließen. Das dauerte manchmal lange, und wenn inzwischen zum Zählen geblasen

wurde und sie bis zum letzten Moment arbeiteten, dann wurde es eng für uns, denn wir hatten eine Dusche dringend nötig. Macht nichts. Hauptsache, der „Feind" hat nichts gemerkt! Dachten wir damals.
Eines Tages – Bungalow-Inspection war gerade gewesen – öffnete sich das große Tor und ein Trupp Wachmänner, mit langen Eisenstangen versehen, marschierten ein. Einige gingen geradewegs zur Künstlerbaracke, die anderen zum Tennisplatz und stießen mit ihren angespitzten Stangen in die Erde, und zwar so lange, bis die Sonde einen Hohlraum traf. Der Tunnel war geortet.
Ein größerer Trupp rückte nach, drang in bestimmte Buden ein und kramte in den Habseligkeiten von bestimmten Leuten, in der Hoffnung, vielleicht irgendwelche Indizien zu finden, die den Besitzer mit dem Tunnelbau in Verbindung bringen konnten. Ihr Spürsinn war erstaunlich, denn aus der Gesamtheit der über tausend Internierten fanden sie ein gutes halbes Dutzend, das abgeführt wurde und die nächsten Wochen in einer Zelle verbringen mußte. (Ich hatte einen lehmverschmierten Apfelsinensack im letzten Augenblick unter mein Hemd gesteckt, so daß mich kein Beweisstück belastete.)

Arthur P. bewahrte seine Sportgeräte in einem kleinen Wellblechgehäuse auf, das ohne Fundament auf ebener Erde stand, nicht weit von dem Zaun entfernt, der den Auslauf vom Hauptlager trennte. Dort floß auch der Porridge-Bach, dessen Bett mit großen Betonplatten ausgelegt war.
Vom Geräteschuppen sollte nun ein Tunnel unter dem Zaun hindurch bis zum Bach auf der anderen Seite gegraben werden. Wenn das Schwimmbad wieder einmal mit frischem Wasser gefüllt werden mußte, dann lag während dieser Zeit der Lauf unterhalb trocken. Genau dann mußte der Tunnelausgang fertiggestellt werden, indem man eine Betonplatte aus dem Bachbett heraushob, mit einem Sack abdichtete und sogleich wieder einpaßte, als Verschluß, den man nach Belieben öffnen und schließen konnte. Das mußte tagsüber geschehen, wenn der Auslauf freigegeben war und die Wachtposten nicht unmittelbar neben dem Rinnsal standen und den Zaun zum Hauptlager bewachten.

Abends dann, so ging der Plan weiter, wollte man vom Geräteschuppen aus durch den Tunnel unter dem Zaun und den Wachen hindurch zum Porridge-Bach kriechen – der zuvor natürlich abgeschaltet werden mußte – drückte den Verschluß vorsichtig empor und kroch sodann in das etwa 80 cm tiefe Bachbett.
Schon bis hierher barg das Unternehmen einige Risiken in sich, denn die Wachen patrouillierten nur wenige Meter an dem Tunnelausgang vorbei am Zaun entlang. Im Bachbett hieß es dann den Kanal entlangrobben, wobei die Gefahr, entdeckt zu werden, nur langsam abnahm, denn der Bach entfernte sich zwar zunächst vom Zaun und den Wachen, näherte sich später aber wieder.
An einer unbeleuchteten Stelle unter den großen Bäumen mußte man einen günstigen Ausstieg suchen, vorsichtig herausschauen und wenn der Posten einem gerade den Rücken zudrehte, das Bachbett verlassen.
Während der Tunnel noch im Entstehen war, hatte man genügend Zeit, sich eine Stelle im Auslauf zu suchen, an der man unauffällig seinen Rucksack mit Kleidung, Schuhen, einer Geländekarte und einem Stadtplan von Pretoria vergraben konnte; nicht zu vergessen das echte südafrikanische Geld!
Sobald man den Rucksack dann, naß und verdreckt wie man war, wieder ausgebuddelt und sich reisefertig gemacht hatte, hieß es so geräuschlos wie möglich über den Zaun und die Spanischen Reiter klettern.
Das war der Entwurf, nach dem wir zu graben begannen, ohne uns zunächst über Einzelheiten des weiteren Verlaufs den Kopf zu zerbrechen; denn es gab erst einmal vordringlichere Probleme, z.B. wohin mit der ausgegrabenen Erde und den z.T. recht großen Steinen?
Die Steine wurden an Bindfäden befestigt und dann von oben in den Zwischenraum der Doppelwand einer Baracke gelassen. Die beiden Heraklitplatten der Doppelwand waren ca. 10 cm voneinander entfernt und ganz oben, direkt unter dem Dach, hatte man Zugang zum Zwischenraum. Von dort wurden die Steine, wenn es dunkel war, an den Bindfäden hinabgelassen. Einmal verklemmte sich ein Stein, und da gerade Spaziergänger des Weges kamen, mußten wir ihn loslassen und so tun, als lauschten wir von draußen den Darbietungen des

Schallplattenkonzerts. Doch da machte sich der Stein auf einmal frei und fiel mit Gepolter die Zwischenwände hinab.
Die ausgegrabene Erde wurde in kleine Säcke verpackt und sollte an solche Orte des Lagers gebracht werden, wo sie nicht auffiel. Eine auffällig große Zahl von Abendspaziergängern schlenderte am Geräteschuppen vorbei, wo jeder, nachdem er sich zuvor umgeschaut hatte, aus dem dunklen Raum einen Sack zugesteckt bekam, den er unter seinem Mantel verschwinden ließ. Der Weg führte nun an der Stelle vorbei, an der ein weiterer Ringtennisplatz gebaut werden sollte und wo bereits eine Menge roter Erde herumlag. Dort prasselte dann etliches unter dem Mantel hervor auf den Platz und die Runde begann von neuem.
Dabei mußte man Begegnungen mit Uneingeweihten unbedingt vermeiden; denn jedes auffällige Verhalten wurde unweigerlich von einem der vielen Schnüffler bemerkt, der dann nicht mehr locker ließ, bis er hinter das Geheimnis gekommen war. Am nächsten Morgen bemerkte dann so einer, daß beim zukünftigen Tennisplatz zwei verschiedene Sorten Erde nebeneinander lagen! Das war für ihn der Grund, sich am folgenden Abend hier auf die Lauer zu legen und alle diejenigen Spaziergänger in ein Gespräch zu verwickeln, die ihre Arme ungewöhnlich verkrampft hielten, so als hätten sie unter ihrem Mantel etwas zu verbergen.
Eines morgens – Bungalow-Inspection war nicht zu erwarten – öffnete sich das große Tor und ein Trupp Wachmänner, mit langen Eisenstangen versehen, marschierte ein. Ein Teil bewegte sich geradewegs auf Arthurs Geräteschuppen zu und prüfte, ob man den Eingang des Tunnels im Schuppen erkennen könne. Das war nicht der Fall und entlastete die für die Geräte verantwortlichen. Andere hatten inzwischen das Gebiet zwischen Schuppen und Bach mit ihren Eisenstangen untersucht, und zwar genau da, wo es etwas zu finden gab. Diesmal war es ein gutes Dutzend, das abgeführt wurde, und wieder fand man aus der großen Zahl der Internierten genau diejenigen, die sich am Unternehmen beteiligt hatten; wenn auch nicht alle.
Das war zunächst einmal der letzte Versuch, denn bald darauf ging der Krieg zu Ende und damit entfiel ja eigentlich auch der Grund, warum wir eingesperrt waren.

Wie stümperhaft diese unsere Unternehmungen geplant und auch durchgeführt worden waren, das wird deutlich, wenn man sie mit der Flucht eines anderen Internierten vergleicht, die zwei Jahre zuvor gelungen war. Ich gebe wieder, was mir berichtet worden war.
Da war ein etwa 45jähriger Ostafrikaner, ein ruhiger, verschlossener Einzelgänger. Zu jedermann freundlich-distanziert, hilfsbereit, entschlossen, genau und ohne den geringsten Anflug von Angeberei.
Tagtäglich arbeitete er an seinem Platz in der Schreinerwerkstatt, holte sich wie alle anderen Handwerker morgens sein Werkzeug aus einer Baracke außerhalb des Lagers und lieferte die Werkzeugkiste abends dort wieder ab. Am Tor standen zwei Posten, die das Kommen und Gehen der Handwerker beobachteten, um dann, wenn der letzte seinen Kasten abgeliefert hatte, die Werkzeugbaracke und das Tor wieder abzuschließen.
Eines morgens fehlte ein Internierter beim Appell; man zählte noch einmal und noch einmal. Da endlich stellte sich heraus, in welchem Lager er fehlte und dann, in welcher Baracke. Jetzt dauerte es nicht mehr lange, bis die Bürokratie den Fall vollständig umzingelt hatte und feststellen konnte, wer es war. Es war der unauffällige Ostafrikaner. In der Baracke war er nicht, denn die wurden jedesmal routinemäßig, wenn alle angetreten waren, von mehreren Wachsoldaten untersucht. Aber vielleicht war er überraschend ins Hospital eingeliefert worden! Oder war er gar bei der Küchenmannschaft, die ja auch immer besonders gezählt wurde?!
Endlich kam der schwerfällige Apparat zum Ergebnis: Der Ostafrikaner fehlte wirklich! Allein niemand wußte etwas und niemand hatte während der letzten Wochen etwas Auffälliges an ihm bemerkt.
Die Kommandantur griff sogleich mit gewohnter Strenge durch, sperrte den Auslauf und die Sportanlagen, das Café, die Kantine, die Konditorei und erinnerte sich wieder an alle ihre erprobten Schikanen.
Doch diesmal verlief alles anders: Es stellte sich nämlich heraus, daß der Flüchtige ohne jede fremde Hilfe entkommen war, die anderen Internierten also durch seine Flucht nicht in Mitleidenschaft gezogen haben konnte.
Wie jeden Abend zuvor hatte er auch zum letzten Mal seine Werkzeugkiste in die Baracke gebracht und – war dort geblieben. Wahr-

scheinlich kamen nach ihm noch einige Handwerker, die ihn aber entweder nicht bemerkten, weil er sich bereits versteckt hatte, oder nicht beachteten, weil er sich noch eine Weile an seinem Werkzeugkasten zu schaffen machte, was niemanden veranlaßte, sich bei ihm aufzuhalten, denn er war nicht allzu gesellig. Nachdem die letzten ihre Kästen abgestellt hatten und zurückgegangen waren, muß er sich so gut versteckt haben, daß der Posten, der die Baracke zu kontrollieren und abzuschließen hatte, ihn nicht bemerkte.
Gewiß hatte er diesen Ablauf zuvor schon oft durchgespielt und jedesmal wieder abgebrochen, wenn nicht alle Voraussetzungen genau stimmten. Wer weiß wie oft; bis zum entscheidenden Abend, an dem vielleicht eine größere Gruppe den Aufbewahrungsraum gerade vor ihm verließ, so daß es für die Posten unmöglich war, abzuschätzen, ob ebenso viele zurückgekommen wie zuvor hingegangen waren. Denn namentlich wurde damals noch nicht kontrolliert.
Auf jeden Fall mußte der einsame Jäger immer auf dem Sprung und bereit sein, diesen gewagten Schritt zu tun.
Als es dann dunkel wurde, hat er sich, wohl mit Hilfe eines geeigneten Werkzeugs, den Weg ins Freie und in die Freiheit gebahnt. Man hat nichts mehr von ihm gehört. Er war halt nicht von mitteilsamer Natur ...
Als nach der Entlassung der Südafrikaner im März 1946 einige Monate später auch die Südwester entlassen wurden, waren die Seeleute allein im Lager. Allein mit den noch verbliebenen Hoffnungen, die sie im Laufe von 6 Jahren aus jedem Gerücht zu schöpfen gelernt hatten.
Das Wachpersonal handhabte die Aufsicht immer laxer, denn der Krieg war nun schon über ein Jahr zu Ende, und es galt, sich allmählich auf eine andere Tätigkeit vorzubereiten. So dann und wann einmal ließ man den Lieben Gott einen guten Mann sein, und anstatt seine Strecke gewissenhaft abzumarschieren, sich an einer bestimmten Stelle umzudrehen, mit dem einen Fuß aufzustampfen und sich in die entgegengesetzte Richtung fortzubewegen, da hockte man lieber an einer sichtgeschützten Stelle beieinander und spielte Karten. Dabei blieb eine nicht mit einem Blick überschaubare Strecke des Zaunes stundenlang unbeaufsichtigt.

Das war zwar nicht den Vorgesetzten dieser pflichtvergessenen Burschen aufgefallen, die in den kleinen Häuschen etwa 100 m vom Stacheldraht entfernt wohnten, wohl aber einigen Internierten, die sich darüber ihre Gedanken machten.
Und es gab ja auch sonst noch Zäune, die zur Flucht einluden. Im Auslauf zum Beispiel, wo der Außenzaun während der Nacht unbewacht war.
Nur wie sollte man abends dorthin kommen? Durch einen Tunnel in den Auslauf? Das war schon einmal versucht worden und schon einmal gescheitert. Wie also?
Da die Wachen den Außenzaun erst verließen, wenn die 2. Zählung beendet war und niemand vermißt wurde, war es sinnlos, sich schon während des Tages im Auslauf zu verstecken, denn falls jemand fehlte, dann stöberte eine ganze Kompanie Soldaten in allen möglichen Verstecken herum, wobei sie mit ihren angespitzten Eisenstangen sehr unvorsichtig in jedes Fleckchen aufgegrabenes Erdreich stießen.
Da entschlossen sich Helmut S. und Karl W., dem Zählen eine Zeit lang fernzubleiben, indem sie sich im Hauptlager versteckten, bis man sich amtlicherseits an ihre Abwesenheit gewöhnt hatte. Bis sich nämlich in der Kommandantur die Ansicht festgesetzt hatte, die beiden seien auf nicht nachvollziehbare Weise entkommen und befänden sich längst in Freiheit. Dann würde der Auslauf wieder geöffnet und man könnte sich dort kurz vor dem 2. Zählen in sein vorbereitetes Versteck begeben. Ihre Abwesenheit wäre dann keine Neuigkeit mehr und man würde nicht mit angespitzten Eisenstangen in alle Schlupflöcher hineinstoßen und die Posten an den Außenzäunen würden abgezogen.
Die beiden erschienen also zu einer Zählung nicht und wurden gesucht. Kantine, Auslauf, Schwimmbad und die Übungsräume wurden geschlossen. Die Turner konnten nicht turnen, die Leichtathleten nicht sprinten, die Werkstatt stand auch nicht zur Verfügung und man hockte noch gedrängter auf noch engerem Raum.
Inzwischen hockten die beiden in einem engen Verlies und warteten die Nacht ab, um endlich einmal herauszukommen, etwas zu essen und sich ein wenig zu bewegen. Man hatte vor, sich künftig so frei wie möglich zu bewegen, nur die eigene Bude zu meiden, denn es konnte ja sein, daß dort ganz unvermutet einmal eine der ständig durch das

Lager schlendernden Wachen aufkreuzte. Ein Steckbrief existierte ja nicht und für die Posten sah ein „Jerry“ wie der andere aus. Nur während des Zählens mußte man abtauchen, denn dann stöberten die Posten in allen Baracken herum. Irgendwann einmal würde es dem Kommandanten dann doch zu viel und er würde die Suche aufgeben. Genau das aber war der Schwachpunkt des ganzen Plans; denn dem „Feind“ bereitete es viel weniger Mühe zu warten, den Auslauf geschlossen zu halten, den Internierten die Vergünstigungen vorzuenthalten, als den Lagerinsassen, diese Einschränkungen zu ertragen. Die Zeit war also auf der Seite des „Feindes“ und er gedachte, diesen Vorteil zu nutzen und der Entwicklung der Dinge gelassen entgegenzusehen.

Die Kommandantur glaubte nämlich einfach nicht an ein Entkommen der beiden und behauptete steif und fest, sie seien noch im Lager, man müsse nur Geduld haben, und an der solle es nicht fehlen.

Dafür aber ging dem Rest des Lagers allmählich die Geduld aus, denn man wollte nicht einsehen, warum die ganze Gemeinschaft wochenlang in ihrer Bewegungsfreiheit eingeschränkt bleiben sollte, nur weil sich die beiden ihr Vorhaben nicht gründlich genug überlegt hatten.

So kam es, daß eines morgens beim Zählen zwei Internierte zuviel gezählt wurden; zwei verlorene Söhne, deretwegen man aber kein Kalb schlachtete.

Als ich mich in das Ausbruchsunternehmen einließ, tat ich es als Neuling, der den erfahreneren Teilnehmern vertraute, ohne irgendwelche Zweifel zu äußern.

Nachträglich aber kommen mir doch Bedenken, ob denn all diese geheimnistuerische Betriebsamkeit wohl ernst gemeint war. Ob die Planer wirklich an ein Gelingen geglaubt hatten?

Im Detail befaßten sich die Pläne nur mit dem nächstliegenden, und wenn ich nachträglich an die Schwierigkeiten denke, die uns in den folgenden Phasen noch erwartet hätten und wie wenig wir dafür vorgesorgt hatten und wie wenig geeignet eine ganze Anzahl der vielen Teilnehmer waren, sie zu meistern, dann meine ich fast, man hätte gar nicht erwartet, überhaupt so weit zu kommen. Die erstaunliche Gelassenheit jedesmal beim Scheitern!

Als dann die Sprache darauf kam, daß jemand das Unternehmen verraten haben mußte, da wurden die Emotionen erst dadurch geweckt, daß man sie auf die „Freien Deutschen" umleitete.
Wir jüngeren Teilnehmer haben die Sache allerdings ernst genommen und uns überall, wo immer wir konnten, mit allen Details befaßt.
Da hieß es zunächst einmal, sich südafrikanisches Geld verschaffen, eine Aufgabe, die viel Zeit, Umsicht und Vorsicht erforderte.
Wie ist uns das gelungen?
Im Lager gab es einen fleißigen Schwaben namens E., der tagaus, tagein an seinem Tisch saß und aus Knochen Armbänder schnitzte. Die belegte er dann mit kunstvoll gravierten Silberplättchen und verkaufte sie für teueres Geld. Zu teuer, meinten wir, aber die Wachposten rissen sie uns für diesen Preis förmlich aus den Händen und zahlten mit echtem südafrikanischen Geld. Also kauften wir Herrn E. die Armbänder für Lagergeld ab und verkauften sie für südafrikanisches, das wir in eigens dafür angefertigte Ledergürtel einnähten.

Nach unserem letzten mißlungenen Ausbruchsversuch Anfang 1945 mußten wir annehmen, daß unser Plan verraten worden war.
Die Wachsoldaten marschierten ja auch jedesmal gar zu direkt auf den verborgenen Tunnel zu, ohne zuvor dort verräterische Zeichen entdeckt zu haben.
Aber wer konnte es nur gewesen sein? In unserem Bekannten- und Freundeskreis kam dafür niemand in Frage, also mußte sich der hinterhältige Neidling, der Schuft, der Verräter außerhalb unseres Kreises befinden.
Es konnte also nur ein „Freier Deutscher" gewesen sein. Aber wer von ihnen? Schwer zu sagen, denn sie waren ja letzten Endes allesamt Schurken. Also war es gut, möglichst viele, wenn schon nicht alle, von ihnen für den Verrat zu strafen. Und da sollte mit den verworfensten von ihnen begonnen werden. Die aber hielten sich regelmäßig nach dem Abendessen im Eßsaal auf, da ihnen die Atmosphäre in ihren Buden nicht behagte; jeder von ihnen an einem der 50 großen Tische, wo sie studierten, lasen oder Briefe schrieben.
Beim letzten Tunnelbau hatten die Organisatoren den Kreis der Teilnehmer nicht eingeschränkt; jeder unternehmungslustige und verwe-

gene Bursche aus unserem Kreise war zugelassen, so daß es nach dem Mißerfolg eine große Anzahl von enttäuschten gab. Die sammelten nun um sich alles was schlagkräftig war; die ganze Boxstaffel und andere Raufbolde.

Die Plätze, an denen die Delinquenten saßen, waren rasch und unauffällig ausgekundschaftet; dann wurden Gruppen zu dreien zusammengestellt und dem jeweiligen Opfer zugeordnet. Ich war, da ich in meiner Gewichtsklasse recht gut boxte, zum Anführer einer Gruppe bestimmt, zu der auch Willy St. und Robert Sch. gehörten. Als ich mich weigerte, zu dritt über einen einzelnen herzufallen, hieß es beschwichtigend, die anderen seien nur „für alle Fälle" dabei.

Die einzelnen Gruppen begaben sich nun jede zu einer der drei großen Türen und warteten auf das verabredete Zeichen.

Als ein gellender Pfiff ertönte, stürzte alles in die Halle und es entstand ein wüstes Gedränge, denn alle wollten gleichzeitig als erste hinein. Zwar gelang es mir als leichtfüßigem Leichtathleten, das mir zugedachte Opfer als erster zu erreichen und einen einwandfreien linken Geraden zu landen, doch dann stießen mich meine Begleiter zur Seite und fielen mit einer solchen Gier über den bedauernswerten her, daß kein Platz mehr für mich war. Dabei konnte ich gerade beobachten, wie Hein W. sich auf den sitzenden Max W. („Held von Massaua") stürzte und von hinten einen fürchterlichen Schwinger losließ; sah aber auch noch wie dieser, ohne die Gefahr zu sehen, sich instinktiv duckte und die Faust über sich hinwegfegen ließ. Dazu das Angstgeschrei der Mißhandelten und das Wutgeheul der Entfesselten, draußen der Alarm der Posten und die Trompetensignale, mit denen die Soldaten zum Einsatz gerufen wurden; das dumpfe Hämmern der Schläge, das alles mischte sich innerhalb weniger Sekunden zu einem Eindruck, der mich zum Zuschauer machte. Zu tun gab es für mich nichts mehr, denn der Mann, den ich bisher bewußt nie wahrgenommen hatte, lag inzwischen ohnmächtig und mit gebrochenem Arm auf dem Boden. Auch der „Held von Massaua", ein bärenstarker, grobknochiger Kerl von etwa 35 Jahren, war gefällt: Kieferbruch, Schlüsselbeinbruch und schwere Kopfverletzungen.

Ein zweites Signal kündigte das Ende des Unternehmens an und jetzt hieß es rasch fort und alle Spuren verwischen, die diese Aktion an jedem Akteur hinterlassen haben konnte.
Als die eilig zusammengetrommelte Wachmannschaft mit dem Kommandanten an der Spitze im Lager einmarschierte, sah man eine Anzahl auffällig frisch gewaschener, gut gekämmter und besonders vornehm gekleideter junger Burschen herumstehen – einer hatte sogar einen Schlips an – die erstaunt und neugierig auf die einmarschierenden Soldaten blickten. Was die hier nur wollten? So spät am Abend!
Die Oberschwester im Hospital hatte alle Hände voll zu tun, nachdem man ihr die zum Teil schwer verletzten Opfer hereingetragen hatte: Dreizehn stationäre Fälle und etliche ambulante. „Sind das schon alle?“ fragte sie englisch-trocken. Nein, es waren bei weitem nicht alle „Freien Deutschen“. Einer zum Beispiel war der Herr Sch., ein Jude, den eine Laune des Schicksals ebenfalls ins Internierungslager geweht hatte, in eine Gemeinschaft von Leuten, die ideologisch nicht mit ihm auf der gleichen Linie lagen. Dort ging er ruhig und unauffällig seiner Wege, machte nicht den geringsten Versuch, seine Isolierung zu durchbrechen und sich bei den „Freien Deutschen“ anzubiedern, sondern wich, wenn immer es möglich war, aus dem Kreis seiner Stubengenossen in den Eßsaal aus. Als nun der Sturm wie aus heiterem Himmel in den Saal einbrach, war er entsetzt aufgesprungen und sah sein letztes Stündlein gekommen. Aber der Oberbefehlshaber des Unternehmens, Helmut S., rief ihm zu: „Schnell aus dem Weg! Los! Auf die andere Seite! Da passiert dir nichts!“
Und es passierte ihm nichts, denn er gehörte nicht zu uns, konnte also mit bestem Willen kein Verräter sein und hatte kein Anrecht auf Behandlung. (So geschehen am 19. März 1945.)
Der Verrat in Baviaanspoort ist niemals aufgeklärt worden. In Andalusia aber kam die Schurkerei nachträglich doch noch ans Licht, lange, nachdem der letzte Internierte das Lager verlassen hatte.
Dort befand sich unter den Wachsoldaten ein Leutnant A., der während seines Dienstes stets einen guten Kontakt zu den Internierten gehabt hatte. Als er nach der endgültigen Entlassung zufällig einmal einige ehemalige Andalusianer in der „Phönix-Bar“ in Johannesburg traf, da fragte ihn einer: „Wie habt Ihr das bloß gemacht, daß Ihr un-

sere Vorhaben jedesmal und zur rechten Zeit entdeckt habt?" „Das wißt Ihr nicht?" fragte der Offizier erstaunt. „In Euren Reihen war ein Verräter. Lutz M.!"

Das aber war seinerzeit ein besonders strammer Parteigenosse, ja, er gab sich, um seinen Führungsanspruch zu unterstreichen, sogar als SS-Mann aus. Mit einwandfreier Gesinnung! Und in all den Jahren hatte er inquisitorisch darüber gewacht, daß auch die anderen die rechte Gesinnung zeigten, und er ließ niemandem Zeit, sich Gedanken über den forschen SS-Mann zu machen.

Lutz M. soll in einer britischen Kronkolonie geboren sein, hätte sich also „loyal zur Krone" verhalten müssen. Vielleicht hatte man ihm in der Kommandantur zu verstehen gegeben, daß er des Landesverrats oder der Sabotage bezichtigt und möglicherweise hingerichtet würde, wenn er seine Pflicht als britischer Bürger (in einem britischen Konzentrationslager) nicht erfülle, wenn er die Kommandantur z.B. nicht rechtzeitig über Pläne der Internierten informiere, die dem Staat und letzten Endes der Krone schadeten.

Vielleicht war es dann zuerst auch nur eine unbedeutende Mitteilung, die er machte, nur um die Kommandantur zufrieden zu stellen und seine Pflicht als britischer Staatsbürger pro forma erfüllt zu haben. Doch dann hatte man ihn in der Hand, indem man ihm drohte, die kleinen Denunziationen im Lager bekannt zu machen, falls er sich nicht zu größeren bereit erklärte. Die Bekanntmachung seines Verrats aber wäre einer Hinrichtung gleichgekommen!

Doch wer hatte uns denn nun wirklich verraten? Wo saßen die Spitzel? Es konnten einfach keine „Freien Deutschen" sein, die isoliert vor sich hinkümmerten und froh waren, wenn man sie in Ruhe ließ. Nein, es mußte jemand sein, der Einblick in unser Tun und Lassen hatte, der mitten unter uns lebte und mit uns diskutierte. Eine andere Möglichkeit gab es nicht.

An diese einzige Möglichkeit aber wollte niemand glauben – er wäre sich selber schlecht vorgekommen, wenn er an so etwas auch nur gedacht hätte – und so ist der Verrat in Baviaanspoort niemals aufgeklärt worden.

Im Lager gab es etliche, die sich nicht damit begnügten, nur die eigene Gesinnung zu pflegen, sondern die auch am Denken und Meinen der anderen Kameraden regen Anteil nahmen.
An jedem Sonntag morgen versammelten sich nach der Zählung einige Musiker mit ihren Instrumenten vor der Tribüne, auf der ein Rednerpult stand, und spielten einen Marsch.
Wer etwas auf sich hielt, rückte näher heran, wer weniger auf sich hielt, blieb auf Distanz. Nach dem letzten Ton schritt ein Internierter, der etwas mitzuteilen hatte, zum Rednerpult und sprach zu den Anwesenden. Wenn er fertig war, ließen sich die Bläser wieder hören.
Das verlief alles ohne großes Aufhebens, und es gab so manchen, dessen Ansprache man sich ruhig anhören konnte. Doch es gab auch Höhepunkte, dann z.B., wenn ein junges Bürschchen im Stil einer Orwellschen „Haßminute" über die „Bluddokrahden" wetterte.
Die Anwesenden hörten sich das alles an, ohne eine Miene zu verziehen, auch wenn solche in der Autarkie ausgebrüteten Darbietungen nichts mit der Wirklichkeit zu tun hatten. Meine Reaktion: „Was quatschen die Kerle nur, wenn sie ja doch nicht tun können, was sie uns empfehlen!"

Es gab aber auch kleinere Zirkel, die regelmäßig zusammenkamen und systematisch arbeiteten, Quellenforschung betrieben und nach solcher Literatur suchten, die ihren Ansichten entgegenkam. Am anspruchsvollsten war dabei ein Kreis, der es sich zum Ziel gesetzt hatte, für den Nachwuchs an Führungskräften zu sorgen. Dieses Treiben war natürlich recht unverbindlich, und was diese Leute zuwegebrachten, wurde nicht auf die Probe gestellt; bisher wenigstens nicht.
Das änderte sich aber, als der Tod Hitlers, die bedingungslose Kapitulation und der völlige Zusammenbruch bekannt wurden.
Wir Jüngeren, die es nicht „schon immer gewußt hatten, daß es so hat kommen müssen", wir standen nun mit leeren Händen da, weil uns die nachträglichen Propheten zuvor nichts von ihrem Wissen mitgeteilt, sondern uns den kernigen Sprüchen derer überlassen hatten, über die man sich nun anfing, lustig zu machen.
Nun besuchte ich zum ersten Mal den Kurs, in dem während der vergangenen Jahre die zukünftigen Führungskräfte auf ihr Aufgaben vor-

bereitet werden sollten. Der Saal, in dem auch die Schallplattenkonzerte stattfanden, war bis zum letzten Platz besetzt und wir mußten lange warten, bis der Schulungsleiter erschien: Gerd P., ein Mann mit sonorer Stimme, der den Deutschen Gruß in unnachahmlicher Weise ausführen konnte und bei allen möglichen Darbietungen den Ansager machte.
Endlich kam er dann doch, stellte sich vor seine Zuhörer, kriegte aber den rechten Arm nicht mehr hoch. „Das ist das Ende einer großen Idee", meinte er schließlich und verdrückte sich.

Artur F. hatte einen kleinen Empfänger zusammengebastelt, dessen wichtigster Bestandteil ein winziger Kristall war, den eine Metallspitze berührte. Die Nachrichten wurden mit einem Kopfhörer abgehört, auf einer Schreibmaschine vervielfältigt und dann von Bude zu Bude vorgelesen. (Die Kommandantur hat zweifellos durch ihre Spitzel davon erfahren, unternahm aber nichts, obwohl doch alles verboten war, das eine inoffizielle Verbindung nach außen herstellen konnte!)
Nach dem Zusammenbruch hörte dieser Informationsfluß abrupt auf, und nun waren wir auf das angewiesen, was hierzulande erhältlich war: Englische und angepaßte afrikaanse Zeitungen. Diese Meinungsvermittler ließen auch sogleich eine wahre Sturzflut an ungewohnter Beeinflussung in das Informationsvakuum einbrechen. Die „Rand Daily Mail" brachte, als sein Tod bekannt war, auf der ersten Seite ein ganzseitiges Portrait von Hitler – es war, vergrößert, das Bild, das auch in „Mein Kampf" zu sehen ist – zusammen mit einem Artikel, der als Überschrift einen Ausspruch von ihm trug: „I can't get away from destiny!" Was wohl heißen soll: „Ich kann meiner Bestimmung nicht entgehen!"
Ein Artikel übrigens, in dem der Autor auch Hitler zu Worte kommen ließ und der Leserschaft so die Argumente des toten Gegners zugänglich machte. Wahrscheinlich dachte der Leitartikelschreiber der „Rand Daily Mail", daß es auf die eigene Seite zurückfallen würde, wenn man einen toten Gegner herabsetzt, gegen den die Welt fast sechs Jahre lang hatte Krieg führen müssen, bis sie ihn endlich zur Strecke brachte.

Doch schon bald mehrten sich die kleinkarierten giftigen Ausfälle gegen den besiegten Gegner – die zweite Garnitur ergriff jetzt das Wort. Die Bezeichnung „Umerziehung“ tauchte immer häufiger auf. Man fing an, uns Deutsche in unsere charakterlichen Bestandteile zu zerlegen, an unserem Innenleben herumzufummeln und uns immer neue Verhaltensvorschriften zu machen. Einigen gefiel es nicht, wenn wir unseren Gesprächspartnern jedesmal zum Abschied die Hand gaben, anstatt schlicht „so long“ zu sagen. Andere mochten es nicht leiden, daß der Mann in der Familie so oft eine dominierende Rolle spielte, daß wir Schweinefleisch mit Kartoffeln aßen, und dazu womöglich auch noch Sauerkraut! Vergessen waren die Qualitäten, derentwegen deutsche Ansiedler einst so hoch im Ansehen standen! Kurz, jedermann schien sich nun bemüßigt zu fühlen, an unserem Charakter herumzunörgeln.
Die oben erwähnten „Mitläufer“, „Mitesser“, „Erntehelfer“ hatten als „dröhnendes Nichts“ gewiß nicht viel zur Festigung unserer Einstellung beigetragen, aber was schlimmer war, sie hatten uns mit ihrem Gehabe den Blick auf das Umfeld verstellt, mit ihren Phrasen so manche Meinung übertönt, die von besonnenen Männern vorgetragen worden war und zwar nicht unsere Richtung geändert, uns aber doch aufgeschlossener gegenüber Alternativen gemacht hätten.
Als sie sich dann von einem Tag zum anderen davonmachten, nahmen sie uns die Deckung, hinter der wir uns bisher geborgen gefühlt hatten. Wir glichen nun, in politischer Hinsicht, einem Seefahrer, dem sich die Schiffswände von einem Augenblick zum anderen in nichts auflösen.
Ein paar besonders eifrige „Vordenker“ suchten eifrig nach Möglichkeiten, der nun einsetzenden unvermeidlichen Entwicklung ein wenig vorauszueilen, indem sie so viele bisher bezogene Positionen wie möglich freiwillig aufgaben. Sie wollten auf das Abspielen der Nationalhymne verzichten und fingen an, die in den englischsprachigen Zeitungen veröffentlichten Ansichten als die eigenen zu vertreten.
Es wurden bisher vernachlässigte – weil damals nicht opportune – Gründe hervorgeholt und eindrucksvoll vorgetragen, so daß sich jedermann fragen mußte, warum man sie denn bisher so beharrlich übersehen hatte. Da war man sich nicht zu schade, alles und jedes zur

Begründung heranzuziehen, wenn es einem nur über die nächste Runde hinweghalf. Wir aber erfuhren, daß die Argumente eines Opportunisten weniger über die Sache aussagen, die er gerade vertritt, als vielmehr über seinen miesen Charakter ...
Dieser sich so unvermutet äußernde „Mut zur Wahrheit" aber war noch immer nicht ganz ungefährlich, denn es befanden sich im Lager eine Menge Leute, denen es ernst gewesen war mit dem, was sie in den vergangenen Jahren vertreten hatten, die einige Zeit brauchten, um sich neu zu orientieren und die das, an was sie bisher geglaubt hatten, nicht einfach fallen lassen wollten wie eine leere Konservendose.
Da die Kommandantur aber keine Anstalten machte, die Wendehälse zu unterstützen, sondern die betriebsamen Hilfswilligen mit Verachtung behandelte, da endete dieser Versuch, aus Charakterlosigkeit Kapital zu schlagen, ziemlich kläglich.
Nachdem die Opportunisten aufgehört hatten, sich Gedanken über die Zukunft Deutschlands zu machen und im Halbdunkel nach neuen Möglichkeiten der Einflußnahme suchten, war das Feld frei für diejenigen, die es ernst gemeint hatten mit dem, was sie vertraten.
Man begann sich allerorten neu zu gruppieren und zu organisieren. Ein Teil ging still und verbissen seiner Wege; sie hatten schon zuvor keine großen Worte gemacht, jetzt aber ließen sie gar nichts mehr von sich hören.
Eine andere Gruppe bildete sich aus solchen, die sich nicht nach bestimmten Lehrmeinungen richteten, sondern durch ein besonderes Verhalten zusammengehalten wurden. Sie hatten sich in den Jahren zuvor schon eine Vorstellung davon gebildet, was anständig und aufrichtig ist und suchten sich nun ihre Gesprächspartner in dieser Hinsicht aus. Ihre eigene Beständigkeit aber hinderte diese wortkargen Leute daran, die Phrasendrescher von damals als solche zu erkennen. Von ihrer Natur her waren sie außerstande, sich in die Denkweise ihrer wendigeren Zeitgenossen zu versetzen, und sie beurteilten sie nach wie vor nach dem Sinn, den sie aus deren Worten heraushörten; sie, denen es doch immer nur auf den Klang angekommen war.

Als im August 1945 das Lager Andalusia aufgelöst wurde, kam ein Teil der dort internierten nach Koffiefontein und zwar die älteren, die

nicht „unterschrieben“ hatten, also im Lande bleiben wollten und somit – nach Baviaanspoorter Ansicht vor der Wende – keine guten Deutschen waren. Die Kommandantur befürchtete daher, daß sie von den Radikalen im Lager Baviaanspoort mißhandelt werden könnten und trennte sie von denen, die sich für eine Überführung nach Deutschland gemeldet hatten. Die kamen hierher, und zwar waren das jüngere und unverheiratete; junge Burschen, die nicht auf den ebenfalls internierten Vater gehört hatten, der als Familienoberhaupt anordnete: „Du bleibst hier! Verstanden!“ Zum Teil waren es aber auch Deutsche, die in Südafrika oder Südwest vom Krieg überrascht worden waren und zu ihren Angehörigen in die Heimat zurückwollten.
Unter den Neuankömmlingen entfalteten einige eine rege politische Tätigkeit, und zwar jeder für sich, ohne zuvor einen Verein zu gründen. Sie fanden unter den Baviaanspoortern rasch die Gleichgesinnten heraus, und die Diskussion über die deutsche Zukunft gelangte bald über Stammtischniveau hinaus. Sie hatten ihre Meinung bereits weitgehend allgemeingültig formuliert, hatten Thesen aufgestellt und sich um Literatur bemüht, die geeignet war, ihre Ansichten zu stützen; die es erlaubte, auf eine „neutrale“ Autorität hinzuweisen, wenn der Gesprächspartner nicht mitzog.
Ich stellte mich diesen Diskussionen, aber nur, um mit allen Mitteln der Rabulistik das Gegenteil von dem zu beweisen, was mir vorgetragen wurde. Wie ein Winkeladvokat zerpflückte ich die Thesen meiner Gesprächspartner und führte sie ad absurdum.

Das Ende des Krieges war noch lange nicht das Ende der Gefangenschaft.
Die aus Nordafrika heimkehrenden südafrikanischen Soldaten wurden ins Privatleben entlassen und drängten auf den Arbeitsmarkt. Da war es nicht geraten, gleichzeitig Tausende von Internierten aus ihrem Käfig und mit ihnen in Wettbewerb treten zu lassen. Behördlicherseits war man besorgt, daß die Kämpfer für Freiheit und Gerechtigkeit ins Hintertreffen geraten würden, denn manche Firma war mehr von ihrem Profit überzeugt als von der „guten Sache“, so daß sie lieber einen tüchtigen Deutschen als einen ordensgeschmückten Taugenichts einzustellen bereit war.

Also hielt man uns noch über ein Jahr lang hinter Stacheldraht, um den Ex-Soldaten einen Wettbewerbsvorsprung zu verschaffen.
Im März 1946 aber schien es ernst zu werden: Die Südafrikaner verließen das Lager, und während sie, uns von außen fröhlich zuwinkend, zum großen Tor hinauszogen, stürzte von außen eine Flut von Nachrichten ins Lager hinein und versetzte die Südwester in Hochstimmung. Sogar die Logik wurde bemüht, um zu beweisen, daß den Behörden nun gar nichts anderes mehr übrig blieb, als uns Südwester nun auch zu entlassen. Lag denn Südwest nicht unmittelbar neben Südafrika?
Doch dann schlich die Zeit abermals und wie schon so oft gab es zu einer jeden Hoffnung eine enttäuschte Hoffnung.
Als die Südwester aufgefordert wurden, die Adresse einer Person in Südafrika anzugeben, die ggf. für den Unterhalt des betreffenden Internierten aufkommen würde, da ging wieder einmal ein Riß durch die Schar der Hoffenden: Die älteren Farmer und Familienväter, die inzwischen von Koffiefontein nach Baviaanspoort überführt worden waren, die wollten unbedingt nach Südwest entlassen werden, zu ihren Angehörigen, und es gab einige, die entschlossen waren, keine Adresse in Südafrika anzugeben und sich zu weigern, das Lager zu verlassen, es sei denn nach Südwest. Sie hofften durch diese Art Streik die Behörden zu zwingen, sie in ihre Heimat zu entlassen.
Den Jungen und Unverheirateten dagegen war es gleich, wohin es ging; nur hinaus. Genau das aber fürchtete so mancher Vater zahlreicher unverheirateter Töchter: Die ausgehungerten jungen Burschen würden sich auf die erste beste Mahlzeit stürzen und sich in den Schlingen der Südafrikanerinnen verfangen. Dann wären sie für das an jungen Männern arme Südwest verloren; wären sozusagen verlorene Schwiegersöhne!
Und schon wieder fing die Zeit zu schleichen an – für diejenigen wenigstens, deren einzige Tätigkeit nach der verflogenen Euphorie das Warten war – ja, es schien, als ob sich Südafrika an dem Happen entlassener Deutscher übernommen hätte und ihn erst noch verdauen müsse.
Einige ältere Südwester hatten sich einen Rechtsanwalt genommen, Arno E., der für ein ansehnliches Honorar ihre Rechte wahrnehmen

sollte. Da sie aber trotz enormer Ausgaben genauso zu warten hatten wie alle anderen auch, mußten sie sich so manche hämische Bemerkung anhören.
Als aber am Mittwoch, den 22. Mai 1946, genau diese Südwester, die Klienten des Arno E., entlassen wurden, da verstummten die Miesmacher. In den nächsten beiden Tagen rührte sich nichts mehr und es sah ganz so aus, als ob es sich bei dieser Entlassung um das einmalige Werk eines tüchtigen – wenn auch teuren – Rechtsanwalts gehandelt habe; ja, und ob es da nicht vielleicht angebracht wäre, sich ebenfalls einen Anwalt zu nehmen?
Am Freitag danach hörte ich mir abends in der Eßhalle gerade die politischen Ansichten unserer Theoretiker an und wollte mich in Rabulistik üben, da trat der „laufende Bote" des Lagerführers hinzu und teilte mir mit, daß ich mich doch bitte umgehend mit der Verwaltung in Verbindung setzen möge. Aus dem vielsagenden Schmunzeln erkannte ich: Das bedeutet Entlassung!
Am folgenden Vormittag, am Sonnabend, den 25. Mai 1946, verließ ich zusammen mit einem halben Dutzend Südwester, die alle so wie ich über keinerlei besondere Beziehungen verfügten, das Lager. Unter den zurückbleibenden Südwestern herrschte eine erwartungsvolle Stimmung; ein Seemann aber, der sich seit 1939 in Gefangenschaft befand, zitierte traurig: „Die ersten werden die letzten sein!"
Ich aber verließ diesen Ort nach zweieinhalb Jahren ohne eine Spur von Wehmut. Dieses Kapitel war zu Ende, ich hatte manches gelernt und eine Entwicklungsphase unter Voraussetzungen durchgemacht, bei denen ich mehr Anregungen erhalten hatte, als dies in Windhoek möglich gewesen wäre.
Ein neues Kapitel begann, von dem ich überzeugt war, daß es ebenfalls erfolgreich sein würde.

Richard Helm nach einer Kohlezeichnung von Otto Sch. 1944

Richard Helm nach einer Kohlezeichnung von „Chico“ F. 1946

Legende zum Plan des Internierungslagers

a: Büro des Lagerführers
b: Kantine (Kameradschaftsheim); Laden; Buchbinderei
c: Wäschelager; Handwerksraum; Ringen, Judo.
d: Schule; Kurse; Ü: Übungsraum für Klavierspieler
e: Eingangstor
f: KdF-Büro
g: Übungsraum für Musiker
h: Pissoir
i: Verwaltung; Dusche für Schwimmer
j: Bühne und Zuschauerraum f. Theatervorführungen; Orchesterproben; Geräteturnen.
m: Eßhalle; Vorführungen, Konzerte.
n: Küche; Vorratsräume; Kühler; Gemüseputzen und andere Vorbereitungen; Heizung für Dampfkochtöpfe.
o: Hospital mit eigener Küche.
p: Porridge-Bach

A, B, C, D:	Unterkunft d. Lagerführers u. d. Kapitäne
B2 bis B7:	Bade- und Duschräume (warmes Wasser)
E:	Atelier; Bibliothek
F:	Schallplattenkonzerte; Vorträge; Boxen.
G:	Geräteraum
H:	Fußball und Handballplatz
HB:	100 m-Bahn
Hs:	Hochsprung.
K:	Korbball, Faustball.
Ks:	Kugelstoßen.
Ws:	Weitsprung.
L1 bis L7:	Latrinen
S1:	Rundbau der Schuster
S2:	Rundbau der Schneider
Sg:	Sprunggrube für Hoch-, Weit- und Stabhochsprung.
T1 bis T3:	Tennisplätze
U:	Unterkünfte f. Offiziere und amtliches Klinikpersonal

Ü:	Übungsraum für Klavierspieler und Geiger
W2, W3:	Waschraum; heißes Wasser f. Tee und Kaffee.
Z:	Baracke außerhalb des Lagers; Ziel des Tunnels
1 bis 48:	Baracken; Unterkunft für Internierte
1 bis 12:	Baracken aus Stein; jeweils in 4 Schlafräume unterteilt (a, b, c, d) mit je etwa 10, 12, 18, 10 Internierten.
13 bis 48:	Baracken aus Heraklit; halb so groß, nicht unterteilt, jede mit etwa 25 bis 30 Internierten
24, 39:	Baracken, von denen aus der erste große Tunnel gegraben wurde
Kp:	Kreuzungspunkt Porridgebach-Zaun

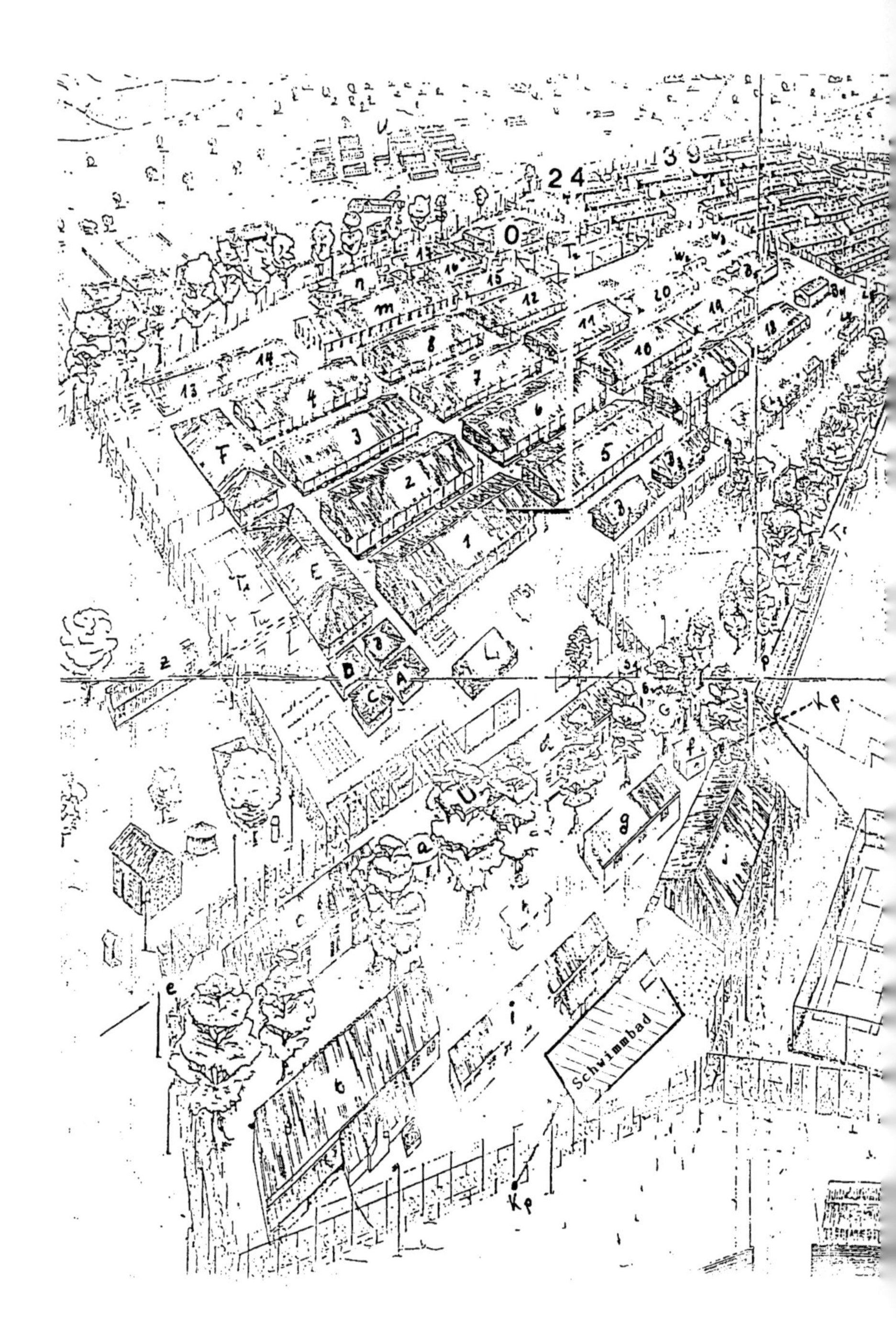
24
39
O
Schwimmbad
Kp

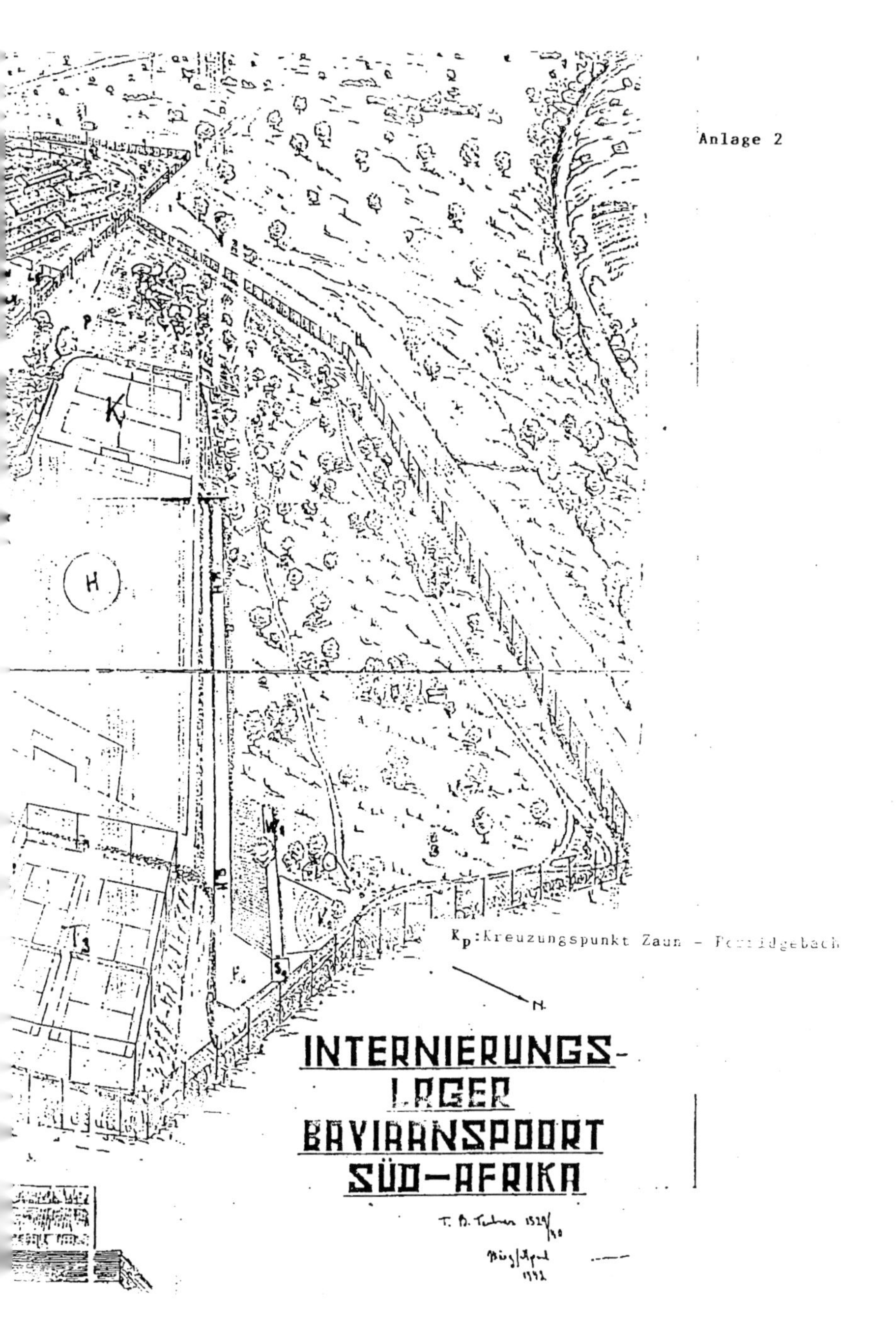
Anlage 2
K
H
K_p: Kreuzungspunkt Zaun -
N.
INTERNIERUNGS-
LAGER
BAVIAANSPOORT
SÜD-AFRIKA

In Südafrika (25. Mai 1946 bis 22. April 1947)

„Wie hoffnungsgrün und beseligt ist der Mensch,
der in jungen Jahren auf unbekannten Pfaden
unbekannter Zukunft entgegenzieht –
die weite Welt vor sich, der Himmel blau und das Herz frisch,
als müßt sein Wanderstab überall, wo er ihn ins Erdreich stößt,
Laub und Blüten treiben und das Glück
als goldenen Apfel in seinen Zweigen tragen.
Wandre nur immer zu! Auch Du wirst einstmals müden Fußes
im Staub der Heerstraße einherschleichen ...“

Jos. Victor von Scheffel

Das „Große Tor“ hatte sich nun endlich geöffnet und mich mit meinen wenigen Habseligkeiten hinausgelassen.
Ein offener Lastwagen brachte uns fünf oder sechs unerwartet glückliche zu einer nahe gelegenen Bahnstation, wo wir einen Zug bestiegen, der in Pretoria hielt.
Paulo D. aus Otjiwarongo wurde dort auf dem Bahnsteig von seiner Frau erwartet, die er 6 Jahre zuvor hatte verlassen müssen. Bei ihm und den anderen Freigelassenen schien die Aufmerksamkeit irgendwie eingeengt, so daß sie ihre Umgebung nur noch wie halb abwesend wahrnahmen. Gerade, daß man sich noch „Auf Wiedersehen“ sagte, und ehe ich es mir versah, stand ich allein auf dem Bahnsteig; frei, und zwar frei ohne jegliche emotionale Gebundenheit, ohne Drang und Zwang; mit einem guten Gewissen und dem Gefühl, in der abgelaufenen Zeitspanne das beste aus der mir auferlegten Situation gemacht zu haben; ohne Sorge über die Zukunft und voller Selbstvertrauen.
Vor fast drei Jahren hatte ich ja schon einmal hier gestanden, so daß es nicht allzu lange dauerte, bis ich einen der Züge fand, die nach Johannesburg fuhren. Der Kontrolleur zwinkerte mir zu, als ich ihm das

„Jannie-Ticket" nach Johannesburg zeigte, und auch dort fand ich mich viel rascher zurecht als damals mit gefärbtem Haar, blauer Brille und einem falschen Namen.
Dem Taxi gab ich Essexstreet Nr. 3, Kensington, an, was zur Folge hatte, daß wir zwar in Kensington ankamen, aber an einer Stelle, von der aus man zur Essexstreet nur auf einem steilen Pfad und zu Fuß gelangen konnte; denn Essexstreet gehörte zwar zum Bezirk Kensington, lag aber hinter einem Hügel auf der Seite von Bezuidenhout Valley.
Als ich klingelte – es mag etwa 5 Uhr nachmittags gewesen sein – öffnete Onkel Kaspar und sagte: „Hallo, bist Du da!" und das war auch schon die ganze Einleitung zu einem Aufenthalt von neun Monaten, an den ich noch heute gern zurückdenke.

Für diesen Sonnabend waren die Eltern eingeladen und ich hatte die Möglichkeit, die vier Söhne – Arthur (13), Quinton (12), Mervyn (10) und Malcolm (6) – kennenzulernen und ihnen einiges von meinen Abenteuern zu erzählen, soweit dies mein Englisch erlaubte.

Wenn man für längere Zeit in einem Haus mit einer Familie zusammenleben will, dann muß man mit allen Hausbewohnern zu einem guten Einvernehmen kommen:
Mit dem Hausherrn, Onkel Kaspar, der sich mit Worten nie auf bestimmte Prinzipien festlegte, sich äußerlich „liberal" gab, der aber an so manchem Unausgesprochenen zäh festhielt und keinen Zentimeter davon abwich.
Tante Gladys wiederum konnte ihren jeweiligen Standpunkt mit wenigen Worten formulieren und ließ keinerlei Zweifel an ihrer Standfestigkeit aufkommen. Sie war Engländerin einmal insofern, als sie an die Ideale glaubte, mit denen die Briten ihre Machtpolitik so reichlich ausstatten; vor allem glaubte sie ernstlich, daß die englischen Politiker

sich stets an ihre Worte halten würden. Das gab ihr bei Diskussionen über Politik – und das konnte natürlich nur englische Politik sein, denn wo hatten die nicht überall ihre Finger drin – den nötigen moralischen Rückhalt.
Zum anderen war sie Engländerin, indem sie sich an die englischen Gepflogenheiten hielt und sich in einer alten, bewährten Tradition eingebettet fühlte. Zwar betonte sie immer wieder, sie sei „Südafrikanerin", aber dann doch wohl nur in einem von den Engländern eroberten und dominierten Südafrika.
Im Hause, in der Essexstreet, hatte sie ihren Lebensstil durchsetzen können, mühelos, da ihr Mann in dieser Hinsicht keine eigenen Vorstellungen hatte und außer dem Namen „Zwicky" nichts Schweizerisches dazu beisteuerte.
Die Kinder waren mit dem geringstmöglichen Aufwand an direkter, befehlender Autorität erzogen worden, hatten aber den unschätzbaren Vorteil, sich am Vorbild der Eltern orientieren zu können; in charakterlicher und gesellschaftlicher Hinsicht.
Mit meinen Vorstellungen deckte sich das in keiner Weise, denn meiner Ansicht nach fehlte es an Halt und an der festen Hand; alles war viel zu verwaschen, zu wenig unbedingt, zu unverbindlich. Das Ziel der hier praktizierten Erziehung war offensichtlich, klug zu werden ohne Verpflichtungen auf sich zu nehmen; was letzten Endes auf einen gemäßigten Hedonismus hinauslief. Sportliche Anstrengungen – ja, aber nur so lange es Spaß machte und wenn ein Preis winkte; aber keine unnötigen Schindereien; dabei in unverbindlicher Weise fair und anständig; aber keine unnötigen Opfer – und was nötig oder unnötig war, das bestimmte der gesunde Menschenverstand.
Nur in einem Punkt wurden die Kinder in die Pflicht genommen: „Jetzt sorgen wir Eltern für Euch; später, wenn wir alt sind, müßt Ihr für uns sorgen!"
Alle vier Kinder spielten Klavier. Schon ihre Mutter, Tante Gladys, hatte sich in ihrer Kinder- und Jugendzeit mit diesem Instrument abgegeben und es, wie es hieß, recht gut beherrscht. Doch nach einem Vortrag habe eine Zuhörerin zu ihr gesagt: „Du spielst ja recht gut; aber warum machst Du immer diese komische Bewegung mit der linken Hand?"

Nun hatte sich Tante Gladys als Kind den Unterarm gebrochen, und durch die Pfuscherei des Arztes stand die Hand seitdem etwas schief zum Arm. Das war für sie ein Makel, an den sie sich nicht immer wieder erinnern lassen wollte; deshalb habe sie das Klavierspielen aufgegeben.
Aber nicht sie übte mit den Kindern an jedem Abend die Lektionen, sondern Onkel Kaspar. „Did you practice, Quinton?“ hörte ich ihn bisweilen fragen, und je nach Antwort setzte er sich mit ans Klavier und leistete dem Übenden Gesellschaft.
Auf diese Weise konnte jeder der vier Söhne ein Paradestück fehlerfrei spielen, und als ich kurz nach meinem Eintreffen in der Essexstreet diese Paradestücke zum ersten Mal vorgetragen bekam – der kleinste zuerst, der größte zuletzt –, da war ich erstaunt über ihr Können, denn ich wußte ja nicht, daß es so ziemlich die einzigen Stücke waren, die gespielt wurden. Später dann, als Onkel Kaspar das Üben nicht mehr so konsequent beaufsichtigen konnte – er arbeitete oft monatelang auswärts und kam dann nur an den Wochenenden nach Hause –, da zeigte es sich, daß die vormals guten Leistungen sein Verdienst waren und nicht das der Übenden.
Onkel Kaspar hatte in seiner Jugendzeit selbst musiziert, und zwar auf der Geige. Aus dieser Zeit rührte wohl die Sehnsucht her, es auf diesem Instrument zu einer gewissen Vollkommenheit zu bringen. Aber seine unverbindliche Art, sein „you just pick it up“, werden ihm wohl ein Vorwärtskommen erschwert haben. Dazu hätte ein strenger, unerbittlicher Lehrer gehört, und diese Sorte Menschen mochte er ganz und gar nicht – aus weltanschaulichen Gründen, dazu war er zu „liberal“, zu sehr darauf bedacht, seine Selbstverwirklichung, wie er sie verstand, nicht beeinträchtigen zu lassen.
Andererseits aber ließ ihm auch der Gedanke keine Ruhe, daß er zu etwas Besonderem berufen sei, denn er war als Sonntagskind und mit einer „Glückshaube“ geboren worden, und sein Umfeld wurde nicht müde, dem Heranwachsenden zu versichern, das hätte eine ganz besondere Bedeutung.
Ich habe ihn während meines Aufenthaltes in Johannesburg auf der Violine spielen hören – mehr oder weniger komplizierte Sachen – und konnte das mit dem Spiel vergleichen, als 17 Jahre zuvor Onkel Hans

uns einige schlichte Weihnachtsstücke auf der Geige vortrug, die wir dann nachsingen mußten. Welch ein Unterschied: Der Bruder Hans hatte einen strengen, unerbittlichen Klavierlehrer gehabt und hatte sich dann auch beim Geigenspiel, das er nur in Notfällen, wenn kein Klavier zur Verfügung stand, praktizierte, an die Prinzipien seines strengen Lehrers gehalten, mit dem Ergebnis: Sein Spiel war zwar einfach, aber der Ton sauber und voll.
Bei Onkel Kaspar hingegen standen die schwierigen Passagen im Vordergrund, der Ton mußte eben mitkommen so gut er konnte.
Ein strenger Lehrer hätte ihn wohl unverzüglich zum Ursprung des Musizierens zurück gebracht, zum vollen, reinen Ton, der bekanntlich die Musik macht. So aber fummelte er überall ein bißchen herum und wird sich wohl auch der Vergeblichkeit seiner allzu seltenen Bemühungen bewußt gewesen sein.
Aber seine Kinder, die sollten es einmal besser machen.
Mir bereitete es wenig Mühe, mich in dieses Leben einzugewöhnen, obwohl es völlig verschieden war von dem Leben, das die Deutschen in Südwest führten. Tante Gladys machte nicht den geringsten Versuch, mich für den im Hause herrschenden Geist zu vereinnahmen, und sie fand es in Ordnung, daß ich ihre Lebensweise zwar respektierte, aber auch offen bekannte, daß sie nicht die meine sei. Vielleicht rechnete sie damit, daß sich im Laufe der Zeit die englische Lebensart auch bei mir durchsetzen würde. Das wußte sie wohl aus Erfahrung, und wir Südwester hatten ja oft genug mit ansehen müssen, wie so mancher unserer deutschen Landsleute spurlos im englischen Milieu verschwand, wenn er nur einige Jahre in Johannesburg und unter Engländern gelebt hatte. Es gab da offensichtlich keine Kompromisse zwischen der deutschen und der englischen Lebensart; man mußte sich für eine von beiden entscheiden; und wer sich für die deutsche entschied, der verließ die englischen Kreise; wer darin blieb, den vereinnahmte früher oder später die englische.
Am Montag nach meiner Entlassung zeigte mir Tante Gladys die City von Johannesburg. Die Essexstreet führte hügelabwärts zur Kitchener Avenue, der entlang nicht ganz geräuschlos die zweistöckige Tram Nr. 3 zur Stadtmitte fuhr. Wir liefen zuerst ein wenig stadteinwärts, ehe wir einstiegen, denn dadurch erreichten wir „Tickeystage“, d.h. die er-

ste Haltestelle, von der aus die Fahrt zum Zentrum nur noch 3d und nicht mehr 4d kostete. Tante Gladys' Vorfahren kamen nämlich aus Schottland.
Ich war neugierig, was ich in der City wohl alles zu sehen bekam und voller Zuversicht, daß es mir gewiß nicht gefallen würde, dieses dekadente Treiben, dieses Blendwerk der Moderne!
Zum ersten Mal erlebte ich damals – vor über einem halben Jahrhundert – die eigenartige Atmosphäre in einem großen Kaufhaus, das für jedermann da war, aber für niemanden persönlich; in das jeder eintreten konnte, ohne angesprochen zu werden, und das jeder verließ, ohne sich zu verabschieden; die Rolltreppen, die Hintergrundmusik! Dann wieder das geschäftige Treiben auf den Straßen, Passanten, die sich im vorbeigehen zwar manchmal berührten, sich aber nicht sahen!

Am folgenden Tag machte ich mich dann allein auf den Weg. Tante Gladys hatte mir auf einem kleinen Stück Papier einen Ausschnitt aus dem Stadtplan aufgezeichnet, der die rechtwinklig zueinander verlaufenden Straßen von der Troyestreet im Osten bis zur Harrisonstreet im Westen, von der Marshalstreet im Süden bis zur Breestreet im Norden enthielt, auf dem genau die Stelle vermerkt war, wo die Tram Nr. 3 nach Bezuidenhout Valley die Innenstadt verließ.
Nichts von dem, das in dieser Zeit auf mich einwirkte, kein Geräusch, kein Anblick in dieser unpersönlichen Betriebsamkeit, setzte sich in meinem Gedächtnis fest; nichts von all dem „Nebel" kondensierte sich irgendwie und konnte als Ergebnis einer Erkundung verwertet werden. Nicht sogleich; nicht heute und nicht morgen, aber ganz allmählich, im Laufe der Zeit, ergab sich dann doch ein „Niederschlag" in der Erinnerung; etwas, das die Stimmung in dieser Stadt und die Leute, die darin lebten, miteinander verband, zu einem Eindruck, der typisch für Johannesburg war. Nur in dieser Erinnerung kann ich verstehen, wenn damals ein Johannesburger nirgends sonst als in Johannesburg leben wollte.
An etlichen Stellen riefen Plakate jeden verantwortungsbewußten Bürger auf, zusammen mit den Ex-Soldaten gegen eine Versammlung der nationalen Buren zu demonstrieren, die in der Stadthalle stattfinden sollte und in der es der „Ossewa Brandwag" behördlicherseits erlaubt

worden war, ihre frechen Parolen auszusprechen. Und das zu allem Überfluß auch noch auf Afrikaans!
Tausende von Demonstranten versuchten daraufhin, die Halle zu stürmen, in der die jungen Buren sämtliche Stühle zerschlagen und sich mit den Stuhlbeinen bewaffnet hatten. Aber die Polizei verhinderte das Experiment, ob ein Ex-Soldaten-Schädel einen Schlag mit einem Stuhlbein aushielt oder nicht: Noch ehe die Demonstranten die Türen der Stadthalle erreichten, wurden sie von der Polizei niedergeprügelt, in einer Weise, daß die englischsprechende Presse einen großen Teil ihrer Seiten diesen „outrages" widmete, begangen von den „raw Dutchmen". (Die Mehrzahl der Polizisten waren nämlich Buren, die bedeutend mehr Sympathie für die jungen Nationalen empfanden als für die aufgehetzten Taugenichtse!)
Onkel Kaspar führte mich an einem Sonnabend Nachmittag zur Stadtbibliothek in der Marshalstreet und zeigte mir, wie man an die deutschen Bücher herankam. Ich lieh mir Wilhelm Meisters Lehrjahre aus und las jeden Sonnabend Nachmittag nach der Arbeit daraus.

Ein andermal nahm er mich auf die Schlittschuhbahn. Aber die geliehenen Schuhe saßen nicht fest, und meine Veranlagung für diesen Sport war nicht imstande, diesen Mangel wettzumachen. Es war mein erster und zugleich auch letzter Versuch.
Treffpunkt für alle Deutschen in Johannesburg waren das „Café Echo" und die „Phönix-Bar".
In den ersten Wochen und Monaten nach der Entlassungswelle wimmelte es dort nur so von Ex-Internierten. Manche konnten es noch immer nicht recht fassen, daß sie sich hier unter so ganz anderen Umständen wiedersahen und hatten Mühe, ihr Glück so richtig auszukosten. Andere ließen Anzeichen eines Katzenjammers erkennen, waren offensichtlich ein

wenig enttäuscht von dem, wonach sie sich so viele Jahre gesehnt hatten. Etliche verbrachten dort einen großen Teil der ersten Zeit in Freiheit, zusammen mit alten Freunden aus dem Internierungslager. Wenn das Geld knapp wurde, wandte man sich an Henry J., der vom Deutsch-Afrikanischen Hilfsausschuß (DAHA) einen Pauschalbetrag zur Verfügung gestellt bekommen hatte, von dem er dem einen oder anderen Bedürftigen etwas zukommen lassen konnte. Dabei griff er in die hintere Hosentasche und zog einen Schein heraus. „Genügt das"? fragte er dann, sonst zog er noch einen heraus.
Ich freute mich zwar ebenfalls, meine Kameraden einmal wiederzusehen, aber mit den Umständen hatten sich auch sie geändert.
Sport, Musik, Schach und die vielen anderen kleinen Wichtigkeiten, die an die Enge innerhalb des Stacheldrahtes gebunden waren, die spielten hier keine Rolle; also hatte man sich bald alles gesagt und jeder ging seiner Wege.
An einem Sonnabend Morgen machte ich mich nach Pretoria auf den Weg, denn ich wollte sondieren, wie es dort an der Universität mit den Studienmöglichkeiten bestellt war.
Onkel Kaspar hatte mir dringend geraten, mein Studium an der Witwatersrand-Universität in Johannesburg zu beginnen; in Pretoria würden ja die meisten Vorlesungen in Afrikaans gehalten. „Die haben doch gar nicht die nötigen Worte, um sich wissenschaftlich auszudrükken!"
Auf dem Weg zum Bahnhof traf ich Siegfried von D., der ebenfalls nach Pretoria wollte – in einer äußerst dringlichen Angelegenheit! Unterwegs stießen wir auf Moritz zu B., der richtiggehend zusammenzuckte, als ich ihn laut und fröhlich auf Deutsch begrüßte. „Leise, leise", flüsterte er, „die brauchen doch nicht alle zu wissen, daß wir Deutsche sind!"
In Pretoria angekommen, bat mich Siegfried von D., ihn doch noch bis zum Regierungsgebäude zu begleiten; es sei ein für sein späteres Leben entscheidender Gang! Ich fragte nicht, um was es sich handelte, sondern leistete ihm gerne Gesellschaft, allein schon, weil ich in meiner Jugend, bei den Pfadfindern, immer bewundernd zu diesem Draufgänger emporgeblickt hatte; als einem, an dem wir Jüngeren uns ein Beispiel nahmen.

Zum Regierungsgebäude hinauf führten etliche Stufen, von denen ich immer zwei oder drei auf einmal nahm. „Um Himmelswillen“, rief er mir zu, „bloß nicht zwei Stufen auf einmal! Daran erkennt man doch den Deutschen.“ Da tat ich ihm diesen Gefallen und erfüllte auch noch seinen Wunsch, draußen zu warten, bis er seine lebenswichtige Angelegenheit geregelt haben würde.
Als er nach einiger Zeit herauskam – ob man ihm drinnen wohl den Deutschen angesehen hatte? –, war er wie verwandelt, gelöst und durchaus nicht mehr hilfebedürftig, und nun glaubte er doch tatsächlich, sich bemühen zu müssen, mich so schonend wie möglich loszuwerden. Aber nicht doch! Denn das Guthaben, das er von früher an Achtung bei mir besaß, das war in dieser kurzen Zeit restlos aufgezehrt.
Auch in Pretoria traf ich viele Bekannte aus dem Lager, aber im Unterschied zu Johannesburg wirkten sie hier nicht wie störende Fremdkörper – oder fühlten sich so –, sondern als Bestandteil eines Ganzen, das ebenso zu ihnen gehörte wie sie zu ihm; fast wie in Südwest.

Nach meiner Entlassung hatte ich mich eine ganze Woche lang der Muße und der Erkundung meiner neuen Umgebung gewidmet, als mir Tante Gladys mit viel Vorsicht und Taktgefühl beizubringen versuchte, daß ein gesunder, erwachsener Mensch ja eigentlich etwas arbeiten müsse; wobei sie lauter offene Türen vorfand.
Sehr früh am Morgen – es war der 3. Juni 1946 – verließ ich das Anwesen Essexstreet Nr. 3 und fuhr zusammen mit Onkel Kaspar mit der Tram ins Stadtinnere und erlebte zum ersten Mal einen Verkehrsstau. Ich stand sogleich auf und wollte nachsehen, was denn die Ursache dieser Verzögerung sein könnte. Aber ich war der einzige, der das wissen wollte, denn keiner der übrigen Fahrgäste schaute von seiner Zeitung auf, weil sie alle wußten, daß diese Unzulänglichkeit kein Unfall war, keine zufällige Panne, sondern zum Wesen einer richtigen City gehörte; etwas, auf das ein richtiger Großstädter guten Grund hatte, stolz zu sein.
Jetzt lernte ich auch den Zweck der Ampeln kennen, die einen „grün“ anlockten, bis man dicht davor war, um dann plötzlich „rot“ zu wer-

den und den seitlich einbiegenden Verkehrsteilnehmern zu erlauben, die Lücken, auf die man so lange gewartet hatte, zu beschlagnahmen.
Bevor wir in eine andere Tram einstiegen, die uns zur Fabrik in die Nähe von „Crown Mines“ bringen sollte, kaufte Onkel Kaspar jedesmal noch rasch die „Rand Daily Mail“, und zwar immer von ein und demselben Zeitungsjungen.
Um 7 Uhr verkündete der „Hooter“ der Firma SAFANCO (South African Fan Company) den Beginn der Arbeitszeit, und mit einem Schlag begannen sich die Achsen zu drehen, der Fräsmaschinen und der Drehbänke, auf denen lange glänzende Werkstücke rotierten, der mächtigen Bohrmaschine, mit der Arthur G. große Löcher in riesige Werkstücke bohrte.
Der Boß, Herbert P., hatte wie jedesmal bis 11 Uhr nachts gearbeitet und erschien erst um 10 Uhr im Betrieb. Bis dahin war keine Eile, und sollte ein Werkstück nicht fertig werden, dann waren eben Überstunden nötig, die einesteils gut bezahlt wurden und die andererseits bewiesen, wie wichtig und unentbehrlich der betreffende Mann an der betreffenden Maschine war. Der Saumselige zeigte dann am Sonnabend Vormittag, wie sehr ihm daran gelegen war, der Firma zu nützen, gegen anderthalbfache Bezahlung.

SAFANCO stellte Ventilatoren her, die dafür sorgen sollten, daß die Bergarbeiter in den Minen auch in 2000 Meter Tiefe frische Luft zum Atmen hatten.
Als während des Krieges die Lieferungen aus Übersee – hauptsächlich aus England – zurückgingen und dann zum Teil ganz aufhörten, da wurden die Südafrikaner genötigt, sich selbst zu versorgen, so gut es eben ging. An allen Ecken und Enden sprossen kleine und kleinste Betriebe hervor, die sich bemühten, die entstandenen Lücken zu füllen und die alles herzustellen versuchten, was man bisher bequem aber sehr, sehr teuer aus England bezogen hatte: Da gab es z.B. „Kölnisch Wasser“, das in kürzester Zeit zu einer braunen Brühe wurde, wenn man es nicht schleunigst verbrauchte; dann Seife, Waschpulver, Aktenordner usw.
Der Krieg hatte also bewirkt, daß sich Südafrika auf seine eigenen technischen Fähigkeiten zu besinnen begann und sich allmählich von

seiner Abhängigkeit von England befreite – eine Wirkung, die von den Kriegstreibern wohl nicht erwartet worden war.
Mr. Herbert P., ein deutschstämmiger Südafrikaner, war der Boß der Firma SAFANCO und hatte den Ehrgeiz, alles in seiner Reichweite selbst zu produzieren, was man sonst hätte importieren müssen, aber nicht konnte.
Er ließ Propeller für die Ventilatoren in einer eigenen Gießerei herstellen, von Leuten, die bei so etwas schon einmal von weitem zugeschaut hatten und – einen guten, gesunden Menschenverstand besaßen.
Aber auch am Einbau der gelieferten Ventilatoren wollte er sich beteiligen, ließ die Anlage von eigens dazu angestellten Konstrukteuren entwerfen, von Zeichnern auf Papier bringen, ließ auch das Fundament über dem Schacht gießen, auf dem die Anlage ruhen sollte, lauter Arbeiten, die eigentlich nichts zu tun hatten mit dem, wozu die Fabrik ursprünglich geschaffen war.
Diese Verzettelung hatte zur Folge, daß eine große Zahl von Konstrukteuren und Zeichnern, von Ingenieuren und Technikern und Maurern beschäftigt und auch bezahlt werden mußte. Zudem war es wichtig, diese vielen Beschäftigungen miteinander zu koordinieren, sonst würde die Hälfte der Angestellten ihre Zeit damit vertrödeln, indem sie auf die dazu gehörende Arbeit der anderen Hälfte wartete.
Ein weiteres Ergebnis dieses „mushroom-growth" war, daß Herbert P. viele Freunde, Bekannte und deren Freunde in seiner Firma unterbringen konnte, wobei er auch gleich noch die Gelegenheit ergriff, so vielen deutschen Ex-Internierten wie möglich zu einem Unterhalt zu verhelfen.
Da Onkel Kaspar einer seiner Freunde war, erhielt er eine Stelle als „Engineer"; Arbeit für ihn würde sich schon finden lassen. Und da ich ein ehemaliger Internierter war, erhielt auch ich eine Anstellung – als sein Gehilfe.
Wir hatten die Aufgabe, hier und dort das Fundament für eine Schachtanlage auszumessen, eine Arbeit, die ein Vermessungsfachmann in jeweils ein bis zwei Stunden erledigt hätte, für die wir aber mehrere Tage benötigten. Zwar begann die Arbeit frühmorgens um 7 Uhr und wir waren auch jedesmal pünktlich zur Stelle, aber wir konnten nicht sogleich zum Ort unseres Wirkens fahren, weil entweder das

Auto nicht zur Stelle war, oder einige Werkstücke, die wir benötigten, nicht fertig waren, oder unsere Hilfskräfte noch anderweitig eingesetzt oder gar nicht erschienen waren usw. So kam es, daß wir oft erst um 10 Uhr aufbrachen, um 11 Uhr an Ort und Stelle anlangten und endlich hätten zügig beginnen sollen. Doch die schwarzen Gehilfen trödelten und schlurften dahin, als seien sie jetzt schon müde – und waren es auch vor lauter Nichtstun –, obwohl sie in den 4 Stunden, für die sie bezahlt wurden, keinen Handschlag für die Firma hatten tun müssen.

Onkel Kaspar und ich nahmen sogleich den Theodoliten und die Meßgeräte zur Hand und wollten die Positionen markieren, doch die Gehilfen, die hier etwas zu graben, dort etwas wegzuräumen hatten, bewegten sich derart lustlos, daß wir einfach nicht von der Stelle kamen. Dafür aber reklamierten sie jedesmal pünktlich „tea-time“ und auch bald die Mittagspause.

Um es kurz zu machen: Wir hatten so gut wie nichts geschafft, als wir um 3 Uhr bereits wieder aufbrachen, denn die Gehilfen mußten pünktlich um 4 Uhr nachmittags, wenn der „Hooter“ das Arbeitsende verkündete, auf dem Firmengelände sein.

Diese Unergiebigkeit ging mir allmählich auf die Nerven, und ich war froh, wenn ich Freitag abends dem Betrieb für eine Weile den Rücken kehren konnte. Da aber kam doch tatsächlich Onkel Kaspar am Sonnabend morgen und riet mir, freiwillig für ein paar Stunden in den Betrieb zu gehen. Das gehöre sich für diejenigen Mitarbeiter, die nicht nach Stunden entlohnt wurden, sondern ein festes Monatsgehalt bezogen. Wenn die nun freiwillig erschienen und unbezahlt ihre Dienste der Firma anboten, dann zeigte das, daß es ihnen nicht um das Geld ging, sondern daß sie ein reges Interesse am Wohlergehen der Firma hätten und bereit waren, ihre kostbare Freizeit dafür zu opfern.

Als mir am Ende des ersten Monats £ 25.- ausgezahlt wurden – das fünffache von dem, was ich seinerzeit bei Taeuber & Corssen, Windhuk, erhalten hatte –, da wurde mir erst so richtig klar, wie wenig ich doch eigentlich für dieses Geld getan hatte; denn, wohlgemerkt, als ich Tante Gladys davon £ 15.- für Kost und Logis anbot, da nahm sie nur £ 8.- und meinte: "That's fair!“, und sie war eine gute Rechnerin und

wußte genau, was man der Währung des Landes zutrauen durfte. Also hatte ich £ 17.- monatlich zu meiner Verfügung.
Eines Tages gab es bei den Aufträgen, die Onkel Kaspar auszuführen hatte, einen Stau und wir saßen da und hätten Daumen drehen können.
Da Onkel Kaspar inzwischen wußte, daß ich solche „Auszeiten" schlecht vertrug und wohl bald Aufsehen erregt hätte, brachte er mich zu Wally H. in den „Tool-Room".
Dort wurden abgenutzte Teile oder defekte Geräte wieder instand gesetzt, z.B. die Stanzen, mit denen die Schlitze in die Bleche gestanzt wurden, die den Anker eines Elektromotors vor Wirbelströmen bewahren sollten. Es handelte sich fast nie um Routinearbeiten, sondern solche, bei denen man improvisieren mußte, wenn der übrige Betrieb nicht unnötig lange auf ein Einzelteil warten sollte.
Wally, ein etwa 40jähriger magerer Engländer, geleitete mich zu einem großen Schraubstock, dessen Backen mit Messingblech ausgelegt waren. Darin hatte man den etwa 25 kg schweren „Stator" eines werdenden Elektromotors eingespannt, durch dessen etwa 50 bis 60 Schlitze die stromführenden Kabel gezogen werden sollten, deren Isolierung aber unweigerlich beschädigt worden wäre, weil die etwa 25 cm langen Schlitze nicht glatt waren, wie sie es eigentlich hätten sein sollen, sondern voller scharfer hervorstehender Blechkanten. Die nun sollten glatt gefeilt werden! Erst vorne 50 Mal rechts, dann 50 Mal links. Sodann umgedreht und wieder 50 Mal rechts und 50 Mal links.
Die beiden Lehrlinge hatten die gleiche Arbeit und fummelten nun schon den dritten Tag an einem Werkstück herum. Für mich war diese Beschäftigung nach all den Tagen der undefinierbaren Betriebsamkeit eine Erlösung. Ich feilte munter drauf los und pfiff dabei alle möglichen deutschen Märsche, Lieder und Schlager, und war bereits am Mittag mit meinem ersten „Stator" fertig. Wally lobte die Arbeit, dabei einen vielsagenden Blick auf die nun eifrig feilenden Lehrlinge werfend.
Vom Tool-Room aus kam ich mit so ziemlich all denjenigen Abteilungen der Firma in Berührung, die an „vorderster Front" tätig waren, also irgendwie mit der Fertigung zu tun hatten. Außerdem wurde ich durch Bekannte aus dem Internierungslager, die in den Zeichenbüros

und an Schreibtischen tätig waren, dem Rest der Firma vorgestellt, und wenn ich auch nur im entferntesten die Absicht gehabt hätte, in diesem Betrieb Karriere zu machen, so wäre ich dazu auf dem besten Weg gewesen.

Der jüngere Bruder des Chefs, Richard P., nahm mich einmal in seinem BMW-Sportwagen mit, einem Rennwagen, in dem man, wenige Zentimeter über dem Erdboden, mit atemberaubendem Tempo die Pisten entlangrasen konnte. Er hatte die Strecke Durban-Johannesburg einmal – im Dienste der Firma – in sagenhaft kurzer Zeit zurückgelegt, und dabei sagenhafte Strafmandate zugeschickt bekommen – auf Kosten der Firma.

Der jüngste der Gebrüder P., Arthur, rannte fortwährend mit Bleistift und Papier in der Hand im Betrieb herum und blickte ernst und interessiert auf das Geschehen – das er im übrigen nicht direkt zu beeinflussen trachtete – so, als studiere er irgend etwas und trachte, hinter ein besonderes Geheimnis zu kommen. Standen mehrere führende Leute zusammen und beratschlagten etwas, dann gesellte er sich sogleich dazu, machte sich Notizen, nickte ab und zu oder schüttelte auch gelegentlich zweifelnd den Kopf. Arbeiten gesehen habe ich ihn niemals, und wo gearbeitet wurde, hielt er sich nicht lange auf. In den Tool-Room kam er nur, wenn es für ihn persönlich etwas zu reparieren gab und Wally ihm dabei helfen sollte.

Später hat er dann das Patent für eine Schachtwinde (winch) erworben, die ebenso einfach wie zweckmäßig und zuverlässig war und wurde mit diesem einzigen Trumpf ein reicher und in seinen Kreisen bedeutender Mann; während sein Bruder Herbert – jetzt der Big Boß – mit all seinen vielen kleinen „Eisen im Feuer" verarmte und in der Versenkung verschwand!

Immer häufiger holte Wally mich von meinem Schraubstock weg und gab mir eine Arbeit, die zwar keine große Erfahrung voraussetzte, aber rasch und zuverlässig erledigt werden mußte.

Da lernte ich, mit der Bohrmaschine umzugehen, aber auch mit der Fräsmaschine, bei der man die dafür vorgesehene Einrichtung nur haargenau einstellen und in kleinen Schritten vorgehen mußte, das übrige aber der Maschine überlassen konnte.

Ab und zu schaute ein schwarzer Hilfsarbeiter (Handyman) zur Tür herein, und wenn er sicher war, daß sich kein Gewerkschaftler in der Nähe befand, dann ging er rasch zur Bohrmaschine und bohrte an den markierten Stellen die noch fehlenden Löcher in ein halbfertiges Werkstück
Die Gewerkschaft erlaubte nur Arbeitern mit einem bestimmten Mindestlohn das Benutzen von Maschinen. Wer weniger verdiente, der mußte sich mit einem Handbohrer über die Runden helfen, auch wenn eine Maschine neben ihm stand und auch wenn er sie bedienen konnte. Sie wollte damit verhindern, daß Arbeiten, die im allgemeinen von einem qualifizierten Fachmann verrichtet, von unterbezahlten Hilfskräften getan wurden, die den gelernten Arbeitern die Arbeit wegnahmen und sie daran hinderten, zu einer auserwählten Gruppe zu werden, die anspruchsvolle Gehaltsforderungen stellen konnte, auch wenn diese Forderungen oft nicht allzu viel mit der gebrachten Leistung zu tun hatten.

Damals konnte ich feststellen, daß an einigen Stellen des Betriebes tüchtig gearbeitet wurde, und zwar genau an den Stellen, die mit der Fabrikation der Ventilatoren zu tun hatten. Es wäre der Firma also sehr gut bekommen, wenn man sich auf diese Arbeiten konzentriert und 80 % des Personals entlassen hätte.
In der Stanzabteilung z.B. arbeitete ein alter Zulu schon seit mehreren Jahren an seiner Maschine, kannte alle Handgriffe und auch alle Tükken und ging mit dem Gerät so sorgfältig um, als gehörte es ihm und – war der Firma treu ergeben.
Auf die Erhaltung und Ausbildung solcher Arbeitskräfte hätte sich die Firmenleitung konzentrieren müssen, ebenso wie auf die Ausmerzung der vielen teuren Schmarotzer in den Büros und der saumseligen Dreher in der Halle, die jede Arbeit unnötig lang hinschleppten, um nur ja den Eindruck zu erwecken, man habe nicht zu viel sondern zu wenig von dieser Sorte Taugenichtse. Und dieser Eindruck war leicht zu erzeugen, wenn der Chef immer erst um 10 Uhr in den Betrieb kam, zu einem Zeitpunkt, an dem nicht nur eine Menge Arbeit ungetan war, sondern an dem sich inzwischen auch der Betrieb bereits in recht un-

günstiger Weise entwickelt hatte, weil gar zu viele Mitarbeiter auf Werkstücke warten mußten, die längst hätten fertig sein können.
Von all dem aber merkte der Boß nichts, der sogleich nach seiner Ankunft in seinem Büro verschwand und von den Mißständen allenfalls durch Denunzianten erfahren konnte. Die aber waren, sollte die Denunziation Folgen haben, schnell ausgemacht und taten gut daran, zusammen mit dem Denunzierten ihren Hut zu nehmen, und sich niemals wieder blicken zu lassen.
Der Betrieb verbrauchte auf diese Weise mehr Geld als er einbrachte, obwohl die wirtschaftliche Lage so günstig war, daß man fast gar nicht anders konnte, als Überschüsse zu erwirtschaften.
Wie groß der Fehlbetrag genau war, darüber machte man sich, glaube ich, keine Gedanken, in einer Zeit des allgemeinen Aufschwungs, wo alles Sinnen und Trachten allein darauf gerichtet war, in einer der vielen Marktlücken ein einträgliches Plätzchen zu finden, rasch, rasch, ohne allzu langes Zaudern, ohne kleinliche Kalkulationen; sonst nahm ein anderer die Gelegenheit wahr.
Um einen finanziellen Engpaß zu überwinden und wieder ein wenig Geld in die Kasse zu bekommen, verwandelte man sich in eine Aktiengesellschaft und hoffte dadurch die trotz allem Optimismus immer deutlicher sichtbar werdende finanzielle Lage ein wenig zu schönen.
Es wurden 5/- Aktien (Shares) ausgegeben, 4 Millionen an der Zahl, insgesamt also für 1 Million Pfund. Eilt Euch, hieß es da, sputet Euch, damit Ihr noch eine von den kostbaren Aktien zum Nennwert erwischt, denn über kurz oder lang werden sie auf 8/-, d.h. um 60 % gestiegen sein.
Onkel Kaspar sicherte sich etliche. Einerseits hatte er schon immer mit Aktien spekuliert, mit Goldaktien, andererseits sah es sehr schlecht aus, wenn er zu dem Betrieb, bei dem sein Freund und Gönner Chef war, nicht das nötige Vertrauen gehabt hätte, ein paar lumpige Shares zu kaufen.
In seiner Nachbarschaft, in der Essexstreet, wohnte der „Stock-Broker“ Mr. B., der den Onkel schon oft beraten, und zwar gut beraten hatte, und der sich in seinem Geschäftsbereich auskannte. Den sprach er nun wegen der SAFANCO-Aktien und wegen ihres in die Höhe schnellenden Kurses an. „Mushroom-growth“, sagte Mr. B. nur

abschätzig und meinte damit eine fragwürdige, unsolide Angelegenheit; von ihrer Beschaffenheit her also eine Seifenblase!
Johannesburg war für mich vom ersten Tag an, fast noch ehe ich die Stadt betreten hatte, ein Symbol der dekadenten westlichen Zivilisation; ein fortwährend untergehendes Babylon, mit seinen fortwährenden Einstürzen, die grollend und rumpelnd den unaufhaltsam nahenden Untergang ankündigten.
Da die Minenbesitzer zwar eifrig bemüht waren, das Gold, das tief unter der Stadt verborgen lag, abzubauen, es aber unterließen, die stillgelegten Stollen dann wieder mit Material aufzufüllen, da gab es bei den vielen und großen Hohlräumen tief unten immer wieder mächtige Einstürze, die sich bis zur Oberfläche hin bemerkbar machten. Wie bei einem Erdbeben zeigten sich bei vielen Häusern Risse und Verschiebungen. Für die mußten die Versicherungen zahlen.
Johannesburg – ein Möchtegern mit seinem kümmerlichen Versuch, New York zu kopieren, mit flimmernden Lichtreklamen, mittelmäßigen Wolkenkratzern, hektischem Straßenverkehr, big business. Doch nur in einem Punkt konnte die Stadt mithalten: Mit der Kriminalität!
Es gab keinen Haushalt in meinem Bekanntenkreis, in dem nicht mindestens ein Mitglied das Opfer eines Raubüberfalls oder eines Einbruchs geworden war. Die „Crime List", die in der Rand Daily Mail täglich veröffentlicht wurde, gab Auskunft nicht nur über die Zahl der Gewalttaten und die Namen der Opfer, sondern auch über die unglaubliche Brutalität, mit der die Verbrecher vorgingen. Im Local Prison hatten meine Zellengenossen ziemlich ausführlich berichtet, wie sie ihre Überfälle durchzuführen pflegten und dabei versucht, sich in den Schilderungen der begangenen Brutalitäten gegenseitig zu überbieten.
Ich hatte das damals als reine Aufschneiderei und Wichtigtuerei angesehen; jetzt mußte ich feststellen, daß ihre Schilderungen mit den Berichten in der Daily Mail übereinstimmten.
Wer heutzutage in Pretoria, Windhuk oder auch in Deutschland über die unzureichende innere Sicherheit jammert und die steigende Kriminalität als untragbar beklagt, der sollte sich vor Augen halten, daß diese Zustände in Johannesburg bereits 1946 herrschten. Wenn damals in Johannesburg ein Hehler durch die Büroräume einer Firma ging und

z.B. gestohlene Uhren anbot, dann traute sich niemand, ihn anzuzeigen. „Der hat sich ganz genau mein Gesicht angesehen“, hieß es zur Entschuldigung, „und wenn er auffliegt und ich womöglich vor Gericht gegen ihn aussagen muß, dann kommt er irgendwann einmal und sucht mich heim. Nein! Nichts da! Ohne mich!“ Denn daß der Gauner ziemlich bald wieder die Freiheit erlangen würde, daß setzte der geplagte Johannesburger Bürger als selbstverständlich voraus. In einem liberalen Rechtssystem mußte man das. Eine Gesellschaft verdirbt auf diese „liberale“ Weise also nicht nur ihre Bürger, sondern auch ihre Kriminellen, die sich mit der Zeit immer unstandesgemäßer aufführten konnten, ohne von ihrem Gewerbe lassen zu müssen.

Ab und zu fuhr Onkel Kaspar mit der Familie zu einem Damm, einem See oder irgend einem anderen Erholungsgebiet, von denen es in der Nähe von Johannesburg einige gab, und die damals noch nicht so überlaufen waren wie später, als sich jedermann ein Auto leisten konnte.

Einmal fuhren wir über Pretoria, wo er vor dem Local Prison hielt und eine Schweigeminute einlegte, und sodann von dort in die Nähe von Baviaanspoort, wo ich von Osten her von einer Erhöhung aus auf

das Lager und die immer noch gefangenen Seeleute und das Schwimmbad herabsehen konnte. Wie anders erschien mir von hier aus ein und der selbe Ort!
Eines Tages sprach mich in der Phönix Bar ein ehemaliger Internierter aus „Andalusia" an und teilte mir mit, daß er bei der Arbeit in einem Molkereibetrieb einen gewissen K. kennengelernt hätte, der sich nach mir erkundigt habe.
Auf diese Weise traf ich den einstigen Rebellen wieder, der seinerzeit als junger Bursche ausgezogen war, Südafrika vom englischen Joch zu befreien. Genauer gesagt, ich traf das an, was noch von ihm übrig war: Es sei eine große Dummheit gewesen, was er und seine Freunde damals gemacht hätten. Das könne er erst jetzt so richtig beurteilen, nachdem er inzwischen um einige Erfahrungen reicher sei und die Ergebnisse seines damaligen sinnlosen Tuns deutlich vor Augen habe. Von der Politik habe er sich gänzlich zurückgezogen, und er könne jedem unerfahrenen jungen Mann nur raten, sich nur noch um die eigenen Angelegenheiten zu kümmern. Nun habe er eine sichere Beschäftigung und ein ordentliches Gehalt und sei bestrebt, das Erreichte zu bewahren.
Was gab es da noch zu diskutieren, bei derart verschiedenen Voraussetzungen? Damals war er gerade erst ins Leben hinausgetreten, materiell uninteressiert, ungebunden und frei von jeglicher Vorstellung über eine Karriere, sondern allein geleitet von dem Bestreben, seiner Afrikaander Gemeinschaft zu nützen und dafür alles Persönliche zurückzustellen.
Inzwischen hatte er ein anderes Leben kennen- und den Kontrast zu der Haftzeit schätzen gelernt. Anerkennenswert, daß er nun den Anforderungen des grauen Alltags nicht auswich und einsah, daß man auch als farbloser Bürger seinen Mann stehen könne.
Wenn er aber meinte, er sei durch Schaden klug geworden, dann mußte man ihn fragen, ob er denn wohl so klug geworden wäre, wenn er den damaligen Herausforderungen ausgewichen wäre?! Etwas, was er jedem jungen Mann nur raten könne ...
Eines Tages flatterte ein Fragebogen in das Anwesen Essexstreet Nr. 3, in dem man sich dafür interessierte, ob ich Adolf Hitler immer noch als meinen Führer anerkenne, ob ich im Nachhinein wünsche, daß

Deutschland den Krieg gewonnen hätte usw. Lauter Fragen, aus deren Antworten die Inquisitoren folgern würden, ob ich wohl geeignet sei, unter zivilisierten Menschen zu leben, oder ob es besser sei, wenn ich weit weg, jenseits des Äquators ins zerbombte Deutschland übersiedelte. Man wollte halt herausfinden, ob ich inzwischen die Zeichen der Zeit erkannt und mich geläutert hätte oder nicht.

Die Südwester und auch die Südafrika-Deutschen, die ja alle diese Fragebogen erhielten, hatten sich oft teure Anwälte geleistet, die ihnen helfen sollten, jede Frage so zu beantworten, daß so eine Antwort einerseits Reue und Bußfertigkeit erkennen ließ, aber zugleich nicht mit einer der nachfolgenden in Widerspruch geriet. Das nämlich haben diese Fragebogen so an sich, daß man zwar jede einzelne Frage für sich optimal beantworten kann, daß diese vielen bestmöglichen Antworten sich aber leicht zu einem unlöslichen Knoten verfilzen und man nachher gezwungen sein würde, bei einer unerwarteten Zwischenfrage des Inquisitors so manche Bestmöglichkeit zu verwünschen, – wenn man sie nicht gar als einen Irrtum verleugnen mußte.

Wer weiß, wie viele Tage und Wochen die Anwälte und ihre Klienten für die Beantwortung so eines Systems von Fangfragen jedesmal benötigten, und wie sich das dann auf das Honorar auswirkte; Fangfragen nämlich, von denen jede einzelne den Durchleuchteten nötigte, ein ganz klein wenig von seiner Gesinnung preiszugeben, sein Gewissen in die Nähe eines Konfliktes zu bringen.

Wie dem auch sei, mein Fragebogen war so rasch beantwortet wie man Zeit benötigt, etliche Mal „ja“ oder „nein“ zu schreiben oder ein „x“ zu machen.

Onkel Kaspar kam, als ich meine Bekenntnisse längst in den Briefkasten geworfen hatte, und bot mir seine Hilfe an. Es seien da manchmal recht knifflige Fragen, bei deren Beantwortung er seine Erfahrungen hätte. Doch ich hatte in dem ganzen Komplex keine einzige knifflige Frage entdecken können. Das wunderte ihn.

Als wir Südwester Mitte 1946 Baviaanspoort verlassen durften, wurden wir nach Südafrika entlassen, ausdrücklich nicht nach Südwest! Einige von uns hatten sich anfangs geweigert, das Internierungslager zu verlassen, es sei denn nach Südwest, in ihre Heimat jenseits von Oranje und Kalahari; waren dann aber doch bald zu der Einsicht gekommen, daß es vorteilhafter sei, die endgültige Heimkehr in der Freiheit, in Südafrika, abzuwarten als in der Gefangenschaft.

33732

Verw./Ref. No. ..1/16276........

KANTOOR VAN DIE
HOOFBESTUURSBEAMPTE,
UNIEGEBOUE,
PRETORIA.

OFFICE OF THE
CHIEF CONTROL OFFICER,
UNION BUILDINGS,
PRETORIA.

PERMIT.

Verlof word hiermee gegee aan vyandsvreemdeling,
Permission is hereby granted to Enemy Alien,

Mnr.
Mr. ......Richard Hans Helm...........

CHIEF CONTROL OFFICER
20 NOV 1946

Adres
Address c/o Mrs K. Zwicky,
3, Essex Street,
Kensington,
Johannesburg.

om
to visit ....Farm..Friedland....
Dist. Gobabis,..

in die Mandaatgebied van Suidwes-Afrika te besoek.
in the Mandated Territory of South West Africa.

Hy is verplig om sy aankoms aldaar en, by terugkeer na die Unie, sy vertrek daarvandaan, by die naaste Polisiestasie te rapporteer.

He is required to report to the nearest Police Station his arrival thereat and, when returning to the Union, his departure therefrom.

Gedateer te Pretoria hierdie
Dated At Pretoria this 20th November, ... 1946.

HOOFBESTUURSBEAMPTE.
CHIEF CONTROL OFFICER.

Viele von den älteren Südwestern, Familienväter, von denen man annahm, daß die 6 Jahre Interniertendasein sie wohl geläutert und von allen radikalen Ideen befreit hätten, die durften schon bald abermals ihre Koffer packen.
Auch der gute alte Freund und Helfer unserer Familie, Kurt W., Simmenau, war darunter und verließ Johannesburg in Richtung Heimat, um zu sehen, was nach 6 Jahren Abwesenheit davon noch übrig war.
Wir Jungen aber mußten noch bleiben, und als ich einen Antrag stellte, Weihnachten zu Hause verbringen zu dürfen, da genehmigte man mir gerade einmal drei Wochen.
In der zweiten Dezemberwoche machten wir uns eines abends auf die lange Reise; drei meiner Vettern – Arthur, Quinton und Mervyn – und ich. Sie sollten einmal das Farmleben in Südwest kennenlernen, und zwar eins in einer deutschen Familie.
Am folgenden Morgen erreichten wir, gut ausgeschlafen, die Stadt Kimberley, wo der Zug längere Zeit Aufenthalt hatte. Wir prägten uns die Abfahrtszeit ein, bummelten durch die Stadt und landeten unweigerlich am „Großen Loch". Dort hatte man jahrelang im Tagebau nach Diamanten geschürft, ohne Rücksicht auf das Leben ringsumher, und als dann schließlich nichts mehr zu holen war, hatte man eine „Sehenswürdigkeit" zurückgelassen.
Ob ich wohl einen Kieselstein bis zum gegenüberliegenden Rand würde werfen können? Damals erreichte ich nämlich, vorausgesetzt, ich hatte ein geeignetes Wurfgeschoß, Weiten von über hundert Meter.
Der Stein aber, den ich mit Anlauf und mit aller Kraft warf, verschwand in der Tiefe, und wir konnten ihn noch nicht einmal aufschlagen sehen.
Dann wurde es Zeit, zum Bahnhof zurückzukehren, zu unserem Zug. Der aber war längst abgefahren, denn die Abfahrtszeit, die wir uns notiert hatten, war die des nächsten Zuges. Der war auch bereits eingelaufen und sollte ebenfalls bald abfahren.
Unser Geld, unsere Fahrkarten aber waren zusammen mit unserem Gepäck im unverschlossenen Abteil des vorigen Zuges; und zwar in einem Wagen, der in De Aar abgehängt und auf ein Nebengleis geschoben werden sollte, um von dort, irgendwann einmal, nach Süd-

west weiterzufahren. In diesem Abteil war alles, mit dessen Hilfe wir uns hätten ausweisen können; in den Händen aber hatten wir nichts. Notgedrungen stiegen wir in den wartenden Zug ein und blieben auf der Plattform stehen, auf den Schaffner und sein Urteil wartend. Wenn sich der Zug nur erst in Bewegung gesetzt hatte, dann konnte man uns wohl kaum herunterwerfen, so daß wir unserem Ziel wenigstens ein Stückchen näher gekommen wären.
Der Schaffner hörte sich die Geschichte, die meine Vettern ihm recht einfühlsam in bestem Englisch vortrugen, gar nicht zu Ende an, sondern zeigte uns einen Platz, wo wir, ohne Aufsehen zu erregen, stehen konnten. Die Passagiere, die einiges von unserem Mißgeschick mitangehört hatten, boten uns gelegentlich einmal einen Sitzplatz an, und als die Schatten länger wurden, erreichten wir De Aar.
„Da hinten steht der Wagen nach German-West", teilte uns ein Bahnangestellter mit. Ganz abseits und allein stand der Wagen dort und wir setzten uns in Bewegung, ruhig und gefaßt zuerst, dann aber immer schneller, so als ob die Anziehungskraft zunehmen würde, je näher wir kamen. Schließlich rannten wir aus Leibeskräften. Wir hatten ein Viererabteil in der Mitte des Wagens belegt. Atemlos angekommen starrten wir erwartungsvoll durch das Fenster in das Innere des Coupés – es war leer. Ratlosigkeit bis Entsetzen! Doch dann fiel mir ein, daß auf der anderen Seite des Wagens in symmetrischer Lage ja noch ein Viererabteil war. Ja, und das enthielt alle unsere Sachen, so als hätten wir es soeben verlassen. Kein Penny fehlte, kein Stück von den vielen teuren Geschenken, die ich in Johannesburg gekauft hatte, um sie meinen Angehörigen zu Weihnachten zu schenken.
Die Fahrt nach Südwest führte bald durch ödes Land. Trockenheit, kein Baum, kein Lebewesen; kahle Berge, unordentliche Steinhaufen, eine erbarmungslose Sonne. Das Wasser im Zug ging aus; wir selbst hatten nicht vorgesorgt, und die verwöhnten Städter fingen an zu jammern. Zeitweise, wenn die Steigung wieder einmal zunahm, fuhr der Zug im Schrittempo, bis er einen Einschnitt in der Hügelkette erreicht hatte und dann wieder ein wenig rascher abwärts rollen konnte.
Einmal, als der Zug fast stehenblieb, eröffnete ich meinen Vettern, daß ich, um mir ein wenig die Füße zu vertreten, ein Stück zu Fuß nebenher gehen würde. Bei der nächsten Station würde ich dann wieder

zu ihnen stoßen. Bis dahin! Ich ließ den Zug zunächst an mir vorbeischleichen, um dann hinter dem letzten Wagen auf die andere Seite zu gelangen und dort heimlich wieder aufzuspringen. Doch als mich der letzte Wagen erreichte, war die Lokomotive inzwischen am höchsten Punkt angelangt und fuhr nun mit wachsender Geschwindigkeit abwärts, die Wagen in gleicher Weise beschleunigend. Da mußte ich um mein Leben laufen, um an einem der hinteren Wagen einen Halt zu bekommen und mich daran zu klammern. Sobald es dann wieder bergauf ging, rannte ich nach vorne, stieg in unseren Wagen ein, setzte mich ins Abteil und war, als meine Vettern ziemlich ratlos hereinkamen, in mein Buch vertieft.
In Windhuk wartete der Anschlußzug nach Gobabis auf uns – er wartete immer auf den „Südenzug", selbst wenn es einen ganzen Tag dauern sollte.
Frühmorgens holte uns mein Bruder Heinz am Bahnhof in Gobabis ab und lud unser Gepäck auf den 3/4-Tonner Chevrolet. Aber beileibe nicht, wie das hierzulande der Fall ist, um uns auf kürzestem Wege nach Friedland zu fahren. Nein, man sauste damals nicht auf einer für Hochgeschwindigkeiten angelegten Piste dahin, sondern zeigte sich hier, um einen Gruß zu bestellen, hielt dort ein Schwätzchen, erkundigte sich auch einmal nach dem Befinden eines Kranken, wollte wissen, ob es der Kuh nun besser ginge, ob der Brunnen immer noch so reichlich Wasser habe usw.
Da unser Kommen seine Schatten vorausgeworfen hatte, wollte halt so mancher, daß wir bei ihm einkehrten. Und es waren alles liebe, nette Leute, damals, die man nicht kränken durfte, und die damalige Zeit und das damalige Umfeld erlaubten es auch gar nicht anders, als fortwährend Kontakt aufzunehmen und zu pflegen, immer Notiz von seinen Mitmenschen zu nehmen – sei es in positiver oder negativer Hinsicht.
So war es denn recht angenehm für mich, festzustellen, wie sich dieser oder jener freute, mich einmal wieder zu sehen.
Auch bei Herrn von W. auf Boxhagen legten wir an. Der Hausherr nahm die drei Städter sogleich an der Hand und führte sie wortlos an eine Stelle, an der ein halbes Dutzend neugeborener Karakullämmer

mit durchgeschnittener Kehle in ihren Blutlachen lagen. „So ist das Farmleben!“
Auf Friedland lernten dann die Johannesburger, wie man auf einen Donkey hinaufkommt und wie man dann so lange oben bleibt, bis man sich selbst entschließt, wieder abzusteigen; wie man diese manchmal recht störrischen Langohren dazu bringt, genau dahin zu gehen, wohin man sie haben möchte. Nach einiger Zeit wurde das erworbene Können auf die Probe gestellt, und zwar auf einer Expedition zum anderen, etwa 9 km entfernten Teil der Farm. Mit Übernachtung, Abkochen, Lagerfeuer, in einer Umgebung, in der Schakale, Wildkatzen, Schlangen und gelegentlich auch „Wilde Hunde“ ein von den Menschen ziemlich unbehelligtes Leben führen konnten. Dort lernten die Städter den Durst kennen, das Haushalten mit einer vorgegebenen Menge Trinkwasser; das Suchen nach durststillenden Gewächsen, und den freiwilligen Verzicht auf Brunnenwasser, nach einem Blick in die Tiefe, in der es von Gewürm nur so wimmelte.

Um diese Jahreszeit – Ende Dezember – stellte die Hitze am Rande der Kalahari hohe Anforderungen an Menschen und Tiere. Während des Tages erreichte die Temperatur über 40°C im Schatten, um dann bis 11 Uhr nachts auf 30°C zu sinken. Die aufziehenden Wolken erhöhten die Luftfeuchtigkeit gerade so, daß das Wetter schwül wurde, aber nicht so weit, daß es zum Regnen kam. Erst am Morgen, bei 20°C, konnte man die Kühle ein wenig genießen, aber nur für kurze Zeit.
Damals gab es in unserer Gegend keinen Farmer, der sich ein Schwimmbad geleistet hätte, d.h. einen Behälter, dessen Wasser ausschließlich zum Baden und Schwimmen bestimmt war; der regelmäßig gesäubert werden mußte und bei dem die unvermeidlichen Algen, die toten Wespen und Käfer entfernt werden mußten, aber bisweilen auch ertrunkene Vögel, die beim Versuch, zu trinken, hineingefallen waren und bald in Verwesung übergehen würden.
Doch nicht nur die Oberfläche des gespeicherten Wassers wurde sehr bald stark verunreinigt, sondern auch der Boden so eines Bassins, auf dem sich nach und nach ein Belag bildete, der zwar allerhand Getier,

wie z.B. dem aggressiven Gelbrandkäfer, einen Lebensraum bot, der aber den Genuß des Tauchens und Badens erheblich verminderte.
Bei einem gewöhnlichen Farmbassin nahm man daran keinen Anstoß, denn da war das Wasser ja für den Garten bestimmt und für das Groß- und Kleinvieh, das es gewohnt war, mit Wasser von noch viel geringerer Qualität vorlieb zu nehmen. Wenn man nun in so einem Fall von 2 m Wassertiefe sprach, dann bedeutete das in Wirklichkeit etwa 1,70 m Wasser und 30 cm Schlamm. Alles in allem also eine trübe Brühe, die den Ansprüchen eines verwöhnten Städters nicht gerecht wurde, die uns damals aber keinesfalls davon abhielt, ausgiebig darin herumzuplantschen. Allein schon der Kühlung wegen, wenn man der Hitze sonst nirgends entkommen konnte. Das war eben damals so bei den unverschalten Dächern, von denen die Hitze vom Wellblechdach direkt auf die Bewohner herabstrahlte. Der Kälte konnte man dadurch trotzen, indem man sich warm anzog und es dem Körper überließ, die notwendige Wärme aufzubringen. Der allgegenwärtigen Hitze aber war man wehrlos ausgeliefert, selbst wenn man sich vollständig ausgezogen hätte. Da war dann so ein Bassin ein Labsal, ganz gleich, wie sein Bodensatz beschaffen war.

Zu Weihnachten würden die Johannesburger Vettern Geschenke bekommen, von uns und von ihren Eltern; das wußten sie. Doch warum gaben wir sie ihnen nicht sogleich; jetzt, wo es sie danach verlangte? Wozu das Warten, das am Endergebnis ja doch nichts ändern würde? Und dann noch diese Weihnachtslieder! „O Tannenbaum ...“ und „Alle Jahre wieder...“! Wozu sollten sie das alles auf dem Klavier üben? Und dann am Heiligen Abend auch nach vorspielen, was die Geschenkverteilung nochmals unnötig verzögern würde.
Damit sie Südwest ja in guter Erinnerung behielten, ließ ich bei meinen Vettern niemals Langeweile aufkommen, und es ging keine Gelegenheit vorüber, bei denen sie nicht auf die Probe gestellt wurden.
Doch es ergab sich, daß auch ich mich bewähren mußte, was die drei Städter dann jedesmal mit regem Interesse verfolgten.
Zunächst war da ein junger schwarzer Donkeyhengst, der sich trotz allen guten Zuredens und trotz aller Mißhandlungen nicht daran gewöhnen mochte, daß ein Reiter ihm einen fremden Willen aufzwang.

Da man ohne Sattel reiten mußte – der Sattel wäre nämlich sogleich verrutscht und der Reiter mit ihm –, hatte man außer der Anklammerung mit den Beinen keinen weiteren Halt, und bei jedem Bocksprung rutschte man ein wenig weiter nach vorne und würde schließlich am Hals und von da am Boden landen, wenn es in der Zwischenzeit nicht gelang, während einer kleinen Pause rasch wieder nach hinten zu rutschen; denn auch der zäheste und wildeste Donkey mußte sich einmal für einen kurzen Augenblick verschnaufen um neue Kräfte zu sammeln. Gelang es dem Reiter also, sich so fest anzuklammern und so wenig nach vorne zu rutschen, daß er bis zur nächsten Verschnaufpause nicht auf dem Hals des Tieres landete, dann ging diese Runde an ihn. Sprang der Donkey aber so heftig und währte die Periode des Bockens so lange, daß der Reiter noch vor ihrem Ende auf dem Hals und auf dem Boden landete, dann hatte der Donkey die Oberhand.
Nach etwa einer halben Stunde merkte der junge schwarze Teufel, daß er mich mit der bei Donkeys üblichen Methode nicht vom Rücken herunterbrachte; also nahm er einen Trick zur Hilfe, wie ihn die Mulies so vorzüglich beherrschen: Er strich an Dornbüschen und auch am Zaun so nah entlang, daß ich mir die Beine zerkratzte. Da blieb mir nichts übrig, als auf das bewährte Mittel meines „Reitlehrers" Horst Conrad zurückzugreifen und dem Heimtücker mit dem Knüppel zwischen die Ohren zu schlagen. Das half. Der Wildling war für die Menschheit nutzbar gemacht.
Bei der zweiten Probe handelte es sich um ein Pferd, das den Sattel, der doch eigentlich ein Vorteil des Reiters sein sollte, dazu benutzte, um jeden von seinem Rücken herunterzubefördern, der sich dort ohne zu fragen niedergelassen hatte.
Vor und während des Sattelns blähte es sich auf, ließ den Sattelgurt widerstandslos festzurren, um dann, wenn der Reiter aufgesessen war und seine anmaßenden Kommandos durchsetzen wollte, „Luft abzulassen" und damit den Gegendruck zum Sattelgurt so zu verringern, daß der Gurt locker wurde und der Sattel nach unten rutschte. Daß der Reiter dabei ebenfalls nicht oben blieb, war vorauszusehen, und wenn er dabei in einem Dornbusch landete, dann war es gut möglich, daß die Bestie ihm noch einen kräftigen Huftritt versetzte. Zum Abschied, denn sie ließ ihn von nun an allein mit seinen Bemühungen,

sich aus dem Geäst der mit Widerhaken versehenen Dornbüsche zu befreien.
Onkel Werner, Hannoveraner von Geburt und mit den Tücken der Reitpferde vertraut, riet mir, das Experiment ohne Sattel zu wagen, und dann, wenn das Biest wie toll zu bocken beginnen sollte, nicht gebückt wie ein Cowboy darauf zu hocken, sondern das Kreuz durchzudrücken, so daß der Gaul bei jedem Bocksprung mein volles Gewicht, unabgefedert, zu spüren bekommen würde.
Das nahm ich mir zu Herzen, sprang mit einem Satz auf den Gaul, den zwei Eingeborene festhielten, und schon bald, nachdem der Zweikampf begonnen hatte, war er auch schon zu Ende. Noch eine Ehrenrunde im vollsten Galopp und Quinton meinte: „Gee, I never saw you fail!"
Die schöne Zeit näherte sich viel zu rasch ihrem Ende. Da schlug Onkel Werner vor, diese unwiederbringliche Zeit doch noch ein wenig zu verlängern, und ich machte eine Eingabe bei der Administration von Südwestafrika. Tatsächlich genehmigte diese eine Verlängerung bis zum 16. Januar 1947.

Zum Abschluß ihres Farmaufenthalts sollte jeder der Städter wenigstens ein Sandhuhn oder Perlhuhn erlegt haben.
Merwyn schaffte die Bedingung, seine älteren Brüder aber scheiterten jedesmal, weil sie entweder nicht nahe genug an das Wild herankamen und danebenschossen, oder sich ihm nicht leise genug näherten, so daß es sich rechtzeitig auf und davon machen konnte.
Da es für die Umgebung zu gefährlich war, auf die Tiere zu schießen, solange sie sich auf dem Erdboden bewegten – eine verirrte Kugel hätte einen Menschen oder ein Haustier treffen können, und bei den beiden verirrte sich so manche –, mußte man die Hühner aufscheuchen, indem man mit Geheul auf sie losstürzte, so daß sie es vorzogen, ihre Flügel zu benutzen. Dann galt es, sich genau zu merken, auf welchem Baum sie gelandet waren, sich ihm leise zu nähern und dann zu warten, bis der Flüchtling durch ein Geräusch verriet, an welcher Stelle genau im dichten Grün er sich verborgen hielt.

Auf diese Weise hatten wir als Kinder jederzeit Sandhühner zur Genüge für die Küche erlegt. Aber den Städtern wollte und wollte das einfach nicht gelingen.
Am letzten Nachmittag vor unserer Abreise nahm ich die beiden verhinderten Nimrode zu einer Stelle im südlichen Teil der Farm, etwa 5 km vom Haus entfernt, wo sich tagsüber oft Perlhühner aufhielten, die dann bei Sonnenuntergang für die Nacht „aufbaumten". Nicht zu spät, damit sie noch rechtzeitig einen sicheren Rastbaum fanden und sich darauf einrichten konnten. Dann waren sie für eine kurze Zeit bis zum Einbruch der völligen Dunkelheit gegen den Abendhimmel noch deutlich zu sehen und konnten erlegt werden. Tatsächlich fanden wir eine Schar Perlhühner, die sich gerade auf einem Baum eingerichtet hatten. Die Sicht war leidlich, doch wir waren zu hastig, und es war noch hell genug für die Tiere, ihren Platz noch zu wechseln. Jetzt wurde es allerdings eng, und als wir den neuen Ruheplatz erreichten, konnte man Kimme und Korn kaum noch erkennen. Dafür aber war das Ziel nur noch 5 m entfernt, und das Geschick wollte es, daß die Vögel nach dem ersten Schuß nicht allesamt davonflogen. Als die Dunkelheit dann unmittelbar über uns hereinbrach, hatte jeder seine Beute. In der Nähe sah man kaum noch die Hand vor den Augen, und erst recht konnte man sich nicht nach Wegen oder Wegzeichen orientieren, die gab es nämlich dort gar nicht. Aber die Tatsache, daß ich mich auf diesem Fleck Erde seit meiner Geburt aufgehalten hatte, gewährleistete, daß wir den Heimweg ohne Umwege gingen.
Auf dem ersten Teil unserer Rückreise nach Johannesburg erlebte ich noch einmal das alte Südwest.
Nachmittags um etwa 5 Uhr fuhren wir von Gobabis ab, wo mich viele Bekannte aus der Jugendzeit begrüßt hatten. Am nächsten Morgen

um 6 Uhr sollten wir in Windhuk sein und hatten bis zur Abfahrt des Zuges in die „Union“ um 13 Uhr genügend Zeit, uns ein wenig in Windhuk umzusehen.
Nicht nur an jedem „größeren“ Ort – mehr als 10 Häuser – wie Witvley, Omitara oder Seeis hielt der Zug, sondern an jeder kleinen „Siding“ wie z.B. Margarethental, Grüntal, Eintracht, Omateaa, Nossob-Siding, Otjihaenena, wo, wenn der Zug anrollte, der Farmer mit seiner Donkeykarre stand, die vollen Sahnekannen abgab, die leeren in Empfang nahm, zusammen mit den bestellten Gütern wie z.B. Wellblechplatten, einige Rollen Stahldraht für die Einzäunung, einige Säcke Boermehl, Maismehl und natürlich auch den Postsack.
Manchmal war dort, wo das große Schild mit dem Namen der Haltestelle stand, ein Holzgestell angebracht, auf dem die vollen Sahnekannen standen, die von der Eisenbahn mitgenommen wurden. Auf das Holzgestell aber wurde all das gestellt, was für den Farmer bestimmt war. Er würde es sieh bei Gelegenheit abholen und brauchte nicht jedesmal die Ankunft des Zuges abzuwarten, der nicht immer zur vorgeschriebenen Zeit kam.
Kam der Zug von Windhuk, dann wurden die vollen Sahnekannen aufgeladen und bei der Molkerei in Gobabis abgeliefert. Kam er von Gobabis, dann wurden die leeren Sahnekannen abgeladen; in jeder befand sich ein Zettel, auf dem der Fettgehalt der Sahne und ihre Qualität (ihr Grad) vermerkt waren und der Preis, den die Molkerei dafür zahlte. Um den „Grad“ zu ermitteln, nahm einer der Molkereifachleute mit dem Löffel eine winzige Probe der Sahne in den Mund, schmeckte daran – ob sie ranzig oder nach Bitterbusch schmeckte – und spuckte sie, nachdem das Urteil feststand, in ein Gefäß, das ihm ein Kaffer jederzeit bereithielt. Manchmal nämlich hatten die Kühe, wenn sie in der Nähe des Reviers weideten, etwas von dem Bitterbusch gefressen, was sich in geschmacklicher Hinsicht nachteilig auf die Milch und auf die Sahne auswirkte. Der Grad fiel dadurch, auch wenn der Sahne sonst nichts fehlte.
Auf unserer Fahrt merkten wir, so gegen 3 Uhr morgens, daß der Zug für längere Zeit hielt und dann auch nach einer Stunde keine Anstalten machte, weiterzufahren. Es sollte nämlich Vieh abgeladen werden, es

war aber niemand da, es in Empfang zu nehmen und den Empfang zu quittieren. Also wartete man, trank Kaffee und ruhte sich aus.
Wir erreichten Windhuk also mit einiger Verspätung, doch Gerd L. war wie immer pünktlich zur Stelle, denn er konnte von seinem Haus in der Schinzstraße aus den Zug hören, wenn er sein Kommen durch anhaltendes Pfeifen ankündigte, ehe er über die Gammamsbrücke fuhr.
In Windhuk besuchte ich u.a. die Firma Taeuber & Corssen; dort hatte sich eigentlich auch nicht allzuviel geändert. Es schien fast so, daß die in der übrigen Welt so unaufhaltsamen Veränderungen hier eine Verschnaufpause eingelegt hätten, oder vielleicht lag Windhuk damals ein ganz klein wenig im Windschatten der Geschehnisse; abgeschieden von der Betriebsamkeit, die sich in Südafrika, vor allem Johannesburg, bereits mächtig rührte.
Auch das Schülerheim zeigte sich noch genau so, wie es „zu meiner Zeit" war: Hoch- und Stützreck standen immer noch einträchtig nebeneinander, der Barren hatte alle Mißhandlungen durch die Witterung überstanden, als ein Zeuge einer regen sportlichen Aktivität – im Gegensatz zu den vielen Turnern, die inzwischen gefallen waren – dazu die Sprunggrube und der Hochsprungständer. Auch der große Pfefferbaum, der uns beim Schlagball als „Mal" diente, breitete noch seine Zweige aus und strömte immer noch seinen charakteristischen Geruch aus, verstreute seine roten Beeren und sonderte sein Harz ab. Und der Truppengarten! (Dieser war von der deutschen Schutztruppe seinerzeit angelegt worden.) Sonst war das Schülerheim verlassen, denn es waren ja die „Großen Ferien".
Der Krieg, die Barrieren Kalahari und Namib, aber auch seine verhältnismäßig geringe Bedeutung hatten es lange verhindert, daß sich die durch die westliche Zivilisation erzwungenen Veränderungen auch in Südwest in vollem Maße bemerkbar machten.
Als ich das Land 11 Jahre später wieder betrat, da waren die meisten meiner Kindheits- und Jugenderinnerungen inzwischen von der Zivilisation zugeschüttet, und die Einwohner von Südwest waren stolz darauf, nannten das „Fortschritt" und waren ihm dankbar, daß er sie nicht ganz vernachlässigt hatte.

Noch einmal 30 Jahre später gab es neben einigen mühsam restaurierten künstlichen Denkmälern nur noch den Südwester Reiter, die Christuskirche und die Avisbrücke. Wie lange noch? Dann bleiben nur noch die Auasberge!

Tante Gladys betonte immer wieder, daß sie Südafrikanerin sei, keineswegs Engländerin, ganz abgesehen davon, daß ihre Vorfahren ja aus Schottland kamen.
Was jedoch die Politik anbelangte, da war sie keine Südafrikanerin, d.h. wenn man annahm, daß in dem Lande noch andere Menschen als nur Engländer wohnten. Mit feinem Instinkt witterte sie sogleich, ob eine Bewegung, eine Maßnahme, eine Initiative für England von Vorteil war oder nicht und wußte sogleich alle für England nachteiligen Argumente von denen zu trennen, die England recht gaben. Sobald sich Vorwürfe gegen die englische Politik mit Hilfe von Tatsachen oder der Logik nicht entkräften ließen, schaltete ein nervliches Relais sogleich ihren kritischen Verstand auf Moral um. Es kam dann so etwas zustande, was George Orwell „Zwiedenken" nannte.
Als die Zionisten in Palästina eine Bombe im King-David-Hotel hochgehen ließen, und als sie englische Soldaten kreuzigten, da erzeugte diese Nachricht unter den Engländern in Johannesburg eine Pogromstimmung, die dadurch noch aufgeheizt wurde, daß sich die zahlreiche und wirtschaftlich mächtige jüdische Bevölkerungsgruppe in Johannesburg nicht ruhig verhielt, sondern nach bewährtem Muster erst einmal vorsorglich laut aufschrie und sich für verfolgt erklärte.
Nach einer Versammlung, in der diesen Spannungen von beiden Seiten her Nachschub geliefert wurde, berichtete eine Bekannte von Tante Gladys: „Ich hätte ihnen (den Juden) eine Stricknadel durch das Auge ins Gehirn stoßen können!"
Eine jüdische Jugendgruppe forderte auf Handzetteln ihre Mitglieder auf, alle – „come in your hundreds!" – dann und dann zu einer Versammlung dort und dort zu kommen. Ich nahm mir so einen Zettel und ging zu einem der bezeichneten Orte, allerdings etwas nach der angegebenen Zeit. Als ich die Türe zum Versammlungsraum öffnete und eintrat, fuhren die zwei bis drei Dutzend Typen, die sich bereits eingefunden hatten, erschrocken herum und beruhigten sich erst als

sie feststellten, daß ich allein war und mich in der hintersten Sitzreihe niederließ. „Kein allzu wehrhaftes Häuflein", urteilte ich damals. Da waren die jungen Buren schon ganz andere Kerle, damals; die sich aber in dieser Auseinandersetzung zurückhielten.

In Johannesburg – nicht in Pretoria – kam es hin und wieder einmal vor, daß ein Bantu in eine Tram oder in einen Omnibus einstieg, die ausdrücklich nur für Weiße (Whites only) bestimmt waren.

Mal sehen, dachte sich der Bantu wohl, was nun passiert! Letzten Endes würde er ja wohl das Feld räumen müssen, es fragte sich nur, wie groß das Aufsehen war, das er durch seine Regelwidrigkeit hervorrief. Vielleicht würde ihn der Schaffner gelassen auf seinen „Irrtum" aufmerksam machen und ohne großes Aufhebens hinausbefördern, ohne daß ein Fahrgast von seiner Zeitung aufblickte. Das wäre bedauerlich!

Am Sonnabend nachmittag jedoch waren meistens viele junge, sportliche Weiße auf dem Weg zu irgend einer Sportveranstaltung; da waren die Chancen für einen Eklat zwar günstiger aber auch riskanter. Und genau so einen Vorfall beobachtete ich einmal, als ich auf dem Weg zur Bibliothek war: Zwei junge Buren nahmen sich der Sache an, wobei sie sorgfältig darauf achteten, daß der Herausforderer nicht eher zur Tür hinausflog, bis er eine ausreichende Tracht Prügel eingesteckt hatte. Es gab einen Verkehrsstau und die Leute liefen zusammen. Der Bantu war auf seine Rechnung gekommen.

Von einer anderen Seite lernte ich dieses Problem kennen, als mich ein Stubenkamerad aus der Baviaanspoorter Endzeit, ein junger Mann aus Südwest, bat, ihn doch einmal zu besuchen. Er hieß L., war hochgewachsen und schwer herzkrank und machte einen sehr gebrechlichen Eindruck.

Ich folgte seiner Einladung ohne große Begeisterung und geriet in eine Gesellschaft, die, als ich später die Namen nannte, das Interesse und die Neugier sämtlicher Nachbarn und Bekannten von Essexstreet No. 3 erregte.

Es waren Verwandte von Kamerad L., die den schwerkranken jungen Mann aus dem Internierungslager in ihre Gemeinschaft aufgenommen hatten. Aber es war eine Gemeinschaft, in der man so isoliert wie in einer ausgefallenen Sekte lebte, worunter der junge Ex-Internierte sehr litt.

Ungewöhnlich war die Gemeinschaft nicht deshalb, weil man dort alle Menschen für gleich hielt, sondern weil man versuchte, so konsequent wie möglich dieser Überzeugung nach zu leben und zu handeln. Diese Ausgefallenheit war in allen Zeitungen des Landes in Druckerschwärze verwandelt worden, ihre Namen waren bekannter als die eines Bürgermeisters der mittleren Städte von Transvaal, und auch die Strafen, die sie für ihre Konsequenz bisher zu entrichten hatten.
Als ich, zum Mittagessen eingeladen, so etwa um 11 Uhr anklopfte, stellte mir L. seine Kusine, deren Mann und auch die Kinder vor, dazu einen Gast, der ebenso wie ich zum Mittagstisch geladen war. Er war das, was man heutzutage einen Bürgerrechtler nennen würde, ein Bantu, der wiederholt für längere Zeit sich im Gefängnis aufgehalten hatte. Mein Erstaunen und meine Zurückhaltung schienen ihn nicht zu verwundern, und auch die Wirtsleute hatten durchaus Verständnis dafür, daß ich mich so bald wie möglich mit meinem Campkameraden in dessen Zimmer zurückzog.
Daß Moses X die Gesellschaft der Weißen nach besten Kräften suchte, lag gewiß nicht daran, daß er sie mochte – und seine weißen Gönner hielt er möglicherweise insgeheim für Abtrünnige –, sondern weil er auf irgendeine Weise aus seiner Isolierung heraus wollte. Und das gelang ihm damals nur mit Hilfe von Weißen, die mehr um das Wohlergehen anderer als das der eigenen Gemeinschaft besorgt waren.
„Hast Du ihm die Hand gegeben?“ fragte mich Onkel Kaspar hintergründig lächelnd, als ich zurückkam und nur so staunte, daß sämtliche Mitglieder der guten Gesellschaft den Namen des Moses X kannten.

Bisweilen hörte ich mir ein Konzert des Johannesburger Orchesters unter der Leitung des englischen Dirigenten Albert Coates im Stadtsaal an. Klassische Musik mit Oboen und Waldhörnern, die auch dann zu hören waren, wenn man sie brauchte – im Unterschied zum Internierungslager, wo man von diesen Instrumenten bei „offenen Stellen“ selten einen kultivierten Ton vernahm –, Geigen, Flöten, die ihre schwierigen Passagen spielten, ohne daß man wie auf Kohlen sitzen mußte und auf den unvermeidlichen Patzer wartete.
Der Saal war jedesmal nur halb gefüllt; wahrscheinlich hatte sich Johannesburg an dieser Kunst gesättigt, aber Albert Coates hörte deswe-

gen nicht auf, ein Konzert nach dem anderen zu geben. Er hatte wahrscheinlich einen Vertrag abgeschlossen und bekam ein Fixum.
Als ich einmal nach so einem Konzertbesuch nach Bezuidenhout Valley hinausfuhr, da befanden sich in der Tram außer mir nur noch vier weitere Fahrgäste: Ein junges Pärchen, so um die 18, die in der vordersten Reihe eng aneinandergeschmiegt saßen, und gleich dahinter eine Matrone zwischen 50 und 60 und ihr Mann, der in seinen jungen Jahren vielleicht einmal ein ganz guter Kricketspieler gewesen sein mochte. Jetzt aber war er abgeschlafft und es schien, als ob nur das Kommando seiner herrischen Ehefrau ihm noch den nötigen Halt gab.
Er war einer jener zahlreichen englischen Südafrikaner, die bald nach ihrer Hochzeit zu Hause das Kommando an ihre selbstbewußte Ehehälfte abgegeben hatten und dann im Laufe der Jahre nicht nur bei der Mitbestimmung immer mehr zurückgesetzt wurden – dann nämlich, wenn etwas gemeinsam beschlossen werden sollte –, sondern die zuletzt auch noch die Selbstbestimmung verloren: Was mit dem Geld zu geschehen habe, das er verdiente; wen sie wann abends besuchen, und wer sie besuchen würde, wo sie ihre Ferien verbringen, wie die Kinder getauft und erzogen wurden usw.
Zu Beginn ihres Zusammenlebens wird er gewiß auch seine eigenen Vorstellungen gehabt haben, doch aus Bequemlichkeit und um einer Auseinandersetzung auszuweichen, gab er eine nach der anderen preis, bis auf das Zuschauerdasein beim Fußball oder Kricket oder dem Hunderennen.
Meistens war es eine große Auseinandersetzung, bei der sie ihn, als er einmal abends abgespannt und übelgelaunt von der Arbeit kam und über irgend eine Kleinigkeit zu meckern begann, mit der geschonten Energie und der schärfsten Zunge zur Schnecke machte, und dann, anstatt ihm den Fuß auf den Nacken zu setzen, in einen Weinkrampf verfiel, so daß er sich obendrein noch bemühen mußte, das „wieder gutzumachen, was er da angerichtet hatte“. Das Mindeste war, daß er ihr hoch und heilig versprechen mußte, „so etwas“ nie wieder zu tun! Auf diese Weise war sein heimlicher Groll über die schmähliche Niederlage, der verborgen die Gefahr einer Aufmüpfigkeit in sich barg, in ihren Tränen ersäuft worden.

Aber wie sehr sie ihre Vorherrschaft auch in all den Jahren ihres Lebens ausgekostet haben mochte, jetzt, in diesem Stadium ihres Erdendaseins machte sie keineswegs einen besonders zufriedenen und friedlichen Eindruck. Sie schien bereit zu sein, jederzeit wieder zuzuschnappen, wie ein hungriges Krokodil.
Und diese Gelegenheit lieferte ihr das Pärchen, das vor ihr saß und den schüchternen Versuch machte, Zärtlichkeiten auszutauschen. Zuerst machte sie eine abfällige Bemerkung, mehr an die Allgemeinheit gerichtet, die nicht anwesend war und um die sich die jungen Leute nicht im geringsten kümmerten. Dann folgte eine Wortattacke, mit der sie ihre Ehehälfte zu einem Vierbeiner gemacht hätte, die der Jüngling aber mit einer schnoddrigen Bemerkung konterte. (Den hatte sie ja noch nicht in einem jahrelangen Kleinkrieg zermürbt!) Da erhielt der enthörnte Gatte einen Rippenstoß: „Nun sag doch du endlich einmal etwas! Sitzt da und läßt dir gefallen, wie ich beleidigt werde!" Der ließ auch sogleich seine kräftige Stimme ertönen, die er zeit seines Lebens zu Hause hatte schonen müssen, und donnerte den Unbotmäßigen nieder.
Ich war wohl der einzige im Wagen, der die Macht- oder Kräfteverhältnisse vor Ort überschaute und wußte, daß der junge Mann den abgehalfterten Pantoffelhelden nur einmal hätte anzustoßen brauchen, dann wäre der samt seiner Stimmgewalt umgefallen. Doch beim Jüngling war trotz englischer Erziehung noch genügend „Respekt vor dem Alter" vorhanden – den wir im Camp so ziemlich verloren hatten –, und auch die beiden Alten bauten wahrscheinlich darauf. Ergebnis: Das Pärchen stand auf und verließ die Umgebung, die ihr nicht wohlgesonnen war.

Auf dem Weg zur Arbeit von Kensington nach „Crown Mines" brachte uns die Tram mitten durch die Innenstadt, durch ein Nadelöhr, durch das sich alles zwängte, was rechtzeitig zur Arbeit kommen wollte.
Ebenso auf dem Heimweg, ob mit dem eigenen Auto oder mit einem öffentlichen Verkehrsmittel, immer waren Straßen wie die Commissionerstreet während der „rush hours" verstopft, und der schnellste Sportwagen mußte sich ebenso gedulden wie die Straßenbahn oder

der Omnibus, was zur Folge hatte, daß man einen beachtlichen Teil seiner Freizeit in dem Gedränge zubringen mußte.
Das machte mich gegenüber möglichen Alternativen aufgeschlossen, und als ein Lehrling der Firma mir ein Fahrrad für £ 8.- anbot, da wollte ich sogleich zugreifen. Aber langsam! „Ist denn das Fahrrad diesen Preis überhaupt wert?“ fragten mich einige eilig hinzugekommene Ratgeber. Ach so! Stimmt eigentlich! Daran hatte ich überhaupt nicht gedacht. Doch das Rad gefiel mir und ich fuhr eine Runde, bremste, fand alles in Ordnung und wollte einwilligen. „Ja, hast du denn das Licht schon geprüft? Na?“ Das funktionierte zwar nicht, aber eigentlich wollte ich ja nur tagsüber fahren, und nachdem wir eine neue Birne eingesetzt hatten, war dieser Mangel behoben. „Also, jetzt nehme ich es!“ „Bitte, wenn du meinst“, sagten meine Ratgeber, als ich davonfuhr, zügig durch die Commissionerstreet, an aufgestauten Autoansammlungen vorbei, alles in allem in weniger als der halben Zeit wie sonst.
Aber die Sache hatte dennoch einen Haken; nicht das Fahrrad, sondern der ganze Handel. Der junge, freundlich aus seinem ölverschmierten Overall blickende Lehrling war nämlich ein Jude, und in meiner englischsprechenden Umgebung galt die einfache Regel: Jude = geschäftstüchtig = übervorteilt andere aus einem inneren „Muß“ heraus. Das war nun einmal so und das tolerierte man, es mußte einfach so sein, sonst wären sie ja keine Juden und man müßte sich um ein anderes Klischee bemühen. Wenn es sich bei dem Opfer aber auch noch um einen Deutschen handelte, dann müßte ja eigentlich für den jungen Rosenzweig die Verlockung um so größer sein, seiner inneren Natur gemäß zu handeln.
So kam es denn, daß jedesmal, wenn ich Reifenpanne hatte, weil ich durch dorniges Gelände gefahren war, oder wenn mir nachts bei einer Bergabfahrt die Scheinwerferbirne durchbrannte, meine Vettern mitleidig fragten: „You still think the bike is worth its money?!“
Als Werner B., dem ich das Rad vor meiner Abreise verkaufte, Monate später von Pretoria nach Johannesburg fuhr, nahm ihn ein Autoraser von hinten auf den Kühler, zerschmetterte das Rad bis zur Unkenntlichkeit und brachte seinen Fahrer an den Rand des Grabes. Aber dar-

an war doch wohl der freundlich lächelnde Lehrling nicht schuld? Oder etwa doch?!

Als ich im Mai 1946 aus dem Internierungslager entlassen wurde, war das Studienjahr bereits so weit fortgeschritten, daß ich mich nicht mehr in die Schar der Studierwilligen einfädeln konnte. Ich mußte bis zum Februar 1947 warten und vertrieb mir bis dahin die Zeit bei SAFANCO damit, mir das Geld für das Studium zu verdienen und hatte, dank der Großzügigkeit des Herrn P., auch schon bald das Geld für Studium und Unterhalt beisammen.
Anfang 1947 stellte ich mich zur gegebenen Zeit in Pretoria ein, um mich in die Liste der Studierenden einschreiben zu lassen: Mathematik, Physik, Chemie für ein Drei-Jahres-Studium (Bachelor of Science, B.Sc.) als Hauptfächer; dazu kam dann noch ein Zusatzfach für ein Jahr.
Ich nahm als Zusatzfach „Geologie“, was mir ein Praktikum in Kristallographie am ansonsten freien Sonnabend Vormittag einbrachte, eine zusätzliche Mühe zwar, die aber durch den interessanten Stoff mehr als wettgemacht wurde.
Ich hatte mich also für Pretoria entschieden und nicht für Johannesburg, trotz Onkel Kaspars Anraten, der seine Ansicht damit begründete, daß das Niveau sowohl der Professoren als auch der Studenten in Johannesburg wesentlich höher sei als in Pretoria.
An einem Tag im Februar 1947 verließ ich mein Heim in der Essexstraße Nr. 3, und auch Johannesburg, an das ich mich bereits ein ganz klein wenig gewöhnt hatte, und machte mich auf den Weg nach Pretoria.
Meine neue Wirtin, Frau B., unterhielt in der Mitchelstraße so etwas wie eine Pension. Der Preis für Kost und Unterhalt war erträglich, aber ich mußte mein Zimmer zunächst noch mit einem ehemaligen Internierten aus Baviaanspoort teilen, hatte keinen Schreibtisch, sondern nur ein kleines rundes Tischchen aus Korbgeflecht und zudem kein Bücherregal.
Mein Zimmerkamerad war ein lustiger Geselle, voller Einfälle, hatte aber ein Handikap: Er besaß keine glückliche Hand bei allem, was irgendwie mit Arbeit zusammenhing. Eine gutsituierte Braut in Brasilien

setzte alle Hebel in Bewegung, um ihm die Übersiedlung nach Südamerika zu ermöglichen, so daß es sich eigentlich gar nicht mehr so recht lohnte, in Südafrika noch etwas Ernsthaftes anzufangen.
Aus Südwest hatten sich im gleichen Jahr auch Fritz und Peter K. und Uli Sch. aus Okahandja an der Universität in Pretoria eingeschrieben – aber auch Robby H., ein guter Bekannter aus dem Internierungslager.

Unsere Geometrievorlesung begann mit einem Punkt, den der junge Assistent mit Kreide auf der Kante der Experimentierplatte andeutete, die uns zugewandt war. Wir kauerten sozusagen in den Startlöchern der „Dimension Null" und breiteten uns sodann, während der Vortragende von diesem Anfangspunkt aus einen Kreidestrich längs der Kante zog, in der ersten Dimension aus.
„Wenn Ihr glaubt", unterbrach er seinen Vortrag „und ich meine, da sind so einige unter Euch, daß das alles ja doch nichts anderes sei, als was Ihr in der Schule gelernt habt, dann irrt Ihr Euch, und zwar gewaltig! Bedauerlich ist dabei nur – für Euch – daß Ihr zu spät merken werdet, daß Ihr Euch geirrt habt und wie sehr Ihr Euch geirrt habt. Ich warne Euch!"
Wöchentlich gab es 5 Vorlesungen, davon eine als Leistungskontrolle in Form einer Klausur über den in der abgelaufenen Woche durchgenommenen Stoff. Ebenso in Algebra. In der Physik waren es 5 Vorlesungen in der Woche, dazu einmal nachmittags 3 Stunden Praktikum. Ebenso in Chemie. In Geologie hatten wir 2 Vorlesungsstunden pro Woche und am Sonnabend vormittags ein Praktikum in Kristallographie.
Zu Beginn wurden uns in jedem Fach die Bücher genannt, die der Professor für geeignet hielt. „Natürlich könnt Ihr Euch statt dessen auch andere Bücher kaufen! Bitte sehr, wenn Ihr es besser wißt! Ich aber rate Euch zu diesen."
Die erfahreneren Studenten meinten, das sei ein sehr guter Rat, und man sollte ihn tunlichst befolgen. Denn die Lektoren hielten sich nicht nur bei ihren Vorlesungen an diese Bücher, sie richteten auch ihre Prüfungsfragen danach ein.
In Physik las Professor van der L. für die Erstsemester. Ein nationalgesinnter Haudegen, der seine naturwissenschaftlichen Ausführungen

mit politischen Kommentaren würzte. Die Lehramtskandidaten – Hoere Onderwys Departement, HOD – hießen bei ihm Heilige Orthodoxe Duiwels, und er ließ keine Gelegenheit aus, sie auf Besonderheiten aufmerksam zu machen, auf die sie dann später bei ihren Schülern in besonderem Maße eingehen sollten, damit sie, wie er mit einem prüfenden Blick über seine Brille bemerkte, nicht nur die Aufnahme in die Universität schafften, sondern auch den Verbleib, was hier bei manchem noch gar nicht so sicher sei!

Sein wöchentliches Praktikum ermöglichte den Studenten den Einstieg in die Physik vom Gegenstand dieser Wissenschaft her. Von den Gegebenheiten her, die wir im Alltag mit unseren Sinnen hatten wahrnehmen können, sollte nun ein Pfad durch allerhand Gestrüpp zu den Naturgesetzen gehauen werden. Seine Assistenten hatten dazu noch den Auftrag, den einzelnen Studenten daraufhin zu beurteilen, was er an diesem Nachmittag fertiggebracht hatte; d.h. sie mußten Punkte sammeln für die Halbjahresnote.

Was der Student in diesem Praktikum alles an unbenotbaren Einsichten erwarb, das schlug weniger zu Buche als die vorzeigbaren Punkte, die man ihm für alle solchen Verrichtungen zuteilen konnte, denen sich Zahlenwerte zuordnen ließen: Sauberkeit der Protokollführung, Meßergebnisse, die den idealen möglichst nahe kamen, ungeachtet, ob sie unter den gegebenen Bedingungen überhaupt möglich waren; zügiges Arbeiten, das den Assistenten ermöglichte, nach dem Praktikum noch am Rugby-Training teilzunehmen usw. Kein Wunder, daß sich die Tutoren auf das Zuteilen von Punkten spezialisierten und im übrigen recht gelangweilt herumstanden; hatten sie doch die gleichen Anfängerprobleme, die gleichen Anfängerfragen zum wiederholten Mal gehört.

War ein Student wiederholt durch Leichtfertigkeit und von der Norm abweichende Meßergebnissen aufgefallen, dann galt es zu zeigen, daß die Physik für solche Leute keinen Platz hatte. Ihm wurde nun von vornherein, noch ehe seine Arbeit auf dem Tisch lag, ein Malus verpaßt. In seiner Ausarbeitung selbst wurde dann solange nach Gründen gesucht, bis der Punktabzug belegt werden konnte. Aber auch sein Partner mußte etliche Federn lassen, denn man hatte ja gemeinsam die gleichen Meßergebnisse gewonnen und verarbeitet.

So ging es auch mir, anfangs, als ich mit einem jungen Afrikaaner zusammengetan wurde, der ein wenig den Eindruck eines „Bruder Lustig“ machte und das Leben im allgemeinen und die Physik im besonderen nicht so ernst nahm, wie man das von schüchternen Anfängern erwartete, und der zudem Mühe hatte, den höheren Semestern den gebührenden Respekt zu zollen. Das hatte empfindliche Punktabzüge zur Folge, die mich ebenfalls heimsuchten. Das war nicht der Start, den ich mir vorgestellt hatte, und so setzte ich mich energisch zur Wehr und verlangte, daß die Benotung ausführlich begründet wurde – wobei Meister van der L. schmunzelnd zuhörte. Da machten sich die Assistenten wieder die Mühe, unsere Arbeiten nicht mehr mit Vorurteilen zu belasten. Als sich dann auch noch herumgesprochen hatte, daß ich mit Ossewa-Brandwag-Freiheitskämpfern zusammen in Gefangenschaft, dann noch zusätzlich Jahre in einem britischen Konzentrationslager zugebracht hatte, da war dann die Tatsache, daß ich der Fachschaft in den Leichtathletik-Wettkämpfen zu drei Preisen verhalf, nur noch das Tüpfelchen auf dem i. Hier lief also alles nach Wunsch.
Auch in Chemie, dem Fach, das mich am meisten interessierte, waren die Voraussetzungen günstig. Im Praktikum hatte nämlich „Sepp“ H. unsere Resultate zu begutachten und konnte wertvolle Hinweise geben, worauf bei der Beurteilung besonders Wert gelegt wird. Er war ein Ex-Internierter aus „Andalusia“, den ich zuletzt in „Baviaanspoort“ als Geiger kennengelernt hatte.
In einer der ersten Chemie-Vorlesungen wurden 2 Volumen Wasserstoff mit einem Volumen Sauerstoff in einem großen Standzylinder gemengt und dessen Öffnung dann an einer Bunsenflamme vorbeigeführt. Die Detonation riß so manchen von seinem Sitz, die Bunsenflamme wurde ausgeblasen, und während sich die Mehrheit noch bemühte, mit dem plötzlichen Ereignis fertig zu werden und wieder Sitz zu fassen, erläuterte der Lektor den Lehramtskandidaten seelenruhig, warum es so wichtig sei, bei diesem Versuch den Gashahn rechtzeitig abzustellen, da sich sonst das Gas in der ganzen Klasse ausbreiten und die Schüler vergiften würde, falls es sich vorher nicht entzündet und das ganze Klassenzimmer in die Luft gesprengt hätte.

Die Aufsicht über das Praktikum übte Dr. V. aus, der sich darauf spezialisiert hatte, vorwitzige Studenten, die den Übungssaal schon vor Beginn der Übungsstunde betreten wollten, zur Schnecke zu machen. Der Respekt, den die jungen Leute vor jeder Autorität schlechthin hatten, ermöglichte es ihm, sie sehr ausfallend und sehr unverhältnismäßig niederzumachen. Im Chemiepraktikum mußten nämlich, um Unfälle zu vermeiden, die Vorschriften sehr genau eingehalten werden, und wer das nicht tat und dadurch sich und andere gefährdete, konnte möglicherweise des Raumes verwiesen werden. Um hier sogleich energisch ein- und durchgreifen zu können, hielt Dr. V. während des ganzen Praktikums sein Augen weit offen.

Die Neuankömmlinge wurden angehalten, in den ersten Wochen ihres Studentendaseins einen grünen Knopf an der Jacke zu tragen, damit sie jeder sogleich als „Grüne" erkennen konnte.
Kam nun ein höheres Semester des Weges, dann mußten die Neulinge betont aus dem Wege gehen und respektvoll grüßen, ihm die Tür aufmachen und sie, nachdem der Würdigere hindurchgeschritten war, auch wieder hinter ihm schließen. Sogar zu einem gelegentlichen Botengang mußten sie jederzeit zur Verfügung stehen.
Das war immer noch auszuhalten, aber in der letzten Woche, vor Ablauf der „Entgrünungsperiode", waren sie sozusagen vogelfrei. Da kam es vor, daß einer, der im Jahr zuvor besonders geschunden worden war, nun meinte, das müsse er nun unbedingt einmal an einem Neuling ausprobieren. Er ließ ihn durch den Springbrunnenteich waten oder auf allen Vieren über den Platz hüpfen und die Obrigkeit billigte diese Demütigungen, zeigte sich dabei doch gleich, in wem noch ein gewisses Maß an Aufmüpfigkeit vorhanden war, so daß es geraten schien, ein wachsames Auge auf ihn zu werfen. War die Tortur aber vorüber, dann wurden die „Entgrünten" in die Gemeinschaft aufgenommen und durften von nun an das „Kleurbadjie" der Universität Pretoria tragen, die Jacke nämlich mit den Farben der Universität. Das war dann schon etwas.
Ich hatte mich geweigert, mir einen grünen Knopf anzustecken und war meiner Wege gegangen, ohne mich um den ganzen Rummel zu kümmern.

Da kam am letzten Tag vor Ablauf der Probezeit – als die Schinderei der Neulinge ihrem Höhepunkt zustrebte – ein Studentenvertreter zu mir, der mich in seiner Art sogleich an meine Ossewa-Brandwag-Freunde in der Gefangenschaft erinnerte. Ein sauberer sportlicher Bursche, gewiß nicht ohne Ideale und Grundsätze. Er erklärte mir diese manchem unverständliche Prozedur als eine Probezeit, eine Aufnahmeprüfung, die man ablegen müsse, bevor man in eine Gemeinschaft aufgenommen würde und bei der man immer wieder einmal an den Leitspruch „Lehrjahre sind keine Herrenjahre" erinnert würde.
„Und du möchtest doch auch gerne in unsere Gemeinschaft aufgenommen werden? Nicht?" Ich erklärte ihm, daß ich bereits in der Gefangenschaft war, als die jungen Spunde vom 2. Jahr noch in der Schule hockten. Von denen ließe ich mich nicht ducken. Da antwortete er: „Ich werde heute abend während des Abschiedsrummels die ganze Zeit an deiner Seite bleiben, zusammen mit einigen meiner Freunde von der Ringerstaffel. Da soll es einmal einer wagen, dich auch nur schief anzusehen! – Aber den grünen Knopf mußt du anstekken!"
Er war traurig, als ich das ablehnte. Ich auch.
Zusammen mit einigen anderen Ex-Internierten fand ich mich eines Abends zu einer Versammlung der jungen Deutschen in Pretoria ein. Es war einer der Abende, an denen sich diese jungen Leute in regelmäßigen Abständen einfanden, um „das Deutschtum zu pflegen". Ein junger Mann hielt eine Rede in gebrochenem Deutsch, das in Südwest nicht als vollwertig anerkannt worden wäre, hier aber danach beurteilt wurde, ob der Sprecher das allgemein verständlich auszudrücken vermochte, was er vorbringen wollte.
Der Redner wandte sich hauptsächlich an die Gäste, die aus irgendeinem Teil Deutschlands kamen, wo sie zu Hause waren, bis sie als Seeleute oder Reisende vom Krieg in fremden Gewässern überrascht wurden. Die sozusagen „Durchreisende" waren und ihren Bestimmungsort noch nicht erreicht hatten. Damit wollte er auch gleich die zahlreichen Südwester ansprechen, die an diesem Abend anwesend waren. Uns alle ermahnte er, doch hier in Südafrika zu bleiben. „Hier ist Eure Heimat", sagte er, „nicht in Deutschland!"

Es war ein lustiges, harmloses Beisammensein, bei dem uns die Hausherren aus Pretoria vorführten, was sie unter „Deutschtum pflegen" verstanden: Das waren Volkstänze wie z.B. „Heut tanzt Hannemann mit seiner lieben Frau ..." Jedenfalls scheute man keine Mühe, die Deutschen auf jede mögliche Weise zusammenzuhalten, wobei die „afrikaanse" Atmosphäre Pretorias diese Bestrebungen keineswegs begünstigte, denn gerade die deutschfreundlichen Afrikaner hatten ein Interesse daran, daß sich die Deutschen assimilierten und „opregte Afrikaner" wurden.
Doch die Voraussetzungen dafür, auch als Deutscher in Pretoria unangefochten und geachtet leben zu können, waren denkbar günstig und bewirkten, daß viele Deutsche aus dem Lande und auch aus Südwest dorthin zogen und sich in allen möglichen Gemeinschaften zusammenfanden.
An körperlicher Bewegung fehlte es mir keineswegs. Alle Wege, hügelauf und hügelab, wurden mit dem Rad zurückgelegt, das sich als schnelles, billiges und einfach abzustellendes Fahrzeug erwies. In der Universität aber auch als ein sehr gefährdetes; man mußte besondere Vorkehrungen treffen, wenn es einem dort nicht gestohlen werden sollte, denn es schienen an diesem Ort routinierte und entschlossene Diebe am Werk zu sein.
Auch meine gelegentlichen Besuche nach Johannesburg machte ich auf dem Zweirad, und einmal auch nach Middelburg, wo ich Onkel Kaspar, Arthur und Quinton besuchte. (Er hatte dort im Auftrag einer Firma eine Arbeit zu erledigen und seine Söhne waren zu Besuch bei ihm).
Nicht allzuweit von meiner Pension entfernt gab es ein Schwimmbad, in dem ich mich von der Schreibtischarbeit erholen konnte. Vor allem aber waren es die von der Universität angebotenen sportlichen Übungen, die ich in Anspruch nahm. Der Sportplatz befand sich wenige Schritte von der Universität entfernt, auf dem durchtrainierte Rugbyspieler die vorwitzigen Neuankömmlinge auf Herz und Nieren prüften: Aus vollem Lauf hinlegen und Liegestütze, dann sprungauf und nun abwechselnd im Hopserlauf und im Sprint, und sogleich wieder in die Hocke mit „Häschen hüpf!" usw. Der Mann hatte es offensichtlich darauf abgesehen, seine Verfolger abzuschütteln, schaute immer wie-

der einmal zurück, um zu sehen, wie viele noch da waren und rannte dann weiter, wenn er glaubte, daß noch nicht genügend kapituliert hatten. Schließlich waren wir beide allein und er notierte mich für die Fakultätswettkämpfe, die ins Haus standen. In die Wettkampflisten trug ich mich für den Diskuswurf, das Kugelstoßen und den 800 m-Lauf ein.
Als ich mich eines Tages im April 1947 frühmorgens auf den Weg zur Universität machte, da begleitete mich das Gerücht, die ehemals internierten Seeleute, die inzwischen in ganz Südafrika verstreut lebten und angefangen hatten, sich dort heimisch zu fühlen, die sollten nun auf einmal, unverzüglich, von Durban aus nach Deutschland repatriiert werden. Bis zum 25. April hätten sie sich im ehemaligen Kriegsgefangenenlager bei Pietermaritzburg einzufinden.
Diese Nachricht brachte mich ziemlich aus dem Takt. Einerseits hatte ich mich gerade erst im Studium eingerichtet, hatte „Tritt gefaßt" und ein festes Ziel vor Augen; andererseits war das vielleicht die letzte Möglichkeit, meinen vor fast 4 Jahren begonnenen Aufbruch fortzusetzen und zu Ende zu bringen.
Es war ein hoffnungsloser Kampf mit unweigerlichem „Remis". Was aber bedeutete hier „Remis"? Bleiben oder fahren?
Am Nachmittag dieses zwiespältigen Tages hatten wir Chemiepraktikum bei Dr. V., und dabei war es gar nicht gut, auch nur im geringsten geistesabwesend zu sein.
Alle Studenten bekamen die gleiche Aufgabe, und alle mußten wir unsere Arbeit mit einer Wägung beginnen. Ein bedauerlicher Engpaß, da nur wenige Waagen zur Verfügung standen, an denen sich auch sogleich lange Warteschlangen bildeten. Ich hatte mich rasch genug orientiert und hantierte als erster mit meinen Gläsern und Substanzen an so einem hochempfindlichen Gerät herum. Dr. V. hatte uns eindringlich ermahnt, pfleglich damit umzugehen und die Waage ja zuvor zu arretieren, ehe wir an den Waagschalen Veränderungen vornahmen. Alles sehr einleuchtend, aber leider war ich an diesem Nachmittag ein ganz klein wenig geistesabwesend und beschwerte eine Waagschale mit 10 mg, ohne sie zuvor arretiert zu haben.
„Was machen Sie da?" fragte Dr. V. unvermutet von hinten her. „Wiegen!" gab ich kurz zurück, ohne mich umzusehen.

„Sie wissen wohl nicht, daß man die Waage arretieren muß, bevor man daran hantiert? So, nun nehmen Sie Ihre Sachen und stellen sich ganz hinten an der Reihe noch einmal an! Vielleicht fällt es Ihnen dann wieder ein!"
Das war ein Ton, den ich nicht mehr gewohnt war, und anstatt mich brav hinter die Wartenden anzustellen, nahm ich mein Zeug und warf es dem Assistenten auf den Tisch. „Der kann mich mal ...!" erfuhren die an andere Umgangsformen gewöhnten.
Hatten sich bisher die beiden Motive – „das erfolgreich begonnene Studium fortsetzen" oder „Aufbruch ins Ungewisse" – die Waage gehalten, so senkte sich jetzt die eine Seite der nicht arretierten Waage deutlich nach unten.
Ich fuhr sofort zum Chief Control Officer, der die Oberaufsicht über die ganze Repatriierung hatte, und beantragte, mitfahren zu dürfen. Das ginge nicht an, bedeutete er mir, denn da ich Südwester sei und dort Heimatrecht hätte, könne ich nach Deutschland nicht repatriiert, sondern allenfalls deportiert, d.h. ausgewiesen werden. Das Parlament in Kapstadt sei sich aber noch nicht schlüssig, wie es mit den zur Deportation vorgesehenen deutschen Südwestern und Südafrikanern verfahren solle. Wann darüber eine Entscheidung fällt, das sei noch offen.
Dagegen machte ich geltend, daß ich nun endlich wissen möchte, ob ich hier mein Studium zu Ende führen könne oder aber zu irgendeinem Zeitpunkt, wenn es den Leuten in Kapstadt gerade einfällt, herausgerissen und deportiert würde. So erginge es manchem anderen auch, antwortete er gelassen, und das Parlament in Kapstadt würde nicht eigens wegen mir eine dringliche Sitzung anberaumen.
Über diese Möglichkeit herrschte also Klarheit. Also eine andere. Nur welche?
Was ich aber auch immer in der nächsten Zeit in Angriff nahm, alles mißlang mir. Es war wie verhext.
Da hatte ich z.B. vernommen, daß Herrmann K., ein Seemann aus Hamburg, gerne in Südafrika bleiben würde, da eine Repatriierung ihm sehr ungelegen käme. Ich bot ihm sogleich an, in seinem Namen zu fahren, falls er mir die notwendigen Unterlagen aushändigen würde. Doch noch ehe der Tausch perfekt werden konnte, stürzten sogleich

mehrere Bekannte aus dem Internierungslager herzu und beschworen mich, doch um Himmels willen nur das nicht zu tun. Der flotte Herrmann habe in Hamburg ein gutes halbes Dutzend Bräute zurückgelassen mit etlichen unehelichen Kindern, und möglicherweise sei er auch noch an irgendeinem anderen Ort ordnungsgemäß verheiratet. „Was meinst Du, wie sich die alle um Dich raufen würden!“
Ohne seinen etwas heiklen Familienstand als Grund anzugeben, zog ich mich daher von diesem Tauschgeschäft zurück, indem ich den Altersunterschied von 13 Jahren geltend machte; das würde ja schon bei der ersten Kontrolle auffallen. Er gab sich schmunzelnd zufrieden.
Wer von den Seeleuten in dem jetzt unter sowjetischer Kontrolle stehenden Deutschland beheimatet war, sollte nicht zwangsweise dorthin zurückgeschickt werden. Freiwillig aber konnte sich jeder zur Rückkehr melden, wobei es ihm dann unbelassen blieb, sich entweder im Westen niederzulassen oder auch in seine Heimat zurückzukehren.
Zu diesem Personenkreis gehörte auch Werner Bley aus Werdau in Sachsen, ein ehemaliger Stubenkamerad aus der 6c. Da er noch nicht einmal ein Jahr älter war als ich, wäre hier ein Tausch möglich. Sepp Schultinger aus München wiederum mußte zurück und wollte es auch. Also vereinbarten wir, das Ding gemeinsam zu drehen.
Wir überraschten Werner Bley, als er gerade einem Regiment Bleisoldaten mit Hilfe von Ölfarbe zu farbenprächtigen Uniformen verhalf. Zuerst war er geradezu überschwenglich begeistert von meinem Vorschlag, in seinem Namen nach Deutschland zu fahren. Das war ja wieder mal so ein Ding! Doch mit der Zeit wurde er immer einsilbiger und äußerte Bedenken über Bedenken.
„Ja, Werner, wenn Du Angst hast, wenn Dir die Schuhe zu groß sind, dann sag es nur frei heraus“, forderte ich ihn auf.
„Wer redet denn von Angst? Da gibt es doch gar nichts, wovor man Angst haben muß“, maulte er.
„Gut, dann mach Dich bitte auf den Weg zur Meldestelle und melde Dich freiwillig zur Rückführung und hole gleich die nötigen Papiere und das Ticket für die Fahrt nach Pietermaritzburg ab.“
Die Art und Weise, wie er sich dann endlich auf den Weg machte, veranlaßte mich, Sepp zu bitten, ihn auf diesem Weg zu begleiten. Und das war gut so, denn schon auf halbem Wege meinte Werner, es sei

nun wohl doch schon zu spät für heute, denn das Büro wäre gewiß bereits geschlossen.
Da deutete Sepp auf einen alten Mann, der sich an seinem Stock dahinschleppte und meinte: „Selbst dieser alte Mann da vorne würde es noch schaffen. Und Du? Sag doch gleich, Du willst nicht! Damit wir Bescheid wissen und uns nach jemandem umsehen können, der die Hosen nicht so voll hat wie Du.“ Da fühlte sich der Zauderer beim Portepee gefaßt!
Diese Hürde war genommen; es war die erste, aber nicht die letzte.
Nun galt es, Vorbereitungen zu treffen für den nächsten Abschnitt des Lebenswegs, wobei sich natürlich nicht vermeiden ließ, daß dabei auch einige Brücken hinter mir abgebrochen und einige vor mir aufgebaut werden mußten.
Sepp und ich machten uns eine Liste von den Gegenständen, die man im zerbombten Deutschland wahrscheinlich nicht bekommen konnte. Sodann legten wir das Geld auf den Tisch, das für deren Anschaffung zur Verfügung stand. Als nächstes galt es, herauszufinden, wo diese Sachen wohl am preiswertesten zu haben waren. Da aber gab es keinen Zweifel: Bei den Indern. Sepp hatte so seine eigene Art, bei Indern einzukaufen. Handelte es sich beispielsweise um Strümpfe, die uns zusagten, der Stückpreis eingeschlossen, so gab Sepp dem Händler jedesmal zu bedenken, er kenne nun den Preis für ein Dutzend, was aber würde ein einzelnes Paar kosten?
Besahen wir uns Hemden, die für einen in den Weißen-Vierteln unvorstellbar niedrigen Preis angeboten wurden, dann fragte er: „Ja, und was würden die kosten, wenn sie neu wären?“ usw.
Hatten wir einen Kauf von z.B. £ 4.6.6 getätigt, dann warf er £ 4 auf den Tisch und sagte gönnerhaft: „You can keep the rest.“
Wir deckten uns mit warmen Strümpfen und mit warmer Unterwäsche ein, mit Hosen, Hemden, aber auch mit Nadel, Faden, Rasierklingen, Seife – ich kaufte Angelhaken, vergaß aber die Leine dazu – und hatten bald zwei Seesäcke voll Sachen.
Die Zahl der Abschiedsbesuche hielt sich in Grenzen, denn nur einige wenige durften von meinem Vorhaben wissen. Also war es nicht ratsam, sich unnötigerweise dort sehen zu lassen, wo man unnötigen Fragen ausgesetzt war.

Der Rubikon war überschritten, das gemietete Zimmer gekündigt, viele Brücken hinter mir abgebrochen. Ich konnte nun nicht mehr zurück, auch wenn ich es gewollt hätte!

PRETORIA ....

REGISTERED.

Mr. ....

....

....

Sir,

In terms of condition 4 of your release from internment you are hereby notified that you will be repatriated to Germany by the S.S. "Orbitas" from Durban on the 30th April, 1947.

You will have to report at the P.O.W. Camp, Pietermaritzburg not later than the 25th April, 1947.

A failure to comply with this notice will render you liable to prosecution under section 15(3) ter of the National Emergency Regulations.

On production of this notice to the Magistrate you will be issued with the necessary Rail Warrant for the journey to Pietermaritzburg. Kindly consult the Magistrate should you have difficulty booking accommodation on the train.

Yours faithfully,

[signature]

for CHIEF CONTROL OFFICER.

Zu Schiff nach Deutschland (Riskante Reise)

Laßt mich nur auf meinem Sattel gelten,
Bleibt ihr in euern Hütten, euern Zelten!
Und ich reite froh in alle Ferne,
Über meiner Mütze nur die Sterne.

Goethe

Unter den fröhlichen, zumeist jungen Männern, die am 24. April 1947 mit dem Zug nach Pietermaritzburg fuhren, waren etliche, die sich während der letzten Monate an das Leben in Südafrika gewöhnt und es schon ein wenig schätzen gelernt hatten.
Nun sollten sie das schöne Land wieder verlassen und in ihre Heimat zu ihren Angehörigen zurückkehren.
Hier hatten sie neue Freunde gewonnen; dort warteten ihre Eltern und Verwandten auf sie.
Was also sollten sie sich wünschen?
Bei manchem hielten sich beide Motive so ziemlich die Waage, so daß die Aufforderung des Chief Control Officers, sich unverzüglich im ehemaligen Gefangenenlager bei Pietermaritzburg einzufinden, für sie eine Entscheidungshilfe war.
Man ließ den Dingen also recht unbekümmert ihren Lauf und es herrschte durchaus keine gedrückte Stimmung im Großraumwagen, wie man sie eigentlich hätte erwarten können, wenn man bedenkt, daß es ja galt, ein angenehmes Leben im sonnigen Südafrika mit dem Hungerleben in Deutschland zu vertauschen.
Doch inmitten dieser munteren Schar von Fahrgästen befand sich ein Fremdkörper: Ich. Ein allseits bekannter ehemaliger Mitinternierter

zwar, aber keiner, der in Deutschland beheimatet war, und der nicht in diesen Transport gehörte.
Kein Wunder also, daß so mancher Bekannte erstaunt ausrief: „Ja, was machst Du denn hier?“ Laut und unüberhörbar, was der Öffentlichkeit doch verborgen bleiben sollte!
Sie alle aber hatten lange genug unter Ausnahmebedingungen gelebt und erkannten sofort: Hier war wieder einmal etwas im Gange, das möglichst kein Aufsehen erregen sollte!
Das letzte Stück bis zum Lager mußten wir zu Fuß zurücklegen. Etwas rechts vom Eingangstor befand sich ein kleines, behelfsmäßig eingerichtetes Kontrollhäuschen, an dem die Ankömmlinge vorbeimußten und in dem der Transportleiter und sein Gehilfe saßen. Die stellten fest, welche der zur Repatriierung vorgesehenen Personen bereits eingetroffen waren. Man schaute zum Schalterfenster hinein, nannte seine ehemalige Internierten-Nummer, so daß der dazugehörige Name auf der Transportliste mit dem notwendigen Vermerk versehen werden konnte.
Diese Kontrolle war eine der zahlreichen Hürden, die ich auf meinem Weg noch vor mir hatte. Zwar hielt ich sie für nicht allzu schwierig – verglichen mit der Gefahr, die von der Redseligkeit der Mitreisenden ausging –, aber man war auch hier keineswegs vor Überraschungen sicher.
Sepp ging erst einmal voraus, um die Lage ein wenig auszuspähen. Das Ergebnis war niederschmetternd: Transportleiter und Kontrolleur war niemand anders als der ehemalige Lagerkommandant von Baviaanspoort, Major De B.!
Ihm war Werner Bley zur Genüge bekannt, als Internierter, der wiederholt in Konflikt mit den im Lager herrschenden Regeln geraten und der Lagerleitung als Mitglied einer Gruppe von Ausbrechern in unangenehmer Erinnerung war. Major De B. war somit durchaus in der Lage, uns voneinander zu unterscheiden.
Sepp riet, diese Hürde zunächst einmal zu umgehen, denn vor De B. mit falschen Angaben und einem erschlichenen Bahnticket zu erscheinen, würde wohl das sofortige Aus des Unternehmens bedeuten.
Ich wiederum konnte keinen Vorteil im Hinauszögern der Entscheidung erkennen, denn irgendwann auf dem Transport und während der

zahlreichen bürokratischen Vorgänge würde ich dem Transportleiter ja doch einmal unter die Augen kommen.
Es war daher besser, diesen „faulen Zahn" sogleich zu ziehen, und so nannte ich denn die Nummer, die der abwesende Werner Bley seit 1939 als Beweis seiner Existenz vorzuweisen hatte. Major De B. suchte den zu dieser Nummer gehörenden Namen auf der Liste und blickte mich sodann prüfend an. Das Entsetzen in seinen Augen rührte wohl nicht von meinem Anblick als solchem her, wohl aber von dem Gedanken, er selbst sei übergeschnappt. „But", stammelte er, „you are not Werner Bley!" „I am sure, I can show you my papers!" war meine Entgegnung und ich machte eine Handbewegung zur Jackentasche ...
Da mischte sich der Assistent ein und sagte: „Laß ihn doch; er ist ein junger Bursche!", was ich zunächst nicht ganz begriff, was aber vielleicht folgendermaßen gedeutet werden kann: Werner Bley und sein Doppel sind gleich jung, so daß ein Unterschied von Alters wegen nicht auffällt, und wenn einer freiwillig für den anderen ins Ungewisse fahren will, dann soll er es eben tun.
Diesen Disput hörte ich noch eben und machte mich aus dem Staub, um ihn nicht durch meine Anwesenheit zu stören. Und nun drängte sich auch schon Sepp an den Schalter, tat recht ungeduldig wegen der Verzögerung und erreichte so einen Fortgang der Prozedur.
Im Lager hatte sich ein altgedienter Internierter zum Lagerführer ernannt und tat auf freiwilliger Basis, ehrenamtlich, alles, was zu tun und zu organisieren war, regelte geduldig und mit Umsicht alles, was es zu regeln gab, genau, pünktlich, zuverlässig, ohne großes Aufhebens, und zwar für nichts anderes als der Freude am Lagerführersein.
Er begrüßte uns beide als ehemalige Mitinternierte und zuckte nicht mit der Wimper, als ich vor ihm als „Werner Bley" erschien. Wir erhielten Eßgeschirr, Decken und einen Schlafplatz in einer der Schlafbaracken, die mit zweistöckigen Betten ausgestattet waren. Über die hier herrschenden Regeln und die Essenszeiten wurden wir informiert.
Unversehens tauchte Major De B. auf und erkundigte sich beim Lagerführer: „Did you hand over all the things to Mr. Schultinger and that ... hm ... Werner Bley?" Und dieser verstand und gab zu erkennen, daß er verstanden hatte: „Yes, I gave all that things to Mr. Schultinger and to Mr. Bley."

Der Major ging wieder und wir wußten: Diese Hürde war genommen. Das Lager war von einem Stacheldrahtzaun umgeben, der aber nicht auffiel. Das Tor stand offen und die meisten machten sich sogleich auf den Weg nach Pietermaritzburg, um sich die Zeit zu vertreiben und um noch dies und jenes zu kaufen, Briefe aufzugeben, nach Deutschland, um die Ankunft anzukündigen oder um den freundlichen Wirtsleuten und den neuen Freunden in Südafrika ‚Auf Wiedersehen' zu sagen.

Lager Pietermaritzburg

Ich aber hielt mich lieber zurück und blieb im Lager, denn ich glaubte Grund zu haben, möglichst wenig aufzufallen; während der Tage, die uns noch blieben, ehe wir in Durban eingeschifft wurden. In jeder einzelnen Stunde bis dahin konnte sich etwas ereignen, das mein äußerst unprofessionell vorbereitetes Unternehmen scheitern lassen konnte. Wenn z.B. ein volltrunkener Bekannter aus Baviaanspoort anfing, mich in aller Öffentlichkeit mit meinem richtigen Namen anzureden und eine Diskussion über meine unzünftige Anwesenheit begann.

Doch schon im Lager war es äußerst lästig, wenn sich immer wieder einer um meine Motive kümmerte, der es einfach nicht begreifen woll-

te, wie jemand nur das angenehme Leben in Südafrika mit dem Hungerdasein in Deutschland vertauschen mochte! Ja, wenn ich dort zu Hause gewesen wäre, wenn Angehörige dort auf mich warteten, wie dies bei Sepp der Fall war! Aber so?
Für den nächsten Morgen, den 25. April 1947, war eine wichtige Mitteilung angekündigt worden, und noch vor der vereinbarten Zeit hatten sich die meisten Lagerinsassen auf einem großen freien Platz versammelt. Major De B. erschien mit einem Blatt Papier in der Hand, stieg auf die Kiste, die man, seinem Körpergewicht Rechnung tragend, eigens für ihn herbeigeschafft hatte.
Sinngemäß verlas er folgende Mitteilung: „Da sich das Parlament in Kapstadt noch nicht darüber einig ist, ob es die zur Repatriierung vorgesehenen Personen schon zum gegenwärtigen Zeitpunkt nach Deutschland zurückschicken soll, wird der jetzt vorgesehene Transport mit der S.S. ‚Orbitas' nicht durchgeführt. Die für diesen Transport vorgesehenen können also – auf Staatskosten – wieder an die Orte in Südafrika zurückkehren, von denen sie soeben gekommen sind. Wer allerdings darauf besteht, so bald wie möglich nach Deutschland zurückzukehren, der möge sich in die besondere Liste eintragen, die bei der Lagerführung ausliegt ... Wann aber der nächste Transport erfolgen wird, das läßt sich zur Zeit noch nicht genau sagen."
Für mich war diese Ankündigung ein Faustschlag in die Magengrube: Nun fuhren Hunderte von redseligen Typen ins Land hinaus! Wäre es unter diesen Umständen nicht geradezu ein Wunder, wenn jetzt nicht auch die schlafmützigste Behörde Wind von meinem illegalen Unternehmen bekäme? Und dann: Wie lang würde es wohl noch dauern, bis die Weiterfahrt endlich möglich und diese äußerst labile Situation beendet sein würde? Eine Woche? 10 Tage? Oder gar mehr? Nicht auszudenken.
Auf der Liste, in die sich die Repatriierungswilligen eintragen sollten, stand an erster Stelle der Name „Werner Bley". Es folgten etwa hundert weitere, lauter Leute, die zuvor nicht den Ton angegeben hatten, so daß man zunächst gar nicht erkennen konnte, welch ansehnlicher Anteil gewillt war, diese Reise ins Ungewisse anzutreten.

Bruno St.

Um die unabänderliche Zeit des Wartens zu überbrücken, meldeten Sepp und ich uns zum Küchendienst, gegen gute Bezahlung, und niemand neidete uns diese Arbeit. Küchenchef war Bruno St., der es ebenfalls mit keinem Gegenkandidaten zu tun gehabt hatte. Neben dem Verdienst, für den wir uns etliche Stangen Zigaretten zu kaufen gedachten, nutzten wir die Gelegenheit, unsere körperlichen Reserven aufzufüllen. Frische Milch, frisches Gemüse, Obst, Butter waren reichlich vorhanden.

Wie sich in trockenen und heißen Gegenden sogleich allerlei fliegende und kriechende Lebewesen an solchen Stellen einfinden, wo aus einem Leck Wasser tropft, so stellte sich auch bei uns so mancher ungebetene Gast ein, nach einem solchen Leck Ausschau haltend. Nach und nach, einem Instinkt folgend, groß und klein, alt und jung, schwarz und braun, Männlein und Weiblein. Sie alle kamen langsam näher, sich aber stets in respektvoller Entfernung haltend, bis Bruno uns aufforderte: „Gebt doch de Swadden ook wat!“ Da fing es bald an zu wimmeln. Zunächst immer noch bescheiden, zurückhaltend und dankbar. Doch dann machte sich ein selbstbewußter Kerl zu ihrem Anwalt und begann zu fordern, wo man zuvor gebeten hatte. So manches, das die Bedürftigen anfangs dankbar angenommen hatten, das ließ der Lümmel nun einfach auf den Boden fallen und dort liegen, wo es hingefallen war, sobald es ihm nicht angemessen erschien. Bruno, dem er mit kriecherischer Höflichkeit begegnete, ließ ihn gewähren. Als der Kerl dann allerdings anfing, sich das eine oder andere, das wir ihm auf seine Forderung nicht geben wollten, selbst aus der Küche zu holen – an uns vorbei – da packte ihn Sepp und versetzte ihm einen königlich-bayerischen Faustschlag.

Ich sah von der Seite her, wie es in den Augen des Geschlagenen bösartig aufblitzte; aber nur kurz, denn er konnte es sich leicht ausrechnen, wie die Angelegenheit bei einer Eskalation ausgegangen wäre. Und doch nahm ich mir vor, den Burschen in Zukunft gut im Auge zu behalten. „Hest ihm eene ballert?" fragte Bruno bedauernd, der seine „Swadden" ins Herz geschlossen hatte, und die ihn dafür um so gründlicher ausplünderten, ohne Rücksicht darauf, daß so ein Verhalten ihnen letzten Endes selbst schaden mußte.

Im Internierungslager unter Gleichgestellten hatte sich Bruno seinerzeit als ein Individuum zu erkennen gegeben; als jemand, der nichts und niemanden fürchtete; weder Spott noch die Isolierung und schon gar nicht die körperliche Gewalt.

Doch der Respekt vor den ehemaligen Vorgesetzten – ein Respekt ohne Unterwürfigkeit –, zum Beispiel vor seinem ehemaligen Küchenchef oder den Offizieren und natürlich dem Kapitän seines versunkenen Schiffs, der hatte sich in sein Verhalten eingeprägt und war durch keine zerstörerischen Maßnahmen mehr aus seinem Gemüt zu entfernen …

Als nun einmal ein ehemaliger Vorgesetzter bei uns in der Küche auftauchte – ein rechter „Platz da, jetzt komm ich"-Typ –, der zur Mahlzeit nicht erschienen war und nun das Versäumte bei uns unter Vorzugsbedingungen nachholen wollte, da eilte Bruno sogleich herbei und stand dem Lümmel zu Diensten. Er suchte hier etwas Feines, dort etwas Besonderes heraus, um es dem hohen Herrn zuzubereiten. Bald fehlten nur noch die Kartoffeln, von denen Sepp und ich schon etliche für das Abendessen geschält und in einen Behälter mit Wasser gelegt hatten. Ohne uns eines Blickes oder eines Grußes zu würdigen, ging der vornehm gekleidete Herr zum Topf mit den geschälten Kartoffeln und langte hinein. Aber Sepp packte zu, hielt das Handgelenk an der blütenweißen Manschette fest in seiner von der Arbeit gezeichneten Hand und sagte: „Olanga derfst scho", während ich diese stehende bayerische Redewendung auf Hochdeutsch ergänzte: „Aber mitnehmen nicht!"

Der Zorn schoß dem Sieggewohnten ins Gesicht, aber nachdem er die unverhohlene Freude über die Aussicht auf eine Rauferei in unseren Mienen deutlich genug erkannt hatte, da besann er sich und nahm mit einigen ungeschälten vorlieb.
Bruno meinte später vorwurfsvoll, man dürfe doch einen Offizier nicht derart behandeln. „Mir scho", meinte Sepp.

Die Tage gingen dahin; wir werkelten fleißig in der Küche, um das Essen für die hundert Mann zuzubereiten, die im Lager auf den Transport in die Heimat warteten. Warteten und warteten, aber von einem Schiff, das uns an Bord nehmen sollte, war nichts zu hören. Schon bald vermochte alle Betriebsamkeit die Unruhe nicht mehr zu unterdrücken, die mich immer wieder befiel, wenn ich an den unsicheren Untergrund dachte, auf dem mein rasch beschlossenes Unternehmen ruhte.
Die übrigen Insassen des Lagers vertrieben sich die Zeit auf recht unterschiedliche Weise. Einige wenige lasen ein Buch nach dem anderen, etliche schrieben lange Briefe an ihre Angehörigen in der Heimat oder an ihre Bekannten in Südafrika und wanderten nach Pietermaritzburg, um einmal andere Gesichter zu sehen und die Post aufzugeben.
Auch wir nahmen uns einmal einen freien Vormittag, streiften durch die Wälder der Umgebung, wanderten hügelauf und hügelab, bis wir nach Pietermaritzburg kamen, wo Sepp ein Telegramm nach München aufgab, in dem er als unverbesserlicher Optimist unsere Ankunft ankündigte.
Viele der jungen Seeleute jedoch, und auch einige Fremdenlegionäre, hatten anderes im Sinn. Sie betraten ein Gelände, das zu der Zeit in Südafrika noch Sperrgebiet war: Sie gingen auf „Schwarzwildjagd", d.h. sie hielten Ausschau nach schwarzen Bräuten. Keineswegs, um als Weltverbesserer die geächteten südafrikanischen Rassenschranken zu durchbrechen und ein moralisches Zeichen zu setzen, sondern weil die Honorare der weißen Prostituierten für sie unerschwinglich waren. Bei der schwarzen Konkurrenz hingegen kostete derselbe Dienst einen Tickey (25 Pf.) oder eine Butterstulle, eine Frikadelle, ein Stück Schokolade.

Doch es gab da noch einen Unterschied: Die Beziehung war hier nicht so unpersönlich und auf den Augenblick beschränkt wie in den „weißen“ Bordellen, sondern es entwickelte sich bald eine gewisse Anhänglichkeit, eine mehr oder weniger feste Zuordnung, als Folge einer freundlichen Behandlung. Kurz: Die jungen Seeleute waren nun glücklich und ihre farbigen Bräute waren es auch.
Weniger glücklich aber waren etliche schwarze Männer, die nun weitgehend leer ausgingen; solche nämlich, die bisher diese Bräute regelmäßig vergewaltigt und anschließend verprügelt hatten. Auch ein Italiener war unter den Geschädigten; jemand, der bislang unter der Oberfläche in diesen Gewässern gefischt hatte. Der wiegelte eines nachts eine ganze Horde wütender Schwarzer auf und veranlaßte sie, eine einsame, mit Stacheldraht umzäunte Hütte zu stürmen, in der sich gerade etliche Seeleute mit ihren farbigen Bräuten aufhielten.
Nun ging es um Leben und Tod, und es war ein Wunder, daß niemand ernstlich zu Schaden kam, als die mit Knüppeln und Messern bewaffneten Wüteriche die Tür einschlugen und in das Liebesnest eindrangen. Aber es gab ja gottlob noch Fenster in dieser Behausung und die jungen Burschen waren gut zu Fuß. Einer von ihnen – Otto H. – verfing sich zwar bei seinem überhasteten Abschied im Stacheldraht und mußte einen Teil seiner Gesichtshaut zurücklassen; aber ihm genügte, was er noch hatte retten können.
Dieses fröhliche Beisammensein wurde aber auch noch von anderer Seite gestört. Ein junger, gut aussehender Fremdenlegionär namens Janjakobs, ein Einzelgänger, kümmerte sich nicht um andere Meinungen, Kameraden, Freundschaften, aber auch nicht um Feindschaften und um fremde Reviere. Der war in das nur unvollkommen abgegrenzte Gehege der jungen Seeleute eingedrungen und pickte sich so dann und wann einmal eine schwarze Perle aus dem üppigen Angebot. Er tat es ohne Hast, ohne großen Aufwand, selbstsicher und war offensichtlich erfolgreich.
Der Überfluß selbst, der den Seeleuten zu Gebote stand, änderte sich durch sein rücksichtsloses Eindringen gewiß nicht merklich, aber, wie schon gesagt, es hatten sich Beziehungen gebildet, die der Legionär geringschätzig übersah. Warnungen gegenüber war dieser Haudegen nicht empfänglich und so spitzte sich die Lage zu.

Wir vom Küchenpersonal hatten den ganzen Tag alle Hände voll zu tun und erfuhren von all dem nur gelegentlich etwas, ohne ihm eigentlich all zu viel Bedeutung beizumessen. Es war uns herzlich wurscht, wie sich die einzelnen Insassen ihre Zeit vertrieben.
Als Janjakobs am Morgen des 13. Mai 1947 seine Essensportionen faßte, da dachte ich mir nicht allzuviel dabei, als ich feststellte, wie sauber er heute wieder einmal herausgeputzt war.
Am späten Nachmittag aber stürmte jemand zum Lager hinein und schrie: „Janjakobs ist tot! Da am Tor liegt er!"
Ja, da lag er tatsächlich; er, der am Morgen noch so lebensfroh hinausgezogen war. Leblos, mit verspanntem Gesicht, von etwas Unerwartetem überrascht!
Sogleich arbeitete die Gerüchteküche auf Hochtouren: Die Schwarzen, der Italiener, hätten ihn umgebracht. Und alles wurde geglaubt, obwohl niemand einen Schwarzen oder einen Italiener bei dem Ermordeten gesehen hatte.
Die Polizei war bald zur Stelle, besah sich den Fall und befand: Der Mord ist von einem Weißen begangen worden! Ein Schwarzer hätte zugestochen wie ein Wüterich. Hier aber war ein Fachmann am Werk gewesen: Ein präziser Stich, auf den Millimeter genau ins Herz; nicht zu viel, nicht zu wenig, keine Gegenwehr, kein Aufschrei! Es muß einer gewesen sein, den er kannte; einer aus dem Lager!
Das Lager, das den Insassen bisher als Unterkunft gedient hatte, wurde nun wieder zum Gefangenenlager: Keiner durfte hinaus, denn jeder einzelne von uns war so lange mordverdächtig, bis der Mörder gefunden war.
Kurz zuvor hatte ich zwei Briefe erhalten, die mir nochmals vor Augen führten, daß meine Lage von Tag zu Tag unhaltbarer wurde. Alfred M. aus Pretoria schrieb an „Werner Bley", daß sich die Polizei bei meiner Wirtin, nach dem Studenten der Naturwissenschaften Richard Helm erkundigt habe. Schlimm genug! Nun aber schrieb mir auch noch Werner J., der ehemalige Stubenälteste der Stube 6c des Lagers Baviaanspoort, und zwar an Richard Helm, der doch unter den zur Repatriierung vorgesehenen Seeleuten überhaupt nichts zu suchen hatte! Der Brief wurde mir vom Lagerführer diskret ausgehändigt, damit ich die geeigneten Maßnahmen treffen konnte. Werner J. forderte

mich auf, das unsinnige Vorhaben aufzugeben. Er würde mir einen Arbeitsplatz und eine geeignete Unterkunft besorgen, falls es nun unmöglich geworden sei, meinen bisherigen Weg in Pretoria weiterzugehen.
Das bewies, daß die aus dem Lager zu ihren Unterkünften in ganz Südafrika zurückgekehrten Seeleute meinen Fall ausgiebig erörtert hatten. Und jetzt auch noch der allgemeine Mordverdacht!
Die Polizei verhörte zunächst einmal diejenigen, die zuletzt mit dem Ermordeten gesehen worden waren, und nahm „Shorty" L. auch sogleich fest. Shorty war ein Seemann, der, was den Wuchs betraf, etwas klein geraten, im übrigen aber keineswegs zu kurz gekommen war. Er war zur fraglichen Zeit – so gab er an – vor dem Tor auf und ab spaziert, dabei aber etwa 100 Meter vom Tor entfernt auf J. gestoßen und sodann mit ihm zum Tor zurückgegangen. Dort habe er ihn verlassen und sei zusammen mit Kurt M. und Hannes H. wieder zurückspaziert, und zwar so weit, bis ihnen Wilhelm Specht entgegenkam. Nun hätte er sich von seinen beiden Kumpanen getrennt und sei mit Wilhelm Specht – einem arglosen Tölpel – zum Tor zurückgeschlendert.
Doch wer beschreibt sein Entsetzen, als er kurz vor dem Tor den Legionär liegen sah! Ihn, der doch eben noch so frisch und munter war, als er ihn verließ!
Es ist nicht unmöglich, daß Shorty irgendwo in der Umgebung einen Schwarzen gesehen haben könnte, der sich auf recht eigentümliche Weise davonmachte, und daß er diese Information an den einfältigen Wilhelm Specht weitergab, der den Verdächtigen zwar nicht mehr selbst wahrnehmen konnte, weil er zu rasch entfloh, der Lump, der diese Wahrnehmung dann aber ungefiltert weitergegeben haben könnte. Denn schon bald widerhallte das ganze Lager von der Kunde, ein Schwarzer habe den Legionär erstochen.
Die Polizei aber ließ sich von dem Getöse nicht beeindrucken, sondern nahm Shorty L. sogleich in Gewahrsam. Seine beiden Kumpane, Kurt M. und Hannes H., hatten durch ihre Aussagen ebenfalls Grund zu manchem Zweifel gegeben. Sie wurden aufgefordert, sich jederzeit bereit zu halten.

Es galt nun, die „weißen“ von den „schwarzen“ Schafen abzusondern, um festzustellen, wessen Aussagen bei der Aufklärung des Falles zum Nennwert genommen werden konnten und wem als möglichem Mitschuldigen mit Skepsis zu begegnen sei.
Dazu stellten wir uns in einer langen Reihe im großen Hof auf und warteten. Da kam von der Seite ein fröhliches Kaffernmädchen angetänzelt, lief die Reihe entlang und deutete, verständnisinnig lächelnd, auf diesen oder jenen der Aufgestellten, der dann auch sogleich heraustreten mußte. Die Namen der Gezeichneten wurden notiert und sie sodann an einer anderen Stelle wieder in die Reihe gestellt.
Da kam auch schon das nächste muntere Rehlein angetrippelt, las ihre Bekannten heraus und verschwand wieder. Das ging so fort und am Ende hatte die Polizei so ziemlich alle Namen der „Schwarzwildjäger“ beisammen, die alle in den Mordfall mitverwickelt sein konnten.
Aber was hatte denn die Schwarzwildjagd mit dem Mord an J. zu tun? Viel, sehr viel sogar, und die Polizei war sich so gut wie sicher, daß es sich um einen Mord aus Eifersucht handelte und nahm an, der Ermordete sei den „Schwarzwildjägern“ ins Gehege gekommen und deshalb von dem erstochen worden, dem er am empfindlichsten auf die Füße getreten sei. Und das war ihrer Meinung nach Shorty.
Was sich auch immer im Polizeigefängnis und bei den Verhören zugetragen haben mag – die eisenharten Südafrikaner sind allesamt keine Betschwestern –, man brachte Shorty nach einiger Zeit zurück. Er hatte die Heimsuchung – es war wohl nicht die erste dieser Art – locker überstanden und grinste triumphierend, als er sich wieder in unsere Gemeinschaft mischte.
„Ich kann es ja gar nicht gewesen sein“, sagte er zu mir, als ich ihn geradeheraus danach fragte, „das ist biologisch unmöglich. Dazu bin ich viel zu klein. Wie hätte ich das denn machen können bei dem großen Kerl.“ (Offensichtlich aber wußte er genau, wie der Stich geführt worden war; sonst hätte er ja gar nicht sagen können, daß er ihn so nicht habe ausführen können!)
Nun gut, ich wußte es auch nicht. Jedenfalls hatte die Polizei sehr rasch herausgefunden, daß sie sich an diesem zähen kleinen Kerl die Zähne ausbeißen würde, Das war schon ein anderes Kaliber als die gottesfürchtigen Buren und die tölpelhaften Schwarzen.

Ein einziger Blick auf Kurt M. und Hannes H. genügte ihr, um festzustellen, daß es sich hier um Vögel des gleichen Gefieders handelte. Und dabei hätten die „speurders“ doch so gerne gewußt, wohin die beiden die Tatwaffe gebracht hatten!
Nun hoffte man noch, den oder die Täter dadurch überführen zu können, wenn man wichtige Informationen von den übrigen Insassen des Lagers erhielt, und zwar, indem man sie alle, der Reihe nach, verhörte; jeden einzelnen – auch mich.
Ich kam zu Jassie S., einem gebürtigen Südwester, der sich in seiner Heimat einen Namen als hervorragender Leichtathlet gemacht hatte und der nun bei der südafrikanischen Polizei untergekommen war. Er fragte mich – in ausgezeichnetem Deutsch – wo ich mich zum fraglichen Zeitpunkt aufgehalten hätte und wer das bezeugen könne.
Nach einer Minute war das Verhör beendet und er zeigte auf eine der beiden Türen, durch welche die Verhörten den Raum verlassen konnten. Draußen herrschte Jubel, denn: „Wir fahren! Es geht los! Wir fahren endlich!“ Nichts wie weg von diesem anrüchigen Ort! Endlich das Ende dieser Ungewißheit!
Wir? Ja, wir! Das waren diejenigen, die den Verhörraum durch die „Tür zur Freiheit“ verlassen durften; die nicht der „Schwarzwildjägerei“ verdächtig waren und nicht zum Kreis der Verdächtigen gehörten. Wir sollten am 19. Mai von Kapstadt aus mit der „Winchester Castle“ nach Hamburg fahren. Die anderen aber, die den Raum durch die andere Tür verlassen mußten, die waren zum Bleiben und zu weiteren Verhören verurteilt.
„Seid ihr denn von Sinnen?“ hatte man die Schwarzwildjäger behördlicherseits gefragt, „euch mit diesen Mädchen einzulassen? Die sind doch alle geschlechtskrank! Alle, ohne Ausnahme!“
Eine im Anschluß durch den Amtsarzt durchgeführte Untersuchung ergab dann auch, daß sich alle Beteiligten angesteckt hatten und mehr oder weniger schwer erkrankt waren. Sie mußten sich sogleich einer Kur unterziehen.
Unter den Verunreinigten aber befand sich auch jemand, der ganz und gar nicht in diesen Kreis hineingehörte, den seine Unbeholfenheit aber aus dem Tritt gebracht hatte: Ein ebenso trauriger wie lächerlicher Fall.

Es handelte sich um einen knochigen, eckigen jungen Mann namens Wilhelm Specht, der auch charakterlich eckig und hölzern war. Ungeschickt, tapsig und ständig von Startschwierigkeiten geplagt, die seinen vielen Vorsätzen hinderlich waren und nur die langfristigeren zur Ausführung kommen ließen. Im Lager hatte er sich redlich bemüht, vorwärts zu kommen, hatte alle möglichen Kurse besucht und jeden einzelnen verbissen durchgehalten.
Als er in seiner Stube die Schwarzwildjäger von ihren Erlebnissen erzählen hörte, da beschloß er, es auch einmal zu versuchen. Shorty erbot sich, ihn in seine „Gemeinde" einzuführen.
Als die lustigen und allezeit bereitwilligen Mädchen aber diesen knochigen, eckigen Gesellen sahen, da wollte auf einmal keine mehr. Der Jüngling überschaute das Angebot und stürzte sich dann auf eine, die sich verzweifelt wehrte. Doch der Novize hatte im Camp unter anderem auch einen Jiu-Jitsu-Kurs besucht und beherrschte genügend Griffe, um die Situation zu seinen Gunsten zu entscheiden. Kurz vor Erreichen des Ziels holte er sich noch rasch seinen „Seekameradenschutz" aus der Tasche, den er vor acht Jahren, ehe er damals in See stach, von berufener Stelle zugesteckt bekommen hatte. Doch das wohlbehütete Gummi hatte die lange Internierung nicht so gut überstanden wie der Besitzer und zerfiel ihm zwischen den Fingern der ungeduldigen Hand. Nun, dann halt ohne, dachte sich der Anfänger und vollendete sein Werk.
Das übrige Volk bog sich inzwischen vor Lachen, gab immer wieder fachkundige Ratschläge, und als der Jüngling aufstand, da war „kein Auge tränenleer". Er reckte sich, atmete tief durch, warf dem mißhandelten Mädchen einen Tickey zu und ging seiner Wege.
So weit die anschauliche Schilderung des Shorty L.
Doch es war dem strebsamen jungen Mann nicht vergönnt, sich allzu rasch von der Gesellschaft der Schwarzwildjäger zu entfernen, die er im Grunde verachtete. Er mußte sich, in ihrer Mitte, ebenfalls einer Kur unterziehen.
Nicht alle aber, denen eine solche Kur gut getan hätte, blieben im Lager zurück; mindestens drei von ihnen waren aus irgendwelchen Gründen durch das Sieb gefallen und traten mit uns zusammen die lange Reise an.

Die Fahrt mit der Eisenbahn von Pietermaritzburg nach Kapstadt kam uns nach all der Aufregung wie eine Erholungsreise vor.
Am Vormittag des 18. Mai erreichten wir Kapstadt und machten uns sogleich zu Fuß auf den Weg zu unserem Quartier, das Arthur P. uns besorgt hatte. Unterwegs trat ein junger Mann auf mich zu, stellte sich als Willy B. vor und fragte, ob sich in diesem Transport nicht auch ein Richard Helm aus Südwestafrika befände. Ich klärte ihn in sachlichem Ton auf, daß es sich hier bei diesen Reisenden ausschließlich um Seeleute handele. „Helm? Helm? Schon mal irgendwas von gehört! Ja richtig, da hinten kommt einer, aber der heißt Otto Helms und ist Seemann." Doch er könne ihn ja einmal fragen. Da schaute er mich traurig an, als wollte er sagen: „Aber wir kennen uns doch! Waren doch gemeinsam bei den Pfadfindern!" Ich aber hatte es eilig.
Bei unseren Unterkünften angelangt trafen wir manchen alten Bekannten aus Baviaanspoort, von denen aber kein einziger mit uns tauschen wollte, und von denen mich mancher verwundert anschaute.
Am nächsten Morgen brachen wir auf, um an Bord der Winchester Castle zu gehen. Auf dem Schiff befanden sich bereits einige hundert Deutsche aus Rhodesien und Tanganyika und unter ihnen auch unser Sportskamerad Richard H. („Conte Grande"), zusammen mit seinem alten Vater, der froh war, einen jungen energischen Begleiter bei sich zu haben, wenn es jetzt darum ging, in dem zerbombten Deutschland wieder Fuß zu fassen. In einem Land, in das sie nicht wie in eine Heimat zurückkehrten, sondern in dem sie, nach Jahrzehnten in Afrika, wieder ganz von vorne anfangen mußten; und zwar unter denkbar ungünstigen Bedingungen.
Eine Schranke trennte diese Passagiere von einer Menge von Besuchern aus Kapstadt, von denen etliche hofften, ehemalige Mitinternierte wieder zu sehen, alte Bekannte, an deren Schicksal sie Anteil nahmen. Doch auch Neugierige waren darunter, die dem Schiff einen Besuch abstatten wollten, sobald die Schranken geöffnet wurden.
Da ereignete sich etwas Merkwürdiges: Der lange „Conte Grande" reckte sich auf einmal hoch hinauf, spähte über die Besucher hinweg, winkte jemandem jenseits der Menschenmauer zu und sagte dann zu seinem Vater: „So, Vater, jetzt muß ich Dich allein lassen. Machs

gut!", machte eine Flanke über das hölzerne Hindernis und verschwand in der Menge.
Während man sich vielerorts in Südafrika – überall, wo Deutsche in Vereinen zusammengeschlossen waren – große Mühe gab, die Ausreisewilligen zum Dableiben zu überreden und während sich die Regierung von Südafrika und das Parlament noch keineswegs im klaren darüber war, ob man die zur Deportation vorgesehenen Südafrikadeutschen nicht doch lieber im Lande behalten sollte, da war dies bei den Deutschen aus Rhodesien und Ostafrika ganz anders. Hier rührte sich seitens der Regierung keine Hand; denn die Räuber wollten ihren Raub in Abwesenheit der Beraubten genießen.
Sobald die Schranken geöffnet wurden, eilten wir auf das Schiff und richteten uns für die Reise ein, verstauten unser Gepäck und suchten uns eine Hängematte aus, die uns in einem großen Raum zur Verfügung standen.
Als ich einmal ganz vorsichtig von der Reling hinabschaute, erkannte ich zwei alte Bekannte aus Südwest, die sich inzwischen in Kapstadt zum Studium niedergelassen hatten: Meinen ehemaligen Klassenkameraden Fitti W. und den Missionarssohn Johannes Sch., den die Behörden während des Krieges in die Verbannung geschickt hatten, sozusagen in die Wüste, nach Windhuk nämlich, wo er bei Wecke & Voigts eine Beschäftigung gefunden hatte.
Ich machte von meinem Dasein so wenig Reklame wie möglich und zog mich bald zurück. Da sah ich, atemlos vom Treppensteigen, den dicken Transportleiter De B., der sichtlich besorgt nach irgend etwas oder irgendwem zu suchen schien. Als er mich sah, offensichtlich als einer der Passagiere der Winchester Castle, der sich eingerichtet hatte und zur Abfahrt bereit war, da schwand seine Unruhe. Er nickte mir kurz zu und zog sich zurück, während ich, je länger das Warten dauerte, um so mehr hoffte, daß das Schiff sich doch endlich auf die Reise machen möge. Erst auf hoher See würde ich mich einigermaßen sicher fühlen; hier konnten alle möglichen dummen Zufälle das ganze Unternehmen im letzten Moment doch noch scheitern lassen.
Aber es gab etliche auf dem Schiff, deren Wünsche waren genau entgegengesetzt: Die Ostafrikaner, die mit Grauen an ihre Zukunft in Deutschland dachten und keinen Grund zur Eile sahen. Sie hatten er-

fahren, daß das Parlament in Kapstadt den Seeleuten noch einmal einen Aufschub gewährt hatte und folgerten nun, daß man jetzt wohl auch über ihr Schicksal, das ja viel härter war als das der ungebundenen Seeleute, eifrig beraten würde. Schon die Tatsache, daß das Schiff nicht in Durban angelegt hatte, wohin es für uns von Pietermaritzburg aus doch viel näher gewesen wäre, sondern uns in Kapstadt an Bord nehmen sollte, zeigte doch jedem, der einen klaren Verstand besaß, daß sich ihr Schicksal hier in Kapstadt entscheiden würde. Wozu hätte man uns denn wohl sonst mit der Eisenbahn durch ganz Südafrika bis nach Kapstadt fahren lassen? Das kostet doch alles Geld!
Wahrscheinlich wünschten die Parlamentarier, sich ein Bild von ihrer verzweifelten Lage zu machen, um sodann in der Parlamentsdebatte über genügend Argumente zu verfügen, um für einen Verbleib der Bedauernswerten in Südafrika zu stimmen.
Zwar ließ sich kein Parlamentarier sehen, doch das beeinträchtigte den Eifer der Hoffenden nicht, sich immer wieder eine Möglichkeit auszudenken, die vorteilhafter war als der Abtransport.
Und als das Schiff dann abends ablegte und Arthur und seine Jugendgruppe „Muß i denn, muß i denn zum Städtele hinaus“ anstimmte, das mit einem „Auf Wiedersehen“ und nochmals eindringlich „Auf Wiedersehen!“ ausklang, da war für so manchen ostafrikanischen Strategen die Sache sonnenklar: Sie sollten ja gar nicht in Kapstadt an Land gehen – wie konnte man denn nur an so etwas denken – sondern in Walvis Bay, von wo sie es sehr viel näher zu ihren deutschen Landsleuten in Südwest hatten als von Kapstadt aus. Wenn jemand also noch irgendeinen Zweifel gehabt hatte – und Zweifler gab es immer –, so war der nun, durch das Auslaufen aus Kapstadt nämlich, endgültig beseitigt.

Das Schiff machte gute Fahrt, ohne Unterbrechung, Tag und Nacht, und irgendwann einmal mußte sich selbst der unverbesserlichste Optimist eingestehen, daß wir Walvis Bay längst rechts liegen gelassen hatten und unaufhaltsam immer weiter nach Norden fuhren. Nun gut, dann blieb immer noch Las Palmas, wo wir anlegen würden und natürlich Southampton, wo doch diejenigen zu Hause waren, die letzten Endes über das Schicksal der Vertriebenen zu befinden hatten. Und keiner der Hilfesuchenden mochte sich eingestehen, daß es ja gerade die Briten waren, die sich diese lästigen Zeugen ihres Verbrechens vom Halse schaffen wollten. Zeugen nämlich, die innerhalb von 30 Jahren zweimal enteignet und um die Früchte ihres Lebenswerks gebracht worden waren und nun darum bitten wollten, ein drittes Mal anfangen zu dürfen.

UNION-CASTLE LINE. R.M.M.V. "WINCHESTER CASTLE." 20,012 TONS.

In Southampton hielten wir zwar, blieben aber auf Reede, und als sich das Schiff dann wieder in Bewegung setzte, da gab es keinen Rettungsring mehr, an den sich die armen Teufel noch hätten klammern können.

Das Leben auf dem Schiff war spartanisch, von der Schlafgelegenheit bis zum knappen aber ausreichenden Essen. Die Winchester Castle war während des Krieges von einem Passagierschiff zu einem Truppentransporter umgebaut worden, und Soldaten im Dienst reisen ja bekanntlich nicht zu ihrem Privatvergnügen.
Um unsere Unterhaltung mußten wir uns selbst kümmern; nur einmal wurde ein Film gezeigt, „Beware of Pity“.

Auf dem Ringtennisplatz maßen sich einige Offiziere der ehemaligen deutschen Handelsmarine mit gleichrangigen Schiffsoffizieren der Winchester Castle. Das übrige Volk mußte mit englischen Zeitschriften und eigenen Darbietungen vorlieb nehmen.
Den englischen Stewards, denen die Aufgabe zufiel, uns noch so lange am Leben zu erhalten, bis wir im besetzten Deutschland unserer gerechten Strafe zugeführt würden, war es ein Greuel, Hunnen bedienen zu müssen. Bei jeder Gelegenheit ließen sie uns wissen, wie gerne sie uns in die Suppe spucken würden. Wir aber hatten Zeit und Gelegenheit genug gehabt, um uns an derartige Äußerungen eines hochgezüchteten Hasses zu gewöhnen und trugen die Schikanen mit Gleichmut.
Die Fahrt selbst war an Eintönigkeit nicht zu überbieten. Einmal behauptete jemand, einen Delphin gesehen zu haben – eine unbestätigte Meldung. Im übrigen aber mußten wir uns mit gelegentlichen Schwärmen von fliegenden Fischen begnügen. Sonst nur Wasser, tagelang nichts als Wasser, ruhige See, keine Schiffe.
Als wir in Hamburg anlegten, hatte ich das Gefühl, daß nun wieder einige Überraschungen ins Haus stehen würden; ich wußte nur nicht, welche.
Unten am Kai schaute ein Mann zu uns hinauf, den wir fragten, wie es denn so gehe. „Ihr werdet Euer blaues Wunder schon noch erleben", war seine Antwort und sogleich: „Habt Ihr nicht was zu rauchen?" Natürlich hatten wir, denn auf dem Schiff konnte man die Zigaretten stangenweise (200 Stück) kaufen, zollfrei, für englisches oder südafrikanisches Geld. (Sepp und ich hatten unsere gesamte Barschaft in Zigaretten angelegt!)
Ich wunderte mich darüber, daß einer der Einwohner des heimgesuchten Landes nach Zigaretten fragte und nicht nach Brot! Außerdem sah ich da einige Hunde herumstreunen. Solange die noch nicht verspeist waren, konnte es mit dem Hunger wohl doch nicht gar so weit her sein. (Nach einigen Wochen schon sah ich diese Angelegenheit mit anderen Augen an.)
Zunächst gab es nichts vorzusorgen oder zu verheimlichen, denn unsere Ablieferung verlief nach den gleichen sturen Regeln wie zuvor unsere Einschiffung. Listen mit Nummern und Namen, dazu Freiplät-

ze für eine Unterschrift und ein kleines freies Kästchen für das letztendliche Abhaken. Die Personen selbst blieben dabei ziemlich bedeutungslos, solange sie sich genau genug in diesen bürokratischen Ablauf einordneten. Nicht zu früh, nicht zu spät, sondern immer genau dann, wenn die Nummer aufgerufen wurde. So war der Betreffende zwar gegenwärtig, aber er fiel nicht auf. Ließ einer aber einmal aus Nachlässigkeit einen Augenblick auf sich warten, dann fiel er auf und geriet ins Visier der Abhaker. Das aber konnte sich so mancher hier nicht leisten.

An einer einsamen Stelle sah ich im Vorbeigehen Dr. Friedrich Merker stehen, der in Baviaanspoort weniger durch seine medizinische Tätigkeit aufgefallen war als vielmehr dadurch, daß er im Orchester das Waldhorn blies. Seine Soli waren gefürchtet, vor allem beim Dirigenten. Dem unmusikalischeren Teil der Hörerschaft dienten sie zur Erheiterung, denn die Mißtöne hatten so etwas Menschliches an sich. Gelegentlich stellte er sich sonntags während der allwöchentlichen Feierstunde ans Rednerpult und stärkte den Durchhaltewillen der zur Untätigkeit verurteilten. Er soll Gauleiter von Tanganyika gewesen sein, obwohl schwer zu sagen war, was es denn dort in der politischen Einöde eigentlich zu gauleitern gab. Jetzt würde man ihn wohl beim Wort nehmen, d.h. beim Namen „Gauleiter“, und ihn mit Leuten wie Gauleiter Koch in einen Topf werfen. Ich sah da einen Mann, der keine Illusionen, aber auch keine Hoffnung mehr hatte.

Obwohl wir ziemlich geräuscharm daherkamen, war die Heimat dennoch auf uns aufmerksam geworden. Aus einem riesigen Behälter teilte eine Rotkreuzschwester eine rötliche Flüssigkeit aus: Es war heißer Lindenblütentee, den man zur Feier des Tages mit etwas Süßstoff veredelt hatte.

Diese rührende Aufmerksamkeit anläßlich unseres Kommens sollte wohl bedeuten: Wir haben Euch trotz allen Elends nicht vergessen, und wenn wir auch nicht viel haben, so wollen wir es doch mit Euch teilen.

Diese Geste hat damals einen großen Eindruck auf mich gemacht.

Vom Schiff aus ging es zu einem wartenden Eisenbahnzug, der uns aus Hamburg hinaus und zum Lager Neuengamme bringen sollte. Unterwegs nahm ich die ersten Eindrücke von dem Land auf, zu dem es mich von Jugend auf hingezogen hatte. Nicht die Einzelheiten, die Häuserruinen, die verbogenen Eisenträger und die Trümmer sind mir als vorherrschender Eindruck in Erinnerung geblieben, sondern eine Art kollektiver Hoffnungslosigkeit, ein Sich-abfinden mit den vielen unabänderlichen Unzulänglichkeiten. Nirgends auf dem Weg ein emsiges Schaffen und Aufräumen.

Das Lager Neuengamme war sozusagen ein Filter, durch den wir hindurchmußten, ehe wir unserer Wege gehen durften. Es war eine Quarantänestation, die verhindern sollte, daß die deutsche Bevölkerung, die ja noch nicht vollständig vom Nationalsozialismus entkeimt worden war, von neuem infiziert wurde. Kurz, wir sollten zunächst einmal „entbräunt", d.h. einer eingehenden Untersuchung unterzogen werden, in deren Verlauf es sich dann schon herausstellen würde, ob man uns laufen lassen konnte oder ob wir zuvor noch eine eingehende Behandlung benötigten.

Auf dem Weg von der Bahnstation zum Lager blies der Wind einem der Seeleute den Hut vom Kopf. Da er in jeder Hand ein Gepäckstück trug, konnte er nicht rasch genug zupacken und wollte nun dem Ausreißer nachlaufen, als einer der englischen Wachsoldaten mit aufgepflanztem Bajonett auf ihn losstürzte und ihn wohl – gemäß Dienstvorschrift – aufgespießt hätte, wenn er sich nicht rasch genug in den Schutz der Gemeinschaft zurückgezogen hätte. Der junge Rekrut war im Krieg nicht mehr zum Einsatz gekommen und wollte jetzt, zwei Jahre nach der Kapitulation, natürlich auch noch zu einer Trophäe kommen.

Der Hut war zwar verloren, aber wir wußten nun, mit was für einer Sorte Mensch wir es zu tun hatten.

Lager Neuengamme

Im Lager befanden sich gefangene SS-Soldaten, in deren Vergangenheit nach Schuld nicht erst gesucht werden mußte, weil sie nach Übereinkunft der Sieger vom August 1945 schlechthin Verbrecher waren. Bei ihnen stand nur noch das Strafmaß bzw. der Hinrichtungstag zur Debatte.

Schließlich mußte man ja auch die Verbündeten mit Delinquenten versorgen. Auch die Holländer und vor allem die Italiener lechzten geradezu nach namhaften deutschen „Kriegsverbrechern" – oder solchen, die man als solche erklären konnte –, weil sie während ihres unermüdlichen Kampfes für „die gute Sache" derart unter der Gewalt der deutschen Eroberer zu leiden gehabt hatten.

Neuengamme war also, ebenso wie übrigens Dachau, einer der Vorratsbehälter, aus dem sowohl die Rachsüchtigen versorgt werden konnten als auch jene Mitsieger, die ein Defizit an Widerstand gegen die Deutschen aufzuweisen hatten, und die nun am geschlagenen Gegner einige der Heldentaten nachholen wollten, die ihnen in den Zeiten seiner Stärke zu riskant erschienen waren.

Wir fügten uns ohne Mühe in die vorgegebene Ordnung ein. Die Organisation war perfekt – die Leitung kam mit einem Minimum an Aufwand aus, alles ohne Wichtigtuerei, knapp aber freundlich, und mit Unterstützung und Ratschlägen konnten wir jederzeit rechnen.

Die aber hatten wir nur zu oft nötig.

In manchen Teilen des Lagers war es unmöglich, des nachts von der Schlafbaracke zur Latrine zu gehen, weil die Wachsoldaten nach 10 Uhr auf alles schossen, was sich bewegte.

Der Lagerführer, ein hoher Offizier der Waffen-SS, hatte einige gute Freunde unter den gleichrangigen englischen Offizieren, so daß ein Wort von ihm an berufener Stelle ein offenes Ohr fand.

Zweck des Aufenthalts in Neuengamme war, wie schon gesagt, eine gründliche Durchleuchtung aller Neuankömmlinge im Hinblick auf ihre Vergangenheit.

Zum einen sollte unser Innenleben nach unerlaubten Ansichten abgesucht werden, um festzustellen, wie sehr wir immer noch vom Nationalsozialismus infiziert waren. Da es aber so gut wie unmöglich ist, die Gesinnung eines Menschen in ausreichendem Maße zu erschnüffeln, derart, daß am Ende ein meßbarer Wert herauskommt, so werden die

hier gefundenen Ergebnisse wohl zunächst vorwiegend statistischen Zwecken gedient haben, um den Umerziehern Hinweise für ihr weiteres Vorgehen zu liefern.
Ein Fragebogen mit etwa 130 Fragen diente als Einstieg in das Innenleben des Auszuforschenden. Viele dieser Fragen beschäftigten sich mit Alltäglichem, das man getrost preisgeben konnte. Doch gelegentlich war auch einmal von der Einstellung zum Nationalsozialismus die Rede.
Jemand, der nachträglich nichts mit dieser anrüchigen Bewegung zu tun gehabt haben wollte, weil ihm damals seine Vernunft gleich sagte, das könne ja gar nicht gut gehen, für den war es zunächst nicht allzu schwer, jede einzelne Frage für sich so zu beantworten, daß ihm aus der Antwort kein Nachteil entstand.
Die Urheber des Fragebogens aber hatten anderes im Sinn, als einem Vergangenheitsflüchtling Hintertüren zu öffnen. So unverfänglich nämlich die einzelnen Fragen, für sich genommen, auch sein mochten, so war doch das ganze System darauf abgestellt, Widersprüche zu provozieren, verdächtige Ungereimtheiten sichtbar werden zu lassen und auf diese Weise denen auf die Spur zu kommen, die dem Inquisitor nicht gerne alles sagen wollten, was sie wußten; ja, die möglicherweise unter falschem Namen untergetaucht waren.
Das war wohl das Hauptanliegen des ganzen Unternehmens.
Der Spürsinn von geborenen Suchhunden und die Erfahrung von routinierten Gesinnungsschnüfflern kamen in diesem Fragebogen zur Geltung. Die Leistungsfähigkeit der Prozedur war im Laufe der Zeit immer wieder verbessert worden und erfüllte nicht nur für den Augenblick den Zweck, niemanden der Rache entkommen zu lassen, sondern mußte auch allen möglichen späteren Verbesserungen offen stehen.
Im Augenblick und hier in Neuengamme galt es erst einmal, die Vergangenheit des Prüflings auf diejenigen Bestandteile zu reduzieren, die es ermöglichten, ihn in eine der folgenden Gruppen einzuordnen: „Hauptschuldiger“, „Belasteter“, „Minderbelasteter“, „Mitläufer“, „Entlasteter“, „Vom Gesetz nicht betroffen“. (Das gemeinte Gesetz war das „Gesetz zur Befreiung von Nationalsozialismus und Militarismus“ vom 5. März 1946.)

Die Phase „Entnazifizierung mittels Strick“ war zu der Zeit noch nicht abgeschlossen, und am Ende des Fragebogens wies man diskret darauf hin, was alles mit einem Befragten geschehen konnte, der es versuchte, den Inquisitor durch falsche Angaben zu täuschen. Gerade diejenigen aber, aus deren Antworten überdeutlich wurde, wie sehr sie den Nationalsozialismus schon immer abgelehnt hatten, gerade sie machten den Inquisitor nachdenklich. Warum denn hatte man zuvor nie etwas von seinem Widerstand gehört? Wo waren seine Narben, die er sich im Kampf mit dem System, das ihm jetzt so unerträglich scheint, geholt hat?
Solche Vergangenheitsbewältiger wurden besonders genau unter die Lupe genommen. Nachdem ihr Fragebogen äußerst gründlich durchgearbeitet und nach Ungereimtheiten abgesucht worden war, geriet er in die Hände routinierter Fallensteller, die den Ehrgeiz hatten, möglichst viele Vergangenheitsflüchtlinge in einem gnadenlosen Verhör zur Strecke zu bringen.
Mich störte an diesem Machwerk vor allem der Hinweis am Schluß, die Strafen für falsche Aussagen, unter denen die Todesstrafe nicht ausgeschlossen war.
Während ich unschlüssig durch das Lager schlenderte, traf ich auf einen älteren Ostafrikaner, einen Bekannten aus Baviaanspoort. Dem berichtete ich von meinen Befürchtungen.
„Bis jetzt war es ein Dummer-Jungen-Streich“, antwortete er, „doch von nun an wird die Sache kriminell; denn Du wirst laufend falsche Unterschriften leisten, falsche Aussagen beeiden müssen, und jede Fälschung zwingt Dich, eine weitere zu begehen.“
Mir reichte es, wenn ich nur an den drohenden Hinweis am Ende des Fragebogens dachte! Die fernere Zukunft hatte ich noch gar nicht im Auge! „Das beste ist, Du gehst zum Lagerführer und schilderst ihm Deinen Fall. Der hat nämlich gute Freunde unter den britischen Offizieren und kann dort ein gutes Wort für Dich einlegen.“
Also ging ich zum Lagerführer, einem Mann in den 30ern, und berichtete ihm vom bisherigen Verlauf meiner Reise. Das erheiterte ihn. „Sie hätten früher kommen sollen; dann hätten wir den Krieg vielleicht doch noch gewonnen.“ Doch dann besann er sich und teilte mir mit, daß für mich nicht die geringste Aussicht bestünde, meine wahre

Identität zu verbergen. Der Fragebogen sei ja daraufhin angelegt, Personen ausfindig zu machen, die unter einem falschen Namen lebten. Er empfahl mir daher, den Fragebogen korrekt auszufüllen, d.h. unter Verwendung meines richtigen Namens – auch wenn das einigen Sand in das bürokratische Getriebe streuen würde. Anschließend wolle er mich, mit diesem Dokument in der Hand, zu einigen der ihm bekannten englischen Offiziere bringen. So wie er die Angelegenheit und die Mentalität der Offiziere beurteilen könne, würde ich wohl nach mehrmonatiger Haft wieder nach Südafrika zurückgeschickt werden.
Ich füllte den Fragebogen aus, so gut ich konnte, was gar nicht mehr so einfach war, denn ich hatte mich bereits weitgehend in der Haut des Werner Bley eingerichtet.
Doch kaum stand ich ein wenig auf der sicheren Seite des Lebens, als es mich auch schon wurmte, daß ich dieses Unternehmen, das bisher mit so viel Glück gelungen war, nun kurz vor dem Abschluß abbrach; und zwar von mir aus und nicht durch eine äußere Gewalteinwirkung! Aus lauter Bedenklichkeit, die mich hinderte, das Äußerste zu wagen! Eigentlich kläglich!
Und wieder lief mir ein Ostafrikaner aus Baviaanspoort in den Weg; ein rechter Haudegen. „Was!" rief er, fast schon entrüstet, „jetzt kurz vor dem Ziel zittern? Das kann doch wohl nicht wahr sein! Nein, jetzt Augen zu und nichts wie durch!"
Das war eine Botschaft, die genau in meine augenblickliche Stimmung paßte, und ich beeilte mich, noch einmal ein Fragebogenformular zu bekommen – die gab es zuhauf.
Das füllte ich nun, ungeachtet der Drohung an seinem Ende, so aus, als sei ich der leibhaftige Werner Bley. Phantasie und Intuition halfen mir über manche Wissenslücke hinweg; Einzelheiten, die damals alle noch nicht vorauszusehen waren, als mir Werner Bley alle nur erdenklichen Daten über sich und seine Familie in Werdau diktierte.
Nun begann ich damit, die Unterschrift des im fernen Südafrika weilenden so lange zu üben, bis mir eine Serie davon leidlich gelang und setzte eine davon unter den Fragebogen, dicht neben die Todesdrohung.
Kurz darauf kam einer der gefangenen deutschen Soldaten, der hier den Laufburschen machte, durch die Baracken und schwenkte einen

Fragebogen in der Hand. „Richard Helm!“ rief er, „Gibt es hier einen Richard Helm? Auf der Schiffsliste steht er nicht. In der Lagerliste ist er auch nicht eingetragen! Den Fragebogen hat er nicht unterschrieben!“
Die meisten der in dieser Baracke untergebrachten Seeleute und Ostafrikaner kannten mich unter diesem Namen vom Lager her; aber nicht einer hob bei der Nennung meines richtigen Namens den Kopf. Niemand gab zu erkennen, daß er diesen Namen schon jemals gehört hatte.
Als ich dem vergeblich Suchenden zuwinkte, fragte er: „Also sind Sie das?“ Ich nahm ihm den Fragebogen wortlos aus der Hand und drückte ihm dafür den eben fertiggestellten und mit einer Unterschrift versehenen in die Hand.
„Das verstehe ich nicht“, sagte er ein wenig ratlos und machte sich auf den Weg.
Was war da nun eigentlich geschehen?
Aus einem unerklärlichen Grunde hatte ich den korrekt ausgefüllten Fragebogen nicht unterschrieben und sollte nun eigentlich nur noch die Unterschrift nachholen.
An dieser Stelle und in diesem Augenblick, als beide Fragebögen zugegen waren – jeder sozusagen als eines von zwei möglichen Toren zu meinem weiteren Leben –, da stand ich vor einer Wegkreuzung. Entschied ich mich für den bürgerlich korrekten Weg, dann wäre dadurch zunächst einmal eine Menge bürokratischer Staub aufgewirbelt worden; denn alle Namenslisten sprachen gegen die Existenz eines Richard Helm. Doch letzten Endes würde dann wohl doch ein verlorener Sohn nach Südafrika zurückkehren und durchaus damit rechnen können, daß seinetwegen ein Kalb geschlachtet wird. Wählte ich aber den anderen, dann lag die Zukunft, dem Blick verborgen, hinter einer Nebelwand.
Daß unter den deutschen Hilfskräften niemand diese wunderbare Umwandlung zweier Fragebögen beanstandete, rührte gewiß nicht allein daher, daß die zweite Ausführung bürokratiekonformer war, sondern auch, daß alle Beteiligten inzwischen ein Verständnis für solche Verwandlungen entwickelt hatten.

Nun stand das Verhör noch aus, in dem es mir gelingen mußte, den Fängen des Inquisitors zu entgehen.
Die Karten waren nicht gut für mich gemischt, denn ihm standen sämtliche Unterlagen, die sich im Laufe des Gefangenendaseins über Werner Bley angesammelt hatten, zur Verfügung. Sie hatten den Transport begleitet und waren direkt in die Hände der Gesinnungsschnüffler gelangt. Der Gegner wußte also, was darin stand – ich nicht. Er konnte mich daher mit irgendeinem an sich belanglosen Detail in Verlegenheit bringen und der Falschaussage überführen.
Ich dachte mir nun alle möglichen Fangfragen aus und stellte sie in des Schnüfflers Namen, suchte dazu eine passende Antwort und parierte den Angriff in meinem Namen. Vom Schachspielen her aber wußte ich, daß eine erfolgreiche Parade nicht nur die Befreiung von einer Gefahr bedeutete, sondern daß sie dem Gegner auch die Gelegenheit verschaffen konnte, einen noch gefährlicheren Angriff einzuleiten. Ich mußte also bei jeder Antwort zugleich den nächsten Angriff, die nächste Frage, in Rechnung stellen.
Doch ich landete jedesmal in einer Sackgasse, obwohl mein unsichtbarer Gegner es doch im Augenblick nicht allzu ernst meinte. Das verhieß nichts Gutes!
Als ich dann eines morgens den Namen „Werner Bley“ auf der langen Liste entdeckte, auf der die Namen der Kandidaten standen, die wann und in welchem Raum zu erscheinen hatten, da wußte ich: Jetzt gilt's!
Als ich pünktlich um 10.30 Uhr das Zimmer des Inquisitors betrat, sah ich mich einem jungen Mann gegenüber, der mich beim Eintreten aufmerksam zu mustern schien. „Sie waren bei der HJ“, sagte er, und ohne eine Bemerkung von mir abzuwarten: „Das sieht man!“ Ich wiederum interessierte mich sehr für sein gutes und akzentfreies Deutsch: Wo er sich das denn erworben habe?
Zwar mochte ihm das Lob nicht unangenehm sein, doch gar zu viel Zeit wollte er nun auch wieder nicht darauf verwenden, und so fragte er mich nach einem vorgefertigten Konzept über einige Interna, die Familie Ewald Bley aus Werdau in Sachsen betreffend, aus. Die hatten in den Unterlagen über Werner Bley die vielen Internierungsjahre überstanden und dienten dem Inquisitor nun als Vorlage. Doch genau diese Einzelheiten waren mir ja in Pretoria aus erster Hand überlassen

worden, und so konnte ich auf jede Frage, ohne einen Augenblick zu zögern, eine Antwort geben.
Da hielt er – das Verhör hatte vielleicht 10 Minuten gedauert – für einen Augenblick inne, blätterte in den Schriftstücken und fragte dann: „Warum haben Sie eigentlich damals Ihre Heimat verlassen?" Ich hätte meine Lehre als Bäcker und Konditor beendet und wollte nun meine Wanderjahre beginnen.
Das fand er einleuchtend, und nach einem nochmaligen kurzen Blick in die Akten erklärte er das Verhör für beendet – nach noch nicht einmal 15 Minuten.
Draußen empfing mich Sepp mit mühsam verhaltenem Jubel. Kurz darauf lief ich unsrem Lagerführer über den Weg. „Na, haben Sie Ihren Fragebogen inzwischen ausgefüllt?" Ich nickte. „Aber doch hoffentlich den richtigen?" „Nein, den falschen." „Aber damit kommen Sie doch niemals durch das Verhör!" „Ich komme gerade vom Verhör. Und jetzt geht's nach München!" „Na, dann wünsche ich Ihnen alles Gute!"
Wir, die „Entbräunten", verließen das Lager noch am gleichen Tage. Viele mußten noch zurückbleiben, in quälender Ungewißheit. Dr. Merker hingegen hatte jede Menge Gewißheit. Als er aus dem Verhörraum hinaustrat, da packten ihn auch schon die Häscher, unter dem lauten Wehklagen seiner zahlreichen Kinder und Angehörigen, die alle vor der Tür gewartet und gehofft hatten.
Uns aber trieb es hinaus aus diesem Gehege. Hinaus in ein noch ungewisses Dasein.

In Hamburg trafen wir mit unserem umfangreichen Gepäck in der „Jahnhalle" ein, einem riesigen Raum, dessen Fußboden mit Matratzen belegt war, von denen man sich eine noch unbelegte reservieren konnte.
Hier galt es Augen und Ohren offen zu halten, denn überall lauerten Räuber. Einem aus unserer Reisegesellschaft hatten sie bereits nach 5 Minuten den Koffer abgenommen. Ein anderer, der vorhatte, seinen künftigen Unterhalt mit seiner Schreibmaschine zu bestreiten, hatte sie sich während der Nacht an die Beine gebunden. Nutzte aber nichts, denn am Morgen war sie verschwunden.

Am nächsten Morgen erhielten wir einen Laufzettel und mußten, seinen Anweisungen folgend, in allen möglichen Amtsstuben vorsprechen. In der einen gab es eine vorläufige „Kennkarte", auf der anstelle des Photos der Abdruck des rechten Daumens zu sehen war. In einer anderen Stube erhielt man Lebensmittelmarken für einige Tage, einige Schritte weiter etwas Geld und die Eisenbahnfahrkarte bis zu dem Bestimmungsort, den man im Lager angegeben hatte.
Da Werner Bley bei der Versenkung der „Watussi" fast seine ganze bewegliche Habe verloren hatte, mußte nun der Schaden bei der Vertretung der Woermann-Linie zu Papier gebracht werden. Von Vorteil für den Geschädigten war es natürlich, so viele kostbare Gegenstände wie möglich anzugeben. Doch durfte ich andererseits auch nicht gar zu dreist sein und Wertsachen anführen, die bei einem Seemann üblicherweise nicht anzutreffen sind, oder deren Besitz vielleicht gar nicht erlaubt war. Jedenfalls habe ich ihm unter anderen zu einem Akkordeon und einer Reiseschreibmaschine verholfen.
Am späten Nachmittag des 13. Juni 1947 – es war ein Freitag – machten wir uns mit unseren zahlreichen Gepäckstücken auf den Weg zum Bahnhof Hamburg-Altona. So sei es besser, hatte man uns geraten, denn dort würde der Zug eingesetzt und bis zum Hauptbahnhof sei er dann längst überfüllt.
Das war kein schlechter Rat, denn schon in Altona hatten wir Mühe, auf einer Plattform einen Platz für unsere vielen Gepäckstücke zu erobern, vor die wir uns dann hinstellten. Es war nicht möglich, sich auszuruhen, denn wenn ein Gepäckstück einmal im Gedränge abhanden gekommen war, dann konnte man seinen Weg durch das dichte „Unterholz" an Beinen und Gepäckstücken unmöglich verfolgen.
In der Nähe von Kassel wurde der Zug von uniformiertem Personal auf freier Strecke angehalten. Alles aussteigen! Militärpolizisten trieben die Reisenden aus den Wagen und auf ein freies Gelände, wo sich alle – ohne ihr Gepäck – in langen Reihen aufstellen und ihre Ausweise sichtbar hochhalten mußten.
Die Kontrolle war von einer Art, daß ich am Ende überhaupt nicht wußte, was denn nun eigentlich kontrolliert worden war.
Jedenfalls hatten wir nun die britische Besatzungszone verlassen und bewegten uns von nun an in der amerikanischen.

Auf ein gegebenes Zeichen eilten alle zu ihren Wagen und zu ihrem Gepäck.
Nach Nürnberg ließ das Gedränge merklich nach und wir konnten uns bald, das Gepäck immer im Auge, auf einem Sitzplatz im Großraumwagen niederlassen.

Hauptbahnhof München 1947

Am Münchner Hauptbahnhof angelangt, hatte Sepp die Lage vollkommen unter Kontrolle. Er konnte sich mit Hilfe seines Dialekts dem einen oder anderen der hier recht zahlreichen Ureinwohner verständlich machen und mit deren Hilfe und guten Ratschlägen rechnen. Den Hauptteil des Gepäcks gaben wir in die Aufbewahrung und fuhren sodann mit der Linie 3 die Arnulfstraße entlang in Richtung Nymphenburg, um schließlich am Romanplatz anzukommen. Dort kehrte die „Drei" damals wieder um.
Eine Fahrgelegenheit gab es damals natürlich nicht, und so schlenderte Sepp erwartungsvoll die Romanstraße entlang und genoß so manchen langentbehrten Anblick.

Durch eine unscheinbare Tür in der Zuccalistraße ging es dann zum „Menageriegebäude“ am Rande des Schloßparks.
Ich war nun am Ziel angelangt. Doch es war kein festes, im voraus genau bestimmtes Ziel, wie dies bei Sepp der Fall war. Vielmehr hatte nun ein unbewußtes Drängen aufgehört, sich bemerkbar zu machen. Jetzt gab es nichts mehr, wohin ich hätte aufbrechen sollen.
Die Reise nach irgendwohin, die vor vier Jahren begonnen hatte, war nun zu Ende.

Nachspiel in München

Die Reise war zu Ende, gewiß, aber die Schwierigkeiten, in die sie mich geführt hatte, machten sich immer noch bemerkbar.
Ich konnte mich nun in München als Werner Bley, geb. am 6. Juni 1922 zu Werdau in Sachsen, niederlassen. Die notwendigen Stempel zum Empfang von Lebensmittelmarken und die Bezugsscheine für Kleider, Schuhe u.a., die hatte ich ja in Hamburg erhalten.
Doch mit dem Studieren wäre es wohl aus gewesen, denn ein Bäcker-Kochsmaat studierte damals noch nicht Mathematik und Naturwissenschaften – selbst wenn er auch noch so weit in der Welt herumgekommen war.
Sollte ich mich also als Bäcker verdingen? Dieses Experiment hätte wohl sehr kurze Beine gehabt, und unter allen Gedanken, die mir damals durch den Kopf gingen, war kein einziger, der sich auch nur im entferntesten mit dieser Möglichkeit befaßt hätte.
Die Sachlage war folgende: Ich hatte mich als Richard Helm von Pretoria aus auf den Weg nach Deutschland gemacht, und zwar in der Hülle des „Werner Bley", und wollte mich nun dieser Hülle wieder entledigen, mich sozusagen häuten. Dazu blieb aber nicht mehr allzuviel Zeit, denn die Behörden in Hamburg hatten angeordnet, mir in München mit Hilfe der vorläufigen Kennkarte unverzüglich eine endgültige mit beglaubigtem Photo zu beschaffen. Erst dann war ich behördlicherseits wirklich vorhanden. Das war ein Befehl!
Doch der Name, der mir bis dahin so gute Dienste geleistet hatte, den wurde ich nun nicht mehr los. Er klebte förmlich an mir, drängte sich in jedes Vorhaben und zeigte mir nur zu gut, wie sehr doch die menschliche Existenz in einer zivilisierten Gesellschaft von der Bürokratie vereinnahmt wird und wie sehr man ihr ausgeliefert ist. Aber ich mußte doch unverzüglich zu einer Entscheidung kommen, denn die Frist, innerhalb der ich mich hier in München bei den Behörden gemeldet haben mußte, war schon fast verstrichen. Es galt also nicht

nur, gut in ein Abenteuer hineinzukommen und es leidlich zu bestehen, sondern es war auch wichtig, heil wieder herauszukommen.
Schließlich entwarf ich folgenden Plan: Werner Bley reist mit seiner vorläufigen Kennkarte in die sowjetische Besatzungszone, zu seinen Eltern, und meldet sich in Werdau ordnungsgemäß bei den Behörden an. Nachdem er bei den Eltern Bley über ihren wirklichen Sohn im fernen Südafrika berichtet hatte, machte er sich möglichst bald wieder auf den Weg zur Grenze, die er – legal oder auch nicht – überquert, um sich schließlich im Auffanglager „Friedland" als Sowjetzonenflüchtling einzufinden, und zwar unter dem Namen Richard Helm.
Mit den im Lager „Friedland" ausgefertigten Papieren hoffte ich, den letzten Stabwechsel in diesem Staffellauf endlich erfolgreich hinter mich zu bringen und den weiteren Lebensweg als wiedererstandener Richard Helm fortsetzen zu können.
Als ich diesen Plan den Einheimischen vortrug, erntete ich allerseits Kopfschütteln. Der in Schwarzmarktkreisen heimische und in allen möglichen Wegabkürzungen bewanderte Hans, der ältere Bruder von Sepp, hatte eine ganz andere Idee.
Er kannte den Polizeiinspektor R. von der Polizeistation Winthirstraße ganz gut und wußte zwei Gegebenheiten miteinander zu verknüpfen: Daß ich eine für deutsche Verhältnisse beachtliche Menge ausländischer Zigaretten besaß, und daß Polizeiinspektor R. gerne rauchte; und zwar nicht das unwirksame Kraut, das hierzulande für deutsches Geld zu haben war, sondern richtige Zigaretten aus Tabak, sog. „Amis", für deren eine man im besetzten Deutschland damals bis zu 6 Stunden hätte arbeiten müssen. Also machte er sich, mit einigen Glimmstengeln bewaffnet, auf den Weg, um dem Inspektor einen Besuch abzustatten. Dabei trug er ihm, mit Zigaretten nicht sparend, meinen Fall vor.
Dieser der allgemeinen Ordnung verpflichtete Beamte aber legte sein Gesicht keineswegs, wie behördlich verordnet, in bürokratisch korrekte Falten und murmelte auch nichts von der Schwere dieses besonderen Falles und somit von dem großen Aufwand bei seiner Bewältigung, sondern er schlug sich lachend auf die Schenkel und rief: „Bringen Sie ihn her, den Bazi!"

Ich wiederum konnte mir mit dem besten Willen nicht vorstellen, wie das Unternehmen gelingen konnte. Denn wenn sich der Beamte der Zigaretten wegen auch noch so weit aus dem Fenster lehnte, sich noch so weit von den Vorschriften entfernte, so mußte er doch dokumentieren, auf welche Weise sich dieser Richard Helm als solcher ausgewiesen habe, woher er kam usw.

Als ich mich, von den beiden Brüdern Schultinger begleitet, am folgenden Morgen auf dem Polizeirevier in der Winthirstraße einfand, da stellte man mich einem gemütlichen älteren Herrn vor, der mich über den Rand seiner Brille wohlwollend anschaute. „Daß'd mir fei diesmal richtig ausfüllst!" mahnte er, als er mir das Formular überreichte. Auch auf einem zweiten Formular mußte ich Angaben hinterlassen. Beide Formulare versah R. sodann an den dafür vorgesehenen Stellen mit Bemerkungen, aufgrund derer ein jedes der beiden Dokumente seine Existenzberechtigung vom anderen herleitete. Dann noch je einen Stempel drauf, seine Unterschrift, und fertig war das Papier, das mir die Berechtigung verlieh, auch als Richard Helm die Münchner Luft einzuatmen. Er reichte mir das Dokument über den Schreibtisch, schaute mich noch einen Moment lang prüfend an und nickte dann, so als wollte er sagen: „Geht in Ordnung, ich habe mich nicht versehen!"

Über das Päckchen mit 20 Zigaretten freute er sich ehrlich, weigerte sich aber strikt, mehr zu nehmen. „Nein, ist genug!" sagte er knapp und in einem Ton, aus dem jeder heraushören konnte: „Ich meine, was ich sage!"

Er war einer jener grundanständigen Einwohner Bayerns, die sich ihrer Redlichkeit so sicher sind, daß sie ohne Gefahr die bürokratischen Regeln ab und zu einmal ein wenig dehnen und so etwas Platz für die Menschlichkeit schaffen können.

Mit der Kennkarte in der Tasche konnte ich mich nun auf die Straße wagen, ohne befürchten zu müssen, bei einer der damals jederzeit möglichen Razzien in Gewahrsam genommen zu werden.

Um aber als gleichberechtigter Mitbürger am allgemeinen Elend teilnehmen zu dürfen, mußte ich einen Anspruch auf Lebensmittelmarken und Bezugsscheine geltend machen können.

Jeder Zugereiste hatte sich zu diesem Zweck bei den zuständigen Stellen anzumelden, die dann zuerst einmal entschieden, ob er denn überhaupt zuzugsberechtigt sei. War dies der Fall, dann mußte er ihnen sämtliche Dokumente vorlegen, aus denen hervorging, wo und wann er die letzte Zuteilung erhalten hatte.
Für mich war das in Hamburg geschehen, jedoch auf den Namen Werner Bley. Richard Helm hingegen hatte nichts derartiges vorzuweisen, also bekam er auch keine Lebensmittelmarken.
Doch inzwischen hatte ich mich schon ein ganz klein wenig mit der gewaltlosen Wirkung vertraut gemacht, die von einer Schachtel echter „Amis“ ausging. Ich hatte feststellen können, um wieviel besser die Ratschläge der Beamten waren, nachdem man ihnen, so ganz nebenbei, einige von diesen Stengeln zugeschoben hatte.
Auf den Rat eines Kenners dieser Szene hin begab ich mich eines Tages ins Wirtschaftsministerium, und dort in ein Büro, das man mir genau bezeichnet hatte, und zwar zu einem Beamten, der für die Lösung meines komplizierten Falles besonders geeignet sein sollte.
Kurz nachdem eine ganze Anzahl von Amis über die verschiedenen Schreibtische gerollt waren, fand ich mich in einem besonderen Raum zu einer denkwürdigen Handlung ein: Ich sollte schwören, noch keine Lebensmittelmarken und noch keine Bezugsschein irgendwelcher Art erhalten zu haben!
Das wäre ein glatter Meineid gewesen in einem Leben, in dem jedes Ding und jedes Wort genau die ihm zugedachte Bedeutung hat. Nicht so hier! Denn ich, Richard Helm, versichere und beeide hiermit, weder Lebensmittelmarken noch Bezugsscheine erhalten zu haben! – Was der Werner Bley, dieser ausgemachte Spitzbube, möglicherweise in Hamburg alles angestellt haben mag – was ging das mich an? Bin ich denn meines Bruders Hüter?

Nachspiel in Südafrika

Wie nicht anders zu erwarten, war der Namenstausch mit Werner Bley sogar in Südafrika endlich aktenkundig geworden, auf welche Weise auch immer.
Es war wohl so, daß Major De B. sich entschlossen hatte, diese ihm längst bekannte Tatsache nun auch amtlich zur Kenntnis zu nehmen.
In einem Schreiben, datiert 13. Juni 1947, teilte er meiner Mutter mit, daß ich mich unter dem Namen Werner Bley auf Staatskosten nach Deutschland habe repatriieren lassen. Er sei nun gezwungen, mich in Deutschland wegen Betrugs verhaften zu lassen – was ihm wohl einige Mühe bereitet hätte!
Wenn sie sich jedoch bereit erkläre, die Kosten von £ 80.- für die Überfahrt an die Staatskasse – d.h. an ihn – zu entrichten, dann würde er von diesem äußersten Schritt absehen.
Meine Mutter antwortete unverzüglich und schickte in einem Schreiben vom 21. Juni einen Scheck der Standard Bank Gobabis in Höhe von £ 80. 5sh. 6d an Major De B.
Doch sie befand sich insofern im Irrtum, als sie glaubte, damit die Kosten für meine Rückreise nach Südwest („Repatriierung“) bezahlt zu haben. Ein Irrtum, auf den sie ein Schreiben vom 25. Juni aufmerksam machte.
Am 24. Juli 1947 teilte das Amt meiner Mutter zudem auf ihre Anfrage vom 14. Juli hin mit, daß ich mich in Deutschland auf freiem Fuß befände! Eine Kenntnis, in deren Besitz die Behörde nur auf übersinnliche Weise gelangt sein konnte.
Auch der Deutsch-Afrikanische Hilfs-Ausschuß (DAHA) in Pretoria nahm sich der Sache an und lieferte am 24. Juli 1947 folgende Informationen: „Kurze Zeit darauf“ – das heißt wohl nach Auslaufen der Winchester Castle – „stellten die Behörden den Sachverhalt fest“ und verurteilten Werner Bley zu einer Geldstrafe von £ 5.-.
Bei einem der folgenden Repatriierungstransporte wurde Werner Bley zusammen mit etlichen anderen Seeleuten nach Deutschland ge-

schickt, landete in Hamburg und durchlief nach überstandener Entbräunung ebenfalls auf dem Instanzenweg die verschiedenen Amtsstuben, die auch ich unter seinem Namen durchlaufen – und abgegrast – hatte.
Doch während man bei der Entbräunungsbehörde in Neuengamme nichts von seiner Doppelnatur entdeckt hatte, wurde man in einer der Amtsstuben in Hamburg stutzig, als der Neuankömmling Leistungen geltend machte, die zuvor schon ein anderer, gleichnamiger, beansprucht hatte.
Der Beamte griff schon zum Telephonhörer, um die Polizei zu verständigen, als Werner Bley kurz entschlossen zu ihm über den Tisch hechtete und ihm eine Zigarette zwischen die Lippen und eine Schachtel in die Hand schob.
Ja, und mit einer Zigarette im Mund läßt es sich nun einmal nicht gut telephonieren!